HART AM WIND

Helmut Schmidts politische Laufbahn

Einführung
Marion Gräfin Dönhoff

Albrecht Knaus

1.–10. Tausend 1978

Umschlag: Manfred Limmroth
Gesetzt aus der Borgis Garamond
Gesamtherstellung: Mohndruck Reinhard Mohn GmbH
ISBN 3-8135-0919-2
Printed in Germany

Dieses Buch, für das Freunde des Bundeskanzlers, die unterschiedlichen politischen Richtungen angehören, verantwortlich sind, soll Ausdruck des Dankes zu seinem 60. Geburtstag am 23. Dezember 1978 sein.

Dem Herausgeberkreis gehören an:

Karl Wilhelm Berkhahn

Marion Gräfin Dönhoff

Karl Klasen

Kurt Körber

Theo Sommer

Helga und Rolf Stödter

Gyula Trebitsch

Inhalt

Einleitung

Wenn man Hunderte von Aufsätzen über Helmut Schmidt gelesen hat, um ein paar Dutzend für dieses Buch auszuwählen, dann bleibt als Haupteindruck der Wechsel von Höhenflug und Rückschlägen. Es ist überraschend, wie sehr seine Laufbahn einer Berg- und Talfahrt gleicht.

Den frühen Erfolgen in jungen Jahren folgte die Enttäuschung auf dem Fuß. Noch nicht dreißigjährig, saß Helmut Schmidt bereits im Fraktionsvorstand der SPD und hatte am Godesberger Programm, also der Umwandlung der SPD in eine Volkspartei, entscheidend mitgewirkt. In der parteiinternen Debatte beim Stuttgarter Parteitag 1958 war er es, der als entschlossener Umstürzler die alten Weimarianer, die damals noch die Zügel in der Hand hatten, dazu brachte, über die Mitglieder des Vorstands einzeln abstimmen zu lassen – bis dahin war es üblich gewesen, die Abstimmung en bloc vorzunehmen, was eine Erneuerung dieses wichtigen Gremiums außerordentlich erschwerte.

Im gleichen Jahr gab er bei der großen Atomtod-Debatte des Bundestages als Anheizer der Atomwaffengegner eine erste Probe seines ungewöhnlichen Rednertalentes; damals, und das war für die ersten Jahre seines politischen Wirkens sehr typisch, mit einem gewaltigen Schuß Demagogie. Nachdem er postuliert hatte, die atomare Bewaffnung der Deutschen auf beiden Seiten werde in der Geschichte einmal als genauso verhängnisvoll bewertet werden wie seinerzeit das Ermächtigungsgesetz für Hitler, hakte er sich an diesem Stichwort fest und stürzte sich dann mit großer Emphase auf die «politischen Ahnherren dieser gegenwärtigen Regierung», denen er sein eigenes Schicksal – das des damals vierzehnjährigen – anlastete: «Ihre Zustimmung zu dem Ermächtigungsgesetz hat uns, wie viele Millionen andere, später auf die Schlachtfelder Europas geführt . . . das hat uns damalige Schuljungs dem raffinierten psychologischen System des Dritten Reiches ausgeliefert und wir haben einige Zeit gebraucht, um uns aus dieser geistigen Umklammerung unserer jungen Unmündigkeit zu befreien.» Nachdem er die verdutzten Christdemokraten auf solche Weise attackiert hatte, erinnerte er an Fontanes Worte: «Sie sagen Christus und meinen Kattun» und rief ins Plenum: «Wenn Sie vom Abendland reden, meinen Sie die Nato, nichts als die Nato und nur die Nato.»

Jene Rede ist als demagogisches Meisterwerk in die Annalen des Parlaments eingegangen, genau wie die Entgegnung, mit der er 1959 auf die CDU/CSU antwortete, die den Deutschlandplan der SPD zerfetzt hatte. Dabei gab er im Gegensatz zu jener Atomtod-Debatte diesmal eine kenntnisreiche, detaillierte Schilderung, wie sich die SPD die Rüstungsbegrenzung in einer zentraleuropäischen Zone vorstellte und bewies damit erstmalig seine Kompetenz auf diesem Gebiet.

Von jeher aber galt in seiner Partei das eherne Gesetz der Ochsentour. Als der junge Nachwuchspolitiker sich dann auch noch herausnahm, seinen Genossen Vulgärmarxismus vorzuwerfen, weil sie seine Absicht kritisierten, an einer Reserveübung der Bundeswehr teilzunehmen, da war das Maß voll. Schmidt wurde noch während der Übung aus dem Fraktionsvorstand abgewählt. Verdrossen vom ewigen Opponieren zog er 1961 als Innensenator zurück nach Hamburg.

Aber dann trat ein unvorhergesehenes Ereignis ein, das ihn wieder nach oben trug: Die Flutkatastrophe, die im Februar 1962 über die Hansestadt hereinbrach. Über 300 Menschen ertranken, 75 000 wurden obdachlos und verloren all ihre Habe. Eine solche Naturkatastrophe hatte die Stadt seit dem Mittelalter nicht mehr heimgesucht. Helmut Schmidt, damals Innensenator seiner Vaterstadt, riß das Gesetz des Handelns an sich. Er fragte nicht nach Zuständigkeit und Gesetz, nicht nach Kompetenzen und Dienstwegen, er übernahm das Kommando.

Herbert Weichmann, der damalige Finanzsenator, war sehr erschrocken, als sein Kollege plötzlich entschied, daß jeder Betroffene, sie hatten ja alle keinen Pfennig zur Verfügung, als erste Hilfe sofort 50 Mark bekommen sollte – was in die Kasse des Finanzsenators ein Loch von mehreren Millionen riß. Weichmann Jahre später hierzu: «Natürlich hatte er nicht die Kompetenz dazu. Vom konstitutionellen Standpunkt aus hätte nicht einmal der Senat die Befugnis gehabt, weil ja die Bürgerschaft eine solche Entscheidung hätte billigen müssen. Er aber kümmerte sich nicht um den Bürgermeister, nicht um den Senator für Finanzen, er traf seine Entscheidung – und ich meine, er hatte recht.»

Damals begann Helmut Schmidts Höhenflug. Drei Jahre später ist er, der 1965 nach Bonn zurückgekehrt war, bereits als Verteidigungsminister vorgesehen, falls die Sozialdemokraten die Wahl von 1965 gewinnen sollten. Neben Fritz Erler hatte er sich inzwischen zum Sicherheitsexperten der SPD entwickelt, was er 1961 mit seinem Buch *Verteidigung und Vergeltung* – das noch heute als ein Standardwerk gilt – vor der internationalen Fachwelt dokumentierte. Ihm gebührt zusammen mit Erler das Verdienst daran, daß die Sozialdemokratie ein unbefangenes Verhältnis zum Militär gefunden hat.

Aber die Bundestagswahlen wurden zum fünften Mal von der CDU/CSU gewonnen. Der Traum, aus der Opposition in die verantwortliche Politik zu kommen, war ausgeträumt. Schmidt wurde stellvertretender Fraktionsvorsitzender in Bonn. Sein Versuch, in der Hamburger Landespolitik Fuß zu fassen, endete mit einer kalten Dusche: Er verlor im Mai 1966 den Kampf um die Wahl des Landesvorsitzenden gegen Nevermann. Der Hamburger Landesverband wollte ihm nicht als Zwischenstation auf dem Weg zur großen Karriere in Bonn dienen.

Ein halbes Jahr später war es dann aber so weit. Bei der Bildung der Großen Koalition schlug Schmidt das Verkehrsministerium aus und wurde amtierender Vorsitzender der SPD-Bundestagsfraktion. Von diesem Sprungbrett aus wurde Helmut Schmidt, als 1969 nach der sechsten Wahl zum Bundestag die sozialliberale Koalition in Bonn zustande kam, ihr Verteidigungsminister; gerade rechtzeitig hatte er sein zweites militärschriftstellerisches Werk *Strategie des Gleichgewichts* vorgelegt.

Die Rückschläge aber blieben auch dann nicht aus. Sie trafen Schmidt als Verteidigungsminister, als Wirtschafts- und Finanzminister, schließlich auch als Bundeskanzler. Oft stand alles auf des Messers Schneide, beispielsweise in den Stunden von Mogadischu, die schließlich zu einem Höhepunkt seiner Laufbahn werden sollten, die aber, wie er selber meint, bei einem anderen Ausgang seinen Rücktritt veranlaßt hätten und damit wohl seinen Rückzug aus der Politik überhaupt.

Immer hat Helmut Schmidt hart am Wind segeln müssen. Als er im Mai 1974 die Kanzlerschaft übernahm, befanden sich seine Partei und auch die Koalition in einer tiefen Krise. Eine Umfrage hatte kurz zuvor ergeben, daß die Popularität der Partei auf unter 30 Prozent gesunken war, und die Ergebnisse der Landtagswahlen zeigten deutlich den Abwärtstrend.

		1974	*1970*
Hamburg	3. März	44,9 %	55,3 %
Niedersachsen	9. Juni	43,1 %	46,3 %
Bayern	27. Okt.	30,2 %	33,3 %
Hessen	27. Okt.	43,2 %	45,9%

Schmidt legte sich sofort ins Zeug. Wie ein Wirbelwind fuhr er in alle Ecken und Winkel und durchleuchtete alle Pläne und Statistiken. Dabei zog er sich viel Ärger zu und den Zorn vor allem der Jungen und der Linken in seiner Partei. Auf dem Parteitag 1974 in Hamburg – er sprach damals über die großen weltwirtschaftlichen Probleme der Zeit, über Inflation und Arbeitslosigkeit und die daraus resultierenden Strukturprobleme – herrschte er die jungen Genossen an: «Guckt doch hin nach Italien, nach England, guckt hin nach Amerika mit beinahe 6 Prozent Arbeitslosigkeit!

Ihr aber philosophiert über die Vergesellschaftung oder Nicht-Vergesellschaftung. Meine Güte noch einmal, dies ist eine Stadt, die genug Möglichkeiten hat, draußen die Welt einzufangen und zu lernen, was daraus zu lernen ist und auch der Welt draußen (den Entwicklungsländern) zu helfen. Die Weltwirtschaft ist in eine Krise geraten, die Ihr nicht begreifen wollt. Ihr beschäftigt Euch mit der Krise des eigenen Hirns statt mit den ökonomischen Bedingungen, mit denen wir es zu tun haben.»
Dieser Satz von der Krise des eigenen Hirns wird noch heute von seinen Gegnern mit hämischer Genugtuung als Argument gegen den «Macher» Schmidt zitiert. Der furiose Artikel, der damals in der linken Zeitschrift «konkret» gegen ihn erschien, ist in dieser Sammlung nachzulesen. Der Kanzler haßt Dogmatismus und spottet gern über die Systemveränderer, die im luftleeren Raum planen, nie ihre Ideen haben in die Tat umsetzen müssen, nie den Konsens einer Mehrheit herbeiführen mußten, der doch das A und O in der Demokratie ist.
Wenig später, bei der Versammlung des Bundesverbandes der Arbeitgeber im Dezember 1974, bekamen dann die Unternehmer ihr Fett: «Hören Sie doch auf, so zu tun, als ob die Regierung die Löhne in Deutschland festsetzt.» Er geißelte den «verbandsoffiziellen Pessimismus» und empfahl den Unternehmern, sich nicht als Ersatzpartei zu gebärden. Den Gewerkschaften aber erklärte er immer wieder, daß die Gewinne stärker steigen müssen als die Löhne, damit die Investitionsquote wächst und zukünftige Arbeitsplätze geschaffen werden.
In diesen Jahren 1974 und 1975 wuchs die Anerkennung für den Bundeskanzler – vor allem im Ausland. Da war sein glanzvoller Auftritt in London beim Kongreß der britischen Labour Party, wo es ihm mit Witz und Sachkundigkeit gelang, einen Haufen mißgelaunter Europa-Skeptiker am Ende zu wahren Ovationsstürmen hinzureißen. Bei den Gipfelkonferenzen wurde er immer mehr zum Mittelpunkt. In Washington war er es, wie dortige Beobachter bestätigen, der den Präsidenten Ford dazu überredete, der bankrotten Stadt New York finanziell unter die Arme zu greifen. Sein Argument: Stelle New York seine Zahlungen ein, so werde dies eine Kettenreaktion zur Folge haben, die auch für die europäischen Devisenzentren sehr gefährlich werden könne.
Die Lektüre der hier abgedruckten Artikel macht zweierlei deutlich: daß Helmut Schmidt außerhalb der Bundesrepublik, wo man seine wirtschaftspolitische Führung bewundert, oft mehr Beifall findet als daheim; und ferner, daß Engländer und Amerikaner für seinen Pragmatismus, seine Courage und seinen sicheren politischen Instinkt mehr Sinn haben als die Franzosen, die ihn ungehobelt, barsch und typisch Deutsch finden. Immer wieder fürchten sie, Bonn werde sich mit amerikanischer Hilfe zum Führer und Schulmeister Europas entwickeln. Solche Kritik brach vor allem im

Herbst 1974 aus, nach Schmidts Nein zur Agrarpreis-Erhöhung in Brüssel, abermals im Juli 1976 nach dem Gipfeltreffen in Puerto Rico, als er erklärte, die Westmächte würden, wenn die kommunistische Partei an der Regierung beteiligt werde, Italien keine Finanzhilfe gewähren.
In jener Periode kurz vor den französischen Wahlen war dies nicht nur für die Italiener, sondern auch für die Franzosen höchst ärgerlich – ein Teil der französischen Presse sprach denn auch von neowilhelminischen Tönen jenseits des Rheins. Doch sind die Rückschläge im Ausland seltener, weniger intensiv und meist bald wieder vergessen.
Im Inland ist das anders. Schmidt liegt stets hart am Wind und macht große Fahrt, aber immer wieder gerät er ganz unverhofft in eine Flaute.
Nach dem Rentendebakel Ende 1976 wurde er, den so viele Kommentatoren den einzigen Staatsmann in Europa nennen, mit nur einer Stimme Mehrheit zum Kanzler gewählt. Er selber sagte später in der Rede, die er bei der Verleihung des Theodor-Heuss-Preises im Januar 1978 in München hielt: «Ich gestehe Ihnen, daß ich in langen Jahren der politischen Verantwortung und verschiedenster Aufgaben niemals mehr gelitten habe als am Ende des Jahres 1976, als wir erkennen mußten, daß die Rentenfinanzierungs-Prognosen nicht stimmten, weil die von uns zugrunde gelegten mehrjährigen Wirtschaftsprognosen nicht mehr stimmten ... Jetzt standen wir als Irrende da und einige nannten uns gar Betrüger.»
Im nächsten Jahr aber stieg seine Popularität wieder. Die Deutschen waren zufrieden, daß er das Reaktorgeschäft mit Brasilien gegen den Druck Washingtons durchsetzte; der Londoner Gipfel im Mai 1977 machte deutlich, daß seine lange Zeit angefochtenen wirtschaftspolitischen Vorstellungen sich allmählich durchsetzen und richtungsweisend wurden – was allerdings nicht verhindern konnte, daß daheim das Mehrwertsteuerpaket durchfiel, für das er sich sehr engagiert hatte.
Dann aber im Herbst kam der Tag, vielmehr die Nacht von Mogadischu. Die Staatskrise, die sich abzuzeichnen begann – ausgelöst durch den Terrorismus und die zunehmende Verunsicherung der Bevölkerung –, ward abgewendet, Vertrauen in die politische Führung zog wieder ein, und zum erstenmal erwachte so etwas wie ein Staatsgefühl unter den Bürgern der Bundesrepublik.
Das Jahr 1978, in dem Helmut Schmidt seinen 60. Geburtstag feiert, brachte einen neuen Höhepunkt: den Bonner Gipfel im Juli. Der Gastgeber – zugleich Vorsitzender der Konferenz – beherrschte sie souverän: mit profunder Sachkenntnis, globalem Überblick und – was die auswärtigen wie die einheimischen gleichermaßen erstaunt vermerkten – mit ausgesuchter Liebenswürdigkeit. Er war, wie alle, auch die sonst negativ gestimmten Zeitungen betonten, die überragende Persönlichkeit unter den westlichen Staats- und Regierungschefs. Die italienische «Stampa» meinte,

Schmidt habe Carter die Show gestohlen, und Frankreichs «Le Matin» schrieb: «Diese Art der Treffen unterstreicht die Züge, die die Macht der modernen Gesellschaft charakterisieren: die Notwendigkeit zur Show, eine in Autokratie mündende Personifizierung ...»

Dieses Buch ist kein Jubel-Buch zum Sechzigsten. Das würde Helmut Schmidt gewiß wenig interessieren. Es ist der Versuch einer politischen Biographie – nicht von einem Historiker geschrieben mit seinem am Zeitabstand gereiften Urteil, sondern an Hand spontaner Äußerungen verschiedener Beobachter aus aller Welt. Ihre Kommentare gleichen Momentaufnahmen, bei denen noch die Erregung des Augenblicks mitschwingt und der Zeitgeist wieder ganz gegenwärtig wird. Zorn, Ärger, Kritik, Beifall, Bewunderung – welche Gefühle die Marksteine der Laufbahn Helmut Schmidts und seine Handlungen auch immer ausgelöst haben – hier in dieser Artikelsammlung werden sie noch einmal lebendig. Es ist diese Spontaneität des Urteils, diese Unmittelbarkeit der oft heftigen Reaktionen, die reizvoll und aufschlußreich sind.

Am Beginn steht ein Auszug aus einem Interview mit Günter Gaus, dem heutigen Bevollmächtigten der Bundesrepublik in der DDR, der in den sechziger Jahren im Fernsehen eine Reihe von Interviews unter dem Titel «Zur Person» veröffentlicht hat, die wegen ihrer kenntnisreichen, ernsthaft und eindringlich bohrenden Fragen viel über die interviewten Persönlichkeiten aussagen. Alles andere sind Artikel, die in der deutschen und internationalen Presse zwischen 1962 und 1978 erschienen sind und die die wichtigsten Stationen der politischen Laufbahn des Bundeskanzlers kommentieren.

Viele Menschen stoßen sich an Helmut Schmidts Stil – das kommt auch in den Artikeln immer wieder zum Ausdruck. Oft macht er leichtfertig abträgliche Bemerkungen über andere Politiker, die dann stets von irgend jemandem veröffentlicht werden, was unweigerlich zu außenpolitischem Großalarm führt oder innenpolitisches Kleinholz produziert. Er war früher ausgesprochen rüde im Ton, und auch heute kann er gelegentlich noch von kalkulierter Burschikosität sein: «Wer meint man könne alles dem Markt überlassen, ist ein Trottel», «Was Sie da eben gesagt haben, Herr Dregger, ist schlichter Unfug».

Der Bundeskanzler findet die üblichen Liebenswürdigkeiten überflüssig; ihm fehlt jede Leichtigkeit; small talk, dieses unerläßliche Requisit jeglicher Gesellschaft, ist ihm unbekannt; Spontaneität gibt es bei ihm nur in der Form von plötzlich ausbrechendem Unwillen, wobei die Stimme sich hebt und die Sätze schnell und heftig herausgestoßen werden – spontane Warmherzigkeit erlebt man nur ganz selten. Er aber findet, daß er ohne dieses Zubehör raffinierterer Lebensweise sehr gut auskommt und dabei noch Zeit spart.

In der Tat kann man gut verstehen, daß seine atemlosen, verhetzten Tage nur für das absolut Essentielle Zeit lassen. In einem Interview hat er einmal auf die Frage, ob unsere Industriegesellschaft bei den heute so komplexen Problemen überhaupt noch demokratisch-parlamentarisch regierbar sei, geantwortet: «Sie ist gewiß regierbar, aber niemand soll sich einbilden, daß dies im Zeitalter des Fernsehens, im Zeitalter der Massenpresse, im Zeitalter schnell sich ausbreitender Stimmungen ein einfaches Geschäft sei. Man braucht bestimmt weit mehr als die Hälfte seiner Zeit und seiner Arbeitskraft, vielleicht zwei Drittel, um die Zustimmung von Gremien und Ausschüssen, die Zustimmung des Bundestages, die Zustimmung der öffentlichen Meinung zu erreichen für Entscheidungen, die man für sich selbst bereits getroffen hat; und das ist nicht nur in Deutschland so.»

Wenn jemand wie der Bundeskanzler, der die drei seltenen Gaben besitzt, die den Staatsmann ausmachen: erstens die Fähigkeit, theoretisch zu analysieren, zweitens mit scharfem Blick zu erkennen, was davon in praktische Politik umgesetzt werden kann, und drittens auch noch über die Beredsamkeit verfügt, andere von der Richtigkeit dieser Ansichten zu überzeugen – wenn der mehr als die Hälfte seiner Zeit und Kraft braucht, um die notwendige Zustimmung zu gewinnen, dann kann man sich eine Vorstellung davon machen, was Regieren heißt.

Insofern beruht der Vorwurf der Arroganz, der ihm oft gemacht wird («Es hat gar keinen Zweck mit ihm zu reden, er weiß ja doch alles besser») auf einem Mißverständnis. Blabla-Gespräche machen ihn, der sehr viel rascher denkt als die meisten anderen, mit Sicherheit ungeduldig, weil sie Zeit verschwenden und ihn langweilen; wenn er aber jemand trifft, der neues Wissen, anregende Kritik oder interessante Einsichten zu vermitteln hat, dann ist Helmut Schmidt ein höchst aufmerksamer Zuhörer, für den Zeit scheinbar keine Rolle spielt.

Er ist nicht arrogant, doch wenn gelegentlich festgestellt wird, es fehle ihm an Bescheidenheit, so ist das richtig und falsch zugleich. Es ist richtig insofern, als er seinen Rang sehr wohl kennt und nicht einsieht, warum er diese sachlich feststellbare Tatsache scheinheilig verhüllen soll; es ist dagegen falsch, wenn es sich um Bescheidenheit in einem höheren Sinn – beispielsweise dem Schicksal gegenüber – handelt. Diese Bescheidenheit besitzt er durchaus. In der Regierungserklärung nach der Befreiung der Geiseln in Mogadischu und zur Ermordung Hans Martin Schleyers sagte er: «Wer weiß, daß er so oder so trotz allen Bemühens mit Versäumnis oder Schuld belastet sein wird, wie immer er handelt, der wird von sich selbst nicht sagen wollen, er habe alles getan und alles sei richtig gewesen.»

Auch der Vorwurf, er ertrage keine Opposition, ist schlichtweg unzutreffend. Ganz im Gegenteil schätzt er sachkundigen, stichhaltigen Widerspruch außerordentlich. Er ist ein harter Kämpfer und achtet im Grunde nur den, der ebenso hart zurückschlägt. Auf scharfe Fragen pflegt er stets kurz und präzise zu antworten, ohne ein Zeichen von Verärgerung oder Beleidigtsein.

Die Notwendigkeit zu handeln, zu ordnen, zu vollbringen steht beim Regierungschef Schmidt so sehr im Vordergrund, daß viele Leute in ihm nur den Macher und Technokraten sehen, ohne zu bemerken, daß jene Leidenschaft, der *res publica* zu dienen, von der Max Weber spricht und die Schmidt so ganz ergriffen hat, aus tiefen Dimensionen wächst und ohne eine moralische Grundkomponente gar nicht vorhanden sein könnte. Politische Führung ohne moralische Prinzipien und geistige Disziplin ist für ihn nicht denkbar. «Politik ohne Gewissen tendiert zum Verbrechen», sagt Helmut Schmidt. Und auch: «Nach meinem Verständnis ist Politik pragmatisches Handeln zu sittlichen Zwecken.» Wenn es nicht seiner innersten Überzeugung entspräche, daß Politik der moralischen Grundlagen bedarf, dann hätte er bei seinem Auftreten in Auschwitz und der Rede, die er dort im Herbst 1977 hielt, nicht so glaubhaft und überzeugend auf die skeptischen Polen gewirkt.

Nie kehrt er den Kanzler heraus; auf der anderen Seite hört man von seinen Parteigenossen, daß es Kumpanei im Umgang mit ihm auch nicht gibt. Im Kabinett, so sagen Ministerkollegen, bringt er sehr viel Geduld auf. Er hört alle Argumente an, fordert sie bei denen, die sich nicht von selbst zu Wort melden, oft heraus und ist immer bestrebt, einen Konsens herbeizuführen. Er selber sagt: «Die besten Experten eines Parlaments sind diejenigen, die neben ihrer fachbezogenen Urteilskraft sich zugleich die Befähigung erworben haben, über gesamtpolitische Zusammenhänge zu urteilen.» Seinen Mitarbeitern im Kanzleramt hält er die Treue und darum ertragen sie auch geduldig seine gelegentliche Gereiztheit und seine Launen.

Als er dieses Jahr aus Amerika zurückkam, wo er seinen Freund George Shultz, den früheren US-Wirtschaftsminister, in Stanford besucht hatte, war er sehr beeindruckt von dem hohen intellektuellen Niveau der amerikanischen Top-Manager, die für ihn eingeladen worden waren: «Alle wußten Bescheid über SALT, GATT und die weltpolitischen Probleme». Know-how über die wirtschaftlichen und währungspolitischen Zusammenhänge der heutigen Welt, das ist für ihn eine wichtige Kategorie der Beurteilung, Dilettantismus ist ihm verhaßt.

Sein persönlicher Lebensstil ist von großer Bescheidenheit. Ich glaube, er teilt die alte preußische Auffassung, daß Stil eine individuelle, also der Persönlichkeit eigene, quasi angeborene Lebensweise ist, die, wenn das Einkommen steigt, zu verändern weder notwendig noch angebracht ist, sondern lediglich peinlich wäre. Im Gegensatz zu den normalen «Aufsteigern» verbringt er seine Ferien noch immer in demselben, sehr simplen Bungalow am Brahmsee in Holstein, den er mitsamt einem winzigen Grundstück nach dem Krieg erworben hat. Seine Frau Loki ist aus demselben Holz geschnitzt. Auch sie treibt keinen Aufwand und kocht selber die Suppe, die es dort zum Mittagessen gibt. Das einzige Vergnügen, das der passionierten Botanikerin am Herzen liegt, ist einmal im Jahr mit einer wissenschaftlichen Expedition in ferne Kontinente zu reisen, wobei sie sehr penibel darauf achtet, daß jeder Pfennig selbst bezahlt und niemandem ein Platz weggenommen wird.

Beide sind sich der Einsamkeit, die seine Position mit sich bringt, sehr bewußt. Eine Einsamkeit übrigens, die im äußeren Tagesablauf auch noch auf unangenehme Weise pervertiert wird durch die ständig anwesenden Sicherheitsbeamten, die ihn auf Schritt und Tritt begleiten. Einmal, als beide zum Abendessen bei mir waren, hatte Helmut Schmidt zwei langhaarige, junge Beamte in Zivil mit, die draußen Wache hielten. Eine wohlmeinende Nachbarin, die die beiden suspekten Gestalten plötzlich gewahrte, rief sofort die zuständige Polizei an und meldete: «Zwei Terroristen streichen seit längerer Zeit um das Haus nebenan. Sie müssen sofort kommen.»

Viele sind fasziniert von seinem Verhältnis zur Macht und meinen, dies sei die eigentliche Triebkraft seines Handelns. Sie vergessen, daß, wie Bismarck gesagt hat, Gefühlspolitik nicht auf Reziprozität rechnen kann: ohne Macht also kann man nicht Politik machen. Wer nach dem Zweiten Weltkrieg die Transformation Englands vom Weltreich zum Inselstaat miterlebt hat, oder die Entwicklung Deutschlands von einem verachteten, zerstörten, von niemandem respektierten Land zu einem in Europa führenden Gemeinwesen, der weiß, daß ein Staatsmann verantwortungslos wäre, der nicht darauf bedacht ist, sein Land stark und widerstandsfähig zu machen. Im letzten Viertel des 20. Jahrhunderts gehört dazu in erster Linie wirtschaftliche Handlungsfähigkeit, soziale Gerechtigkeit sowie politische Vernunft und Toleranz. Militärische Abwehrkraft darf natürlich nicht fehlen, aber sie allein verschafft noch keinen Respekt, wie man an der Sowjet-Union sehen kann, deren Technologie, Produktivität und soziales Ansehen sich in einem argen Mißverhältnis zu ihrem gewaltigen militärischen Potential befinden.

Was aber soll, muß oder kann der Staat denn nun eigentlich für die geistige und moralische Respektabilität tun? Die deutsche Bischofskonferenz hatte eines Tages den Vorwurf erhoben, der Staat trete dem Verfall der Grundwerte nicht hinreichend entgegen, ja er trage sogar zu ihrer Auflösung bei. Im Hinblick auf die Reform des § 218 hieß es: «Diese Regelung erschüttert das Fundament unseres Rechtsstaates. Sie zerstört das sittliche Bewußtsein und macht die Gesellschaft unmenschlicher.»

Helmut Schmidt hat vor der katholischen Akademie in Hamburg am 23.

Mai 1976 auf diesen Vorwurf geantwortet. Aus diesem Vortrag möchte ich hier zitieren, weil diese Stellungnahme viel über ihn selbst aussagt: «In Artikel 4 des Grundgesetzes wird dem einzelnen Bürger nicht nur die Freiheit garantiert, einen religiösen Glauben, eine Weltanschauung zu haben, sondern es wird ihm auch die Freiheit garantiert, diese *nicht* zu haben. Trotz Garantie der Religionsfreiheit kann daher Religion absterben, wenn etwa in den Menschen die religiöse Überzeugung, der Glaube absterben. Es ist nicht Sache des Grundgesetzes, dort einzugreifen. Sache des Grundgesetzes, des Grundrechts auf Religionsfreiheit ist es, den freien Raum zu schaffen, in dem die Menschen denken, sprechen, hören, handeln dürfen und sollen. . . . Ein Staat, der jede religiöse Betätigung garantiert, der eine Vielfalt religiöser und ethischer Grundhaltungen ermöglichen soll, darf keine bestimmte Wertordnung unter Ausschluß anderer Wertordnungen zur allein verbindlichen erklären . . .

Der demokratische Staat hat die Werthaltungen und die sittlichen Grundhaltungen nicht geschaffen. Er findet sie vielmehr in den Einzelnen und in der Gesellschaft vor, und er muß bei seinem Handeln dort anknüpfen. Das heißt, der freiheitliche Staat, der weltanschaulich neutrale, der demokratische Staat lebt von ihm vorgegebenen Werten und Werthaltungen. Er hat sie nicht geschaffen, er kann ihren Bestand nicht garantieren, ohne seine Freiheitlichkeit in Frage zu stellen.

Das gilt auch für neu sich bildende sittliche Grundhaltungen. Es kann nicht die Rede davon sein, daß in unserer Gesellschaft sittliche Grundhaltungen nur abgebaut würden. Viele entstehen neu in unserer Generation, zu unseren Lebzeiten. Ich denke nur an das in unserer Generation neu erwachte Ethos gegenüber farbigen Menschen, gegenüber Entwicklungsländern und den Menschen dort, an die sittliche Haltung, mit der wir inzwischen gelernt haben, Ausländern gegenüberzutreten. Ich denke an die neu entwickelten sittlichen Haltungen gegenüber vielen sogenannten Randgruppen in unserer eigenen Gesellschaft. Das sind neue, früher so nicht vorhandene sittliche Haltungen. Die Rechtsordnung wird sie im Zuge des demokratischen Prozesses in sich aufzunehmen haben, sie hat das zum Teil schon getan . . . Der Staat kann ein nicht mehr vorhandenes Ethos nicht zurückholen, und er kann ein nicht mehr vom Konsens der Gesellschaft getragenes Ethos nicht durch Rechtsnorm für verbindlich erklären. Hier ist der Staat an die Grenzen seiner Möglichkeiten gekommen.»

Vor kurzem sprachen wir einmal über die erstaunliche Entwicklung der Bundesrepublik Deutschland, von eben jenem verachteten Land zu einem allgemein respektierten Gemeinwesen. Der Kanzler sagte ganz ohne Pose, und es klang durchaus überzeugt: «Ich habe eigentlich nichts anderes getan, als Konrad Adenauer und Willy Brandts Politik fortzusetzen. Daß die

Bundesrepublik sich zu solcher Bedeutung entwickelt hat, das ist zu einem gut Teil der gewerkschaftlichen Führung – Leuten wie Brenner und Vetter – zu danken und auch den Unternehmern, die außerordentlich verständnisvoll waren.» Das ist sicherlich richtig, aber hinzuzufügen wäre, daß Helmut Schmidt selbst alles getan hat, um die Beziehungen zwischen Unternehmern und Arbeitern möglichst konfliktfrei zu gestalten. Er war immer ein Befürworter der Marktwirtschaft, aber als Komplementärgröße, als «Korrektur der Marktresultate» lag ihm seit eh und je die Sozialpolitik am Herzen, zu der für ihn auch die Mitbestimmung gehört.

Ich habe damals im Anschluß an jenes Gespräch über einen Vergleich zwischen Bismarcks Deutschland und der Bundesrepublik nachgedacht. Wie kommt es eigentlich, so fragte ich mich, daß die Bundesrepublik heute so viel Geltung in der Welt hat wie das Deutsche Reich zu Bismarcks Zeiten, obgleich im Vergleich zu damals die außenpolitischen Möglichkeiten heute doch viel begrenzter sind? Sie sind eingeengt durch die Trennungslinie, die mitten durch Deutschland geht, durch die Bindungen an die Atlantische Allianz und die Bindungen innerhalb der EG. Bismarck hatte es nur mit den europäischen Mächten zu tun. Der heutige Regierungschef muß Politik auf verschiedenen Ebenen treiben: auf der europäischen Ebene, im Rahmen der Ost-West-Spannungen und im Hinblick auf die Dritte Welt. Er ist außerdem zur Zeit eingeklemmt zwischen der Unionsmehrheit im Bundesrat und der Rücksichtnahme auf den Koalitionspartner.

Die Antwort auf diese Frage lautet wohl, daß heute die wirtschaftlichen Erfolge eine viel größere Rolle spielen als damals. Anders ausgedrückt: daß das Gewicht der Außenpolitik heute in direkter Proportion abhängig ist von dem wirtschaftlichen Potential eines Landes. In dieser Hinsicht haben die Bürger der Bundesrepublik viel Glück gehabt: Adenauer hat die Pflöcke an der richtigen Stelle eingeschlagen, Erhard im entscheidenden Moment die Weichen so gestellt, daß es in der Wirtschaftspolitik kein Zurück mehr gab, und Helmut Schmidt hat den großen Vorteil, daß er gelernter Volkswirt ist und die komplizierten Zusammenhänge und Probleme der heutigen Währungspolitik und Weltwirtschaft begreift und beherrscht.

Dieses Wissen hat er fast allen anderen Regierungschefs der westlichen Welt voraus. Er hat Kompetenz, Urteil und Erfahrung im Wirtschaftlichen. Er war sowohl Wirtschafts- wie Finanzminister, bevor er Kanzler wurde, und daß er außerdem noch ein experter Verteidigungsminister war und mit allen Problemen der Sicherheitspolitik vertraut ist, prädestiniert ihn dazu, im Konzert der westlichen Regierungschefs ein gewichtiges Wort zu reden. Daß er schließlich jahrelang auch noch Fraktionschef gewesen ist und mithin die Parteimaschine genau kennt, ist für ihn bei der Frage, was durchsetzbar ist und was nicht, von allergrößtem Nutzen. Theorie und

Praxis sind ihm also gleichermaßen vertraut – er meint: «Wenn Politik mit der praktischen Lösung konkreter Fragen zu tun hat, so gehören doch Praxis und Theorie in der Politik gleichwohl zusammen: zwischen Geschichte, Erfahrung, Idee, Programm und Tat besteht ein unauflöslicher interdependenter Zusammenhang.»
Seine Urteilsfindung beginnt, wie er selber bekennt, immer mit einer instinktiven Reaktion, die er dann durch eigenes Nachdenken rational und sachbezogen prüft, um danach die gewonnene Erkenntnis im Gespräch mit anderen einzeln oder in der Diskussion mit einem Team zu erhärten oder zu verwerfen. Meist stelle sich dabei heraus, daß der Instinkt recht gehabt hat. Seine Devise lautet: «Diskussionen müssen zu Ergebnissen, Ergebnisse zu Entscheidungen und Entscheidungen zu Taten führen.»
In einem solchen Leben ist natürlich wenig Platz für Gespräche um ihrer selbst willen. Darum ist für ihn die Verständigung mit den Jungen auch verhältnismäßig schwierig. Der Abgeordnete Carsten Voigt, der während der sechziger Jahre eine führende Rolle bei den Jungsozialisten gespielt hat, sagte einmal in einem Interview: «Ich glaube nicht, daß Helmut Schmidt wirklich verstanden hat, worum es den Jungsozialisten ging. Er konnte nicht begreifen, daß wir versuchten, Fragen wie individuelle Emanzipation oder kreatives Handeln in der Politik innerhalb der Partei zu erörtern. Solche Fragen sind nicht traditionell mit der Arbeiterbewegung verbunden. Ich glaube, daß es für Willy Brandt als Vorsitzenden der Partei mit seinem Verständnis für Schriftsteller, Künstler und die intellektuelle Bewegung leichter war, als es für Helmut Schmidt ist, der mehr Verständnis für das Management der Politik und für das Management sowohl in den Gewerkschaften als auch im Big Business hat.»
Helmut Schmidt fühlt sich selbst wohl auch nicht immer ganz gemütlich in seiner Rolle: Diesem Unbehagen hat er einmal Ausdruck verliehen mit den Worten: «Mein Eindruck ist, daß wir – gemeint war wohl die ältere Generation – manchmal zu arbeitsbesessen, zu gründlich sind, um die Lokkerheit, die Lässigkeit und die Lebenskunst der neuen Generation mitzuerleben und aufnehmen zu können.»
Hätte Helmut Schmidt seine ursprüngliche Absicht verwirklicht, Architekt zu werden, so wäre er vielleicht ein typischer Intellektueller geworden. Ein Charakteristikum – die große Lesewut, die Fähigkeit, alles interessante Neue ausfindig zu machen und zu verschlingen – hat er sich solange es irgend ging erhalten, aber seit er Verteidigungsminister wurde, hat sein Arbeitstag 14 Stunden und mehr. Darum war ich sehr verblüfft, als er im vergangenen Winter während der Matthiae-Mahlzeit in Hamburg zu mir sagte: «Sagen Sie 'mal, da habe ich grade in dem Buch eines Balten gelesen, daß Eure Dönhoffschen und Lehndorffschen Güter in Ostpreußen Bauernhöfe gewesen seien verglichen mit den Besitzen im Baltikum – stimmt

denn das?» Auf meine Gegenfrage, wann um des Himmels willen er denn Bücher über das Baltikum lese, antwortete er, gestern habe die Parlamentsdebatte – es ging um die Verschärfung der Terroristengesetze – bis 9 Uhr abends gedauert, dann habe er noch eine Ausstellung eröffnen müssen, und danach sei er zu müde gewesen, um noch Akten zu studieren. Also Zeit für Ausstellungen findet sich doch noch gelegentlich – vor einiger Zeit beispielsweise hat er in Bremen anläßlich der Eröffnung einer Otto-Modersohn-Ausstellung eine ausgezeichnete Rede gehalten, und als der Europarat in London tagte, hat er sich schnell einmal davon gestohlen, um Henry Moore zu besuchen. Auch für Konzerte nimmt er sich gelegentlich Zeit. Die musische Komponente ist also noch nicht ganz verdorrt. Geistige Erlebnisse und Zusammenkünfte werden im übrigen genauso sorgfältig vorbereitet wie die Gipfeltreffen mit anderen Regierungschefs. Vor seinem Besuch bei Papst Paul VI. suchte er den betagten, aber immer noch sehr angesehenen Moraltheologen und Soziallehrer Nell-Breuning auf, um in die derzeitige katholische Problematik eingestimmt zu werden. Schmidt selber meint, viele seiner geistigen und musischen Interessen habe die Lichtwarkschule, die er in Hamburg besuchte, bei ihm geweckt und gefördert. In dieser sehr progressiven Schule, die später von den Nazis verboten wurde, lernte man offenbar vor allem, Probleme selbst zu bewältigen: «Ich habe ein Jahr lang als Dreizehn- oder Vierzehnjähriger eine Arbeit gemacht über die Weser-Renaissance in Hameln, Bückeburg und anderen Orten. Ein Jahr darauf habe ich 20 Choräle in vierstimmigen Satz gesetzt und als Jahresarbeit abgegeben. Und wieder ein Jahr darauf habe ich eine Arbeit gemacht über die Konkurrenz zwischen den Seehäfen Antwerpen, Rotterdam, Bremen und Hamburg. Diese Fülle der Themen, die mir eben in Erinnerung kommt, läßt erkennen, wie man uns junge Menschen dazu gebracht hat, von Fall zu Fall uns selbständig auf völlig verschiedenen Gebieten zu tummeln.»

Der fünfte Bundeskanzler ist 1953 in den zweiten Bundestag gewählt worden. Während 25 Jahren hat er an dem Schicksal unseres Landes mitgewirkt, es in den letzten zehn Jahren entscheidend mitbestimmt und geformt. Seine Leidenschaft hat nicht nachgelassen. Sachkenntnis und Kompetenz haben ständig zugenommen, wie bei einem Baum, der Jahr um Jahr einen Ring mehr ansetzt. Er ist noch immer schnell, scharf, präzis und erspäht mit sicherem Blick die schwachen Stellen in einer Diskussion oder den springenden Punkt bei einer Verhandlung. Seine Reden, die mitreißend sind wie eh und je, verzichten jetzt, jedenfalls im allgemeinen, darauf, verletzend zu sein. Es ist schade, daß alle Leute älter werden – aber bei manchen lohnt es sich.

Marion Dönhoff

Porträts in Frage und Antwort

Helmut Schmidt 8. 2. 1966 (Auszug)

Von Günter Gaus

GAUS: Herr Schmidt, die Politiker Ihrer Generation – Sie wurden im Dezember 1918 in Hamburg geboren –, die Politiker Ihrer Generation, die erst nach dem Zweiten Weltkrieg in die Politik geraten sind, haben die einst schier unübersteigbaren ideologischen Schranken zwischen den Parteien nicht mehr recht kennengelernt. Die westdeutschen Parteien sind in vielen Grundauffassungen heute eines Sinnes. Unter diesen Umständen könnte sich doch ein Mann Ihrer Generation sehr wohl einmal sagen, so ganz für sich selber sagen: Wärst du nach 1945 nicht in die bisherige Verliererpartei, sondern in die Gewinnerpartei gegangen, nicht in die SPD, sondern in die CDU, dann wärst du heute vielleicht Mitregierender in Bonn, du könntest deine politischen Vorstellungen in die Wirklichkeit umsetzen. Direkt gefragt, Herr Schmidt: Haben Sie gelegentlich das bittere Gefühl: Ich habe falsch optiert, als ich 1946 in die SPD eingetreten bin, die nun schon 20 Jahre in der Opposition ist?
SCHMIDT: Bittere Gefühle hat man zuweilen in der Politik, aber das Gefühl, in die falsche Partei eingetreten zu sein, hat mich niemals beschlichen. Vielleicht soll ich in dem Zusammenhang sagen, wie es überhaupt kam, daß ich zur Sozialdemokratie gekommen bin. Ich bin lange Soldat gewesen wie alle Leute meines Jahrgangs, von 1937 bis 1939 aktive Wehrpflicht, dann anschließend kam der Krieg und dann noch eine kurze Gefangenschaft. Ich bin in der Gefangenschaft Sozialdemokrat geworden, unter dem Einfluß älterer Offiziere. Und dabei spielte das Kriegserlebnis eine große Rolle. Manches von dem, was wir vorher in der Hitlerjugend, später als junge Soldaten während des Krieges an Idealen vorgesetzt bekommen hatten, haben viele meines Alters, so auch ich, sehr schnell als nicht ernst zu nehmend, als vorgetäuscht, als Mache empfunden. Aber manches haben wir doch auch sehr ernst genommen. Fünfundzwanzig Jahre später, also heute, klingt es für manche Ohren gar nicht sehr angenehm, wenn ich sage, daß für mich das Erlebnis der Kameradschaft im Kriege einer der Werte ist, die ich glaubte mitgebracht zu haben. Und ich habe dann im Gefangenenlager eigentlich entdeckt, daß letztlich ähnliche Grundprinzipien die-

sem Erlebnis der Kameradschaft – das ja gleichzeitig eine Maxime war – zugrunde lagen wie den Prinzipien des Sozialismus. Deswegen kam für mich eine andere Wahl überhaupt nicht in Betracht, als ich schließlich wieder zu Hause war.

GAUS: Herr Schmidt, was hat Sie denn überhaupt bewogen, 1946 in eine Partei einzutreten? Wieso hatten Sie nicht, gerade aus der Kriegsgefangenschaft, aus langer Militärzeit zurück, sozusagen die Nase voll?

SCHMIDT: Ja, da haben Sie recht, ich hatte durchaus die Nase voll.

GAUS: Warum dann in eine Partei?

SCHMIDT: Meine Frau und ich und einige Freunde, die dazu gehörten, haben während des Krieges und insbesondere in den letzten Kriegsjahren eigentlich gar keinen Zweifel mehr daran gehabt, daß das alles in einem schrecklichen, äußeren und inneren und moralischen Zusammenbruch enden würde. Ich muß gestehen, wir haben uns den Zusammenbruch sogar noch schlimmer vorgestellt, als er gekommen ist. Und bei dieser Vorstellung von der Sinnlosigkeit, in die all unser damaliges Tun und Lassen einmünden würde, haben wir wohl manchmal gesagt, nie im Leben wollten wir etwas mit Politik zu tun haben. Unsere Idealvorstellung war – damals gab es ein Buch von Ernst Wiechert «Das einfache Leben»; ich weiß, daß viele Leute damals ähnlich empfunden haben wie wir auch; dies wäre unser Ideal gewesen, ganz zurückgezogen zu leben von dem Getriebe der Welt. Und als man dann aus der Gefangenschaft nach Hause kam und sah, was alles an entsetzlichen Dingen da war und was ja änderbar war, man konnte doch etwas dagegen tun, da fand ich mich wie viele meiner Altersgenossen herausgefordert, daran mitzuwirken. Wir haben schon 1945 in Hamburg eine Gruppe sozialistischer Studenten gegründet.

GAUS: Hatten Sie eine Art Frontsozialismus mit nach Hause gebracht? Wollten Sie eine gänzlich erneuerte Gesellschaft?

SCHMIDT: Nein, das möchte ich nicht sagen. Sehen Sie, mir ist es so gegangen, daß ich während des Krieges immer deutlicher spürte und mir immer klarer wurde, bewußter und klarer wurde, daß das ein schlechtes Regiment war, unter dem wir lebten, eine schlechte Regierung, ein schlechter Staat. Mir ist sogar auch, was vielen Frontsoldaten verborgen bleiben mußte, klargeworden, daß es eine verbrecherische Regierung war und ...

GAUS: Warum ist Ihnen das klargeworden?

SCHMIDT: Weil ich während einer Zeit des Krieges in Berlin im Luftfahrtministerium tätig sein konnte und dadurch mehr Einblick gekriegt habe in manche Dinge, als man an der Front hat kriegen können, und auch mehr gehört habe. Ich wußte ganz genau, daß ich dagegen war. Ich wußte aber nicht, wofür ich hätte sein sollen. Das hat in meiner Erziehung nicht dringelegen. Ich war im Jahre 1933, als die Nazis kamen, vierzehn Jahre alt gewesen. Mir hatte niemand gesagt, wie ein Staat eigentlich beschaffen hätte sein sollen. Ich hatte gar keine positive Vorstellung von der Demokratie. Mir war nur klar, daß die höhnische Herabsetzung der westlichen Demokratien durch das Dritte Reich nicht ganz stimmen konnte; daß das wohl falsch war. Aber wie es denn nun wirklich war in einer Demokratie, wie ein Rechtsstaat wirklich geordnet sein sollte, davon hatte ich keine positive Vorstellung. Und aus diesem Gefühl heraus, einerseits genau zu wissen, so darf es hier nicht sein in Deutschland, andererseits aber nicht genau zu wissen, wie es denn statt dessen sein sollte, ergab sich diese Wißbegierde, wie übrigens in vielen anderen Gefangenenlagern ja auch, die unter uns Kriegsgefangenen zu endlosen Vorträgen und nächtlichen Gesprächen geführt hat. Eigentlich habe ich meine positive Vorstellung, wie ein Staat wohl sein sollte, ich sagte es schon, in der Gefangenschaft gebildet. Und jene Parallelität zwischen dem sozialistischen Prinzip der Solidarität – übrigens nicht nur ein sozialistisches Prinzip, genausogut kommt es im katholischen Naturrecht vor –, zwischen diesem sozialistischen Prinzip der Solidarität und dem im Kriege erlebten Prinzip der Kameradschaft hat dann ein übriges getan.

GAUS: Teilen Sie die ein wenig sentimentale Sehnsucht vieler Westdeutschen Ihrer Generation nach den ersten Nachkriegsjahren, nach der unermüdlichen Debattierlust jener Zeit, als alles noch ungeordnet war und die Chance zu bergen schien, neu geordnet zu werden?

SCHMIDT: Nein, Sehnsucht würde ich nicht sagen. Wohl aber empfinde ich sehr deutlich aus der Erinnerung heraus, daß manche der Debatten, die man damals geführt hat, zu den schönsten und fruchtbarsten Debatten und Gesprächen gehört haben, die ich überhaupt erlebt habe – einschließlich der ganzen späteren zwanzig Jahre als Politiker.

GAUS: Nach Vorstellung der SPD ist die Sozialdemokratie heute eine weithin entideologisierte Volkspartei. Haben Ideologien jemals etwas für Sie bedeutet, oder haben Sie sie immer als Ballast für die praktische Politik verstanden?

SCHMIDT: Das sind zwei Fragen. Lassen Sie mich zunächst einmal versuchen, die erste zu beantworten, ob Ideologien je für mich etwas bedeutet hätten. Ich glaube, nein. Zweitens würde ich aber nicht sagen, daß die Ideologien, die andere vortrugen oder die andere aus früheren Zeiten mitgebracht hatten, daß mir die als Ballast erschienen wären. Das will ich nicht sagen, sondern doch als etwas historisch Gewachsenes, was als solches zu respektieren war, was man nicht . . .

GAUS: Auch etwas Respektables kann Ballast sein. Kommen wir einmal auf den Debattenredner Schmidt zu sprechen. Sie haben sich im Parlament, im Bundestag, dem Sie zunächst von 1953 bis 1961 angehörten, den Beinamen «Schmidt-Schnauze» zugezogen oder verdient, wie immer Sie wollen. Würden Sie sagen: mehr zugezogen oder mehr verdient?

SCHMIDT: Beides.
GAUS: Sie haben sich den Beinamen «Schmidt-Schnauze» verdient, und es hat Debatten gegeben, bei denen sie offensichtlich Ihren Gegner in Rage bringen wollten. Ich erinnere mich an eine, in der Sie dem Baron Guttenberg, dem CSU-Abgeordneten, dem Sinne nach vorgehalten haben, daß Großgrundbesitzer wie er allzuoft übriggeblieben seien und dazu beigetragen hätten, daß manche Verhältnisse in Deutschland nicht so geordnet seien, wie Sie sie sich wünschten. Meine Frage: Sind Sie dann auch in Rage oder behalten Sie dabei einen ganz kühlen Kopf?
SCHMIDT: Zwar gereizt, aber ganz kühlen Sinnes. Ich erinnere mich sehr gut an diese Auseinandersetzung. Wenn Sie gerade diese Gelegenheit jetzt in Erinnerung rufen, dann muß ich wohl sagen dürfen, daß eine sehr scharfe, bewußt provozierende Rede Guttenbergs unmittelbar vorhergegangen war. Er griff die innere Glaubwürdigkeit der Sozialdemokraten an; und das nach meinem Empfinden arrogant und überheblich. Wir sind inzwischen ganz gute Kollegen geworden, das ist ja nun auch acht Jahre her, wir können sehr freundlich und nett miteinander umgehen, obwohl wir sehr verschiedener Meinung sind. Aber meine ganze Fraktion hat es damals als eine Ungeheuerlichkeit empfunden, mit kaltem Blut dargestellt zu werden als Leute, die bewußt etwas anderes sagen, als sie denken. Und ich hatte das Gefühl, daß darauf eine deutliche, scharfe, kämpferische Erwiderung notwendig war. Übrigens war meine Erwiderung nur fünf Minuten lang, und ich habe dann in den nächsten fünfzig Minuten ganz sachlich ein schwieriges Problem auseinandergesetzt. Sie können das auch nachschlagen.
GAUS: Sie sehen, es sind mir in Erinnerung geblieben die fünf Minuten, als ich nach einem Beispiel suchte.
SCHMIDT: Ich habe sie nur improvisiert aus der Situation heraus.
GAUS: Ich stelle meine Frage noch einmal: Kühlen Bluts, so sagen Sie, hatte Guttenberg die SPD attackiert. Helmut Schmidt ging hinauf und schlug zurück. Kühlen Bluts oder doch in Rage?
SCHMIDT: Gereizt, wie ich schon sagte, aber . . .
GAUS: Kontrolliert?
SCHMIDT: Das passiert mir niemals im Parlament, daß ich etwas anderes sage, als ich sagen will.
GAUS: Welches sind die Ideale, die Sie in der Politik, oder auch das Ideal, das Sie in der Politik am höchsten anstreben.
SCHMIDT: Ich will auf Ihre Frage mit beispielhaften Personen antworten. Als ein Vorbild für einen Politiker ist mir zum Beispiel immer Thomas Jefferson erschienen, einer der frühen amerikanischen Präsidenten.
GAUS: Können Sie begründen, warum?
SCHMIDT: Aus mancherlei Gründen. Einmal hat mich immer angezogen

die umfassende Bildung an dem Manne, der eben nicht nur auf sein politisches Geschäft starrte und von allem übrigen nichts wußte, sondern der von einem ganz weiten Horizont her sich dem politischen Problem seines Landes zu widmen wußte. Zum zweiten haben mich an ihm angezogen die feststehenden moralischen Grundsätze. Und damit komme ich vielleicht zur nächsten Person, die ich nennen will – aus unserer Zeit, ich habe das auch in Versammlungen vor jungen Leuten schon gerne einmal gesagt. Aus unserer Zeit finde ich, daß Johannes XXIII. ein Vorbild ist und auch für Politiker sein sollte, übrigens nicht nur für Politiker, sondern auch für andere Menschen, insbesondere für junge Menschen, weil er in so überaus überzeugender Weise, weit über den Bereich seiner katholischen Kirche hinaus, allen Menschen auf der Welt die Notwendigkeit der Toleranz vor Augen führte, die sittliche Notwendigkeit der Toleranz, wenn Menschen im Lande überhaupt sollen miteinander leben können. Und als dritten möchte ich jemanden nennen, der gerade für Deutschland etwas geleistet hat, was notwendig war, aber nicht nur für Deutschland: das ist Kennedy, der den Menschen in der ganzen Welt den Mut zum Ideal zurückgegeben hat. Es war eine Zeitlang und ist auch heute noch unter manchen Menschen in Deutschland etwas Suspektes, Ideale zu haben. Ich finde das gar nicht suspekt. Und ich finde, der Kennedy hat hier zum Beispiel darin etwas geleistet, daß er vielen, vielen jungen Menschen auf der Welt den Mut wiedergegeben hat zum Ideal – ohne dabei auf der anderen Seite die Füße vom Boden zu verlieren. Wenn ich also in diesen drei Beispielen Ihre Frage beantworten darf, dann würde ich sagen, solche Eigenschaften, wie ich sie hier eben hervorgehoben habe an diesen drei Personen, solche Eigenschaften würde ich schon vorbildlich und ideal auch für einen Politiker halten.
GAUS: Wie beurteilt der Politiker Helmut Schmidt den Politiker Franz Josef Strauß?
SCHMIDT: Strauß ist ein ungeheuer begabter Mann, ein Mann mit großen Fähigkeiten, ein Mann mit einer großen Palette von Fähigkeiten: eine ganz gute Bildung, ein gutes Gedächtnis, eine glänzende Beredsamkeit – er kann ein Gremium von Professoren genauso hinreißen wie eine riesenhafte Volksversammlung –, Entschlußkraft, Energie, auch wohl Mut. Auf der anderen Seite steht dieser großen Zahl von Fähigkeiten, die an und für sich alle schon wünschenswert sind für einen Politiker und die den Strauß eben auch zu diesem Energiebündel machen, das er ist, ein Mangel an Selbstkontrolle gegenüber. Da bin ich eben nicht ganz sicher, ob der Strauß vorher weiß, was er sagt. Aber Sie haben mich nicht gefragt, wie ich ihn beurteile, sondern was ich von ihm halte. Da will ich Ihnen sagen, manchmal bin ich auf den Mann sehr zornig gewesen und manchmal habe ich ihn für eine ganz gefährliche Kraft gehalten, und ich glaube, daß er auch in Zukunft, wenn er Fehler macht, gefährlich sein kann. Andererseits sehe ich, daß er

sich Mühe gibt, sich in den Griff zu kriegen. Und ich muß gestehen, daß mir in all diesen vielen Jahren doch eine gewisse Antenne für den Charme geblieben ist, den er bisweilen hat.
GAUS: Sie haben als einer der ersten oder als der erste bekannte Sozialdemokrat überhaupt, 1958 – glaube ich – an einer Reserveoffiziersübung der Bundeswehr teilgenommen. Das hat Ihnen in der Fraktion zwar damals ein wenig geschadet, aber andererseits hat es Ihnen auch in der Öffentlichkeit genutzt. Denken Sie bei dem, was Sie tun, auch immer ein wenig an den Eindruck Ihres Tuns in der Öffentlichkeit?
SCHMIDT: Wenn das damals, bei meiner Reserveübung, so gewesen wäre, müßte ich aber schon eine sehr feine Nase gehabt haben. Nein, das ist in dem Zusammenhang sicherlich falsch. Eher würde ich zugeben wollen, daß es mich gereizt hat, meiner Überzeugung gemäß eine Übung zu absolvieren, obwohl die meisten meiner politischen Freunde in diesen Fragen damals anderer Meinung waren.

Zur Person, München 1966.

Alles hört auf Schmidts Kommando

«Einen Kopf auf jeden Nagel»

Von Klaus Wagner

Auf dem Befehlsstand in der Hamburger Polizeizentrale wird der neue Hamburger Innensenator seit der Katastrophennacht von seinen Senatskollegen stillschweigend als Primus inter pares anerkannt. Bei der großen Lagebesprechung der Einsatzleitung muß sich auch Bürgermeister Nevermann, der fast unauffällig neben Schmidt sitzt, mehrfach militärisch knapp von der Seite anreden lassen. Schmidt läuft auf hohen Touren, seit er am frühen Samstagmorgen der vergangenen Woche bei der beschleunigten Rückkehr von einem Berlin-Besuch in die vom Hochwasser eingekesselte Hansestadt eingeflogen wurde.
Die «Lage» in der Hamburger Polizeizentrale unterscheidet sich kaum von einer militärischen Stabsbesprechung. Nur eben: daß alle Überlegungen und Anordnungen eine «Wasserfront» betreffen und daß ein Zivilist das Kommando hat, obwohl die Uniformträger im überfüllten Raum überwiegen. Konteradmiral Rogge, der Befehlshaber im Wehrbereich I, hält Vortrag. Kurze Übersicht über die Einsatzgruppierung der von der Bundeswehr gestellten Hilfsverbände. Dann ein Vorschlag: Dienstverpflichtung der männlichen Bevölkerung für den Deichbau? Rogge berichtet: Sol-

daten der Bundeswehr hätten am zerstörten Deich arbeiten müssen, während daneben nietenbehoste Jugendliche den Fußball traten. «Nicht bei uns, Herr Rogge.» Schmidt stellt klar: Es gibt auf Hamburger Gebiet zu dieser Zeit neben den Deichen keinen Fleck, der fußballspielenden Freizeitgestaltern nicht nasse Füße einbrächte.

Die Frage der Dienstverpflichtung wird zurückgestellt. Aber der Deichbau steht obenan auf der Themenliste zur «Lage». Hunderttausend Sandsäcke werden an einem besonders kritischen Punkt dringend gebraucht. Der Mann vom Rundfunk meldet sich, fünfhundert Säcke hat jemand angeboten. «Danke schön, das hilft uns nicht.» Schmidt will, wie er sagt, «einen Kopf auf jeden Nagel machen», und nur große Nägel nimmt er selbst in die Hand. Für die Frage der hunderttausend Sandsäcke braucht er eineinhalb Minuten, bis er diesen Punkt abhaken kann. «Ich erwarte Vollzugsmeldung.» Ein Uniformträger in schlichter Feldbluse meldet sich ab: General von Baer muß nach Bonn zurück, der Luftwaffeneinsatz an der Wasserfront hat sich über alle Erwartung bewährt. 1130 Menschen haben die Hubschrauber gerettet, bei doppelt so hohen Windstärken, wie sie im Bordbuch eines Hubschraubers eigentlich auftauchen dürfen. Jetzt müssen die Maschinen, von denen bis zu hundert eingesetzt waren, dringend überholt werden. Die für die Inspektionsintervalle vorgeschriebene Flugstundenzahl ist durchweg weit überschritten worden. Eine Reserve bleibt in Fuhlsbüttel stationiert. «Wie lange brauchen Sie vom Alarm bis zur Einsatzbereitschaft?» Die Auskunft befriedigt den Innensenator, in hundert Minuten schlägt das Wetter nicht unbemerkt um.

Anfrage eines Verkehrsstrategen: Im Flaschenhals Freihafen rangiert die Bundesbahn mit zu langen Güterzügen; ob sie denn nicht mehr Loks einsetzen könne? Schmidt: «Ich meine, wir sollten der Bundesbahn in ihre Sorgen nicht zu viel hineinregieren.» Zettel werden hereingereicht, der Lagebericht aus Niedersachsen, die neueste Zahl der geborgenen Toten. Alarmmeldung, noch unbestätigt: Ist die einzige intakte Elbbrücke bei Lauenburg angeschlagen? Inzwischen erstattet der Pionieroberst Bericht. Die drei 50-Tonnen-Fähren der Bundeswehr über die Oberelbe sind in Betrieb. «Herr Mohr, an die Karte.» Der Bezirksamtsleiter des Katastrophenreviers Wilhelmsburg zeichnet einen Straßenbruch ein, fast unbemerkt fällt das Wort Bombentrichter. «Herr Philipp, wie lange brauchen Sie?» Der Oberst vom Einsatzstab Süd antwortet präzise. Und wieder Schmidt: «Ich erwarte Vollzugsmeldung.»

Ein auffallend gesund aussehender Mann in feuerwehrblauer Uniform und in hohen Gummistiefeln hat das Wort, der Einsatzleiter der dänischen Froschmänner. Er ist sichtlich bekümmert. «Wir haben gestern zwei Tote geborgen, heute morgen wieder zwei. Meine Leute sind in vierzig Häuser hineingeschwommen. Keine Leichen. Die Bewohner müssen sich auf die

Dächer geflüchtet haben.» Jetzt fehlen dem Dänen, der fließend Deutsch spricht, dennoch die Worte. «Klarer Fall, Herr Kommandeur», sagt Helmut Schmidt. «Die Menschen sind mit den Dächern abgetrieben worden.» Der Däne ist untröstlich: «Wir kommen auch mit dem Leichensuchgerät nicht durch.» Schmidt: «Natürlich nicht. Die Stacheldrähte der Schrebergärten und die Trümmer, wir wissen Bescheid. Aber wir möchten Ihnen doch sehr danken.»
Es ist schwül im Raum. Die Offiziere und die hohen Verwaltungsbeamten sind sichtbar von den Anstrengungen und der übermäßigen Arbeit der letzten Tage gezeichnet. Wie fast alle übrigen Teilnehmer dieser Besprechung zündet sich auch Helmut Schmidt eine Zigarette an der anderen an. «Ich bitte nur intelligente Fragen zu stellen.» Das gilt der Presse. Auch die Journalisten sind nach ihrem «Einsatz» während der letzten Woche nicht mehr in bester Verfassung. Aber auch sie nehmen dem Mann mit den tiefen Ringen um die Augen im geröteten Gesicht nichts übel. Hamburg hat zur rechten Zeit seinen Innensenator bekommen. Und wenn der beinahe zierlich wirkende Mann mit dem jungenhaften Haarschopf auch niemals den Reserveoffizier in Zivil verleugnet: Er hat Humor, und er nimmt selber nichts krumm. Die ganze Last der obersten Entscheidung liegt bei ihm, und er läßt niemanden daran zweifeln. Doch Bürgermeister Nevermann, ein wenig um seine Autorität besorgt, riskiert einen Scherz: «Aber das allerletzte Wort hat nach der Hamburgischen Verfassung noch immer der Senat, nicht wahr, Herr Schmidt?» Und Helmut Schmidts dröhnende Lache gibt das Einsatzzeichen für eine kurze allgemeine Entspannung bei der «Lage». Die Leute hier haben sonst nichts zu lachen.

Frankfurter Allgemeine Zeitung, Februar 1962

Vom Rhein zurück an die Elbe

Hamburgs Polizeisenator in der Katastrophennacht

In den Tagen der Hochwasserflut an der deutschen Nordseeküste hat sich ein Mann in Hamburg einen Namen gemacht: Polizeisenator Helmut Schmidt. Dieser 43jährige, stets elegant gekleidete Politiker war es, der die Rettungsaktionen in den bedrohten Stadtteilen leitete und es durch Energie und Umsicht verhinderte, daß das Ausmaß der Katastrophe noch größer wurde.
Am Abend vor dem Unglück war Schmidt auf einer Tagung der Länderinnenminister in Berlin. Er ließ sich in der gleichen Nacht noch durch die Zone nach Hamburg zurückfahren, und am frühen Morgen des 17. Februar

nahm er, während andere Senatoren in der Nacht geschlafen hatten, im Polizeipräsidium energisch die Zügel in die Hand. Er ordnete das Heer der Helfer und setzte Bundeswehr, Technisches Hilfswerk, Bundesluftschutz, Rotes Kreuz und die Soldaten befreundeter NATO-Verbände dort ein, wo Gefahr im Verzuge und Hilfe am notwendigsten war.

Helmut Schmidt, Reservehauptmann der Bundeswehr und einer der führenden Militärsachverständigen der SPD, war in seinem Element. Bei den Einsatzbesprechungen im Polizeipräsidium ging es zu wie in einem Militärhauptquartier. Als ein Senator zu einer weitausholenden Erklärung ansetzen wollte, bremste ihn der Kettenraucher Schmidt sofort: «Bitte, keine Abschweifungen. Antworten Sie nur auf meine Frage.» Die Bundeswehroffiziere fühlten sich in diesem Hauptquartier heimisch. Schmidt zu einem Offizier: «Können Sie in diesem Fall helfen?» Die Bundeswehr konnte. «Erwarte Vollzugsmeldung», beendete Schmidt seine Anweisung.

Dieser energische Senator war erst gut zwei Monate zuvor vom Rhein an die Elbe zurückgekehrt, wo er Hamburgs SPD acht Jahre lang im Bundestag vertreten hatte. In Bonn hatte sich Helmut Schmidt – der «harte Schmidt» im Gegensatz zum «weichen (Carlo) Schmidt» – längst vom Fußvolk des Bundestages abgesetzt. Als scharfer Debattierer, glänzender Redner und sachlicher Arbeiter hatte er sich hier einen Namen gemacht. Mit seinen politischen Gegnern ging er in Bonn nicht gerade zimperlich um. Die beißende Ironie und der trockene Sarkasmus seiner Attacken brachten Schmidt bald den Spitznamen «Schmidt-Schnauze» ein, eine Bezeichnung, die diesem jungen Politiker offenbar schmeichelt.

Wann immer Schmidt auch in Bonn sprach, es hörten ihm nicht nur seine Parteifreunde zu. Als während der großen außenpolitischen Debatte am 14. November 1959 Schmidt über die Möglichkeiten einer regionalen Abrüstung in Mitteleuropa sprach, hatte Konrad Adenauer interessiert auf einem Abgeordnetensitz Platz genommen, und er hörte – alle Gespräche mit Parteifreunden abwehrend – aufmerksam dem jungen Sozialdemokraten zu.

Helmut Schmidt, Jahrgang 1918, ist ein Kind des Hamburger Stadtteils Barmbek, eines Viertels, dessen Jungen an der Elbe als schlagfertig, forsch, frech und draufgängerisch bekannt sind. Er entstammt einer Lehrerfamilie. Der Vater war Studienrat, der Onkel Oberschulrat, der Bruder ist Lehrer und Schmidts Frau Lehrerin. Nach seinem Abitur (1937) erfüllte Schmidt seine Wehrpflicht. Bei Kriegsende war er Oberleutnant und Batteriechef, und seit der Zeit des Kriegs ist bei ihm das Interesse für militärische Fragen wach geblieben.

Aus der Gefangenschaft entlassen, studierte Helmut Schmidt Staatswissenschaften und Volkswirtschaft. Während dieser Zeit war er, der 1946 der Sozialdemokratischen Partei beitrat, zeitweise Vorsitzender des Sozialistischen Deutschen Studentenbundes. Nach dem Studium wurde er, Schüler des Hamburger Volkswirtschaftlers Professor Schiller, zunächst Referent und dann Leiter der wirtschaftspolitischen Abteilung in der Behörde für Wirtschaft und Verkehr. Von 1952 bis zu seiner Wahl in den Bundestag leitete er dann das Amt für Verkehr. In seiner zupackenden Art versucht er stets, das Unnütze zur Seite schiebend, zum Kern der Dinge vorzustoßen. Er versteht es, eigenwillig auf dem Klavier der Verwaltung zu spielen.

In Bonn interessierte sich Helmut Schmidt 1953 zunächst für Verkehrsprobleme. Aber nachdem er im Parlament im Herbst 1955 in der Frage der Soldatengehälter einen Vorstoß gewagt hatte (die Soldaten sollten die gleichen Gehälter wie die Beamten in entsprechenden Funktionen erhalten), wurde er zusammen mit Fritz Erler immer mehr zum Wehrexperten seiner Partei. Mancher alte SPD-Genosse mag den Kopf geschüttelt haben, als Schmidt Anfang 1956 frank und frei erklärte, er werde der erste ehemalige Reserveoffizier sein, der sich freiwillig zu einer Reserveübung in der Bundeswehr melde.

Als er 1958 die Uniform wieder auszog, bekundete er den guten Willen der Soldaten und wetterte gegen die Militärbürokratie. «Der Papierkrieg einer Kompanie ist schlimmer als der des Wohnungsamts einer mittleren Kreisstadt.»

Mit seinem auch von Fachleuten stark beachteten und inzwischen ins Englische übersetzten Buch «Verteidigung und Vergeltung» hat sich Schmidt in den Kreis der Militärschriftsteller eingereiht. In diesem Buch findet man an einer Stelle das Bekenntnis Schmidts, er sei «mitbeteiligt und mitschuldig» an der Belastung der Wehrdiskussion «durch Gefühlsmomente und durch Vorurteile».

In der Atomdebatte im März 1958 polemisierte er gegen die Politik des Kanzlers, die zum Eintritt in die NATO geführt hatte. Damals verhinderte er nicht die Anti-Atomtod-Bewegung der SPD. Inzwischen aber ist für ihn die Weltpolitik keine Frage der Weltanschauung mehr, sondern eine Frage der Zweckmäßigkeit, und er hat sich, auch wenn er es ungern zugibt, in der Frage der Atombewaffnung der Bundeswehr weitgehend zu dem Standpunkt durchgerungen, den Strauß bereits 1958 vertrat.

Schmidt, der einmal seinen SPD-Genossen unverblümt sagte: «Wer Pazifist ist, hat keinen politischen Verstand», hat es in seiner Partei nicht immer leicht gehabt. Alte Marxisten beargwöhnten seine undoktrinäre Art. Dank der Klarheit seiner Argumente und der Festigkeit seines Auftretens aber gelang ihm der Vorstoß in den Parteivorstand der Sozialdemokraten.

Als die SPD im Herbst vergangenen Jahres ihr Wahlziel nicht erreichte, zog sich Schmidt Wochen später mit einem weinenden und einem lachenden Auge nach Hamburg zurück. «Ich habe viele Jahre der Opposition

hinter mir . . .» Er sehnte sich danach, konkrete Aufgaben zu lösen oder, wie er auch sagt: «Nägel mit Köpfen zu machen.»
In der Katastrophennacht schlug für Schmidt, der zur Zeit noch verschiedene, bisher verstreute Dienststellen zu dem Geschäftsbereich eines Innensenators umformt, schneller als erwartet die Stunde der Bewährung. Er leistete handfeste Arbeit. In Hamburg glaubt man nicht, daß ein Senatorenamt im Rathaus am Ende der Mönckebergstraße die letzte Station dieses energischen, temperamentvollen Politikers ist.

j. cl.

Christ und Welt, 23.3.1962

Das Arbeitszimmer zum Amtssitz hochstilisiert

Von Klaus Wagner

Er sieht, auch wenn er am Schreibtisch sitzt, immer ein bißchen Rot vor Augen. Ein schwarz und golden gerändertes Rot ist das, in Hängefalten drapiertes Fahnentuch am schräg zur Wand gehalterten Schaft, und oben blinkt gülden wie ein vereinfachter Weihnachtsengel, wie ein Beuterest aus Tagen knäbischer Indianerspiele, eine stilisierte Lanzenspitze, dieser auch von Gesangvereinen bevorzugte Schaftabschluß an der Standarte. «Herr Schmidt, was soll denn das?» Was soll, so fragt man sich und dann auch den Hamburger Innensenator verdutzt, diese nach Amerikanerart zur Büroausstattung hinzugefügte Flagge am Mast, das tuchene Schwarz-Rot-Gold an der imitierten Ritterlanze und sozusagen in Lebensgröße? Heißt das: Mit der Bundesfahne leben und arbeiten, preußisch stramm, immer in Blickrichtung aufs symbolisierte Wofür? Jedenfalls kommt an diesem säkularisierten Herrgottswinkel im Senatorenbüro gleich rechts neben der Tür, wo der Eintretende die Tagzeit zu wünschen pflegt, grußlos und gelegentlich ohne inneren Kniefall so leicht keiner vorbei.
Und so hätte einer, der etwa ausgezogen war, ein wenig hinter die Schlagwortfassade von «Schmidt-Schnauze» zu fassen, schon im Türrahmen und, über diese Schmücke-dein-Heim-Trikolore aus Bonn linsend, sogleich den ganzen Mann im Visier, den vielgefragten Mittevierziger mit dem so widersprüchlichen «Image» in der Öffentlichkeit, einem ungemein kontrastfarbigen Persönlichkeitsbild: SPD-Kandidat für den Posten des Bundesverteidigungsministers, aber auch präsumtiver Nachfolger für das Amt des Hamburger Bürgermeisters; Diplom-Volkswirt und international anerkannter Wehrexperte; angestauntes «Arbeitstier» sogar in den Augen seiner zahlreichen Gegner, aber auch musisch begabt, als Freizeitmaler und

gewandter Klavierspieler (Sonntagswanderer berichten, sie hätten den tastenkundigen Helmut Schmidt früher auch auf den Organistenbänken norddeutscher Barockorgeln erlebt); ob seiner, der Senatoren-Ebene wegen zuchtmeisterlich praktizierten Krückstockmanieren beinahe berüchtigt, aber von den Mitarbeitern ob seiner Fairneß und Fürsorge hochgeschätzt; ein gebürtiger Hamburger, der ein reichlich unbekümmertes Verhältnis zu angeblich hanseatischen Traditionen unterhält – sich aber eine ziemlich große Fahne ins Amtszimmer pflanzt.

Die Zimmerfahne – ein Stück Kennedylook dieses gleichfalls noch jungenhaft unverbraucht und energiegeladen wirkenden Politikers? Kennedys Bild hat in Helmut Schmidts Arbeitszimmer zwischen Hauptbahnhof und Hafen als Nachbar zur Linken einen Bernard Buffet («Port de la Rochelle», 1955), als Gegenüber die Köpfe von Lübke und Heuss. Ein schwer auszupendelndes Ensemble (übrigens, wie der Zimmerherr mit ein paar zugespitzten Bemerkungen zu erkennen gibt, keineswegs nur aus Objekten wertblinder Verehrung zusammengestellt), das aber den betont sachlich ausgestatteten Arbeitsraum wie mit ein paar Handgriffen zum Amtssitz hochstilisiert. Man weiß, daß Helmut Schmidt in seiner Bonner Zeit, als Mitglied des Verteidigungsausschusses, durchsetzen wollte, daß die Kommandeure der Bundeswehr in ihren Diensträumen immer auch die Staatsfarben zeigten. Nun hat er sich selber das Souveränitätssymbol in sein Hamburger Senatorenzimmer geholt: um die Leute, wie er erklärt, immer darauf zu stoßen, wofür sie ihre Arbeit tun.

Die Leute, das sind die zwanzigtausend Angehörigen der Behörde für Inneres, die Helmut Schmidt seit 1961 leitet. Kein leichtes Amt, auch wenn bestimmte Parteifreunde es mit der Umschreibung «Verwaltung von Feuerwehr und Polizei» abzuwerten versuchen. Immerhin umfaßt diese erst mit Schmidts Eintritt in den Senat gebildete Innenbehörde rund ein Viertel aller öffentlich Bediensteten der Hansestadt. Diese lokale Machtposition will Schmidt dennoch nach den Wahlen räumen, in jedem Fall. Der erst vier Dienstjahre junge Innensenator ist nicht eigentlich amtsmüde, aber er hält die Arbeit des Behördenaufbaus im wesentlichen für getan. Dieses Amt eines «Skandalkandidaten», wie er den Status eines Innensenators sieht, hat damit den Reiz der «produktiven Arbeit», um derentwillen Helmut Schmidt von Bonn nach Hamburg gegangen war, weitgehend eingebüßt. Das weiterhin Notwendige könnte, so meint er, jetzt auch ein anderer tun.

Noch in seiner ersten Zeit als Bundestagsabgeordneter in Bonn, wohin Schmidt nach dem Sturz des Hamburger SPD-Senats durch den bürgerlichen Hamburg-Block 1953 gegangen war, galt er als Verkehrsexperte. Der Wehrpolitiker Schmidt aber rückte immer stärker nach vorn, seit er 1958 demonstrativ und fast spektakulär als einer der ersten prominenten Sozial-

demokraten freiwillig eine Reserveübung bei der Bundeswehr abgeleistet hatte. Nach seiner Rückkehr war er Hauptmann der Reserve – aber inzwischen aus dem Fraktionsvorstand abgewählt worden. Das ist längst alter Schnee für die Partei und für den «Verteidigungsminister» in Willy Brandts Schattenkabinett.
Es liegt nahe und wäre doch ungerechtfertigt, bei dem Vielgefragten – eine Studentenzeitung hat ihn sogar schon als Ersatzmann für einen nochmals geschlagenen Willy Brandt nominiert – zielbewußte Zukunftsvorsorge für seine Karriere zu vermuten. Sicher ist für Schmidt vorläufig nur eins: daß er sich im Falle eines SPD-Wahlsieges im Herbst nicht mehr zu entscheiden braucht. Aber was er nach einer Niederlage seiner Partei tun wird, das, so versichert er glaubwürdig, weiß er heute noch nicht. «Vielleicht gehe ich auch in diesem Fall nach Bonn zurück.» Das Direktmandat ist ihm, der nach Herbert Wehner auf dem zweiten Platz der Hamburger SPD-Liste steht, sicher. Bis zur Bürgerschaftswahl im März und damit bis zur neuen Senatsbildung hätte er ein halbes Jahr Zeit, sich zu bedenken. Er wird sie gebrauchen können; für den dann Siebenundvierzigjährigen werden sich die Wege gabeln. Die angedichtete Kronprinzenrolle für Willy Brandt einmal ausgeschlossen (Schmidt reagiert auf solche Spekulationen unwillig und wischt dieses Gesprächsthema mit einem Bekenntnis zu Brandt vom Tisch): Es gibt da die andere, greifbarere Möglichkeit, Regierungschef in seiner Vaterstadt zu werden. Erster Bürgermeister von Hamburg.
Man hat ihm, nicht nur von seiten der CDU-Opposition in Hamburg, vorgeworfen, er schicke sich an, wendig und zäh «den Stuhl des Bürgermeisters zu erklimmen». Schmidt, offenkundig an empfindlicher Stelle getroffen, hat daraufhin den Landesvorsitzenden der CDU öffentlich einen «Amateurpolitiker» genannt, was als Schimpf gelten sollte. «Herr Schmidt, was haben Sie gegen Amateure in der Politik?» Ob er, der intellektuelle Sozialdemokrat, alles politische Heil nur von den Professionals, auf anderer Ebene also von den Funktionären erhoffe: Die ausführliche Antwort ist wiederum vor allem sprachlich interessant. Kein anderes Wort kommt in Schmidts Gegenrede so häufig vor wie «Fleiß». Fast will es so scheinen, als teile dieser bekannt harte Arbeiter anderen seine Sympathien wie auf Fleißzetteln zu.
Jener Hamburger Bundestagsabgeordnete – trotz anderer Couleur mit ihm befreundet und seines Erachtens den Anlagen nach durchaus «ministrabel» – er ist ihm als Politiker «nicht fleißig genug» («Das habe ich ihm auch gesagt»). Oder als anderes Beispiel: Dieser hochgestellte Parteifreund hat nach Schmidts Ansicht «in seinem Leben noch niemals fleißig gearbeitet». Und so fort. Für diese Fleißwährung setzt er selber den Kurs fest, mit einem nach Managerart überfüllten Terminkalender. Aber ein solchermaßen auf Wochen und Monate hinaus zementierter Tagesablauf ohne rechte

Verschnaufpausen und kleingerastert durch unzählige Redeverpflichtungen (Schmidt: «Drei Viertel der angetragenen Vortragstermine sage ich ab»), ein so langfristig ausgebuchter Pflichterfüller weckt doch den Argwohn, ob hier zwischen Arbeit und Rastlosigkeit noch weise unterschieden werde.

Um dem nicht geheuer scheinenden Energieverbrauch dieses Angehörigen der mittleren Generation auf den Grund zu kommen, muß man in Schmidts Biographie weiter zurückblättern. Er gibt Einzelheiten unverlangt preis, etwa den «Scharführer» in der Marine-HJ, in die er durch Eingliederung seines Segelklubs geraten war. Freilich nur für ein paar Jahre; dann galt er in diesem Verein schon als «der rote Schmidt», wie man später den Oberleutnant im Reichsluftfahrtministerium mißtrauisch nannte. Als Kriegsgefangener ist Schmidt dann endgültig zur Sozialdemokratie konvertiert. Zugleich mußte er Abschied vom Traum seiner Jugend nehmen: Stadtplanung und Städtebau regulär zu studieren, um dem Idol seiner Schul- und Soldatenzeit nacheifern zu können, dem großen Hamburger Stadtbaumeister Fritz Schumacher.

Schmidt nennt drei andere Hamburger als seine Leitbilder: Albert Ballin, den Hamburger Wirtschaftskapitän der Gründerjahre und Chef der Hapag, sowie die beiden großen Hamburger Bürgermeister Carl Petersen und Max Brauer. Wenn er in fortgeschrittener Gesprächsstunde von Ballin fast jünglingshaft schwärmend spricht, dann erscheint eine unerwartete Alternativ-Überlegung, die er zu seinen Zukunftsabsichten vorbringt, weniger eulenspiegelhaft oder skurril. «Vielleicht steige ich, wenn es in Bonn nicht klappt, ganz aus und suche mir eine Aufgabe in der Wirtschaft.» Und es klingt nicht einmal nach Ausflucht oder Ablenkungsmanöver, wenn Schmidt solche offenbar heimlich umträumten Absichten mit der für Politiker recht unbefriedigenden Altersversorgung, also mit seinen familiären Pflichten begründet.

Familiensinn ist bei Schmidt, dem scheinbar so Rastlosen, nicht geheuchelt, wie alle bestätigen, die näheren Umgang mit ihm haben. (Seine Frau ist Lehrerin, die Tochter wird flügge, die Eltern leben bei ihm im Doppelhaus am Stadtrand.) Das alles gehört mit in sein Bild: die kaum benutzte Wochenendkate am Brahmsee (im April ist er zum erstenmal seit fast einem Jahr wieder dort gewesen); das Klavierspiel; der Lektürefleiß. Pflichtfächer: Wehrpolitik und Wirtschaftsfragen, Lieblingsbeschäftigung: Probleme des neuzeitlichen Städtebaus.

Der Jugendtraum ist also nicht ausgeträumt. Schmidt spricht von seinen vielen Reisen, auf denen er immer auch Großstadtstudien betrieben habe, und er beklagt bitter die bisher vergebenen Chancen beim Wiederaufbau Hamburgs. So erklärt sich eine andere Frontstellung des Innensenators im Stadtregiment, sein Unbehagen an der Arbeit der Baubehörde, seine Kritik etwa am Aufbauplan von 1960, der eben nur ein «Architektenplan» sei. Damit werde dem teigigen Auseinanderfließen des Stadtgebildes seit der ersten Aufbauplanung von 1950 nicht Einhalt geboten. (Es ist nicht zuletzt Schmidts Verdienst, daß inzwischen zur Überprüfung jenes «Architektenplans» eine Kommission eingesetzt worden ist.) Der verhinderte Städtebauer wendet sich gegen alle falsche Grünromantik im Großstadtgebiet; gegen eine schematisch gehandhabte Bauhöhenbeschränkung; aber er setzt sich energisch ein für die Berücksichtigung volkswirtschaftlicher und soziologischer Erkenntnisse zugunsten einer weitsichtigen Stadtbauplanung, also für Aspekte, die in jenem Architektenplan zweifellos zu kurz gekommen sind.

Helmut Schmidt sieht Schrumpfungsprozesse, die sich verhängnisvoll auswirken werden, wenn nicht bald etwas geschieht. Die Hansestadt sei Sammelbecken einer Fülle von Potenzen, die fürs Gemeinwesen ungenutzt bleiben. Hamburg, Arbeitsplatz hochbefähigter Führungskräfte der Wirtschaft, Standort großer Verlage, Sitz bedeutender Redaktionen, Schirmherrin einer der größten Universitäten – Hamburg schöpfe dieses geistige Potential auch nicht annähernd aus. Die Universität zum Beispiel spiele im Leben der Millionenstadt eine fast unerklärlich geringe Rolle. Von politischer Wirksamkeit dieser größten deutschen Stadt vor dem Eisernen Vorhang könne zur Zeit kaum noch die Rede sein. Die auch architektonisch konturenlos gewordene, puddinghaft breitgeflossene Stadtlandschaft ohne ausstrahlenden, gesellschaftlich belebenden Mittelpunkt spiegele die Deformation einer Einwohnerschaft, die noch weniger als anderswo wirksam durchgestuft und in fruchtbarem Austausch der Gruppen und Schichten in sich verspannt sei. So viel brachliegende Kapazität könne sich Hamburg, könne sich die Bundesrepublik nicht leisten.

«Glauben Sie, Herr Schmidt, daß ein einzelner darin Wandel schaffen kann?» «Daß einer allein dieses nur noch in einseitig interessierten, kontaktlosen Teams isoliert vor sich hin lebende, wenn auch arbeitswütige Gemeinwesen zu aktiverer Selbstdarstellung hochzureißen vermöchte?» – Er ist kein Blindgläubiger, er sieht bereits Möglichkeiten und Mittel. Man müsse mehr Kontakte schaffen, Impulse freisetzen durch Begegnung – «Man muß ein Establishment in Hamburg bilden.» Und wo solle man dabei wohl beginnen? Im Rathaus, natürlich. Es sollte nicht länger nur Verwaltungssitz mit recht öder Atmosphäre sein; es müßte, so sinniert er, zum Zentrum auch des gesellschaftlichen Lebens werden, kultureller Mittelpunkt. Das sind für einen, dem man in Hamburg nur zu gern einen unterentwickelten Sinn für Repräsentation, einen Mangel an hanseatischer «Würde» nachsagt und ihn damit fürs höchste Amt im Stadtstaat disqualifizieren möchte, recht überraschende, wenn auch noch etwas ungewisse Überlegungen.

Konkreter sind Schmidts Vorstellungen über die künftige Struktur an der Spitze. Der prominente Sozialdemokrat hält es für ein Unding, fast für ein kommunalpolitisches Unglück, daß in den Stadtstaaten die Christlichen Demokraten nicht an der Regierung beteiligt sind, daß sie «Opposition» spielen müssen, wo es eigentliche Oppositionsfragen kaum gibt.

Er hatte die Eröffnungsfrage nach seinen Aussichten für das Bürgermeisteramt nicht beantworten wollen. «Denn ich gehe ja als Verteidigungsminister unter Willy Brandt nach Bonn», so gab er sich für die SPD-Mannschaft siegesgewiß. Kein Zweifel, daß er dieser immerhin denkbaren Leistungsprobe entgegenfiebert, in einem Grade, der bei manch anderem auf dem Wege zu einer Machtstellung argwöhnisch machen würde. Im Falle Schmidt wird solches Mißtrauen von vornherein unterbunden durch die Tatsache seiner Integrität.

Die Gefahr des verkörperten Energiebündels Schmidt ist nicht der Machtmißbrauch, sondern seine Selbstgefährdung: durch Überforderung, durch seine Vielseitigkeit und die ständige Kollision mit seinem Verantwortungsgefühl, einer schier preußisch entwickelten Auffassung von Staatsräson.

Überforderung kommt allerdings auch von draußen massiv auf ihn zu. Helmut Schmidt ist heute wahrscheinlich schon die attraktivste, die am wenigsten vernutzte Figur seiner Partei, die ihn (der als einziger aus der Regierungsmannschaft neben Willy Brandt noch einem «full time job» in öffentlichen Diensten nachgehen muß) nicht ohne Grund in kritischen Situationen wie eine Feuerwehr alarmiert, sei es, daß Frankfurt einen Nachfolger für den Oberbürgermeister Bockelmann braucht (auch damals wurde der Name Helmut Schmidt genannt) oder daß er seinen Urlaub drangibt, um in verbissener Büroarbeit die Scherben des Falles Wienand wieder zu kitten. Mag sein, daß in solchen Tag- und Nachtstunden sich eine Zimmerfahne zu moralischer Aufrüstung nützlich erweist. Außerdem braucht ein derart umworbener und deshalb bei einigen Neidern auch umstrittener Mann vor sich und vor anderen einen Selbstschutz: den Schmidt mit seiner gutgespielten schneidigen Forsche als einem Element der Selbststilisierung bisweilen zu kokett robust betätigt.

Im Gespräch aber, wenn er über Stunden hin Proben seiner Reaktionsschnelligkeit und rhetorischen Präzision gegeben hat, läßt er bereitwillig das Visier fallen und geizt nicht mit ungespielt jungenhaftem Charme. Hier ist einer aus der eigenen dezimierten Generation, der sich wie andere Altersgenossen versprengt und auf einen anderen als den früh erhofften Weg abgedrängt glaubte, unversehens in einen Schnittpunkt verschiedenartiger «Lebensaufgaben» geraten – und von seinem Jugendtraum eingeholt worden. Aber dieses einst idealistisch verklärte Ziel tritt ihm jetzt verwandelt gegenüber: als hart fordernde Realität eines vom Gemeinwohl, von der «Fahne» diktierten Auftrags, der mit dem Traumideal des Städtebauers nur noch im übertragenen Sinne zu tun hat. Und diese Erkenntnis der in jedem Fall nahen Bewährungsprobe, die Einsicht, vor sich selber eigentlich keine Freiheit der Wahl mehr zu haben, kann auch einen «starken Mann», den das Abwartenmüssen foltert und quält, unruhig machen.

Frankfurter Allgemeine, 5.6.1965

Er tritt auch den eigenen Genossen auf die Zehen

Von F. R. Allemann

Im Herbst finden Bundestagswahlen statt, und wenn die SPD diese Wahlen gewinnen sollte, ist der Hamburger Senator für Inneres, Helmut Schmidt, für eine größere Aufgabe bestimmt: er soll der erste sozialdemokratische Verteidigungsminister der Bundesrepublik werden.

Das lenkt die Blicke erneut auf einen Mann, der schon lange bei den Leuten, die das Gras wachsen hören, als eine der großen Hoffnungen der SPD gilt. Tatsächlich vereinigt der forsche Hanseate Schmidt viele Fähigkeiten in sich, die es begreiflich erscheinen lassen, wenn er gelegentlich schon – wie der um sechs Jahre jüngere Rainer Barzel bei den christlichen Demokraten – als ein möglicher zukünftiger Bundeskanzler genannt wird. Mit seinem Parteigenossen Fritz Erler, dem Fraktionsführer der SPD im Bundestag, hat er die intellektuelle Brillanz, die Verwaltungserfahrungen, aber auch das Eminente und bei Sozialdemokraten so seltene Interesse an militärischen und militärpolitischen Fragen gemein. Aber Schmidt bringt noch etwas mit, was dem kühleren Vernunftmenschen Erler abgeht: das Feuer des Volkstribunen.

Erler ist der Parlamentarier par excellence. Selbst seine improvisiertesten parlamentarischen Interventionen sind so souverän argumentiert und so druckreif formuliert, als hätte er sie sorgfältig am Schreibtisch ausgearbeitet. Was ihm fehlt, ist Wärme und Ausstrahlungskraft: er überzeugt, aber er reißt nicht mit.

Schmidt handhabt, bei gleicher Denkschärfe, das rhetorische Florett aggressiv; er hat das Zeug zum Demagogen, der auch die Massen anzusprechen vermag, nur daß sich diese Gabe bei ihm auf eine ganz ungewöhnliche Weise mit einem Drang zum Konstruktiven, zur positiven Leistung, zur administrativen Genauigkeit und zur Hingabe an die Sache verbindet. Und zu alledem kommt noch etwas ganz anderes, was nicht notwendigerweise zum Politiker gehört, was aber gerade bei dem ausgeprägten Macht- und

Willensmenschen das glückliche Gegengewicht schafft: das künstlerische Temperament, die Neigung zum Musischen.
Daß er eigentlich Architekt werden wollte, daß er in seiner Freizeit malt und musiziert, deutet etwas von der Spannweite einer vielschichtigen Persönlichkeit an.
Schon seine äußere Erscheinung läßt etwas davon ahnen, das kräftig modellierte, zugleich jungenhafte und doch von Furchen gekerbte Gesicht unter der dichten schwarzen Haartolle könnte sehr wohl auf einen Maler schließen lassen. Aber der Scheitel ist peinlich korrekt gezogen, und die sehnige Gestalt, noch mehr der schneidige Kommandoton der Stimme deuten eher auf den Kasernenhof als auf Ateliers hin: Er erweckt auf eine merkwürdige und ein wenig verwirrende Weise zugleich den Eindruck des Bohemiens und des Offiziers. In diesem Nebeneinander des sonst Unvereinbaren liegt seine Stärke, aber auch eine gewisse Schwäche: hinter dem kräftigen Selbstbewußtsein des Vielseitigen und auf keine Formel Festzulegenden vermutet man eine viel dünnhäutigere Empfindlichkeit, als sie sich auf den ersten Blick offenbart, und der Aplomb des Auftretens schlägt andererseits leicht in eine unnötig verletzende Arroganz um.
Der zugleich gewinnendste und für einen Politiker gefährlichste Zug an Schmidt aber ist seine Offenheit. Sein Ungestüm mag ihm gelegentlich in die Quere kommen, aber Hinterhältigkeit liegt ihm fern: er sagt seine Meinung geradeheraus und kümmert sich wenig darum, ob er damit aneckt. Der politischen Taktik macht er nur das Minimum von Zugeständnissen, und hat wenig Hemmungen, auch seinen eigenen Genossen auf die Zehen zu treten. Diese Unbefangenheit hätte einer weniger kräftigen Natur vielleicht den Weg nach oben schwergemacht. Zumal in einer so festgefügten und traditionsgebundenen Partei wie die der Sozialdemokraten. Aber Schmidts Sachkunde auf allen Gebieten, mit denen er sich beschäftigt, erzwang von Anfang an ihren Respekt. Und außerdem kommt ihm etwas zugute, was bei Politikern wie bei Generälen oft noch mehr bedeutet als alles bloße Wissen und Können: die «Fortune». Er hat in dem, was er anfaßte, bisher eigentlich fast immer Glück gehabt.
Das zeigte sich schon im Dritten Reich. Der Oberschüler an der berühmten Hamburger Lichtwark-Schule, aus gut demokratischer, aber keineswegs sozialistisch gesonnener Kleinbürgerfamilie stammend, flog gerade rechtzeitig aus der Hitlerjugend heraus, ehe diese zur Staatsjugend wurde – beileibe nicht aus politischen Gründen: er sei zunächst, das gibt er ohne weiteres zu, vom Nationalsozialismus durchaus angetan gewesen. Den Augenblick, in dem seine Zweifel am Dritten Reich virulent wurden, kann er übrigens ganz genau angeben: er kam, als der Schuljunge mit der großen Liebe zur Malerei die Ausstellung «Entartete Kunst» besuchte, die ihm so viel mehr zusagte als der fade Naturalismus oder das heroisch steile Pathos

der offiziellen Nazi-Malerei. Seitdem war er «dagegen». Wofür er war, wußte er allerdings nicht. «Widerstand» hat er keinen geleistet, dafür fast sieben Jahre Wehrdienst: bei der Fliegerabwehr, an der Ostfront, in einem Stab des Luftwaffenministeriums und schließlich als Oberleutnant und Batteriechef im Westen.

Wieder bewährte sich sein Glück: Er überstand den Krieg ohne ernstliche Verwundung, geriet in britische Gefangenschaft, wurde von den Engländern (mehr durch Zufall als Verdienst, wie er meint) als «Antinazi» eingestuft und fand im Gefangenenlager nicht nur Gelegenheit zur Fortbildung, sondern auch seinen Weg in die Politik: als er heimkehren durfte, schrieb er sich nicht nur an der Hamburger Universität als Student der Nationalökonomie, sondern auch als Mitglied der SPD ein, und im sozialistischen Studentenbund verdiente sich der diskussionsgewandte, schlagfertige und dabei eminent fleißige Achtundzwanzigjährige seine ersten politischen Sporen.

Er bietet das seltene Beispiel eines Mannes, der Klarheit des theoretischen Denkvermögens mit dem kräftigen Zugriff des Praktikers verbindet. Dabei ist er trotz seiner intellektuellen Schärfe alles andere als ein Doktrinär, und zugleich hat er bei all dem pragmatischen Sinn für «Management» nichts von einem wendigen Opportunisten an sich, der sein Mäntelchen nach jedem Winde hängt. Seine Zivilcourage hat ihm, nicht zuletzt auch in der eigenen Partei, gelegentlich sogar Schwierigkeiten geschaffen.

Zu den Dingen, die ihn in seiner politischen Laufbahn besonders ärgerten, gehörte es, daß er einmal von seinen parlamentarischen Kollegen ausgerechnet in einem Augenblick, da er nicht in Bonn war, aus dem Vorstand der SPD-Fraktion im Bundestag herausgewählt wurde. Viel heftiger allerdings als dieser kleine Tritt aus dem Hinterhalt hat ihn ein anderer Vorfall getroffen: daß er in der Spiegel-Affäre des Landesverrates bezichtigt wurde.

Dem Ex-Offizier, der sich frühzeitig von der Notwendigkeit der deutschen Wiederbewaffnung überzeugte und der nicht die mindeste Scheu hatte, seine Genossen auf dem Karlsruher Parteitag mit militärischen Reorganisationsplänen zu konfrontieren, die sogar praktisch auf die Wiederherstellung eines deutschen Generalstabs hinausliefen, mußte diese abwegige Anklage als eine bösartige Kränkung erscheinen, die ihn tiefer gewurmt hat als alles andere, was ihm bisher zugestoßen ist. Denn eines läßt er sich nicht nehmen: daß er ein ebenso guter Patriot wie Demokrat ist.

Die Weltwoche, 18.6.1965

Der harte Weg nach oben

Die Vorschußlorbeeren wurden ihm zum Verhängnis

Von Kurt Becker

Helmut Schmidt ist recht unsanft daran erinnert worden, daß seinem Ehrgeiz Grenzen gesetzt sind. Er wurde nicht zum Hamburger Landesvorsitzenden der SPD gewählt. Dieses Amt hätte ihm erlaubt, mit größerer Autorität auf die Politik seiner Partei einzuwirken, und es hätte auch den Weg in höhere Ämter und Positionen erleichtert. Durch die nur allzu augenfällige Abstimmungsniederlage, die er gegen den früheren Hamburger Bürgermeister Nevermann (176:139 Stimmen) erlitt, fällt ein Schatten auf Schmidts Stellung als stellvertretender Fraktionsvorsitzender im Bundestag. Das Bild dieses durch viele Erfolge verwöhnten Mannes hat an Leuchtkraft eingebüßt.

Die Hamburger Abstimmung war kein Zufallsergebnis. Sie war vielmehr das sozialdemokratische Gegenstück zu der Bewegung in der CDU, die unter dem Motto «Stoppt Barzel jetzt» läuft. Es mutet wie Ironie des Schicksals an, daß Schmidt gerade in Barzel stets seinen adäquaten parlamentarischen Gegenspieler gesehen hat – so, als liefe die Entwicklung unausweichlich auf ein Duell der Kanzlerkandidaten Barzel und Schmidt hinaus – und daß er nun einen ähnlichen Rückschlag erleiden mußte. Führungstalent, brillierender Sachverstand, tatkräftiges und pragmatisches Handeln gehören zu den faszinierenden Eigenschaften eines selbstbewußten und nach vorn strebenden Politikers. Schmidt ist reich mit diesen Gaben bedacht. Politiker mit scharfem Intellekt, die es auch zum Handeln drängt, starke Männer also, werden in den Parteien gesucht, aber auch mit viel Argwohn und Mißgunst verfolgt.

Diese Lebenserfahrung wird Schmidt nun in sich aufnehmen müssen. Seine Hamburger Parteifreunde schätzen ihn als politischen Kopf, aber nicht alle verehren ihn. Schmidt ist ein harter und schneller Arbeiter. Sein zuweilen ungeduldiges Temperament hat jedoch behäbige, zu langsamerer Denkweise neigende Sozialdemokraten schon manches Mal verstört, wenn nicht gar verletzt. Nicht nur im einfachen Parteivolk, auch höheren Ortes. Der bisherige Landesvorsitzende Vittinghoff erhob als erster seine Stimme gegen Schmidt. Mit Worten, die sachlich-besorgt klangen und gerade deshalb so wirkungsvoll waren, baute er den Widerstand auf. Auf Schmidts Verpflichtungen in Bonn anspielend, wies er darauf hin, daß die Partei in Hamburg nicht nur am Wochenende geführt werden könne, ohne Schaden zu nehmen. Vittinghoff stieß nicht auf taube Ohren.

Vielleicht beging Schmidt auch einen schweren Fehler, als er über die eigene politische Zukunft allzu öffentlich und zu sehr unter persönlichen Aspekten nachdachte. Das erste Mal Ende 1961, als er nach der Bundestagswahl die vielfach unbefriedigende Arbeit eines Oppositionsabgeordneten gern abstreifen wollte und deshalb den neuen und eigens für ihn geschaffenen Posten eines Innensenators in Hamburg vorzog. Der Spekulation, dies sei nur die Vorstufe zum Bürgermeister, gab er eher Auftrieb, als daß er ihr widersprach.

Für die Bundestagswahl 1965 wurde Schmidt als präsumtiver Verteidigungsminister der SPD präsentiert. Doch nach dem für die SPD wiederum enttäuschenden Wahlgang zauderte er wohl doch allzulange, ob er in Hamburg bleiben oder dem Ruf nach Bonn folgen solle, wo ihm nach Erler der zweite Platz in der Bundestagsfraktion sicher war. Er entschied sich für Bonn. Das Bürgermeisteramt war inzwischen durch Weichmann blockiert, und nach dem Verzicht Willy Brandts auf die Kanzlerkandidatur wurde Schmidt auf einer Welle von Hoffnungen nach Bonn getragen. In der SPD, mehr aber noch außerhalb der Partei, richteten sich die Blicke auf den dynamischen und unverbrauchten Mann. Man überschüttete ihn mit Vorschußlorbeeren. Dergleichen führt selten zu einem guten Ende.

Insofern mag Schmidt, als er jetzt – in Bonn gerade sichtbar herausgestellt – auch noch für den Landesvorsitz kandidierte, der Verdacht angehangen haben, ihm sei es weniger um den Vorsitz gegangen als vielmehr darum, sich eine Hausmacht und damit ein zusätzliches Sprungbrett zu verschaffen. Der Mehrheit der älteren Funktionäre, die weniger in den Kategorien der politischen Karriere als in denen der beamtenähnlichen «Ochsentour» zu denken gewohnt sind, schien damit der Zeitpunkt gekommen, den allzu glatt verlaufenen Aufstieg vorerst einmal kräftig abzubremsen. Vielleicht wären sie damit erfolglos geblieben, hätte nicht auch Herbert Wehner in Hamburg so verstanden werden können oder sogar so verstanden werden müssen, als sähe er gleichfalls in dem Amt des Landesvorsitzenden eine Bürde, die an Schmidts Kräften zehren und sich mit dessen Führungsaufgaben in Bonn nicht vereinbaren lasse. Man kann hieraus zugleich entnehmen, wie sehr das Verhältnis zwischen Wehner und Schmidt abgekühlt ist. Der jüngere Schmidt war einst ein Bewunderer der Führungsleistung Wehners, ohne die der Wendepunkt von Godesberg nicht vorstellbar gewesen wäre. Diese Verehrung ist inzwischen schleichenden Zweifeln gewichen, ob die Partei durch ihren Wandlungs- und Anpassungsprozeß unter Wehners Hand nicht zu sehr an Profil eingebüßt und die Kraft verloren habe, die deutsche Politik noch vom Fleck zu bewegen.

Trotz des Rückschlags in Hamburg wird Schmidt eine entscheidende Figur der sozialdemokratischen Führung bleiben. Es liegt in erster Linie bei ihm selbst, wie er seinen Aufstieg fortsetzen kann. Er ist mit 47 Jahren ein ausgereifter Mann, aber es scheint, als habe er weder als Politiker noch als Persönlichkeit den Zenit schon erreicht.

Sein selbständiges Denken und eigenwilliges Urteil haben ihn nicht verschlossen werden lassen gegenüber dem Sachverstand und der fundierten Meinung anderer. Er schätzt die Diskussion im *Brain Trust.* Amerikanische Vorbilder mögen ihn darin bestärkt haben, wichtige Probleme immer wieder und völlig unvoreingenommen zu analysieren. Er ist ein schneller Denker. Gesprächspartner mag es irritieren, wie er Gedanken sichtbar erahnt, bevor sie ausgesprochen werden.

Schnelles Urteil und die Fähigkeit, die wesentlichen Merkmale eines Themas geschwind zu erfassen, scheinen ihn freilich manchmal dazu zu verleiten, auch aus dem Ärmel zu schütteln und auf die letzte Akribie zu verzichten, die eher jenen eigen ist, die sich alles mit viel Fleiß erarbeiten müssen. In der Fraktionsführung bleibt ihm wenig Zeit, allen Verästelungen politischer Probleme zu folgen. Die Außenpolitik und Fragen der Verteidigung allerdings betrachtet er weiterhin als das eigentliche Kernstück seines Interesses. Als Verteidigungsexperte begründete er seinen Ruf – er reicht heute weit über Deutschland hinaus. Noch immer ist sein Buch über die Nuklearstrategie in der Bundesrepublik das einzige seiner Art.

Als Innensenator in Hamburg genoß er es, daß er sich nicht, wie als Oppositionspolitiker, auf den Denkprozeß zu beschränken brauchte, sondern auch die sich daraus ergebenden Entscheidungen treffen konnte. Für ihn war es die Lehrzeit des Regierens. Einfallsreichtum, die Kunst der Improvisation und eine virtuose Beherrschung des Behördenapparats während der Hamburger Flutkatastrophe erfüllten die Öffentlichkeit mit Bewunderung. Manche unmittelbar Beteiligten freilich – und hier stoßen wir auf einen weiteren markanten Charakterzug Helmut Schmidts – waren verblüfft über seine Gabe, immer mehr Zuständigkeit *ad hoc* in einer Hand, in seiner Hand, zu vereinen. Sein Eintreten für eine Notstandsgesetzgebung datiert aus dieser Zeit.

Schmidt fehlte es nicht an Gelegenheiten, sich einen Namen zu machen. Aber vor dem Politiker noch wurde der Redner Schmidt bekannt. Ohne seine rhetorischen Fähigkeiten hätten sich die Wege in das vorderste Glied der Partei nicht so schnell geebnet. Schmidt hat dafür auch einen Preis zahlen müssen. Seine oft zügellosen Ausfälle brachten ihm nicht nur Beachtung, sie verzögerten auch die Anerkennung seiner Autorität.

Niemals werden Zuhörer bei ihm über Langeweile klagen: weder ein Professor, wenn Schmidt die Sprache des Kollegs spricht, noch Abgeordnete, wenn der gleiche Mann bald mit staatsmännischer Abgeklärtheit, bald als politisches Vollblut vor sie hintritt, und schon gar nicht das Volk auf offenem Markt. An einer gebannt lauschenden Menge entzündet sich der Tribun – und an diesem dann das Publikum. Ein Schuß saftiger Demagogie ist ihm nicht fremd. Sie steht in einem rätselhaften Widerspruch zu dem fast jungenhaften, bestechenden Charme, in dem viele sein eigentliches

Wesen zu erkennen glauben. Aber stimmt das? Ist das jeweilige Auftreten Schmidts nicht auch jeweils eine Selbstenthüllung seines Naturells?
Ein so vielflächiger und kantiger Charakter schafft nicht nur vorbehaltlose Zustimmung. Da regt sich manche Skepsis, und gelegentlicher tagespolitischer Opportunismus mag sie noch verstärken. In Schmidt nur einen Manager der Macht zu ahnen, ist zu sehr Klischee und zu wenig beweisbar. Doch auf der anderen Seite: Schmidt hat einen Rang erklommen, wo politische Virtuosität nicht mehr genügt. Man wünscht sich deshalb einen noch tieferen Einblick in seine politische und geistige Substanz. Die Frage der Hausmacht in Hamburg verlöre dann von selbst an Bedeutung.

Die Zeit, 20.5.1966

Die Visitenkarte des Helmut Schmidt

Als eine «private Informationsreise mit Familie» bezeichnet der SPD-Bundestagsabgeordnete und stellvertretende Fraktionsvorsitzende Helmut Schmidt seinen kommenden Besuch in einigen sozialistischen Ländern. Allerdings will er, wie aus einem Zeitungsinterview hervorgeht, auf dieser Reise weniger sich selber informieren, als vielmehr seine eigene Meinung über die Weltpolitik zum besten geben.
Zum Beispiel entwickelt Helmut Schmidt eine strategische Konzeption, die davon ausgeht, daß sowohl die USA wie die Sowjetunion die feste Absicht hätten, «keinen Krieg, und zwar weder den nuklearen noch den konventionell geführten» zuzulassen. Hat Helmut Schmidt noch nie etwas vom amerikanischen Krieg in Vietnam gehört? Weiß er nichts von dem Proteststurm, der sich in allen Kontinenten erhoben hat? Oder tut er nur so, weil er allzu gerne vermeiden möchte, daß man ihn auf seiner Reise fragt, warum SPD-Führer die Aggression der USA aktiv unterstützen?
Um eine bessere Visitenkarte für seine Reise bemüht, fordert Helmut Schmidt in demselben Interview von der Bonner Regierung «eigene Beiträge zum politischen Ausgleich zwischen Ost und West». Worin diese bestehen sollen, verrät er nicht, wohl aber, worin sie nicht bestehen sollen. Selbst die Aufnahme diplomatischer Beziehungen zwischen Bonn und Warschau hält Helmut Schmidt «in der nächsten Zeit für wenig sinnvoll». Mit völligem Schweigen übergeht er eine der Kardinalfragen tatsächlicher Ausgleichs- und Entspannungspolitik, nämlich die der Anerkennung der bestehenden Grenzen in Europa.
Bekanntlich ist Helmut Schmidt in der SPD einer der eifrigsten Befürworter der Notstandsgesetze, die zusammen mit Revancheforderungen und

fieberhafter Aufrüstung Bestandteil einer aggressiven Politik sind. Wer diesen Kriegskurs der Erhard-Regierung aktiv mitmacht, und das trifft zweifellos auf Helmut Schmidt und andere rechte SPD-Führer zu, ist als Fürsprecher einer Entspannung unglaubwürdig. Ganz abgesehen davon, daß die Unterstützung des amerikanischen Mordbrennertums in Vietnam eine brutale Verhöhnung von Begriffen wie Frieden, Ausgleich und Verständigung darstellt. G. H.

Neues Deutschland, 12.7.1966

«Profil hat man, Profil sucht man nicht»

Schmidt wird Fraktionsvorsitzender

Von Rudi Strauch

Wenn im Bundestag ein Verzeichnis der Abgeordneten geführt würde, die wegen unzulässiger Schärfe im Ausdruck die meisten Ordnungsrufe des Präsidenten haben einstecken müssen, dann stünde Helmut Schmidt vermutlich hinter Herbert Wehner an zweiter Stelle. Als die Sozialdemokraten noch in der Opposition waren, ging Schmidt im Bundestag einmal so weit, dem damaligen Bundeskanzler Ludwig Erhard vorzuwerfen, den Debatten geistig wohl nicht mehr folgen zu können. Nun, da die SPD mit der CDU/CSU auf der Regierungsbank sitzt, bleibt Helmut Schmidt als Ziel seiner rhetorischen Attacken nur die FDP.

Als Thomas Dehler am 16. Dezember seine zornige Rede gegen die «schwarz-rote Koalition» hielt, unterbrach Präsident Eugen Gerstenmaier den Sprecher der Freien Demokraten: «Einen Augenblick – Herr Abgeordneter Schmidt, ich habe so etwas aufgefangen, . . . ‹dummes Zeug›, das höre ich nicht gern.» Dennoch sagte sogar Thomas Dehler, obwohl er von Helmut Schmidt immer wieder gestört worden war, wenig später, als der amtierende Fraktionsvorsitzende der Sozialdemokraten den Plenarsaal verließ: «Schade, daß Sie gehen, Herr Schmidt, Sie sind so animierend!»

Doch Schmidt-Hamburg, wie ihn das Bundestagshandbuch zur Unterscheidung von seinen Namensvettern aus Wuppertal, Braunschweig, Gellersen, Würgendorf oder Vockenhausen nennt, geht nicht, sondern kommt erst. Ob er von dem anderen Beinamen freikommt, der kräftig die zuweilen «freche» Wortgewandtheit dieses Politikers umschreibt, kümmert ihn anscheinend noch immer nicht.

In der Reihe der sozialdemokratischen Fraktionsführer im Bundestag wird Helmut Schmidt nun der vierte: nach Kurt Schumacher (1949–1952), Erich

Ollenhauer (1952–1963) und Fritz Erler (1964–1967). In den ersten vierzehn Jahren waren die Parteivorsitzenden der Sozialdemokraten auch deren Fraktionsführer in Bonn. Für Fritz Erler öffnete sich der Weg an die Spitze der Fraktion, weil Willy Brandt dem Bundestag nicht angehörte. Für Helmut Schmidt kam die Chance, weil Willy Brandt und Herbert Wehner Minister sind.

Die Vorentscheidung der Nominierung fiel in den letzten Novembertagen des vergangenen Jahres, als Helmut Schmidt es ablehnte, als Verkehrsminister in die Regierung Kiesinger/Brandt einzutreten. Das Verteidigungsministerium hätte er wohl übernommen, aber es blieb von der CDU besetzt. Als Alternative zu Schmidt stand in der Fraktion nur noch Alex Möller zur Debatte, der als einer der vier Stellvertreter Erlers die älteren Rechte hatte; Möller verzichtete aber am 6. Dezember – was aus einer Mitteilung der Fraktion nur zu erahnen ist: « . . . teilte der bisherige amtierende Fraktionsvorsitzende, der Bundesminister für Gesamtdeutsche Fragen, Herbert Wehner, mit, daß in Übereinstimmung mit dem erkrankten Fraktionsvorsitzenden Fritz Erler und dem stellvertretenden Fraktionsvorsitzenden Alex Möller Helmut Schmidt die Geschäfte . . . übernehmen wird. Alex Möller habe bei dieser Gelegenheit zum Ausdruck gebracht, daß er Helmut Schmidt in jeder Weise unterstützen und mit ihm zusammenarbeiten wolle . . .»

Seine Vorgänger waren mehr als 50 Jahre alt, als sie ihr Amt übernahmen. Helmut Schmidt, seit 1946 Mitglied der SPD, bleibt bis zum Ende dieses Jahres noch 48 Jahre alt. So ist er einerseits im Führungs-Triumvirat der Sozialdemokraten noch jung genug, um zur Generation der Nachkriegspolitiker gezählt zu werden. Andererseits ist er nicht mehr so jung, wie der vielbeschriebene jungenhafte Charme glauben macht.

In der steilen Karriere des vielseitigen Politikers gab es nur einen Rückschlag. Er liegt nicht einmal ein Jahr zurück und ist doch schon vergessen. Der ehemalige Hamburger Innensenator der Jahre 1961 bis 1965 war vor der letzten Bundestagswahl schon als zukünftiger Verteidigungsminister in Bonn, von anderen als der kommende Hamburger Bürgermeister porträtiert worden. Nach der für die SPD enttäuschenden Bundestagswahl vom Herbst 1965 entschloß er sich zu einem Neubeginn in Bonn.

Aber er hätte gern in Hamburg eine Hausmacht gewußt. Er kandidierte also im Mai 1966 gegen Paul Nevermann für den Posten des Landesvorsitzenden – und fiel durch.

Wegen seiner immer gleichbleibenden Zuversicht war Schmidt Ende 1965, in einer zeitweiligen Depression seines Parteivorsitzenden Willy Brandt, als der Kanzlerkandidat der SPD für 1969 genannt worden. Seine Hamburger Niederlage von 1966 wurde mit dem Rückschlag Rainer Barzels beim Streben nach dem CDU-Vorsitz verglichen. Schmidt und Barzel gal-

ten damals als Zukunftsalternative. Nun sind sie Partner und loben wechselseitig sich und die Arbeit der lange verfeindeten Fraktionen.
Bei aller Verschiedenheit beider Politiker gibt es Ähnlichkeit in der Herkunft und offensichtliche Gleichheit im Vorbild. Beide sind Söhne von Studienräten. Beide haben in ihren Arbeitszimmern Fotos des amerikanischen Präsidenten John F. Kennedy. Beide sind durch Erfolge verwöhnt, und auf beide wartet in den kommenden drei Jahren sehr viel vielleicht undankbare Arbeit.
Bei den Umstellungsschwierigkeiten an der Schwelle der Jahre 1966/67 hat Schmidt schon ein sehr großes Pensum erledigt. Er hatte zuerst noch von der bekannten Kröte gesprochen, «die man schlucken mußte, wenn man die Große Koalition machen wollte», und damit Franz Josef Strauß gemeint. Die angebliche Kröte hat sich inzwischen, bildlich gesprochen, in Schmidts Magen in eine Weinbergschnecke oder gar in Hummer verwandelt, denn nun nennt Schmidt den CSU-Vorsitzenden «einen gelehrigen Mann», bei dem die Öffentlichkeit nur noch aufpassen müsse, ob er, was er sage, auch tue.
Das Amt des Fraktionsvorsitzenden kann den Inhaber nach oben wie nach unten schleudern. Helmut Schmidt besitzt viel Selbstbewußtsein und macht sich wenig Sorgen um sein Image. Ein Wort des neuen Bundeskanzlers könnte auch vom neuen Fraktionschef der SPD stammen: «Profil hat man, Profil sucht man nicht.»

Die Welt, 8.3.1967

Vorwurf: Elitäre Arroganz

Der hessische Richterbund ist zornig

Von H.-J. Noack

Am Montag ging von Frankfurt aus ein Brief an den SPD-Fraktionsvorsitzenden Helmut Schmidt im Bonner Bundeshaus ab, der dem temperamentvollen Hanseaten mit kaum noch zu überbietender Deutlichkeit sagt, was ein Teil der sogenannten Dritten Gewalt gegenwärtig von ihm hält. Auf drei Schreibmaschinenseiten muß sich «Schmidt-Schnauze» unter anderem anhören, daß er sich in einem Anflug von «elitärer Arroganz» verleiten ließ, in einer Sitzung seines Parteivorstands am 13. Februar «statt Argumenten blinde Agitation zu verkaufen». Absender des Schreibens: der Deutsche Richterbund, Landesverband Hessen.
Der Streit zwischen dem prominenten Sozialdemokraten und den Juristen

(«Wir sind keine gehorsamen Büttel der Nation, die von hilflosen Politikern nach Belieben programmiert werden können») hat eine Vorgeschichte. Im Februar hatten die hessischen Richter angekündigt, während der entscheidenden Lesung über das zweite Besoldungsneuregelungsgesetz in Roben im Bonner Plenarsaal zu erscheinen, um auf diese Weise gegen verschleppte Reformen zu protestieren. Aus der Demonstration wurde nichts, weil, wie es in Frankfurt heißt, den Richtern nur fünf Einlaßkarten zugestanden worden seien.

Helmut Schmidt nahm die Aktion zum Anlaß, vor dem Vorstand seiner Partei, vor der SPD-Kontrollkommission und vor dem Parteirat den Umstand zu beklagen, daß «hier demnächst aufgeregte Richter aus Hessen per Omnibus anfahren, in Bonn demonstrieren und uns dann erzählen, sie würden in Zukunft nicht mehr zu Gericht sitzen wollen, wenn wir ihnen nicht mehr Gewalt geben». Und der entscheidende Satz des Fraktionschefs: «Wer so etwas auch nur stillschweigend duldet, ohne ihm entgegenzutreten, der leistet einen opportunistischen Beitrag zur Versumpfung der Landschaft.» So jedenfalls stand es im sozialdemokratischen Sopade-Rednerdienst zu lesen.

Der hessische Richterbund erfuhr davon erst in den vergangenen Tagen. Er sah in Schmidts Ausführungen eine «unglaubliche Abqualifizierung der Dritten Gewalt» und schaltete schnell. Verbandsvorsitzender Otto Pulch ließ in Form eines offenen Briefes den Fraktionsvorsitzenden wissen, daß er in einer Sprache formuliert habe, die man wenigstens bei der SPD längst vergessen wähnte: «Mit Ihren Ausführungen, sehr geehrter Herr Schmidt, haben Sie die landläufige Erfahrung, daß Sprache entlarvt, mit bemerkenswerter Deutlichkeit bestätigt. Wir sind darüber zutiefst bestürzt.»

Die harten Worte aus Richtermund sind indessen offenbar nicht allein auf die Haltung Helmut Schmidts zurückzuführen. Der Groll der Juristen steckt tiefer. So meldete sich bereits der Sprecher des «Aktionskomitees Justizreform», der Frankfurter Landgerichtspräsident Rudolf Wassermann, mit einer bislang kaum registrierten Schärfe zu Wort. Wassermann hatte aus Bonner parlamentarisch-politischen Kreisen erfahren, daß die Bemühung, noch in dieser Legislaturperiode auf Bundesebene gesetzgeberisch wirksame Schritte zur Justizreform zu unternehmen, als gescheitert betrachtet werden müsse. Nach Feststellungen des Aktionskomitees seien die Koalitionsfraktionen übereingekommen, den im Justizministerium fertiggestellten Gesetzentwurf zur Neuordnung der gerichtlichen Präsidialverfassung und zur Änderung der Amtsbezeichnungen nicht mehr zu behandeln. Wassermann: «Damit sind die Heinemannschen Justizreformen gestoppt, bevor sie noch das Kabinett passieren konnten.»

Diese Entscheidung sei als Symptom einer Unfähigkeit zur Reform zu werten, wie sie in letzter Zeit der Regierungskoalition zunehmend vorgeworfen werde. Das Aktionskomitee findet es aber ausgesprochen schlecht, «wenn die Große Koalition sich damit begnügt, auf rechtspolitischem Gebiet die Notstandsgesetze und die Strafgesetze zu verabschieden». Hingegen sei rein gar nichts getan worden, die rechtsprechende Gewalt zu festigen und zu demokratisieren.

Wassermann zog daraus die Konsequenz: «Wenn der Bund versagt, müssen die Länder überlegen, wie sie ihre Kompetenzen ausnützen und die Reform vorantreiben können.» Denn die Richterschaft verlange Taten und habe kein Verständnis für den bedächtigen Trott, mit dem man seit Jahrzehnten überreife justizpolitische Probleme vor sich herschiebe. Der hessische Richterbund und das Aktionskomitee als bundesweiter Zusammenschluß progressiver Juristen ziehen weithin an einem Strang.

Im Fall Schmidt allerdings bleibt vorerst noch die theoretische Chance, das gröbste Hindernis für eine Klärung, die beide Seiten zufriedenstellt, dem Druckfehlerteufel aufzubuckeln. Die Bonner SPD-Pressestelle ermittelte am Dienstag, daß beim Abdruck der Rede des Fraktionschefs eine «ärgerliche Sache» passierte. Denn Schmidt habe den Hessen nicht vorgeworfen, nach mehr *Gewalt* zu streben; er habe (Beweis: Tonbandaufnahme) *Gehalt* gesagt.

Ob Gehalt oder Gewalt, der hessische Richterbund will an seiner Forderung, ausgesprochen im Schlußsatz des Briefs, festhalten: «Da sie, wie sie selbst in ihren Ausführungen betonten, schon mit Tausenden von APO-Anhängern in Versammlungen sich auseinandersetzten, werden sie, so hoffen wir, als Verantwortung tragender Politiker auch eine Diskussion mit den Trägern der Dritten Gewalt nicht scheuen.» Auch schon um «seinen persönlichen Gesichtskreis in Sachen richterlicher Probleme zu erweitern», wird Schmidt ersucht, demnächst nach Hessen zu reisen. Terminvorschlag: ein Abend im Mai.

Süddeutsche Zeitung, 2.4.1969

Des Verteidigungsministers Ziel: Reform der Bundeswehr

Handakten über 230 Generäle und Admiräle

Von Hans Reisner

Abends sitzt er oft bis ein Uhr über seinen Akten und hat deshalb meist zu wenig Schlaf. Das, aber nicht nur das allein, macht ihn stärker noch als früher reizbar, ungeduldig und rechthaberisch; obwohl er in den vierzehn

Monaten, die er nun im Verteidigungsministerium auf der Bonner Hardthöhe sitzt, nach eigenen Bekundungen noch nie einen General anschrie. Reizbarkeit, Ungeduld und Rechthaberei zeigen sich bei Helmut Schmidt mehr im Umgang mit Kollegen aus dem Kabinett und aus der Bundestagsfraktion.

Er fühlt sich als Gefangener auf der Hardthöhe, weil er sich in selbstaufgelegter Disziplin öffentlich nur über Verteidigungspolitik und Bundeswehr äußern kann, wenngleich ihn das ganze Spektrum der Innen- und Außenpolitik interessiert und er nur zu oft meint, auch auf anderen Gebieten besser Bescheid zu wissen als die Fachminister. Das führt nicht nur zu internen Diskussionen, zu Reibereien mit der Fraktionsführung, zum Streit im Kabinettssaal, das macht ihn auch zu einer Schlüsselfigur der Unzufriedenen in der Regierung, die wie Erhard Eppler mangelnden Teamgeist beklagen oder wie Georg Leber nach kraftvoller Führung rufen.

Als Verteidigungsminister vom jungen Leutnant und von amtierenden oder ehemaligen Generälen genauso mit großen Erwartungen begrüßt wie von einer Öffentlichkeit, die sich in diesem Falle von rechts bis links einig war, mußte Helmut Schmidt einen Teil dieser Erwartungen zwangsläufig enttäuschen. Beim Leutnant und auch der Linken geschah dies ziemlich schnell, weil er den Heeresinspekteur Schnez nicht feuerte, als eine Studie bekannt wurde, in der unter der Verantwortung von Schnez konservative bis reaktionäre Vorstellungen entwickelt worden waren. Dabei hatte Schmidt kühl kalkuliert und seine Rechnung auch von Willy Brandt, den er zu diesem Zweck eigens in dessen tunesischem Urlaubsquartier aufsuchte, bestätigen lassen: Wenn er in der Bundeswehr etwas verändern wollte, mußte er zunächst Vertrauen schaffen und behalten. Inzwischen wird Schmidt von den rechten Schreibtischstrategen, uniformiert oder nicht, aufs Korn genommen, was ihm allerdings nur die sarkastische Reaktion entlockt: «Wenn dieser Herr mich loben würde, müßte ich mich fragen, was ich falsch gemacht habe.»

Schmidt war früher einer der schärfsten Kritiker jedes Bonner Verteidigungsministers. Heute zählt er auf, wofür er, verglichen mit der Lage in der Industrie, als alleiniger Vorstandsvorsitzer verantwortlich ist: für ein Unternehmen mit 650000 Beschäftigten, einen Umsatz von 22 Milliarden Mark und Investitionen, die in ihrer jährlichen Summe höher liegen als die Investitionen mehrerer deutscher Chemie-, Stahl- und Autogiganten zusammen. Das klingt mitleidheischend, obwohl er selbst sagt, daß er nur Verständnis erwecken wolle.

Von Gerhard Schröder (CDU), seinem unmittelbaren Vorgänger auf der Hardthöhe, spricht Schmidt heute mit größerem Respekt als früher. Bei seinem Vorwurf an Schröder, er habe als Verteidigungsminister politisch nur überleben, aber nichts verändern wollen, bleibt Schmidt allerdings. Er selbst nimmt für sich in Anspruch, die Bundeswehr reformieren zu wollen. Schmidt glaubt, bei den Spitzengenerälen schon die Einsicht geweckt zu haben, daß auch für Militärs Diskussionen möglich und nützlich sind. Dennoch setzt der Verteidigungsminister größere Hoffnungen auf eine langfristige Personalpolitik als auf überstürzte Änderungen. Er weiß heute schon, wer in einem Jahr Nachfolger des Heeresinspekteurs Schnez werden soll, und er weiß auch, wen der Generalinspekteur de Maizière in zwei Jahren als Nachfolger erhalten wird, übrigens erstmals keinen Heeres-General, sondern einen Marine-Admiral. Daß er die Namen noch verschweigt, erscheint angesichts der personellen Dschungelkämpfe verständlich, zeigt aber auch seine Angst, die Kandidaten könnten ihm noch aus der Hand geschlagen werden. Über alle 230 Generäle und Admiräle der Bundeswehr hat Schmidt Handakten in seinem Ministerzimmer, aber alle zu kennen, bildet er sich nicht einmal ein, schon weil in jedem Halbjahr zwanzig bis dreißig abgehen und durch neue ersetzt werden. Die Vorschläge dafür liefert ihm nicht mehr die Personalabteilung allein. Sie kommen vielmehr von eigenen «Personal Boards», die für Heer, Luftwaffe und Marine eingerichtet wurden.

Mit seiner Arbeit, seiner Art, die Bundeswehr zu führen, scheint Helmut Schmidt zufrieden zu sein. Er hält sich selbst wohl für das, wozu ihn andere schon vor seinem Amtsantritt gemacht hatten: für den besten Verteidigungsminister der Bundesrepublik. Als Politiker mit Ehrgeiz und Ambitionen sieht er jedoch seine Befürchtungen bestätigt, daß er mit der Übernahme dieses Ressorts in seiner politischen Rolle beeinträchtigt werden müsse. Darüber kann ihn auch die Zuversicht kaum hinwegtrösten, daß er vieles dazu beitrug, das Verhältnis seiner Partei, der Sozialdemokratie, zur Armee («eine ganz schwierige Sache») zu entkrampfen und zu verbessern. Nach seinen Erfahrungen steigt gerade die Zustimmung älterer Sozialdemokraten an, einschließlich der Spitzengewerkschaftler. Aber er weiß auch, daß hier noch viel getan werden muß.

Seine Beschränkung auf das Ressort als Fesselung seines politischen Spielraums empfindend, wurde Schmidt zum Vielredner im Kabinett, weil er dort auch bei anderen Themen mitsprechen und mitentscheiden kann. In der Öffentlichkeit sucht er Gelegenheiten, die es ihm erlauben, als stellvertretender Parteivorsitzender aufzutreten und die Fesseln des Verteidigungsministers abzustreifen.

Das muß natürlich zu Reibereien führen, gelegentlich auch zum handfesten Krach, weil er dann Meinungsverschiedenheiten kaum kaschiert, wegen seiner Ungeduld zu schnellen Urteilen neigt, die rasch zu revidieren er allerdings auch nicht ansteht, und oft genau das macht, was er sich von anderen strikt verbittet, das Einmischen in Angelegenheiten, die nicht in seiner Ministerkompetenz liegen. Sein Urteil über Kabinettskollegen ist manchmal scharf und verletzend: Weil andere dieses Recht auch für sich in Anspruch nehmen, weil diese Koalitionsregierung aus Sozialdemokraten und Freien Demokraten neben Schmidt noch weitere Minister hat, die sich als Allround-Politiker fühlen, mit den Allüren einer Primadonna oder eines Serenissimus, kann das nicht immer ohne Folgen bleiben.

Um Helmut Schmidts Vorstellungen und Ambitionen richtig einzuschätzen, muß man wissen, daß er nach dem Bundeskanzler den Fraktionsvorsitzenden der führenden Regierungspartei für die wichtigste Figur im gesamten Bonner Kräftespiel hält. Er selbst war Fraktionsvorsitzender während der großen Koalition und genoß diese Rolle offensichtlich so, daß er es gerne geblieben wäre, als die neue Regierung im Herbst 1969 gebildet wurde. Vor Monaten gab es schon Gerüchte, er wolle wieder den Fraktionsvorsitz übernehmen und das Verteidigungsministerium an seinen Freund Georg Leber abgeben. Heute sagt Schmidt, er wisse, daß er noch drei Jahre auf der Hardthöhe bleiben müsse, wenn der von ihm eingeleitete Reformprozeß bei der Bundeswehr nicht ins Stocken geraten solle.

Das kann kaum etwas anderes heißen, als daß er sich auf eine andere Aufgabe vorzubereiten beginnt. Loyalität zu Willy Brandt hält ihn wahrscheinlich davon ab, schon heute offen über eine mögliche Kanzlerkandidatur für die SPD zu sprechen. Loyalität schwingt auch mit, wenn er Brandt bestätigt, daß er ein besserer Koordinator der Regierungspolitik sei als etwa Kurt Georg Kiesinger zu dessen Kanzlerzeiten. Die Einschränkung, die darin liegt, ist sicher zum größeren Teil auf Horst Ehmke, den Chef des Bundeskanzleramtes, gemünzt, der sich schon mehrfach den unfreiwilligen Witz leistete, sein Verhältnis zu Helmut Schmidt sei so gut wie eh und je.

Süddeutsche Zeitung, 23.12.1970

Als Doppelminister: Garant der Marktwirtschaft

«Schiller hätte viel früher entlassen werden müssen»

Von Lothar Ruehl

Die menschlichen Unwägbarkeiten der Politik, die den Zufall einzurichten pflegen, haben zwischen den handelnden Personen des deutschen Regierungsspiels eine unerwartete Situation geschaffen: Wieder tritt neben den Kanzler ein zweiter Akteur als Hauptfigur in die Mitte der Szene, von dem alle im Schlußakt des Dramas die Apotheose der Darbietung erwarten. Kanzler und Schatzkanzler lautet das Thema seit der Berufung Karl Schillers zum Doppelminister im vergangenen Jahr. Mit Helmut Schmidt in dieser Rolle als der Nothelfer des Bundeskanzlers wird die Abhängigkeit des Parteiführers Brandt vom Minister für Wirtschaft und Finanzen deutlicher denn je.

Persönlichkeit, Ansehen und Symbolwert des neuen Nebenkanzlers sind zu Beginn des schweren Wahlkampfes mit offener Flanke zum bürgerlichen Mittelstand auf der breiten Mitte, wo die Wahlentscheidung zwischen den Parteien fällt, für die Sozialdemokratie unverzichtbar und unersetzlich, wenn die Siegchance gewahrt werden soll.

Noch vor einem knappen halben Jahr hatte Brandt ernsthaft daran gedacht, seinen Verteidigungsminister, der jetzt die Armee verlassen hat, um das ganze Kabinett samt der Koalition in der Wahlschlacht zu verteidigen, abzulösen, weil Schmidt nach der aus dem Orient heimgeschleppten Krankheit verbraucht und auf unabsehbare Zeit zu größeren Anstrengungen unfähig schien. Im vergangenen Frühjahr, während der vorletzten Kabinetts- und Fraktionskrise der sozialdemokratischen Regierungspartei um Schiller, hatten die Kanzlerberater resigniert eingestanden, daß mit Helmut Schmidt die einzige politische Potenz der Parteiführung für eine Nachfolge des Superministers wie als Alternative zu Brandt für Regierungsamt und Parteivorsitz ausgeschieden sei.

Der Rekonvaleszent selbst – von den Ärzten nach gründlicher und kritischer Untersuchung im Kern gesund geschrieben – wußte, daß der Erfolg seiner Energieleistung im Kampf gegen die Schwäche des Körpers über seine politische Zukunft entscheiden würde. Er zwang sich zu Konzentration und Gesundung mit dem Beistand der Medizin und der Fortune, ohne die in der Politik wie im Krieg kein Sieg zustande kommt und kein Rückschlag ausgeglichen werden kann.

Als ihn am vergangenen Mittwoch des Kanzlers Ruf aus Bonn in Ankara erreichte, war er mit Überlegung, Plänen und Optionen bereit, das schwerste Amt in der schwersten Zeit anzunehmen, die eine Regierung durchzustehen hat: in der Vorbereitung eines Wahlkampfes nach einer schweren inneren Erschütterung und schmerzlichem Gesichtsverlust vor der Wählerschaft. Nach Bonn zurückgekehrt, schlug Schmidt seinem Parteichef drei Alternativlösungen der Kabinettskrise in dieser Reihenfolge vor:

1. Ehmke sollte Innenminister werden, Genscher Finanzminister, Schmidt Wirtschaftsminister, Leber Verteidigungsminister;

2. Leber sollte Verteidigungsminister werden und Schmidt Minister für Wirtschaft und Finanzen;

3. Genscher sollte Innenminister bleiben und das Finanzressort übernehmen, Schmidt Verteidigungsminister mit dem Wirtschaftsressort.

Diese Rangfolge der wünschenswerten Umbesetzung des Kabinetts entsprach dem Vorschlag, den Schmidt schon im vergangenen Frühjahr während des Konfliktes mit Schiller über den Haushalt gemacht hatte. Damals war er mit der Attacke gegen den Doppelminister gescheitert, weil Brandt sich nicht zu einer Trennung von Schiller entschließen konnte.

Die Warnung des Verteidigungsministers, Schiller sei für das Kabinett «eine unberechenbare Größe» und «ein politisches Sicherheitsrisiko» geworden, hatte damals ihre Wirkung auch wegen der scharfen persönlichen Kontroverse zwischen den beiden Kontrahenten im Kabinett nicht getan. Schmidt war Verteidiger seines Wehretats gegen die Kürzungsforderungen des Finanzministers Schiller und somit Partei im Streit um den Bundeshaushalt.

Heute bekräftigt der neue Doppelminister sein Urteil vom Frühjahr: «Brandt hätte Schiller schon damals entlassen müssen. Dann hätte er Kraft, Zeit und Kredit gespart.» Der Bruch im Sommer erscheint Helmut Schmidt als die zweitbeste Lösung der Krise, die von einem permanenten Konflikt zwischen Schiller und der Mehrheit in Kabinett und Parteiführung bewirkt worden war, denn: «Es wäre für den Wahlkampf noch gefährlicher gewesen, wenn der Rücktritt sechs Wochen später gekommen wäre»; jede Woche Zeit vor der Wahl ohne Schiller war in seinem wahltaktischen Kalkül besser als eine weitere Woche mit «dem Unsicherheitsfaktor Karl Schiller», der in seinen Augen zum unkontrollierbaren Zeitzünder einer Explosion der Regierung Brandt geworden war.

Daß Schmidt nun doch der Nachfolger in beiden Ministerämtern wurde, obwohl die Ministerien wieder getrennt werden sollen und der liberale Koalitionsverbündete eines der beiden Ressorts als Apparatur für gesicherte zentrale Mitbestimmung über die gesamte Wirtschafts- und Finanzpolitik einer Neuauflage der Koalition von 1969 beansprucht, verdankt er der Weigerung Genschers und Scheels, das Innenministerium mit der Verantwortung für die Bundesbeamten und das Recht des öffentlichen Dienstes vor der Wahl aus der Hand zu geben. Die Freidemokraten lehnten seine «erste Option» aus diesem Grunde ab. Da sie einen Anspruch auf eines der freien Ressorts nach dem Koalitionspakt von 1969 für diese Legislatur nicht hatten, war der Weg frei für Schmidts «zweite Option», und der Wehrminister griff zu.

Er konnte sich dem Appell Brandts, die von Schiller in der Flanke zum Bürgertum und zur gehobenen Angestelltenschaft aufgerissene Blöße abzudecken, nicht entziehen. Eine Weigerung hätte ihm in der Partei die Chance gekostet, einmal Brandts Nachfolger zu werden.

Er schuldete den Preis der Loyalität auch auf Kosten seiner Person. So war es schon 1969 gewesen, als er auf die Hardthöhe ging, obwohl er lieber Fraktionsvorsitzender geblieben wäre, da er Außenminister in einer Koalitionsregierung nicht werden konnte. Jetzt mußte er wieder herhalten, um

einen Posten zu beziehen, für den die Partei derzeit im Kabinett nach Schiller keinen anderen überzeugenden und fähigen Ersatzmann hat. Seinen Wahlkampfauftrag hat Horst Ehmke in Tutzing einprägsam formuliert: «... der beste Mann, um die Ansicht zu bekämpfen, diese Bonner Regierung sei auf dem Wege in den Sozialismus ... In wenigen Wochen wird sich zeigen, daß keine Änderung in der Wirtschaftspolitik eintritt.»
Helmut Schmidt soll vor der bürgerlichen Wählerschaft als Garant für die soziale Marktwirtschaft in der Sozialdemokratie, vor der Arbeiterschaft als Garant der Stabilität und der Sicherheit der Arbeitsplätze aufgeboten werden. Regierung und Partei wollen sein Vertrauenspotential zur Abschreckung von Furcht und Mißtrauen nutzen.
An diesem Doppelminister auf Zeit sind weniger die Fähigkeiten zur Lenkung der Finanzen und der Wirtschaftspolitik gefragt als seine Kanzlerqualitäten, denn darum geht es schließlich, wenn ein Minister dem Kanzler zum Wahlsieg helfen soll, ohne daß er dafür eine besondere Politik in seinem Geschäftsbereich als neue Qualität zum Ganzen beisteuern kann.
Das Unternehmen ist riskant für die Person Helmut Schmidt. Aber das Risiko ist berechenbar: In der Niederlage wäre er nicht mehr getroffen als Brandt. Der Wahlsieg würde ihm die beste Position für eine spätere Kanzlerkandidatur und die Parteiführung geben, gleichgültig, ob er als Wirtschaftsminister mit der Hauptverantwortung für die gesamte Konjunktur-, Währungs-, Ordnungs-, Struktur- und Industriepolitik in einem neuen Kabinett Brandt die Schlüsselstellung einnehmen oder ob er als Fraktionsführer an Herbert Wehners Platz rücken würde. Den Anspruch auf das höchste Amt trägt er auch ohne eigenes Zutun mit dem Risiko und dem Zwang, der ihn weniger in Schillers Nachfolge als vielmehr an Brandts Seite führt, wie eine Selbstverständlichkeit in die neue Position.

Die Welt, 10.7.1972

Bilanz nach tausend Tagen

Was der Verteidigungsminister bewirkte

Genügen knapp tausend Tage, um in einer Zeit rapide abnehmenden Verständnisses für die Notwendigkeiten praktikabler Sicherheitspolitik in einem riesigen Verantwortungsbereich mit fast 650000 Menschen, einem Haushaltsvolumen von ca. 20 Milliarden jährlich und komplizierten außenpolitischen Verflechtungen dauerhafte Spuren des Wirkens zu hinterlassen?
Als er kam, wußte man: Ein Vollblutpolitiker von Format, ein kenntnisreicher Analytiker strategischer Zusammenhänge und ein Mann, der füh-

ren konnte, wo Gefahr im Verzuge war. Dazu engagierter Sozialdemokrat, der erste seit Gustav Noske 1920 am Steuer der Verteidigung. Mit größerem Vertrauensvorschuß – quer durch parteipolitische Standpunkte – ist noch kein Bundesminister der Verteidigung in sein Amt eingestiegen.
Die Noblesse seinem Vorgänger gegenüber bei der Übernahme beeindruckte, die mit einem innenpolitischen Machtwechsel in der Regel verbundenen personellen Eingriffe hielten sich in maßvollem Rahmen. In dem legitimen Bestreben, gesellschaftspolitische Vorstellungen seiner Partei in seinem Ressort durchzusetzen, war er zwar entschlossen, «an der Spitze des Fortschritts zu marschieren», aber auch viel zu erfahren, um nicht zu wissen, daß Streitkräfte nicht zum Spielball innenpolitischer Zufälligkeiten gemacht werden dürfen.
Helmut Schmidts Führungsstil war neu und strapaziös für seine engere Umgebung; die Stilmittel Konferenzen am runden Tisch, Kollegialentscheidungen, Diskussionen, Transparenz und unkonventionelle Heranziehung von Ratgebern. Der Politiker liebte – sich seiner Wirkung bewußt – auch im militärischen Bereich die Einwirkung auf Massen und durchbrach rücksichtslos hierarchische Vorstellungen. Der erste Anlauf brachte bei viel Zustimmung manches in Bewegung: Von der Spitze her durch Bestandsaufnahmen, ministerielle Umgliederungen und Planungsinitiativen, von der Basis her durch Aufruf zu offener Diskussion und direkter Mitwirkung. Einiges wurde mißverstanden oder übertrieben, unvermeidliche Begleiterscheinungen jeder Bewegung. Die formale Disziplin verfiel, wurde aber wieder eingefangen. Konsequenzen aus Fehlentscheidungen zu ziehen, ist immer noch das beste Zeichen sicherer Führung.
Sein großes Anliegen war die Wehrgerechtigkeit, und es ehrt einen Demokraten, wenn er Gerechtigkeit vornanstellt. Sie war nur zu verbessern durch Herabsetzung der Grundwehrdienstdauer mit Ausgleichsregelungen zur Aufrechterhaltung der Kampfkraft.
Mit besonderer Energie wandte sich Schmidt dem Personalwesen der Streitkräfte zu. Mit der Neuordnung von Bildung und Ausbildung wurde ein in vielen Teilen grundlegend neuer Weg beschritten, das Problem der längerdienenden Freiwilligen entschlossen angepackt; erste positive Auswirkungen zeigen sich in steigenden Bewerberzahlen. Die damit verbundenen Verschiebungen im Haushalt sind auf die materielle Seite nicht ohne negativen Einfluß geblieben. Aber ohne den Blick auf Wehrstrukturen der Zukunft und ohne wechselnde Schwerpunktsverlagerungen lassen sich die finanziellen Probleme angesichts der Kostenexplosion im Rüstungsbereich nicht lösen. Das erfordert viel Entschlußkraft, Helmut Schmidt hatte sie. Was aus dem Bundeshaushalt für die Verteidigung herauszuholen war, hat dieser Verteidigungsminister herausgeholt. Ob er es als Wirtschafts- und Finanzminister wieder nehmen wird, ist eine Frage, die manchen beschäf-

tigt, weil die Beantwortung auch das Schicksal der von Schmidt eingeleiteten Reformen bestimmen wird.
Sosehr sich Schmidt um die Bundeswehr kümmerte, sowenig war er ein «Bundeswehrminister». Der politische Bereich war und ist sein Element. Das unbeirrbare Festhalten am Bündnis und an der Präsenz der amerikanischen Truppen waren für ihn die Angeln, in denen sich die Tür zum Osten bewegen muß. Im Kreise der verbündeten Politiker wurde er schnell zum Anreger, besonders da, wo es die europäische Zusammenarbeit in Sicherheitsfragen zu stärken galt.
Es wurde viel gesät in den fast tausend Tagen, nicht alles wird aufgehen. Aber das bleibende Verdienst von Helmut Schmidt ist es, längst fällige Entwicklungen energisch in Bewegung gebracht zu haben, die der Sicherheitspolitik der Bundesregierung und der Bundeswehr den Anschluß an die Zukunft ermöglichen können. Dafür werden ihm viele Dank wissen.

Wehrkunde, August 1972

Helmut Schmidts wirtschaftliche Bekenntnisse

Von Udo Bergdoll

Über die ökonomischen Ansichten des neuen Wirtschafts- und Finanzministers Helmut Schmidt, der noch vor seiner Reise nach Nordamerika eine «offensive Politik» der Bundesregierung bis zu den Wahlen angekündigt hat, sind die abenteuerlichsten Spekulationen in Umlauf. Die CDU/CSU, in Beweisnot für ihre Wahlkampfthese, mit Schillers Abgang sei der Anfang vom Ende der Marktwirtschaft angebrochen, verdächtigt den neuen Doppelminister, kein Verteidiger der «Stabilität» und obendrein zu schwach zu sein, um antikapitalistischen Kräften entgegentreten zu können. Springers Welt argwöhnt sogar, der «beharrliche Veränderer» Schmidt wolle den «Sozialismus von oben». Nach Ansicht des von den Unionsparteien abgehalfterten «Vaters der Marktwirtschaft» Ludwig Erhard ist der neue Superminister dagegen ökonomisch ein «unbeschriebenes Blatt». Erhard: «Die Tatsache, daß er Schüler von Schiller war, bedeutet nicht unbedingt, daß er auch sein Jünger sein muß.»
Helmut Schmidt ist zwar wie Schiller ein Politiker, der sich der Marktwirtschaft so überzeugt verpflichtet fühlt, daß eine Alternative völlig außerhalb seiner Vorstellungswelt liegen dürfte. Andererseits ist der gelernte Ökonom aus Hamburg aber gesellschaftspolitisch ungleich stärker engagiert als sein demissionierter Amtsvorgänger. Wenn es darum ging, die Interessen zwischen Kapital und Arbeit abzuwägen, fanden die Genossen

der SPD Schiller stets auf seiten der Unternehmer. Wettbewerb, Unternehmerinitiative und privates Eigentum bedeuten für den Ökonomieprofessor die Fixsterne seiner politischen Welt.
Schmidts ökonomische Vorstellungen sind ähnlich strukturiert. Bei ihm kommt allerdings hinzu, daß er nicht nur dem Parteibuch nach Sozialdemokrat ist, sondern sich durch Arbeitnehmerinteressen gebunden fühlt. Der neue Doppelminister hat die Forderung erhoben, daß der «öffentliche Korridor» erweitert werden, der Staat mehr Geld für Sozialinvestitionen erhalten muß, damit mehr Schulen, Schwimmbäder und Krankenhäuser gebaut werden können.
Schiller ging in seinen theoretischen Ansätzen auf den britischen Ökonomen der zwanziger Jahre John Maynard Keynes zurück, der das «Defizit-Spending» lehrte, das heißt: durch Ausgaben, die durch Kredite finanziert werden, den Kreislauf der Wirtschaft zu beleben. Schmidt orientiert sich, ebenfalls von Keynes ausgehend, zunehmend an der These des Amerikaners Galbraith vom privaten Reichtum einerseits und der öffentlichen Armut andererseits in den kapitalistischen Industrienationen. Ihn fasziniert zudem Karl Popper, ein in England lehrender Philosoph und «kritischer Rationalist», der mit seiner «offenen Gesellschaft» bürgerliches Gedankengut gegen die Herausforderung der Neo-Marxisten verteidigt. Sich auf Popper berufend, fordert Schmidt, «Veränderung eben Stück für Stück in konkreten Reformschritten herbeizuführen» («Peace meal social engineering»). In einer Rede sagte er 1971: «Die immer neu zu entscheidenden Fragen lauten: Wieviel vom Sozialprodukt soll in den privaten Konsum gehen und wieviel in die privaten Investitionen? Und wieviel soll weder in den einen noch in den anderen Bereich fließen, sondern in den Korridor der öffentlichen Ausgaben, der zwischen beiden Bereichen liegt? Wie breit muß und kann dieser öffentliche Korridor sein?»
Diese Fragen sind nach Schmidts Überzeugung für die Steuer- und Haushaltspolitik einer Reformregierung die entscheidenden. Schmidt: «Wem sie zu theoretisch erscheinen, der sollte sich daran erinnern, daß die deutsche Sozialdemokratie vor 80 Jahren ihre ersten theoretischen Vorstellungen auf dem Boden der ökonomischen Geschichtsauffassung entwickelte. Was immer an diesem damaligen Fundament heute auch ungeeignet sein mag – richtig bleibt, daß bewußte Gestaltung der Geschichte (und das ist es doch, was wir Politik nennen) ohne ökonomische Einsicht Dilettantismus ist.»
Mißt man diesen Satz an der bisherigen politischen Praxis Helmut Schmidts, dann klingt er ein wenig hochgegriffen. Denn der hanseatische Sozialdemokrat ist – wie die meisten seiner Generationsgenossen – zunächst ein Pragmatiker, der theoretischen Gebäuden und Systemen skeptisch, oft sogar verständnislos gegenübersteht. Während der Arbeit am

Langzeitkonzept der SPD scheint er in den letzten beiden Jahren allerdings einen Weg eingeschlagen zu haben, der ihn vom Pragmatismus wegzuführen beginnt. Als Vorsitzender der Langzeitkommission begrüßte er ausdrücklich, daß in der SPD die Diskussion über die politische Ökonomie wiederaufzuleben beginnt. Von den Jungsozialisten und ihrer antikapitalistischen Politik hat er sich jedoch unzweideutig abgegrenzt.
Auch Schmidt wird als Wirtschafts- und Finanzminister wie sein Vorgänger um die Stabilität der Preise bemüht sein. «Die Bundesregierung wird alles tun, um einen weiteren Anstieg der Preissteigerungsrate zu vermeiden», versicherte er in seinem ersten Interview als Doppelminister. Dagegen ist er nicht bereit, Stabilität um jeden Preis und auf Kosten der sozial schwächeren Schichten anzustreben. Stabilität als Fetisch ablehnend, formulierte Schmidt jenen Satz, den die Opposition zum Anlaß nahm, ihm die Fähigkeit zum Doppelminister abzusprechen: «Stabilität – das ist so ein Modewort. Die Besorgnis um die Stabilität bedrängt mich nicht so sehr wie andere. Es ist doch eine Fehlvorstellung, zu glauben, ein so in die Weltwirtschaft verflochtenes Land wie unseres könne außerhalb des Gleichschritts marschieren.» Schon vor einem Jahr schrieb er: «Die wortreiche Inflationshysterie von Strauß darf uns nicht – umgekehrt in eine Stabilitätshysterie treiben. Völlige Stabilität bleibt ein lebensfremder Wunschtraum, zumal in einer Umwelt, in der fast alle Industrieländer, mit denen wir durch die gemeinsamen Märkte der EWG und den Welthandel auf das engste verflochten sind, weiterhin inflatorische Politik treiben . . . Es wird auch in Zukunft Preiserhöhungen geben, es darf deren aber nicht zu viele geben. Oppositionsredner oder industrielle Sprecher, die ‹absolute Stabilität› verlangen, sind Schwätzer.»
Anders als Schiller würde Schmidt, wenn er wählen müßte, sicher der Vollbeschäftigung und dem Wachstum den Vorzug gegenüber der Stabilität geben, die nicht immer mit einem Ansteigen der Staatsausgaben zu vereinbaren ist. Der auf das Leistungsprinzip pochende Doppelminister über das Verhältnis zwischen Reformen und Wachstum: «Für das Tempo der aufeinanderfolgenden Schritte ist das Ausmaß der Produktivitätszuwächse unserer Volkswirtschaft der beherrschende Schrittmacher. Mit anderen Worten: Es kommt auf die Zahl der insgesamt pro Jahr geleisteten Arbeitsstunden unserer Volkswirtschaft und auf den Zuwachs an Produktivität je Arbeitsstunde an. In diesen beiden Faktoren steckt in Wirklichkeit die Möglichkeit zur realen Steigerung des Sozialprodukts.» Dem Entwurf des Langzeitprogramms der SPD liegt eine Steigerungsrate von annähernd fünf Prozent zugrunde – nach dem Urteil des Chefplaners Schmidt eine «sehr kühne Zielsetzung».

Süddeutsche Zeitung, 15.7.1972

Pluspunkte bei den Jusos

Von Rudolf Augstein

Abends am Kamin, wenn Helmut Schmidt und seine Frau Loki die Partien des Schach-Championats von Reykjavik nachspielen, dann sind die Rollen stets klar verteilt: Willy Brandts Doppelminister für Wirtschaft und Finanzen übernimmt den Part des US-Schachwunders Bobby Fischer.
Die Rolle, so glaubt der schneidige Hanseat, steht ihm wohl. Denn längst plagen ihn keinerlei Zweifel mehr, für die deutsche Politik das zu sein, was Fischer der Schachwelt ist: der Größte.
Selbstbewußt und siegessicher, ehrgeizig und erfolgsgewohnt rüstet sich der Sozialdemokrat in seinem Ferienhaus am schleswig-holsteinischen Brahmsee, Kanzler, Partei und Koalition den Wahlsieg zu retten. Bei Segelpartien und langen Spaziergängen, durch Aktenstudium und Gespräche mit Freunden und Experten macht sich Bobby Schmidt fit.
Denn nach der Affäre Schiller ist Schmidt ausersehen, als Wunderwaffe des sozialliberalen Bündnisses dem Herausforderer Rainer Barzel den Weg ins Palais Schaumburg zu verbauen.
In der Tat erscheint der Einzelkämpfer, bis vor einem Monat noch Oberbefehlshaber von fast 500000 Bundeswehrsoldaten, wie kein anderer geeignet, die Wahlschlacht für Brandt zu entscheiden. Der neue Wirtschaftslenker ist der Schönste: 20,9 Prozent der Wähler attestieren ihm die höchste Attraktivität, Rainer Barzel landet mit 10,7 Prozent Anhang weit abgeschlagen auf dem zweiten Platz; der Populärste: In einem Meinungstest, bei dem die Befragten prominente Politiker auf einer Bewertungsskala von +5 bis −5 benoten können, bringt es Schmidt auf die Prädikatsnote 2,2. Nur Kanzler Brandt kann mit Schmidt gleichziehen, Barzel kommt auf magere 0,5; der ideale Partner: Sein demoskopisches Persönlichkeitsprofil ergänzt sich optimal mit dem des Kanzlers; dem SPD-Vize werden Entscheidungsfreudigkeit und rechter Sinn für Ordnung, Dynamik und Durchsetzungskraft zugeschrieben, der Chef weiß durch Bedachtsamkeit und Toleranz, Besonnenheit und Kompromißbereitschaft zu überzeugen.
Entwicklungshilfeminister Erhard Eppler, der sich selbst Hoffnung auf das Finanzressort gemacht hatte, erkennt an: «Schmidt ist für diese Aufgabe der beste Mann.»
Gelassen hatte der neue Mann Anfang Juli jenen Posten angetreten, der in drei Jahren sozialliberaler Regierung bereits zwei Minister – Alex Möller und Karl Schiller – verschlissen hatte.
Statt geschäftig in seinen Bonner Ministerien zu agieren und auf den bundesdeutschen Bildschirmen über Preise und Konjunktur, Steuern und

Finanzen zu diskutieren, wickelte er erst einmal seine alten Geschäfte in Ruhe ab und flog nach dem Amtswechsel zu Verteidigungsgesprächen nach Nordamerika. Statt stabile Preise zu versprechen und Wahlgeschenke anzukündigen, ließ er die Deutschen wissen, auf nahe Zukunft gäbe es «keine reale Chance, von dem derzeitigen Preissockel wieder herunterzukommen». Und von seinem hohen Popularitätspodest aus glaubte er sogar androhen zu können, wovon auch nur zu sprechen sich bislang noch keine Regierung vor Wahlen getraut hatte: Steuererhöhungen.

Seinen Aufstieg zum Wahlgladiator und derzeit unangefochtenen Kronprinzen verdankt Schmidt zäher Kleinarbeit und politischer Läuterung. Der Mann, der noch 1970 Seit' an Seit' mit Verkehrsminister Georg Leber den rechten Flügel der SPD anführte, rückte Schritt für Schritt in die Mitte der Partei – und erwarb damit den Führungsanspruch nach Brandt.

Gemeinsam und in herzlichem Einvernehmen mit Rainer Barzel hatte der Sozialdemokrat die entscheidenden Vermittlerdienste zwischen den Partnern der Großen Koalition geleistet. Überschwenglich lobte der damalige SPD-Fraktionschef «die Stärke» des «kooperationsfähigen» Barzel, mit dem er «keineswegs zähneknirschend zusammengearbeitet» habe. Selbst als in der Wahlnacht im September 1969 klar war, daß FDP und SPD den Machtwechsel in Bonn erzwingen konnten, plädierte Schmidt noch für eine Fortsetzung des schwarz-roten Kartells («Wir brauchen mindestens 20 Stimmen über den Durst»).

Eifrig profilierte sich der Hauptmann der Reserve in jener Zeit als überzeugter Law-and-order-Mann. «Schmidt», so urteilte 1968 der rheinland-pfälzische DGB-Landesvorsitzende Julius Lehlbach, «ist ein rechtsgerichteter Kaisertreuer.»

Im sozialliberalen Kabinett stritt der Rechte sogar mit Leber gegen eine von Bundespräsident Heinemann befürwortete rasche Amnestie für Vergehen von Apo-Demonstranten. Markig tönte er im Kabinett: «Während wir hier reden, hauen die in Kiel dem Rektor in die Fresse und scheißen im Gerichtssaal auf den Tisch.»

Zielstrebig baute sich Schmidt damals gegenüber Industrie und Bürgertum zum Bollwerk gegen die Linksabweichler in den eigenen Reihen auf. So versprach er dem Stahl-Millionär Wolff von Amerongen, er werde schon dafür sorgen, daß der Einfluß der Jungsozialisten in der SPD gering bleibe.

Wegen seiner fortwährenden Ausfälle gegen die Apo und die Jungsozialisten («elitäre Arroganz») zieh ihn schließlich sogar Co-Vize Herbert Wehner öffentlich «lästerlicher Reden, die ihm nicht verziehen werden sollen».

Nur zögernd nahmen denn auch die Genossen zur Kenntnis, daß der rechtslastige Spitzengenosse den Krach mit den Partei-Junioren allmählich herunterspielte und Kontakt zur Mitte suchte. Ein ehrgeiziges Projekt der Parteiführung bot ihm die Möglichkeit, den Anschluß zum langsam, aber sicher nach links driftenden Parteivolk zu halten: Nach dem Saarbrücker SPD-Parteitag übernahm Schmidt die Leitung einer Kommission, die in einem Langzeitprogramm der Partei die Perspektiven bis 1985 weisen sollten.

Schmidt nutzte die Chance. Gemeinsam mit seinem Stellvertreter, dem schleswig-holsteinischen SPD-Vorsitzenden Joachim Steffen, präsentierte er ein Programm, nach dem in den nächsten 13 Jahren die Deutschen fast die Hälfte des Bruttosozialprodukts für Staatsausgaben und Sozialversicherung abführen sollen (derzeit 38,8 Prozent). Nach der gemeinsamen Arbeit riet Steffen, Ziehvater der Jusos, dem jungen Parteivolk, fortan den Konflikt mit Schmidt zu meiden. Juso-Funktionär Erdmann Linde sagte voraus: «Der könnte sogar für die Linken als Parteichef akzeptabel werden.»

In der Regierung erleichterte Karl Schiller dem anpassungsfähigen Parteiführer die Absetzbewegung vom rechten Flügel. Anders als der um das Wohlwollen der Industrie buhlende Schiller forderte Schmidt, das sozialliberale Regiment müsse noch in dieser Legislaturperiode die schiefe Vermögensverteilung korrigieren und das ungerechte Steuersystem reformieren.

Als Schiller im vergangenen Herbst mit Berechnungen über die angeblich mageren Gewinnspannen der Industrie die Vermögenspläne der Regierung zu blockieren versuchte, geißelte Schmidt im Bundeskabinett die «übertriebene Ängstlichkeit», mit der sich der Parteifreund um Unternehmerprofit sorgte. Und als der kapriziöse Finanzminister sich mit seinem Steuerreform-Staatssekretär Haller überwarf, brüllte Schmidt den Quertreiber in der Ministerrunde des Palais Schaumburg an: «Sie sabotieren die Steuerreform.»

Weitere Pluspunkte bei Linken und Gewerkschaften sammelte der Parteiaktivist, als er sich rückhaltlos hinter die DGB-Forderung nach paritätischer Mitbestimmung stellte. Auf dem Berliner DGB-Kongreß Ende Juni propagierte er die Mitbestimmung sogar als «unverzichtbare Voraussetzung für die Erhaltung und Entfaltung unserer demokratischen Grundordnung». Mitbestimmungsgegner Schiller danach: «Ich traute meinen Ohren nicht.»

So zielsicher der stellvertretende SPD-Vorsitzende die starke Mitte der Partei ansteuerte, so sehr pflegte der Minister die Selbstdarstellung als Staatsmann. So mußte ein Redakteur des SPD-Propagandablattes «Die Debatte» im Januar ein Interview mit Schmidt nach Vorlage bei dem Minister radikal entschärfen. Die schmissige Schlagzeile «Wir arbeiten, die anderen meckern» wurde vom Partei-Vize eigenhändig in ein fades «Leistun-

gen, trotz aller Unkenrufe» umgeschrieben. Einwände schmetterte der Gereifte ab: «Ich bin nicht mehr Schmidt-Schnauze.»
Vergeblich hoffte Kanzler Brandt auch in harten Parlaments-Fights auf Entsatz durch den schlagfertigen Bundestags-Profi – der fand es zukunftsträchtiger, sein persönliches Ansehen durch Zurückhaltung zu mehren. Offizielle Begründung: Als Bundeswehr-Chef könne er sich nicht am parteipolitischen Kleinkrieg beteiligen.
Und als Parteifreunde ihn unlängst aufforderten, den Kontakt zum Kanzler zu suchen und dem Regierungschef als Entscheidungshelfer zu dienen, beschied er die Genossen: «Wenn mich keiner ruft, ich bin doch keine Hure.»
Schon fürchteten die sozialdemokratischen Wahlwerber, ihre Attraktion mit den demoskopischen Traumnoten werde auch im Wahlkampf parteipolitisch abstinent bleiben und als Willy Brandts Wahllokomotive ausfallen.
Doch da trat Schiller ab, und Schmidts Einzug in das wahlentscheidende Doppelministerium zerstreute letzte Zweifel an Solidarität und Engagement des Vize.
Ein SPD-Werber: «Jetzt muß Schmidt aus der Reserve.»
Den Wahlplanern in der Bonner SPD-Baracke erscheint ihr Duo Brandt/Schmidt als «Wunsch-Kombination»: Der populäre, rhetorisch gewandte Schmidt kann nun – vermutlich besser als der unberechenbare und in der Wählergunst abgeschlaffte Schiller – das Terrain der Wirtschafts- und Finanzpolitik abdecken; der Nobelpreisträger kann sich die ihm fremden Wirtschaftsdetails ersparen und sich im Wahlkampf ganz der «Aura des Übervaters» (Baracken-Jargon) hingeben.
Schmidts Ansehen bei CDU-Wählern, so kalkulieren die sozialdemokratischen Propagandisten überdies, werde zudem alle Versuche vereiteln, ihn als Verräter der von der Union längst seliggesprochenen Marktwirtschaft zu verketzern. Auch der neue Superstar ist sich seines Wahlkampf-Wertes gewiß: «Die Herren Barzel, Narjes und Strauß werden sich wundern.»
Als Wunderwaffe möchte sich Schmidt schon im September erweisen. Nach dem Terminplan des Doppelministers wird das Kabinett seinen Bundeshaushalt 1973 in den Grundzügen verabschieden. Danach will sich Schmidt auf internationalem Parkett bewähren. Der EWG-Gipfel in Paris, das EWG-Finanzministertreffen in Rom, der EWG-Ministerrat in Brüssel sowie die Jahrestagung des Internationalen Währungsfonds in Washington sollen dem gelernten Volkswirt zu weltweitem Auftritt verhelfen.
Das Konferenz-Karussell bietet einen weiteren Vorteil: Als Weltreisender in deutscher Mark kann der Minister am besten demonstrieren, daß nicht er, sondern die internationale Inflation schuld an Westdeutschlands Geldentwertung von derzeit 5,6 Prozent ist.

Der Erfolg wird ihm kaum versagt bleiben. Denn Helmut Schmidt handelt nach dem Grundsatz: «Mir kommt es eigentlich mehr darauf an, was zu bewegen, und das, was man bewegt, besser zu bewegen als der Vorgänger oder der Nachfolger oder der Nebenmann oder der andere Nebenmann auf der linken Seite. Das ist mein Ehrgeiz.»

Der Spiegel, 14.8.1972

Ein Meister der kalkulierten Schnoddrigkeit

Im Wahlkampf: Staatsmann, Kumpel und Sonnyboy

Von Hans D. Barbier

Wer Helmut Schmidt im Bundestag erlebt hat, der hätte denken mögen, gerade bei ihm werde des Kanzlers unbedachtes Wort vom Holzen im Wahlkampf auf fruchtbaren Boden fallen. Kommen doch schon seine Auftritte im «Hohen Hause» dieser rhetorischen Gangart bisweilen recht nahe. Aber im Wahlkampf, in dem man wohl alle Akteure nur mit der Elle der allenfalls relativen Sachlichkeit messen darf, wenn man das Pulver der Kritik nicht zu früh verschießen will, holzt Schmidt nicht. Jedenfalls nicht im Sinne des groben Dreinschlagens. Schmidt wird nie rüde. Da nimmt er sich eher ein Stück hinter sein eigenes Temperament zurück. Da schöpft er nicht den ihm ohne Zweifel zur Verfügung stehenden großen Spielraum an Polemik aus. Gewiß, da greift er um der Stimmung willen hin und wieder auf seine Clownerien zurück und scheut auch nicht eine mittlerweile allzu gängige Verballhornung. Aber was hilft's: Der «Rainer candidatus» bringt einige Leute eben immer noch zum Lachen.
Helmut Schmidt führt die Stimmung seines Publikums mit witziger Behutsamkeit an wechselnd langer Leine über Höhen und Tiefen der Politik, bis hin zum Gipfel schließlich: Willy wählen! Und dies mit einer Parlamentsmehrheit von mindestens 22 Sitzen, bitte schön, «damit ihr hier im Saal nicht noch einmal mit uns bangen müßt. Das war knapp, das hing an zwei Stimmen, damals, das mit dem konstruktiven Mißtrauensvotum, das bei Barzel eigentlich destruktives Mißtrauensvotum heißen müßte, nicht wahr?» Jawohl.
Schmidt hat ein ungeheuer gutes Gefühl für die Stimmung im Saal. Er wechselt blitzschnell Gangart und Thema, wenn der Kontakt zum Publikum sich auch nur im geringsten zu lockern droht. Er pendelt dauernd zwischen Staatsmann, Kumpel und Sonnyboy. Da ihn reden nicht anstrengt und Wahlkampf keine intellektuelle Übung ist, macht ihm auch der

vierte Auftritt am Tag einen so ungetrübten Spaß, daß die Leute im Saal ihm gerne glauben, es habe ihn schon immer gedrängt, die Hamburger, Dortmunder, Saarbrücker oder Aachener einmal persönlich kennenzulernen. So versichert er zwischen Ostpolitik, Europagipfel und Diskonterhöhung in Herne, ihn habe als Politiker stets die Frage berührt: «Was ist los an der Ruhr, was ist los mit der Kohle, was ist los mit dem Stahl, nicht wahr?» Der Helmut Schmidt ist eben einer, der sich kümmert um die Leute, der – wie es zu seinem Empfang heißt – «ein Wirtschaftsminister ist, der nicht nur Worte macht, der auch zupacken kann».

In Herne beginnt Schmidt mit der Ostpolitik. Ein Schritt in Richtung Frieden, Aussöhnung, menschliche Erleichterungen. Das alles kommt gut an. Ein Lob auch für die frühere Regierung. Kanzler Adenauer werde wegen seiner Aussöhnung mit den westlichen Nachbarn «einen Platz in der Geschichte» behalten. Allerdings, mit seiner einseitigen Orientierung zum Westen sei er doch auf einem Auge blind gewesen. Im übrigen wolle er aber über Tote nichts Böses sagen, zumal es in diesem Zusammenhang über die noch tätigen Führer der Unionsparteien eine ganze Menge zu sagen gebe. Also, wie war das mit der Ostpolitik, für die Kanzler Brandt schließlich den Friedenspreis bekommen hat? «Der Herr Barzel» hat zu spät erkannt, daß diese Politik den Beifall aller unserer Verbündeten findet. Als er dann versuchte, «die Kurve zu kratzen», da hat ihm das der «CSU-Chef, das ist der Herr Strauß», verboten. «Die Christen haben dann schließlich mit Jein gestimmt.» Der Herr Strauß, der will zwar auch Frieden, aber «wie will denn ein Mann Friedenspolitik treiben, der sich selbst nicht unter Kontrolle hat und der nicht mit Erfolg mit anderen verhandeln kann?» Und überhaupt: «Es ist doch nicht eine deutsche Regierung denkbar, die eine Politik verurteilt, die die Verbündeten einstimmig gutheißen.» Oder? Nein, gewiß nicht.

Aber auch gegen Strauß geht Schmidt nicht bis zum letzten Schritt der harten Konfrontation, mindestens nicht im Ton. Wie er den CSU-Vorsitzenden angreift, Stimmung gegen ihn erzeugt und das Ganze dann im Witz auffängt, zeigt, wie er sein Publikum in der Hand hat. Er zitiert aus dem «Bayernkurier» «Unverschämtheiten» gegen den Kanzler. Als sich die Empörung auf den Saal bis zu einer gewissen Lautstärke überträgt, wiegelt er ab. Er lächelt beinahe nachsichtig über soviel Borniertheit des «CSU-Zentralorgans» und meint: «Darüber muß man sich gar nicht aufregen. Aber die richtige Folgerung ziehen: Solche Burschen kann man eben nicht wählen.» Die Empörung schlägt um in Heiterkeit.

Schmidt, der vorwiegend durch sein Redetalent wirkt, weiß auch Mimik ins Feld zu führen. Das scheint neu zu sein. Als Wirtschafts- und Finanzminister muß er wohl auch etwas «zu der Sache mit den Preisen» sagen, da hilft nichts. Aber er «verkauft» auch die Inflationsrate. Er läßt – was bei ihm ganz selten vorkommt – den Kopf hängen mit dem scheinbar bedrückten Gewissen dessen, der sich wenigstens anstandshalber ein bißchen für etwas schämt, was er aber im Grunde nicht zu verantworten hat: «Sechs Prozent Preissteigerung – das ist nicht schön – das ist gar nicht schön.» Im Saal macht sich so etwas wie Mitleid breit, und man ist froh, daß Helmut Schmidt sich gleich wieder aufrichtet, «um hier einmal klarzustellen, wie das wirklich ist». Und dann kommt die Theorie der Dollarschwemme, gegen die auch eine entschlossene Bundesregierung im Alleingang machtlos ist. Das Loch in der amerikanischen Zahlungsbilanz wird richtig plastisch. Diese sicherlich teilweise richtige, aber im Kern doch allzu monokausale Theorie trägt er mit einer solchen akademischen Disziplin und einer derartigen Anschaulichkeit vor, daß die Regierung am Ende exkulpiert dasteht. Dies um so mehr, als doch der Reallohn gestiegen ist: «Wenn ihr im Küchenschrank einen Lohnzettel von 1967 findet und ihn mit dem vom Oktober dieses Jahres vergleicht, dann kann man das doch nicht übersehen.» Auch der Zwischenruf, wie es denn mit den Sparern sei, macht ihm keine Sekunde zu schaffen. Denn diese Regierung hat das 312- zum 624-Mark-Gesetz («Das ist genau das Doppelte») aufgestockt, und schließlich sollten sich Banken und Sparkassen nicht einbilden, sie könnten aus der Diskonterhöhung «ihren Reibach» machen, die sollten bitte den Sparzins anheben. Dann wieder internationale Vergleiche: Die Bundesrepublik schneidet wegen ihrer Vollbeschäftigung gut ab, trotz der bedauerlichen Preissteigerungen.

Der Wirtschafts- und Finanzminister Helmut Schmidt ist für die Sozialdemokraten zweifellos eine enorme Hilfe im Wahlkampf. Fällt ihm doch die Aufgabe zu, die offene Flanke der Inflation abzudecken: Reallohnsteigerung, Vollbeschäftigung. Das macht er, unter Wahlkampfgesichtspunkten, gut und hat doch gleichzeitig den Schneid, in der Versammlung zuzugeben, daß das unangenehm ist: «Ich habe dieses Amt nicht haben wollen, aber da war einer, der weggelaufen ist, der die Nerven verloren hat. Da muß man eben einspringen.» Auch das bringt Punkte im Saal.

Zum Schluß, nachdem er so nebenbei dem Veranstaltungsleiter geholfen hat, die Diskussion zügig durchzuziehen und Vorwürfe «mangelnden Demokratieverständnisses» nach «rechts» und «links» hin abzuwehren, noch eine Ermahnung zur Sachlichkeit: diejenigen wählen, die das bessere Programm haben! Denn «wir alle sehen in Wirklichkeit nicht so gut aus wie auf diesen Plakaten hier». Eine (Damen-)Stimme wird für viele gelten dürfen: «Der Schmidt eigentlich doch.»

FAZ, 13.11.1972

Größter Macher aller Zeiten

Wie ein Star aus dem Show-Geschäft

Von Hartmut Sänger

Er trägt sein Kavalierstaschentuch stets sorgfältig gefaltet, liebt modische Hemden und sieht sich am liebsten in hellgrauen Panamaanzügen. Zweimal im Jahr geht er zum Herrenausstatter Leineweber in der Hamburger Mönckebergstraße, wo er in einem 15 bis 20 Minuten dauernden Schnellverfahren neu eingekleidet wird. Er wählt seine Schuhe nach der Dicke der Sohle aus, um seine 170 Zentimeter etwas zu unterlegen, größer zu wirken. Im Parlament ist er immer ein Farbtupfer. Er erzielt eine Wirkung, wie sie sonst nur Damen zukommt. Wenn er auf der Regierungsbank Platz nimmt, wischt er sich erst sorgsam jedes Stäubchen vom Anzug, zieht die Hosenbeine hoch, damit sie keine Falten bekommen. Er legt so viel Wert auf sein Äußeres, daß ihm alte Genossen und gute Bekannte einen neuen Spitznamen angehängt haben: «Schmidt-Schnieke».

Helmut Schmidt wirkt auf Frauen. Wählerinnen finden alles an ihm stark und männlich, sogar sein Haar, das ihm einst als Juso-Mähne ständig ins Wort zu fallen drohte und das er längst in einer staatsmännischen Frisur gebändigt hat.

Helmut Schmidt tritt auf wie ein Star aus dem Show-Busineß. Und er denkt auch so. Schmidt: «Unser Gewerbe ist doch wie das der Schauspieler: Ohne Zustimmung von draußen gehen wir ein.»

Wenn der Genosse Schmidt eine neue Aufgabe übernimmt, ein bisher nicht innegehabtes Amt antritt, tut er dies mit einem Aufwand an Imponiergehabe, der jedesmal die Presse zu wahren Begeisterungsstürmen hinreißt. Nicht nur die Presse der Bundesrepublik Deutschland. Die Neue Zürcher Zeitung schrieb über den Verteidigungsminister Schmidt im Frühjahr 1971: «Der denkbar beste Minister an der Spitze der Bundeswehr.»

Die Einschätzung Helmut Schmidts als größter Macher aller Zeiten rührt aus dem Jahre 1962 her: Als die Sozialdemokraten bei der Bundestagswahl von 1961 wieder nicht den Sprung in die Regierung geschafft hatten, zog sich der Hanseat Schmidt in seine Heimatstadt an der Elbe zurück. Er wurde Innensenator und 1962, in der Nacht vom 16. auf den 17. Februar, von der Elbe plötzlich nach oben gespült. Damals, als die dreckigen Wasser des Stroms einen Teil der Hansestadt überfluteten, riß Helmut Schmidt das Steuer seiner politischen Laufbahn entschlossen herum. Er übernahm kurzerhand die Befehlsgewalt über Bundeswehrbataillone, Polizei, Technisches Hilfswerk, Rotes Kreuz und über die freiwilligen Helfer. Den Ersten Bürgermeister Paul Nevermann und den Polizeikommandeur schob er mit der respektlosen Bemerkung zur Seite: «Gehen Sie mal lieber nach Hause,

Sie halten hier nur den Betrieb auf.» Seither hat Helmut Schmidt ein Image. Er gilt als Zupacker, als eine Art politischer Hans Albers. Und seither ist bei Helmut Schmidt immer ein bißchen Hochwasser.
Die Ergebnisse seiner politischen Taten aber waren bei weitem nicht immer so positiv wie bei der Hamburger Flutkatastrophe. Als Verteidigungsminister hat er viel begonnen, wenig vollbracht und einen ungeordneten Rückzug angetreten. Nach mehreren Änderungen der Spitzengliederung herrschte beim Abgang der Primadonna ein totaler Kompetenz-Wirrwarr zwischen den Abteilungen des Ministeriums und dem nachgeordneten Bereich sowie innerhalb des Ministeriums.
Helmut Schmidt hielt an Reformen in den Spitzengliederungen eigensinnig auch dann noch fest, als längst klar war, daß sie falsch waren. Die von ihm zu verantwortende «German Hair Force» brachte ihm zwar einen Karnevalsorden ein, bei allen Fachleuten aber nur bittere Kritik. Helmut Schmidt ließ die Bundeswehr vergammeln. Er erwarb sich mit seinem Haarerlaß vom Januar 1971, der auch die längste Mähne zuließ, wenn sie nur von einem Haarnetz gehalten wurde, unschätzbare Verdienste um die Verbreitung der Kopflaus, und er beschäftigte Forschungsgruppen und eine ganze Industrie mit der Entwicklung und Herstellung von Haarnetzen. Erst als die Truppenärzte und namhafte Mediziner außerhalb der Bundeswehr Alarm schlugen, wurden um Pfingsten 1972 Bart und Haare wieder gestutzt.
Im Oktober 1971 erließ Helmut Schmidt den «Maulkorberlaß», der den Soldaten ihr Grundrecht auf freie Meinungsäußerung einschränkte. Bei seinem Amtsantritt 1969 hatte er die Diskussion als Führungsinstrument ausdrücklich in die Truppe eingeführt. Aber wer von den Soldaten die Worte des Genossen Schmidt ernst nahm, hatte seinen blauen Brief schon im Tornister. Das hatte als erster General Middeldorf erfahren; jener Offizier, der die 30 Hauptleute von Unna dazu ermutigt hatte, eine schonungslose Denkschrift über den inneren Zustand der Bundeswehr zu verfassen. Die linke Presse, an der Spitze der *stern*, hatte eine wilde Kampagne gegen Middeldorf entfesselt, ihm unsaubere Geldgeschäfte vorgeworfen. Noch ehe diese Vorwürfe geklärt waren, schickte Schmidt seinen General in Urlaub und schließlich in den Ruhestand.
Der Major von Strachwitz handelte sich ein Disziplinarverfahren ein, weil er in einem Leserbrief an *Die Welt* die Ostpolitik der Bundesregierung und die Vertreter dieser Politik scharf kritisiert hatte.
Der Feind hat 57 Divisionen und – so erklärte Helmut Schmidt auf Befragen – liegt «in einer ganz bestimmten Himmelsrichtung». Der Name des Feindes wurde nicht mehr ausgesprochen, seit die Regierung des «Friedenskanzlers» eine neue Politik erfunden hatte, die sie kurzerhand zur Entspannungspolitik erklärte. Im Weißbuch seines Ministeriums ließ

Schmidt das Feindbild entfernen, und es ging das Wort eines Truppenführers durch die Bundeswehr: «Wie sollen wir denn das Prinzip der Abschreckung erfüllen, wenn wir gar nicht wissen, in welche Himmelsrichtung wir ein grimmiges Gesicht machen sollen?»

Bayern Kurier, 13.10.1973

Die Ein-Mann-Revolution in Europa

Großreinemachen in der EG

Helmut Schmidt könnte der Schöpfer eines neuen Europa werden. In den zehn Wochen seit Anfang September hat der Finanzminister der Bundesrepublik Deutschland seine Gegner und Partner in Europa beim Genick gepackt. Möglich wurde dies durch Deutschlands wirtschaftliches Gewicht in der Europäischen Gemeinschaft. Zusätzlich aber zu diesem Vorteil hat Helmut Schmidt seine Ein-Mann-Revolution in Europa durchgeführt, indem er sich drei Tatsachen zunutze machte: 1. seine zentrale Stellung als Finanzminister im deutschen Kabinett, die die bundesdeutsche Verfassung ihm gewährt, 2. die Schwäche des Bundeskanzlers, der seine schwindende Autorität erst noch wiederherstellen muß, und 3. die Tatsache, daß der Koalitionspartner und Außenminister, Walter Scheel, diese entscheidende zweimonatige Periode der europäischen Geschichte krank im Hospital begann und sie damit beendet, daß er sich um das Ehrenamt des Bundespräsidenten Deutschlands bewirbt.

Mit so viel Ellbogenfreiheit in der deutschen Regierung hat Helmut Schmidt seine Chance wahrgenommen. Ungefähr in der Rangordnung ihrer Bedeutung hat er die folgenden Dinge getan:

1. Er hat Deutschland und seine Partner im Gemeinsamen Markt, mit Ausnahme von Frankreich, in einer atlantischen Lösung der Probleme, die sich durch die Steigerung der Ölpreise ergeben hat, voll und ganz hinter die Vereinigten Staaten gestellt.

2. Er hat – wieder zusammen mit den Amerikanern – die Führung übernommen, indem er forderte, die Ölpreise im Nahen Osten herabzusetzen, wobei er den ölverbrauchenden Nationen vor Augen führte, wie unsinnig es sei, den Ölproduzenten für ihr Öl Kaurimuscheln zu verkaufen.

3. Er hat während dieser Phase und fast zum erstenmal in der Geschichte der Europäischen Wirtschaftsgemeinschaft Frankreich die brutale Wahrheit verpaßt, daß das übrige Europa sich nicht gebunden fühlen werde, dumme Maßnahmen zu ergreifen aus Solidarität mit einem Partner, der behauptet, daß der Dumme klug sei.

4. Helmut Schmidt hat schließlich gleichzeitig sein enges Einverständnis

mit Giscard d'Estaing und seine Bewunderung für ihn bekräftigt und auf diese Weise bewiesen, daß es einige konservative, darunter allerdings wenige ausgesprochen gaullistische Minister in Frankreich gibt, mit denen ein unverblümter moderner sozialistischer Deutscher noch zurechtkommen kann. Er hat Giscard und das übrige Europa zum Nachdenken aufgefordert. Sie sollen einen wahrscheinlich notwendigen Schritt zur Aufwertung des Goldes erst tun, wenn alle Zeit gehabt haben zu erwägen, ob eine umfassendere und für die Amerikaner schmackhaftere Lösung für die Ölzahlungen nicht doch noch gefunden werden kann.

5. Sein von Deutschland geführter Mini-Block hat endlich Europas Versuche, die Währung gemeinsam zu floaten, gerechtfertigt.

6. Er hat den Weg für Deutschland und einige der mutigeren Geister in Brüssel geöffnet, die sich Majoritätsentscheidungen statt Einstimmigkeit in der EG wünschen.

7. Er hat offen gedroht, die europäische Agrarpolitik gänzlich umzumodeln, wenn die EG sich nicht bereit findet, auch in anderer Hinsicht sinnvoll tätig zu werden.

8. Er hat der bequemen Vorliebe Englands, Frankreichs und der Europa-Kommission für einen allzu weit gefaßten Regionalfonds den Garaus gemacht.

Jahrelang haben die Freunde Europas darauf gewartet, daß sich Deutschland seines Schuldkomplexes entledigt und sich auf dem nicht-militärischen Forum der EG stärker engagiert. Jahrelang haben sie darauf gewartet, daß Frankreich mit realen Alternativen konfrontiert wird, daß Europa selbstbewußt Amerikas Hilfe annimmt, statt nervös nach jedem atlantischen Krümel zu schnappen. Sie haben jahrelang auf eine Währungsordnung in Europa gehofft und darauf, daß die Brüsseler einen Wirklichkeitssinn entwickeln, der sich die Strömungen zunutze macht, anstatt sich gegen sie zu stemmen.

Nun sind alle diese Dinge, dank einiger Ereignisse, die Helmut Schmidt in die Hand gespielt haben, geschehen. Zudem ist die gemeinsame Agrarpolitik, ohne Zutun Schmidts, zum Freund des Verbrauchers geworden; und ebenso erstaunlich: Herausforderungen der Araber haben Europas selbstbetrügerische Gewohnheit entlarvt, einen Zusammenhalt zu versprechen, den sie nicht wahrmachen können. Hat man nun wegen dieses großen Glücksfalls in Brüssel auch die Fahnen flattern lassen? Weit gefehlt. Die Flaggen stehen auf halbmast, und Wehgeschrei erschallt allenthalben in Europa.

In mindestens einer Hinsicht sind die Besorgnisse berechtigt. Es wäre ermutigend, könnte man berichten, Schmidt habe das, was er getan hat, mit einer klaren Vision dessen getan, was Europa sein sollte. Das aber hat er nicht. Er hat jedoch mit dem, was er getan hat, sehr klar gezeigt, was seiner

Meinung nach Europa nicht sein soll. Wie andere Führer des modernen Deutschland ist er im Herzen ein Nationalist, der innerhalb der Grenzen arbeitet, die ihm die amerikanisch-militärische Protektion ermöglicht. Wie Bismarck die Institutionen und vagen Ambitionen eines bundesdeutschen Staates dazu benutzt hat, die Ziele Preußens zu fördern, so fördert Schmidt im wesentlichen die Interessen seiner eigenen nationalen Regierung, indem er die Europapolitik dafür einsetzt. Darin steht er im modernen Westeuropa allein.

Schmidt glaubt und sagt es auch, daß Deutschland trotz der neuen Kampfbereitschaft seiner Gewerkschaften dem Sturm besser widerstehen könne als die meisten anderen. Wenn sich das als wahr erweist, dann ist es bloß noch eine Frage der Zeit, und Deutschland muß entdecken, daß das überraschende Handelsdefizit, das es der gesamten EG – mit Ausnahme Frankreichs – verpaßt hat, noch größer geworden ist. In diesem Zeitpunkt werden dann viele deutsche Handels- und Gewerkschaftsführer auf Schmidt Druck ausüben, im Interesse von Deutschlands Exporthandel mit der europäischen Wirtschaft großzügiger zu verfahren.

Indessen kann man in der EG klare innenpolitische Vernunft walten lassen, ohne daß es einen einzigen deutschen Pfennig kostet. Deutschlands Herz ist im Hinblick auf einen starken freien Handel innerhalb der EG und hinsichtlich seiner Unterstützungspolitik unzweideutig auf dem rechten Fleck. Es hat sich für ehrgeizige sozialpolitische Pläne, die kein Geld erfordern, eingesetzt, für ein Europa mit einem menschlichen Gesicht, für eine Erweiterung der Arbeiterkontrollen über die Industrie auf europäischer Ebene; für mehr gemeinsames Management der europäischen Wirtschaft. Der Haken ist der, daß seine Minister in Bonn und seine Vertreter in Brüssel selten miteinander in Kontakt sind. Die führende Hand des Kanzlers ist nicht oft zu spüren, und die Leistung der deutschen Parlamentarier im europäischen Parlament ist allenfalls zweitrangig.

In Bonn hat es sich glücklicher- und ungewöhnlicherweise so ergeben, daß viele dringliche Probleme der EG in einem Augenblick auf Schmidts Schreibtisch landeten, als dieser die Freiheit hatte, sich ihrer anzunehmen. Wie auch immer die englischen Wahlen ausgehen werden, Schmidt hat schon im voraus sichergestellt, daß die Europäische Gemeinschaft im März mehr Möglichkeiten für neue, freiere Aktionen vorfindet als in der gesamten Zeit seit 1958. Eine Menge Humbug ist aus dem Wege geräumt, und wie gewöhnlich hat ein solches Ausräumen die alten professionellen Europäer verschnupft. Aber es hat Männer wie Schmidt, Pompidou und Jobert – und Heath oder Wilson – die Chance eingeräumt, Kapital daraus zu schlagen, daß sie nun etwas an dessen Stelle setzen können.

The Economist, 29.2.1974

Helmut Schmidt in den Augen eines Franzosen

«Als erteile er einer imaginären Truppe Befehle ...»

Er ist zweifellos der bundesdeutsche Politiker mit den rüdesten Manieren. Wenn sein Temperament mit ihm durchgeht, schleudert er seinem Gesprächspartner Schimpfwörter ins Gesicht, die diesem die Sprache verschlagen und ihn für alle Zeiten verärgern ... «Esel», «Quatschkopf», «Spinner» sind nur die geläufigsten, die er für seine Freunde bereithält. Kein Wunder also, daß er in politischen Kreisen «Schmidt-Schnauze» getauft wurde. Unvergessen sind die Auseinandersetzungen, die er als Verteidigungsminister mit Karl Schiller hatte. In seiner Eigenschaft als Finanzexperte empfahl dieser dem Kabinett zur Bekämpfung der Inflation einige unpopuläre Maßnahmen, doch Schmidt, der mehr als Politiker dachte, widersetzte sich allem mit der Begründung, es könnte die Wähler vor den Kopf stoßen.

Die hitzigen Debatten waren um so bemerkenswerter, als sie zwischen dem früheren Professor und dessen früherem Schüler stattfanden. Helmut Schmidt legte nämlich 1949 in Hamburg sein Examen als Volkswirtschaftler mit der Note «Gut» ab. Alles, was er gelernt hatte, verdankte er Karl Schiller, der an der Universität der Hansestadt einen Lehrstuhl innehatte.

Schiller, der seinen ehemaligen Schüler für äußerst begabt hielt, verschaffte ihm bei der Behörde für Wirtschaft, Verkehr und Landwirtschaft der Stadt Hamburg auch seine erste Stelle. Seit 1958 Mitglied des SPD-Vorstands, wurde Schmidt dann 1961 Senator.

Als 1969 die sozial-liberale Koalition die Bundesregierung bildet, ernennt Willy Brandt ihn zum Verteidigungsminister. Das ist der richtige Posten für ihn. Denn eigenartigerweise hat Schmidt etwas Militärisches an sich. Vielleicht durch sein Auftreten, vor allem aber wegen des Tons, den er anschlägt. Wenn er spricht, klingt es, als erteile er einer imaginären Truppe Befehle. Er war ein hervorragender Verteidigungsminister. Aufgrund seiner wachsenden Autorität innerhalb der Partei und seines Einflusses auf Brandt erreichte er im Juli 1972 Schillers Rücktritt und löste den Mann ab, der drei Jahre lang der große Finanzexperte der Bundesrepublik gewesen war.

Auch im zweiten Kabinett Brandt übernahm er das Finanzministerium. Im März des gleichen Jahres gehörte er zu jenen, die den Kanzler öffentlich beschuldigten, gewisse Schlüsselprobleme nicht mit der notwendigen Härte angegangen zu sein.

Obwohl Helmut Schmidt unbestreitbar eine starke Persönlichkeit ist, stehen durchaus nicht alle Sozialdemokraten hinter ihm. Vor allem dem linken Flügel und den Jusos ist er ein Dorn im Auge. Deshalb dürfte es ihm schwerfallen, alle Sozialdemokraten für sich zu gewinnen.

Schmidt, der das Vertrauen der USA besitzt, ist ein entschiedener NATO-Befürworter. Auf der von Kissinger einberufenen Rohstoffkonferenz in Washington erklärte er: «Wenn wir zwischen den Vereinigten Staaten und Europa zu wählen haben, werden wir die Vereinigten Staaten wählen.»

Schmidt ist ein unermüdlicher Arbeiter. Er kann sechzehn Stunden ununterbrochen am Schreibtisch sitzen, trinkt dabei Unmengen Tee und raucht eine Mentholzigarette nach der anderen. Die großen Männer, die er am meisten bewundert, sind Marc Aurel, Thomas Jefferson, Johannes XXIII. und John F. Kennedy. Seine liebste Freizeitbeschäftigung ist Lesen. Er liest monatlich um die fünfzehn Bücher. *H. K.*

Le Figaro, 8. 5. 1974

Kanzlerwechsel in Bonn

Schmidt legt ein atemberaubendes Tempo vor

Von Hans Ulrich Kempski

Montag: Wenig ist seit letztem Montag geeignet gewesen, Genschers Kummer den Stachel zu nehmen. Wenn er durch die Korridore des Bundeshauses geht, bekommt er auf Schritt und Tritt zu spüren, wie viele Blicke ihn mißtrauisch mustern. Wenn er mit Freunden spricht, fühlt er deren befangene Verhaltensweise. Ihm scheint, seit er verdächtigt wird, mitschuldig zu sein am Rücktritt Brandts als Bundeskanzler, ein Makel anzuhaften. Es nimmt indes für Genscher ein, daß er sein tiefes Unbehagen nicht mehr leugnet. Überzeugt, in einen Strudel unglücklicher Ereignisse geraten zu sein, für die er selbst nichts kann, gibt er doch zu, herausgefordert zu sein, sich neu bewähren zu müssen. Er schaut mich, als wir im Gespräch über Vergangenheit und Zukunft sind, mit der grüblerischen Miene eines Mannes an, der Mühe hat, für seine Empfindungen den richtigen Ausdruck zu ertasten. «Ja», räumt er schließlich tonlos ein, «bisher bin ich ein Hans im Glück gewesen.» Natürlich ist ihm klar, daß er als künftiger Vizekanzler und Außenminister weniger Gewicht haben wird.

Dienstag: Ungeduldig wie ein Pferd, dem die Zügel angezogen werden, will Schmidt keineswegs wirken. Ich besuche ihn in seinem schmalen Abgeordnetenbüro, wo es ihm ein Bedürfnis zu sein scheint, sich unbeschränkte Zeit für kontemplatives Geplauder zu nehmen. Ihm liegt offenbar daran, dem Ruf entgegenzuwirken, er sei ein bedenkenloser Beutemacher und kein Denker. Das Amt des Bundeskanzlers früher einmal

angestrebt zu haben, bestreitet er nicht: in den letzten Monaten jedoch sei dieses Ziel zunehmend weniger verlockend erschienen. Die Last der Verantwortung scheint ihn nicht zu bedrücken, eher wohl zusätzlicher Kräfteverzehr, den er sich glaubt abverlangen zu müssen: «Ich habe seit Jahren gearbeitet wie ein Stier, fast täglich 16 Stunden – das wird jetzt noch schlimmer werden.»
Unter seinen Augen liegen dunkle Schatten. Seit ihm am Montag voriger Woche keine Ausflucht mehr half und er sich gezwungen sah, mit dem Erbe von Brandt die Titelrolle auf der Bundesbühne zu übernehmen, sind ihm zum Schlafen keine Nacht mehr als vier Stunden geblieben. Wäre es allein nach seinem Willen gegangen, hätte er sich schon am Donnerstag vergangener Woche zum Kanzler wählen lassen, «im Interesse der Kontinuität». Rascher, kombinatorischer und präziser denkend als die meisten in Bonn, ist Schmidt zugleich eine kompetente, erbarmungslose Arbeitsmaschine. Er hat die Regierungsbildung in einem Tempo vorgenommen, das geeignet ist, sogar Zuschauern den Atem zu nehmen. Daß er sich dabei mehr Feinde als Freunde gemacht hat, ist ihm zwar bewußt, scheint ihn aber überhaupt nicht anzufechten.
Sein personeller Kahlschlag ist radikal gewesen. Im Bundeskanzleramt haben alle weichen oder sich an die Peripherie verdrängen lassen müssen, die als Kanzlerknappen galten. Im Kabinett ist ausgewechselt worden, wessen Name mit negativen Reizwerten belastet war. Menschlich und politisch am meisten problematisch kann dabei der Fall von Egon Bahr anmuten. Bahr ist heute aus Berlin zurückgekehrt. Wenngleich es ihm offenbar noch schwerfällt, Erfahrung und Begreifen in Einklang zu bringen, vermeidet er doch diszipliniert jedes Wort, das die Außenstehenden erkennbar machen könnte, wie sehr ihn seine Entlassung deprimiert.
Daß Bahr nicht Minister bleiben würde, ist schnell entschieden gewesen, nachdem Brandt sich überwunden hatte, zu erklären, er wolle es nicht als persönlichen Affront betrachten, falls Bahr abgelöst werde. Nur kurzfristig hat Schmidt danach erwogen, Bahr das innerdeutsche Ministerium anzubieten. Dessen bisherigen Chef Egon Franke unangetastet zu lassen, ist ihm jedoch wichtiger gewesen. Franke führt jene unentbehrliche Gruppe von SPD-Abgeordneten an, die als sogenannte «Kanalarbeiter» einen losen Zusammenschluß trinkfester Leute abgeben, die manche als Hinterbänkler definieren, manche als konservatives Rückgrat der sozialdemokratischen Bundestagsfraktion. Von Schmidt befragt, welches Amt denn sonst für Bahr in Frage käme, hat dieser geschwiegen.
Nachmittags Besuch bei Scheel. Er behauptet, «ein kribbeliges Gefühl» zu haben. Anzumerken ist ihm davon freilich nichts. Angesichts seiner entspannten, geradezu philosophischen Gelassenheit, die in den vergangenen Jahren ihre magnetische Wirkung nie verfehlt hat, wenn andere in gefahr-

vollen Stunden furchtsam und beirrbar waren, will mir die Vorstellung entmutigend erscheinen, daß dieser außerordentliche Mann als aktiver Politiker abtritt. Oder will er dies in Wahrheit doch nicht?

Mittwoch: Sekt-Umtrunk im Raucherfoyer der Beethovenhalle, Freunde und Weggefährten von Scheel sind geladen. Das Raucherfoyer ist ein gläserner Salon, ausgestattet mit Orientteppichen und flachen Sitzgarnituren aus mokkafarbenem Leder: der einzige Raum des Hallengebäudes, dem nichts Provinzielles, nichts Dürftiges anhaftet. Provinzialismus und Dürftigkeit während der Wahl des Bundespräsidenten zu bemänteln, sind weder Blumenarrangements noch Lichteffekte imstande gewesen. Wirkliche Feierlichkeit gab es nur ein einziges Mal: als Richard von Weizsäcker, der unterlegene CDU-Bewerber, Scheel gratulierend entgegeneilte; als sich dann die beiden nicht scheuten, ganz privat gefärbte Zwiesprache aufzunehmen, wie sie nur Gleichgesinnten möglich ist; und als die Suggestion dieser Szene sich als stark genug erwies, den einzigen gemeinsamen Beifall der Wahlmänner auszulösen.

Im Raucherfoyer ist auch Brandt dabei. Noch wirkt seine Gegenwart übermächtig, noch scheint sich keine Bitterkeit in seinem Herzen eingenistet zu haben. Mit einem scheinbar glückhaften Ausdruck wartet er auf den siegreichen Kandidaten. Doch der wird draußen in Fernsehstudios abgeschleppt, muß unzählige Hände schütteln, wird immer wieder von Photographen eingekeilt, von Schmeichlern und Liebedienern in Anspruch genommen. Brandt muß 15 Minuten warten.

Endlich kommt Scheel. Scheinwerferbündel tauchen ihn in gleißendes Licht. Er wird von Menschentrauben umlagert und geschoben. Doch sein Weg führt noch immer nicht ins Foyer. Durch die Glaswand beobachtet Brandt, wie Scheel auf einer Treppe nach oben geschoben wird, wo irgendeine neue Ehrung auf ihn wartet. Da verändert sich Brandts Haltung. Seine Augen wirken plötzlich stumpf. Er sieht jetzt wie ein Suchender aus, ganz so, als beginne ihm die Ziellosigkeit seiner eigenen Existenz bewußt zu werden. Er verläßt den Salon, die Schultern gereckt, den Kopf hoch erhoben.

Heinemann sagt nur: «Also»

Auf CDU-Generalsekretär Biedenkopf, mit dem ich später zusammentreffe, wirkt die Demission des Kanzlers befreiend. Dabei verkennt er nicht, daß sich der sozialliberalen Koalition die Chance des Neubeginns bietet. Brandt ist nach Biedenkopfs Meinung mehr «Schlichter der Nation» als Führungsfigur gewesen, wobei die Grenze zwischen Toleranz und Schwäche immer unklarer geworden sei. Im Gegensatz zu vielen Wahlmännern der Union, die sich in den Wandelgängen der Beethovenhalle über die sie beunruhigenden Aspekte des Kanzlerwechsels ausgesprochen haben, empfindet Biedenkopf die neue Lage als eine «erfreuliche Leistungsherausforderung». Er ist kühn und brillant genug, zuzugeben, daß ihn der Zwang stimuliert, sich endlich auf die Strategie für wirkliche Alternativen einrichten zu müssen.

Bundestagspräsidentin Renger hat abends zu einem Empfang geladen, wieder in die Beethovenhalle. Die Gäste stauen sich vor verschlossenen Türen. Einlaß wird erst gewährt, nachdem Frau Renger 20 Minuten verspätet eingetroffen ist. Für irgendeine Form der Begrüßung zu sorgen, ist vergessen worden. Es gibt kein Protokoll. Niemand nimmt sich der geladenen fremden Exzellenzen an, die keinen Sitzplatz gefunden haben. Alle Stühle sind okkupiert von Schmausenden, die schnell das Büfett geplündert haben und sich so derb benehmen, als sei dies ein Schützenfest.

Als Scheel, jetzt schon umringt von Sicherheitsagenten, die Halle betritt, ist bei seinen Wahlmännern die Stimmung umgeschlagen. Sie sind melancholisch geworden. Klagend versichern sie sich gegenseitig, daß harte Zeiten zu erwarten seien: Keine rauschhafte Begeisterung mehr für große Programme, kein überlegener moralischer Anspruch mehr und auch keine ruhmsüchtige Hoffnung mehr auf Wahlkampffreuden. Harte Kärrnerarbeit stehe statt dessen ins Haus, Beschränkung auf das Allerwichtigste, schnelle Fügsamkeit gegenüber den tatkräftigen Technikern der neuen Richtung. Und leider wohl auch Wachsamkeit vor Kollegen der Koalition, die nur noch Partner seien, nicht mehr Freunde.

Einige wollen als Gewinn wenigstens ein Autogramm von Scheel nach Hause bringen. Falls sie es schaffen, bis zum Ehrentisch vorzudringen, werden sie dort höflich abgewiesen. Scheel ersucht die Andenkensammler, Autogrammwünsche bitte postalisch einzureichen. «Ich bin», wehrt der Hartnäckige ab, «ja nicht der Netzer.»

Donnerstag: In einer hellgrauen Mercedes-Limousine fährt Schmidt bei Heinemann vor, um die Urkunde entgegenzunehmen, mit der seine Ernennung zum Bundeskanzler beglaubigt wird. Er macht, als ihm Heinemann zum Glückwunsch die Hand reicht, eine ganz tiefe Verbeugung, wobei die Absätze seiner Schuhe einen dezenten Hackenknall ausführen. Heinemann mustert den neuen Bundeskanzler prüfend, dann gibt er ihm die in tintenblaues Kunstleder eingebundene Urkunde, den Vorgang mit einem einzigen Wort kommentierend. Heinemann sagt spröde und gedehnt: «Also.»

Noch wissen die wenigsten, was Schmidt veranlaßt hat, 33 Minuten später als vorgesehen zu erscheinen. Die Begründung hierfür ist später um so ausführlicher von SPD-Abgeordneten zu erfahren, die über eine Fraktionssitzung zu berichten wissen, bei der Schmidt im Anschluß an seine Wahl zum Kanzler eine Rede gehalten habe, die angeblich viele betroffen gemacht hat.

Er habe, so ist zu hören, sich derart in Fahrt geredet, daß es unumgänglich geworden sei, den vorgesehenen Termin bei Heinemann zu verschieben. Was Schmidt derart in Rage brachte, sollen eigene Unmutsentladungen gewesen sein. Er habe sie mit kaum noch beherrschter Aufwallung der Wut allen Genossen entgegengeschleudert, die nach seinem Urteil dafür verantwortlich seien, daß der SPD Millionen Wähler wegliefen.
Nur Schmidts irritierte Einsicht, sich in Abwesenheit von Brandt unfair verhalten zu haben, scheint fürs erste erklärbar zu machen, warum er nach seiner Visite bei Heinemann ein höchst seltsames Benehmen zeigte: Er ist auf dem schmalen Gartenweg, der die benachbarten Parkgelände von Villa Hammerschmidt und Palais Schaumburg verbindet, ins Kanzleramt gefahren, wo er – die zur Begrüßung herbeigeströmten Mitarbeiter ignorierend – unverzüglich in seine Diensträume entschwand. Photographen durften ihm nicht folgen. Noch mutet das Ganze bloß sonderbar an, nicht aber verdächtig. Schmidt hat, so scheint es, dringlich gebotene Eile demonstrieren wollen, hat das Palais Schaumburg wie im Handstreich in Besitz genommen, weil ihm herkömmliches Übergabezeremoniell im Hinblick auf die Pression der Staatsgeschäfte unangebracht erscheinen mochte.

«Oh ihr Heuchler, ihr Pharisäer»

Dann aber darf eine kleine Reporterschar, die sich nicht hat abweisen lassen, eine halbe Stunde später noch Photos machen. Schmidt empfängt sie, zwischen seiner Parlamentarischen Staatssekretärin und seinem beamteten Staatssekretär stehend. Daß er nicht lächeln kann, fällt erst auf, als er mit gepreßter Stimme den Rat gibt: «Wenn ihr ein freundliches Bild haben wollt, muß einer einen Witz erzählen.» Aber niemandem steht der Sinn nach Witzen, sogar den Abgebrühten und den Naiven nicht. «Oh, ihr Heuchler, ihr Heuchler, ihr Heuchler», ruft da Schmidt, der seine unnatürlich forcierte Beschimpfung noch steigert: «Ihr Pharisäer, oh, ihr Pharisäer.» Er muß sich in einem erbärmlich überreizten Zustand befinden. Auch die Bekundung, sich nicht hinter den Schreibtisch setzen zu wollen, den man ihm ins Zimmer gestellt hat, wiederholt er gleich zweimal: «Gelsenkirchener Barock», schreit wie angewidert der Bundeskanzler.
Freitag: Ein wolkenloser, hochsommerlich warmer Tag. Die Sonne versilbert den Rhein, auf dem weiße Touristendampfer das Bundeshaus passieren. Im Plenarsaal wird Schmidt kurz nach 12 Uhr als Redner aufgerufen. Er gibt seine erste Regierungserklärung ab, deren Text auf 79 Seiten mit großen Speziallettern niedergeschrieben ist, die es möglich machen, daß der Kanzler sie lesen kann, ohne die Brille aufzusetzen.
Mit neun langsamen, aber weit ausholenden Schritten hat er die kurze Etappe vom grünen Ledersessel am linken Flügel der Regierungsbank zum

schwarzen Rednerpult hinter sich gebracht. Er stellt, bevor er zu sprechen beginnt, nichts zur Schau, was bewußt machen würde, daß dies eine Premiere ist. Auch über dem weiten Halbrund der Abgeordnetenbänke scheint Normalität zu liegen: Schweigen im Block der Opposition, flüchtiger Begrüßungsapplaus bei den Regierungsparteien.
Doch dann folgt eine Rede, gut eineinhalb Stunden lang, mit der Schmidt beweist, daß die durch ihn ausgelöste Aktivismus-Erwartung zu Recht so groß ist. Seine Sprache besticht durch kurze Sätze. Literaten sind dabei nicht hilfreich gewesen. In drei nächtlichen Konferenzen haben die Minister persönlich ihren jeweiligen Part beigesteuert, immer wieder ermahnt von Schmidt, sich noch knapper, noch maßvoller zu fassen. So entstand eine Regierungserklärung, die viel von der Art jener Minister widerspiegelt, die als glanzlos geschildert werden, die aber bestimmt erprobten Menschenverstand haben. Schmidt selbst besorgte die Schlußformulierung. Sie ist aus einem Guß. Die spielerische Freude am eigenen Geist erkennen zu lassen, hat Schmidt durchweg zu vermeiden gewußt.
«Ohne Glück wird das Ganze nicht klappen», hat er, scheinbar leichthin gesagt, mich vorher wissen lassen. Er glaubt an sein Glück, falls es ihm gelingt, moderiert zu bleiben. Er hat seinen Internisten befragt. Der Oberstarzt vom Heereslazarett in Koblenz, der die Schilddrüsenerkrankung von Helmut Schmidt kontrolliert, soll ein optimistisches Urteil abgegeben haben: «Es wird besser gehen als bisher, weil Sie sich als Bundeskanzler weniger ärgern werden.»

Süddeutsche Zeitung, 13.5.1974

Er wird die Sache schon deichseln

Ein Atlantiker als Regierungschef in Bonn

Von Jonathan Carr

Helmut Schmidt hat den Mantel eines Kanzlers der Bundesrepublik Deutschland mit der Selbstverständlichkeit eines Mannes angelegt, der für diese Rolle geboren ist.
Nachdem er am Donnerstag im Bundestag seinen Amtseid geleistet hatte, schritt Helmut Schmidt zum Kanzlerstuhl, der erst vor so kurzer Zeit von Willy Brandt geräumt worden war, und setzte sich mit fast abwesender Miene nieder, als sei dieser Stuhl schon seit Jahren der seine.
Die Zeremonie erinnerte in der Tat an einen der freundlicheren Beinamen für den neuen Kanzler – «Schmidt der Macher». Damit soll gesagt sein, daß,

wenn man ein allem Anschein nach unlösbares Problem hat, Helmut Schmidt der rechte Mann ist. Er verschwendet weder Worte noch Zeit, und am allerwenigsten Geld. Er wird die Sache schon deichseln, wenn sie überhaupt zu deichseln geht.

Dieselben Eigenschaften von Härte und Organisationstalent waren deutlich erkennbar in der Art, wie er das Verteidigungsministerium verwaltete, mit dem er 1969 betraut wurde. Er verbesserte die Struktur der Streitkräfte, die Wirksamkeit der Beschaffung von Waffensystemen – und nicht zuletzt auch die Beziehungen zwischen seiner eigenen sozialdemokratischen Partei und der Bundeswehr.

Sein Interesse für strukturelle Verbesserungen offenbarte sich abermals im Jahr 1972, als er – damals Minister für Wirtschaft und Finanzen – vorschlug, das schwerfällige Ministerium zu teilen. Der Plan wurde angenommen, und Schmidt übernahm das Finanzministerium, wobei ihm seine Kompetenz für Währungs- und Kreditfragen zustatten kam.

So kraftvoll seine Persönlichkeit auch ist, wäre es doch falsch, wollte man den Eindruck erwecken, daß er stets den eigenen Willen hat durchsetzen können. Er übernahm das Ministerium für Verteidigung mit einigem Widerstreben, nachdem der «große alte Mann» der SPD, Herbert Wehner, sich dafür eingesetzt hatte, daß Schmidt der Fraktionsvorsitzende der SPD im Bundestag sein solle. Das Amt, auf das er wirklich gehofft hatte – das des Außenministers – hat er nie erhalten.

Trotzdem könnte seine Einstellung zur Außenpolitik sich nun, da er Kanzler ist, als entscheidend für Europas Zukunft erweisen. Er wird oft ein «Atlantiker» genannt, was immerhin insoweit zutrifft, als er enge persönliche Beziehungen zu amerikanischen Politikern hat; auch sieht er ein, daß es keine glaubhafte Verteidigung Westdeutschlands ohne die Vereinigten Staaten gibt.

Zu gleicher Zeit hat er klar ausgesprochen, daß Bonn weiterhin bereit ist, an der europäischen Einheit tatkräftig mitzuwirken, solange das nicht bedeutet, daß es einseitig seine Stabilität für eine Gemeinschaft aufs Spiel setzt, deren Mitglieder außerstande sind, gemeinsam zu handeln. Was den Osten betrifft, so bleibt Pragmatismus das Kennwort. Diplomatische Beziehungen sind hergestellt, wirtschaftliche Verbindungen entwickeln sich und werden weiter zunehmen, aber das gesamte Handelsvolumen mit den sozialistischen Ländern ist noch verhältnismäßig klein und wird es wohl auch noch lange bleiben.

Helmut Schmidts hanseatischer Pragmatismus beweist sich auch in der Haltung zu seiner Partei und zu den Angelegenheiten des Staates. Er war früher der Vorsitzende des Deutschen Sozialistischen Studentenbundes und hat ein Mädchen, Hannelore Glaser, aus einer kommunistischen Arbeiterfamilie geheiratet. Aber er hat keine Zeit für radikal-linkes Theo-

retisieren, das nicht die geringste Chance hat, jemals praktisch wirksam zu werden. Den jungen extremen Mitgliedern der SPD schlug er vor, sich auf ihren Geisteszustand untersuchen zu lassen. Als Redner gelingt es ihm, immer den Eindruck zu erwecken, daß er über etwas außerordentlich Wichtiges spricht – selbst wenn es sich nur um verhältnismäßig belanglose Dinge handelt. Der Gegensatz zu manchen seiner früheren Kollegen, die er jetzt aus dem Kabinett entfernt hat, ist sehr augenfällig.
Wenn Helmut Schmidt Gelegenheit hat, sich zu entspannen, geht er segeln, spielt Schach oder auch Orgel – wobei sein Repertoire entschieden weniger hochgestochen ist als das von Edward Heath. Am liebsten sieht er – und das ist durchaus typisch – die Präzision und Geschicklichkeit einer siegreichen Fußballmannschaft.

Financial Times, 18.5.1974

Harte Entscheidungen und Gehorsam

Wird der starke Mann auch ein starker Kanzler werden?

Von N. Ascherson

Helmut Schmidt ist der fünfte Kanzler der Bundesrepublik Deutschland. Seine vier Vorgänger haben, jeder auf seine Weise, typisch deutsche Charakterzüge verkörpert: Adenauer den autoritären Stil, Erhardt die Vorliebe für vielsilbige Abstraktionen, Kiesinger die Sehnsucht, ein Künstler zu sein, Brandt die großen Visionen einer höheren Einheit. Schmidt verkörpert den Fleiß: fieberhafte, unablässige, angestrengte Arbeit.
Die Bundesrepublik ist mit einer beträchtlichen Liste unmittelbarer Probleme konfrontiert: Inflation, Bildungsreform, wirtschaftlicher Nationalismus, sprich: drohender Protektionismus in Westeuropa. Eins der schwierigsten Probleme aber scheint zu sein, wie man den neuen Kanzler daran hindert, sich zu Tode zu arbeiten. Er ist bereits auf dem besten Wege dazu.
Eilig steigt er die Stufen des Palais Schaumburg – seiner neuen Wirkungsstätte – hinauf und hastet von Büro zu Büro des Kanzleramtes. Willy Brandt hat seinen Schreibtisch mitgenommen, und Schmidt fand nur das klobige alte Möbelstück vor, das Konrad Adenauer gedient hatte. Dieses ist unter abschätzigen Bemerkungen wie «Gelsenkirchener Barock» sogleich entfernt worden. Man hat es durch den hübschen modernen Schreibtisch aus Schmidts Amtszimmer im Finanzministerium ersetzt.
In den ersten Jahren, nachdem die Sozialdemokraten an die Macht gelangt

waren, wurde die übermäßige Arbeitslast bei Brandts Ministern zur Mode. Helmut Schmidt errang als Verteidigungsminister alle Goldmedaillen in diesem Wettbewerb und landete schließlich schwer erkrankt im Hospital. Sein Freund, Theo Sommer, ein Mitarbeiter in jenen Tagen und jetzt Chefredakteur der Wochenzeitung *Die Zeit*, erinnert sich an die Aktenstapel, die manchmal zwei oder drei «Teewagen vollkommen bedeckten» und die Schmidt Tag für Tag in Angriff nahm und bewältigte. Er beschreibt, wie er sich kurz vor Mitternacht an seinen Schreibtisch setzte, nachdem er einen langen Tag Truppen inspiziert oder Wahlreden gehalten hatte, und wie er weiterlas, weiter unterschrieb, und weiter Auszüge machte, bis er schließlich um halb vier Uhr morgens mit Sommer einen Whisky trank und die Arbeit abschloß. Ebensoviel Energie widmete er dem Finanzministerium, das er 1972 übernahm.

Als Kanzler kann er in diesem Tempo nicht weitermachen, jedenfalls sollte er nicht. Er präsidiert über Fragen der Parteipolitik und der Regierungspolitik – die mindestens ebensooft Aufschub und reifliche Überlegung erfordern wie schnellen Entschluß. Schmidt aber muß, schon um seiner selbst willen, langsamer treten. Der Laie, der diesen gut aussehenden, vor Ungeduld vibrierenden Mann mit den glitzernden, etwas hervortretenden Augen sieht, würde vielleicht sagen: «Ein typischer Fall von Überfunktion der Schilddrüse.» Und damit hat er durchaus recht, denn das ist die Krankheit, an der Schmidt leidet. Er hat deswegen vor zwei Jahren lange im Krankenhaus gelegen. Auch im Anfang dieses Jahres, als die Krise wegen der Ölpreise ihren Höhepunkt erreichte, schien Schmidt wieder unwohl zu sein und überließ das Feld seinen Kollegen.

Allgemein wurde stets angenommen, daß er sich selbst als Kronprinz der SPD betrachtete, als den selbstverständlichen Nachfolger von Brandt. Das entspricht aber nicht ganz der Wahrheit. Bevor sich die Affäre mit Guillaume zur politischen Katastrophe auswuchs, über die Brandt schließlich stürzte, hatte Helmut Schmidt bereits die Hoffnung aufgegeben. So imponierend und kräftig er auch aussieht, ist er doch nur fünf Jahre jünger als Willy Brandt. Mit seinen 55 Jahren war Schmidt selbst der Meinung, daß er ausgesprochen zu alt sein würde, um für die Kanzlerschaft zu kandidieren, wenn Brandt eines Tages aufgeben sollte. Den Ehrgeiz hatte er schon, aber sein Wirklichkeitssinn warnte ihn, daß es an der Zeit sei, diesen wegzupacken, bevor er schal werden könnte. Zu seiner Ehre sei gesagt, daß er in der Guillaume-Krise Brandt beschwor, im Amt zu bleiben, obwohl er noch wenige Monate zuvor Brandts Führung im Fernsehen angegriffen hatte.

Die Leitung des Verteidigungsministeriums – und hier ergeben sich gewisse Parallelen zu Dennis Healey – kam seiner Persönlichkeit am weitesten entgegen. Zunächst einmal entsprach sie seiner ausgesprochenen Vorliebe für das atlantische Bündnis: die Faszination der NATO-Doktrinen, über die er zwei gute Bücher geschrieben hat, das hervorragende Englisch, das er spricht, und die wiederholten Reisen in die Vereinigten Staaten und nach England bestärkten ihn in dieser Neigung. Zweitens entsprach sie seiner ureigensten politischen Persönlichkeit. Helmut Schmidt hat etwas vom Offizier. Er glaubt an die korrekte Form von Prozeduren, an harte Entscheidungen und Gehorsam. Als die SPD ihr schmerzliches Umdenken von der Neutralität zur Annahme der Mitgliedschaft in der NATO und der Wiederbewaffnung vollzog, meldete Schmidt sich freiwillig, um sechs Wochen lang bei der neuen Bundeswehr zu dienen. (Er war auch der erste Politiker der SPD, der einen Skandal verursachte, als er es wagte, den Veteranen der Waffen-SS das Recht auf Pensionen zuzuerkennen.)

Als Verteidigungsminister gelang es ihm, der Bundeswehr das Ansehen einer professionellen Truppe zu verleihen, ohne sie dabei zu brutalisieren. Schmidt entschied sich, lange Haare und Bärte zuzulassen – seine Hair Force, wie er bemerkte.

Helmut Schmidt überläßt sich gern dem Glauben, daß er in der Mitte seiner Partei steht. Aber die SPD ist dieser Tage polarisiert, und in Wirklichkeit ist Schmidt ein Mann der Rechten, kräftig beargwöhnt von den mächtigen linken Flügeln und den Jungsozialisten. Die haben ihm zwar für den Augenblick ihre Loyalität zugesagt, sehen in ihm aber einen Zuchtmeister, der sich zu sehr um die Staatsautorität bekümmert und zu wenig um den Kampf, durch Reformen den «Kapitalismus zu überwinden». Schmidt ist ein ausgezeichneter polemischer Redner, wenn er in Form ist, aber seine Schwäche liegt im Manövrieren der Partei, und bei der Wahl des letzten Jahres für die Exekutive der SPD hat er nicht gut abgeschnitten. Ein kürzlich von Schmidt unternommener Versuch, in der SPD Arbeiterausschüsse zu bilden, um den Einfluß der Marxisten in den Betrieben einzudämmen, war ein Fehlschlag.

In welcher Weise wird der neue Kanzler auf die übrige Welt einwirken? Nach Osten hin wird er Brandts Ostpolitik weiterführen, mit erneuter Zurückhaltung gegenüber der DDR. Aber im Westen werden sowohl der Gemeinsame Markt wie die NATO ein weit ungeduldigeres Deutschland vorfinden, das nicht gewillt ist, für die Entschlußlosigkeit und Unfähigkeit anderer zu bezahlen. Eine ausgesprochene Möglichkeit, die in Bonn die Runde macht, ist die, daß Schmidt eine deutsch-französische Achse innerhalb der Europäischen Gemeinschaft befürworten wird, um die übrigen Staaten der Gemeinschaft herauszufordern und zu galvanisieren. Multinationale Gesellschaften werden unter Schmidt magere Jahre erleben, weil er ihre Immunität gegenüber der Finanzpolitik der jeweiligen souveränen Staaten mißbilligt.

Schmidts Lieblingswörter sind *machbar* und *Flasche*. Die SPD von ihren gegenwärtigen Wahlschlappen zu befreien, könnte *machbar* sein. Sein etwas theatralischer Energieaufwand könnte die Deutschen überzeugen, daß er der einzige Führer ist, der die wirtschaftliche Stabilität wiederherstellen kann. Andererseits könnte seine beträchtliche Arroganz und sein zuweilen heftiges Temperament ihn zum Opfer gekränkter *Flaschen* machen, die noch an der Macht sind und von denen er einige in sein Koalitionskabinett hineinnehmen mußte. Helmut Schmidt ist ein starker Mann, der noch zu beweisen hat, daß er sich auch zum starken Kanzler mausern kann.

The Observer, London 19.5.1974

Helmut der Schmied

«Der ist noch am Sichentwickeln»

Von Rudolf Augstein

Zur Attitüde Helmut Schmidts gehörte bislang, just das Amt nicht mehr zu wollen, das er gerade übernommen hatte. Manch effektiver Mann braucht solch eine Gefühlsschablone. So sollte sich niemand wundern, einen Bundeskanzler Schmidt zu erleben, der eigentlich lieber Städteplaner und Architekt geworden wäre. Anders als sein künftiges Staatsoberhaupt Walter Scheel kommt er ohne demonstrative Übellaune nicht aus.

Als er nach Erhards Fall Fraktionsvorsitzender geworden war – der unumstritten beste, den die SPD je hatte – hörte ich ihn sagen, lieber hätte er den Generalen gezeigt, wie ein Sozialdemokrat die Bundeswehr führt. Aber kaum war er Verteidigungsminister, da faßte er das Schiller-Ministerium ins Visier, das er schlicht ein «Irrenhaus» nannte, mit Schiller als dem Oberirren. Er als Nothelfer übernahm dann, vor noch nicht zwei Jahren, Schillers Super-Ministerium.

Schillers Politik führte er durch, aber zufrieden war er nicht. Vielmehr peilte er nach dem Wahlsieg 1972 wieder den Fraktionsvorsitz an, wollte sich auch für das Amt des Bundespräsidenten «sehr, wenn überhaupt» bitten lassen; immerhin.

Tiefenpsychologen mögen seine Eidesschwüre untersuchen, er wolle gar nicht Kanzler werden – nur noch ein Witz, wenn man ihn in den letzten Tagen agieren sah. Sicher ist, daß er nun nicht mehr denken muß, ihm, dem Fähigsten, werde das höchste Amt von widrigen Mächten versperrt. Er ist da, wo er hingehört.

Brandt, soviel ist wahr, hat ihn zwar für unvermeidlich gehalten, aber der Kronprinz war bei Gottvater nicht beliebt. 1969, noch als Außenminister, meinte Brandt über Schmidt: «Der ist doch eigentlich, wenn ich es jetzt wieder nicht schaffe, zu alt.» Zu alt: Das ist er heute, mit 55 Jahren, nicht. «Der ist noch sich am entwickeln», sagte der alte Adenauer, gottbegabt mit einfacher Sprache, vor seinem Tod.

Der Politiker Schmidt hat sich entwickelt. «Reifer» konnte er nicht mehr werden. Ob der «Hanseat» Erfolg hat (so denn überhaupt ein sozialdemokratischer Kanzler Erfolg haben kann), hängt, was Personen angeht, von nur zwei Männern ab, von den beiden Sachsen Genscher und Wehner.

Über Schmidt und Genscher auch nur ein Wort zu verlieren, scheint müßig. Beide müssen sich miteinander in einem völlig neuen Universum, mit völlig eigener Gravitation zurechtfinden. Es ist fast gleichgültig, ob sie sich mögen. Diese neue alte Koalition beruht nicht (mehr) auf «Sich-Mögen».

Anders ist das mit Herbert Wehner, dem SPD-Fraktionsvorsitzenden seit 1969. Schmidt (Wehner: «Helmut der Schmied») hält große Stücke auf Wehner, hält ihn aber gleichwohl für partiell unzurechnungsfähig, und das seit vielen Jahren. Daß Wehner 1970 in Bremen zugunsten der Jungsozialisten Ballast abgeworfen hat, den Ballast Schmidt nämlich, bleibt einem Mann wie Schmidt für immer unverständlich. Gleichwohl hätte er im Falle einer Bundespräsidentschaft Brandts den Parteivorsitz für Wehner vorgesehen.

Der seinerseits hält von Schmidt, was er von allen Sozialdemokraten hält, solange sie leben und amtieren: nichts und jedenfalls nichts Gutes. Das bedeutet nun bei einem Mann wie Wehner ganz und gar nicht, daß er Schmidt nicht auf die ihm mögliche Weise unterstützen wird. Im Gegenteil, beide haben Luft bekommen, seit der bedeutende Konkurrent unter der Erde ist.

Nur ist da jetzt ein Unterschied in der Typologie. Bei Brandt galt Wehner als der grimme Hagen, als der Generalfeldzeug- und Waffenmeister eines (zu) guten Staatsmannes. Schmidt hingegen verteidigt sich selbst. Wehners Schimpfen und Poltern, sein unablässiges Verdächtigen aller Leute, die nicht präzise seiner Meinung sind, speziell aller Mundwerksburschen, sein bärbeißiges Pfeifengeraunze, seine Hintermänner-Besessenheit, all dies könnte jetzt leicht überständig wirken. Stimmen kostet es ohnehin. Schmidt weiß auch, daß Wehner die Fraktion nicht wirklich führt, daß er nur Zeichen setzt, gewichtige Zeichen. Ändert sich Wehner nicht, und wie sollte er, wird der Konflikt nicht auf sich warten lassen.

Des neuen Kanzlers Vorteil ist, daß er nahezu auf dem Tiefpunkt anfangen kann. Schmidt hat überhaupt alle Chancen, immer vorausgesetzt, er liefert nicht, was die Leute von ihm erwarten: einen besseren Strauß.

Der Spiegel, 13. 5. 1974

Wie ein Gutsherr ...

«Ich halte mich für einen normalen Menschen»

Von Rudolf Wallraf

Zuweilen rührt sich das Kind im Kanzler.

Im Finanzministerium pflegte Helmut Schmidt aus Jux mit einem (vom Schnapsfabrikanten Asbach geschenkten) Wanderstock, an dem eine Klingel und eine Flasche Asbach-Uralt hingen, durch die Flure zu spazieren und die Beamten herauszubimmeln.

Jetzt im Kanzleramt bläst er manchmal frühmorgens auf den 100 Metern vom Kanzler-Bungalow durch den Park zum Palais Schaumburg lauthals eine neuangeschaffte Trillerpfeife und signalisiert so seinen Dienstantritt.

Kanzlers Kommandos kommen auch tagsüber schrill und scharf. Um sein Image als harter Mann zu pflegen, peitschte der Sparkanzler letzte Woche seinen Haushalt 75 statt an vorgesehenen zwei Tagen schon am Donnerstag durchs Kabinett und präsentierte dem erwartungsvollen Volk auch gleich ein Schlachtopfer: den Entwicklungshelfer Erhard Eppler.

Schmidts engster Vertrauter, Kanzleramts-Staatssekretär Manfred Schüler, zu Epplers Exodus: «Jeder, der in diese Regierung eingetreten ist, wußte über die Geschäftsgrundlagen. Die heißen: sparen, sparen, sparen.»

Sparsam mit Worten ist auch des Kanzlers Kabinettsführung. Vorgänger Willy Brandt ließ jeden Minister in aller Breite ausreden, Helmut Schmidt lenkt die Diskussion kurz, knapp, knackig. Wenn jemand zu einem Thema redet, das der Kanzler für erschöpft hält, blickt er den Minister zwar interessiert an, aber Schmidts Hände spielen nervös mit der Pfeife oder mit Mentholzigaretten.

Der Kanzler über seinen Kabinettsstil: «Ich kann nichts dagegen einwenden, wenn andere mich für hart und entschlossen halten. Ich halte mich für einen normalen Menschen.»

Unverzüglich nach Amtsantritt hatte er die Sitzordnung in der Kabinettsrunde geändert: Finanzminister und Wirtschaftsminister, die beide bislang linksaußen vom Kanzler plaziert waren, sitzen ihm nun gegenüber – um so die Bedeutung der Wirtschafts- und Finanzpolitik unter seinem Regime herauszukehren. Auch der Regierungssprecher rückte auf; Klaus Bölling braucht nicht wie seine Vorgänger am Katzentisch zu hocken, sondern darf in der Ministerrunde am 12000-Mark-Kabinettstisch sitzen.

Das Kanzleramt, das Willy Brandts erster Hausmeier, Horst Ehmke, noch vollautomatisch per Computer zu steuern gedachte und das unter dessen Nachfolger Horst Grabert durch Egon Bahr, Günter Gaus und Klaus Harpprecht zu einem Wohnküchenkabinett umfunktioniert war, ist bei Schmidt «eine Art Generalsekretariat» der Bundesregierung. Manfred

Schüler, Vorsteher der Kanzler-Kanzlei: «Es gibt kein Küchenkabinett mehr. Die Minister kommen jetzt stärker zum Zuge.»
Schmidts Schüler beherrscht die höchste Beamtentugend: Politik zu verwalten statt Politik zu machen. Er sieht seine Aufgabe darin, «Entscheidungsprozesse ohne Friktionen für das Kabinett vorzubereiten». Und wenn sein Chef dann dort «nach gehöriger Diskussion entscheidet», ist das für Schüler «ein intellektuelles Erlebnis mit Ergebnis».
Wer Schüler kennt, wertet das nicht als Bewunderung eines Hofschranzen, sondern eher als Bescheidenheit kraft Auftrag. Schmidt ist der Macher, Schüler sein Vormacher.
Dr. rer. pol. Manfred Schüler, 42, lernte Management als Vorstandsassistent bei Hoesch in Dortmund, Politik bei Alex Möller im Bundestag, Bürokratie als Stadtkämmerer in Gelsenkirchen.
Als Staatssekretär im Finanzministerium hatte Schüler – wie Schmidt Diplom-Volkswirt – einen laut- und reibungslos arbeitenden Apparat geleitet. Mit Schmidt hatte er eine neue Form des Teamworks für Bürokraten entwickelt, nach «Grundsätzen des modernen Managements» (Schmidt).
Die Kanzler-Kanzlei arbeitete in ihren ersten sieben Wochen so geräuschlos wie angeordnet: Selbst die vorgefundenen technischen Spielereien – wie Wechselsprechanlage oder grünes Telefon (von und zum Kanzler) – stehen still. Internes dringt nicht mehr nach draußen. Denn der Kanzler, der seit eh und je unter dem Verfolgungswahn leidet, er werde von Schwatzhaften hintergangen, warnte – genau wie beim Einzug ins Finanzministerium – auch hier seine Beamten vor «Indiskretionen und *Indiskretins*».
So mißtrauisch wie der Chef ist die Crew, die scheu und bescheiden im Kanzlerschatten verharrt. Neu in dieser Runde ist nur die Parlamentarische Staatssekretärin Marie Schlei, 54, Schulrätin i. R. und Kontakterin zur SPD-Bundestagsfraktion. Der Kanzler schätzt Witz und Schlagfertigkeit der Berlinerin.
Die übrige Schmidt-Entourage wechselte mit ihm aus dem Finanz-Amt ins Palais Schaumburg: seine persönlichen, promovierten Referenten Klaus Dieter Leister, wie Schmidt Hauptmann der Reserve, und Udo Loewke, wie Schmidt Buchautor über Verteidigungs-Strategien.
Mit umgezogen sind auch Ghostwriter Christian Bauer, ehedem Magistratsbeamter in Frankfurt, und die beiden Sekretärinnen, Liselotte Schmarsow und Marianne Duden.
Für beide Damen ist Schmidt «der Chef». Der Kanzler verkehrt mit ihnen nach Gutsherrenart: Er duzt, sie siezen. Gönnerhaft plaziert er sie bei seiner Kanzler-Wahl auf der Bundestags-Tribüne und läßt sich von ihnen selbstgemalte naive Bilder oder zum Nikolaus eine Rute schenken.
In seinen Amtsräumen vereinigt Studienrats-Sohn Schmidt Kitsch und Kunst, Souvenirs und Staatsinsignien, Nippes und Nappa.

Einen staatseigenen Tintoretto ließ er abhängen; Wandschmuck sind jetzt ein von SPD-Schatzmeister Alfred Nau geschenktes Ölporträt des Genossen August Bebel und zwei private Chagalls.
Vor seinem Schreibtisch und einem Regal in Reichweite stehen und liegen persönliche Andenken: ein Holznashorn, das Sekretärin Schmarsow von einem Trödler aus Bozen mitbrachte; ein Schachbrett, das er während des Krieges mit sich herumschleppte, ein Schmuck-Osterei, das ihm eine Schwarzwälderin zur Kanzlerkür schickte. Neben solchem Schnickschnack stehen zwei Aktenordner mit seinen Polit-Hobbies: «Internationale Währungspolitik» und «Industrielles Bundesvermögen».
Rechts neben ihm an der Wand ließ der Kanzler ein Bücherbord für eine «Kitschecke» aufstellen, deren Inhalt noch in Kisten lagert: beispielsweise eine Öllampe, die ihm zur Ölkrise geschenkt wurde, naive Sekretärinnengemälde oder gesammelte Bücher. Gegenüber, an der linken Wand: ein Souvenir von seinem Duzfreund Krupp-Manager und Ex-Staatssekretär Ernst Wolf Mommsen: ein Flaschenschiff.
In seinem Sekretariat steht und hängt alles beim alten: die IBM-Kugelkopfmaschinen ebenso wie der Trage-TV aus dem Wahlkampf 1969. Seine beiden Vorzimmer-Damen sind innerhalb von zwei Jahren mit ihrem Chef dreimal umgezogen; von der Verteidigung zur Wirtschaft, von dort ins Finanz-Amt und jetzt ins Kanzler-Palais. Nach jedem Umzug fragte Schmidt sentimental Sekretärin Schmarsow: «Haste meinen Leber?»
Gemeint war eine gerahmte Fotografie des Nazi-verfolgten Gewerkschaftsführers Julius Leber, die er Frau Schmarsow (seit 16 Jahren im Dienst der SPD) geschenkt hatte. Schmidt über sein Vorbild Leber: «Ein Mann mit unerhörter Courage.»
Im Gegensatz zu Kalendermuffel Brandt läßt Schmidt Termine peinlich genau in drei Pläne – Wochenplan, Tisch- und Taschenkalender – eintragen. Geplatzte Treffs werden säuberlich überklebt, alte Kalender verwahrt der Berufspolitiker «für die Memoiren».
Wenn der Kanzler selbst im September vom Segel-Urlaub auf dem holsteinischen Brahmsee, an dessen Ufer er ein Wochenendhaus hat, nach Bonn zurückkehrt, steht ihm ein heißer Herbst bei abgekühlter Konjunktur ins Amt. Dann ist auch die 100-Tage-Schonfrist vorüber, die jedem Neuling in der Politik gewährt wird.
Noch aber kann sich Helmut Schmidt kindisch freuen. Als er kürzlich unangemeldet in Hamburg seinen Zahnarzt aufsuchte, wies ihn dessen neue Assistentin ab. Der unerkannte Kanzler ging grinsend weg und antwortete, zurück in Bonn, auf die Frage, in welcher Verkleidung er denn wohl zum Arzt gegangen sei: «Als Mensch.»

Wirtschaftswoche, 12.7.1974

Nach den ersten hundert Tagen

Der Reformnebel hat sich aufgelöst

Von Werner Birkenmaier

Ginge es nach der Einsicht Gotthold Ephraim Lessings, daß die Fähigkeit, Kleinigkeiten als Kleinigkeiten und wichtige Dinge als wichtige Dinge zu behandeln, den großen Mann ausmacht, so wäre Bundeskanzler Schmidt bereits jetzt, nach gut hundert Tagen Amtszeit, ein großer Mann. Er pflegt sich nicht bei Nebensächlichkeiten aufzuhalten; er hat den Blick fürs Vorrangige, und das ist in diesen Tagen nun einmal die Wirtschaftspolitik. Seitdem er, Schmidt, das Steuer in die Hand genommen hat, erscheint FDP-Wirtschaftsminister Friderichs nur noch selten auf dem Bildschirm. Und seit Schmidt ins Kanzleramt eingezogen ist, weiß man, daß dieses Land hauptsächlich von der SPD regiert wird. Doch vor allem: es wird wieder regiert. Unter Brandt quälten sich die Dinge dahin; das Kanzleramt war geradezu berüchtigt wegen seiner Desorganisation, und die Partei redete mit vielen, hauptsächlich linken Zungen. Vieles, allzu vieles wurde, um mit Brandts gescheitertem Justizminister Jahn zu reden, «auf den Weg gebracht», und am Ende ging gar nichts mehr.

All das hat sich unter Kanzler Schmidt rasch geändert. Der Reformnebel löste sich auf, die Reformprojekte sind jetzt auf ein gerade noch vertretbares Maß reduziert. Die Parteilinke führt ihre Theoriediskussionen allenfalls noch im Hinterzimmer, sofern sie nicht in der «Langzeitkommission» ein von der Partei installiertes Ventil gefunden hat. Der rechte Flügel der Partei, der sich unter Brandt kaum noch rührte, lebt wieder auf; hier hat Helmut Schmidt seine getreuesten Gefolgsleute. Gleichwohl hat die Partei ihre Geschlossenheit zurückgewonnen. Linke und rechte Genossen sind sich darin einig, daß sie Helmut Schmidt den Rücken freihalten müssen, wenn sie die nächsten Landtagswahlen und die Bundestagswahl 1976 bestehen wollen.

Auch in den Gewerkschaften wächst – sofern die neuen Töne nicht täuschen – die Einsicht, daß im kommenden Verteilungskampf Zurückhaltung geboten ist, wenn nicht mit der bereits angeschlagenen Konjunktur auch die Regierung Schmidt in Gefahr gebracht werden soll. Ohnehin sind die Gewerkschaften nicht mehr so frei wie in der Ära Brandt. Schmidt hat die Arbeitnehmerorganisationen eng an die Regierung gebunden, indem er eine stattliche Zahl aus ihren Reihen zu Ministern gemacht hat. Die Minister wiederum hat Schmidt einschließlich der FDP-Leute an die kurze Kette gelegt, so daß nach außen der Eindruck entsteht, es sei eine homogene, geschlossene Mannschaft am Werke.

Aus den Skandalen und Gerüchten, wie sie die SPD derzeit belasten, hält sich Schmidt geschickt heraus, so als seien dies Angelegenheiten, die eine andere Partei betreffen. Brandt, zugleich auch Parteivorsitzender, wäre dies niemals möglich gewesen. Und in der Tat ist der Fall Wienand/Wehner ein Nachhall aus der Ära Brandt. Problematisch ist für Schmidt allenfalls die Verstrickung Wehners, weil sie die Zusammenarbeit mit der Fraktionsspitze belastet. Aber selbst hier stehen für Schmidt sachliche Gesichtspunkte im Vordergrund. Der Kanzler mag weder Skandale noch Leute, die damit zu tun haben, aber er weiß, daß es untunlich wäre, den kämpferischen und erfahrenen Fraktionsvorsitzenden und Parteimanager zu stürzen, aber gewiß würde er Wehners freiwilligen Abgang nicht zu verhindern suchen.

Sieht man von den Nachwirkungen der Regierung Brandt und deren ideologischem Höhenflug ab, so wird Politik hierzulande wieder mit Nüchternheit und dem Blick fürs Mögliche betrieben. Selbst in den Reihen der Union räumt man ein, daß diese Regierung «handwerklich solide» arbeitet, daß sie noch keinen schwerwiegenden Fehler gemacht hat und daß sie sich in der Konjunkturpolitik «absolut vernünftig» verhält. Äußerungen dieser Art sind um so beachtlicher, als immer mehr Mitglieder der Opposition besorgt feststellen, daß ihr Kanzlerkandidat – der wahrscheinlich Helmut Kohl heißen wird – gegen Schmidt einen schweren Stand haben wird. Schmidt verwirklicht vieles von dem, was die Union von der Regierung Brandt gefordert hat, und folgerichtig ist Schmidt bisher kaum das Ziel oppositioneller Kritik gewesen. Nicht, daß es in diesem Lande nichts zu kritisieren gäbe, aber warum auf den Pianisten schießen, wenn das Klavier verstimmt ist?

Stuttgarter Zeitung, 5.9.1974

Aufruhr in Brüssel: Es geht um ein Prozent

Ringkampf um die Agrarpreiserhöhung

Mit einem Rundschlag brachte sich Helmut Schmidt in Front. Im ersten Schwung traf es linke Theoretiker seiner Partei, mit Wucht vier Tage später die Partner der Europäischen Gemeinschaft. Mit einem nachträglichen Veto gegen eine Agrarpreiserhöhung, der Bonn in Brüssel schon zugestimmt hatte, meldete der Kanzler seinen Führungsanspruch in Europa an. Betroffen registrierten Deutschlands Nachbarn den ungewohnten Befehlston.

Helmut Schmidt spielte Helmut Schmidt. Wie stets schnell entschlossen, rücksichtslos und mit großen Worten langte der Kanzler hin – nach innen und außen. Binnen fünf Tagen drosch der Regierungschef auf die SPD-Linke ein, demonstrierte den EG-Partnern die Bonner Macht und brüskierte auch seine FDP-Koalitionäre. Außenminister Hans-Dietrich Genscher und Bauernminister Josef Ertl.

Den sozialistischen Theoretikern seiner Partei warf der konservative Pragmatiker auf dem Hamburger Landesparteitag am vorletzten Samstag vor, sie beschäftigten sich «mit der Krise des eigenen Hirns statt mit den ökonomischen Bedingungen» – und die Gescholtenen muckten nicht einmal auf.

Den europäischen Nachbarn versuchte er am Mittwoch letzter Woche mit dem nachträglichen Bonner Nein zu einer bereits in Brüssel beschlossenen Erhöhung der Agrarpreise seine Bedingungen für eine Reform des Agrarmarktes zu diktieren – und die Europäer scheinen sich zu fügen.

Helmut Schmidt agiert auf der politischen Bühne als Exorzist und Zampano, der anscheinend nur mit der Faust auf den Tisch zu schlagen braucht, und alle Teufel, die in den Details stecken, fahren mit Gestank aus. Sicher ist, daß dem Regierungschef viel daran liegt, durch Schau-Aktionen das Wahlpublikum auf sich zu ziehen – weg von den ekligen Affären um Karl Wienand und Günter Guillaume, weg auch von dem Zerwürfnis zwischen Partei-Chef Willy Brandt und dem SPD-Fraktionsvorsitzenden Herbert Wehner.

Sicher ist aber auch, daß Schmidts Rührigkeiten mehr als bloße Ablenkungsmanöver sind. Der Kanzler meint es ernst mit seinen Versuchen, die SPD nach seinem Bild zu formen und Europa nach seinen Vorstellungen zu bauen.

Helmut Schmidt fühlt sich von Valéry Giscard d'Estaing getäuscht. Der französische Staatschef hatte nämlich dem Kanzler zugesagt, Frankreich werde der Bundesrepublik bei der bevorstehenden Agrarpreisrunde zur Seite stehen. Und Giscard war es, der dem Deutschen am Telephon sagte, die Agrarpreise dürften nicht um mehr als vier Prozent steigen.

Im EG-Ministerrat am Donnerstag vorletzter Woche baute Bonns Bauernminister Josef Ertl seine Verhandlungsstrategie auf der französischen Zusage auf. Zu seinem Schrecken aber ließ ihn der Pariser Landwirtschaftsminister Christian Bonnet im Stich und reihte sich in die Front der Länder ein, die nicht unter fünf Prozent gehen wollten, so daß Ertl schließlich allein stand.

In seiner Not klingelte der Freidemokrat am Freitag früh um fünf Uhr seinen Kanzler in Bonn aus dem Bett und bat am Telephon um dessen Entscheidung. Schlaftrunken und mit den diffizilen europäischen Rechts-Usancen nicht vertraut, beschied Schmidt seinen Minister, er möge zustimmen, aber mit dem Vorbehalt einer Genehmigung durch das Bonner Kabinett.

Ertl tat, wie ihm geheißen. Doch Schmidt war im Morgendusel entgangen,

daß die Franzosen sich im Ministerrat nicht an die Abrede zwischen ihm und Giscard gehalten hatten und daß eine Zustimmung mit Vorbehalt im Ministerrat nach den Bräuchen der Gemeinschaft einem Ja gleichkommt.
Erst als Ertl in Bonn Bericht erstattete, erkannte der Kanzler, daß er gelegt worden war. Sein Zorn wurde noch größer, als er erfuhr, daß sich Giscards Ministerpräsident Jacques Chirac mit den Spitzen des französischen Nährstandes treffen wollte. Schmidts Verdacht: Die wortbrüchigen Franzosen würden ihren Bauern im Gegensatz zum EG-Vertrag obendrein noch nationale Hilfen gewähren. Da entschloß er sich, «ein Zeichen» zu setzen.
Im Kabinett wetterte Schmidt derart gegen die Franzosen, daß anschließend ein Regierungsmitglied von einer ernsthaften Irritation im Verhältnis «Bonn/Paris» sprach. Der Kanzler-Ausbruch stimulierte auch andere Kabinettsmitglieder. Als die von Finanzminister Apel hörten, daß die fünfprozentige Preiserhöhung den Bonner Etat zusätzlich mit 250 Millionen Mark belasten würde, zogen prompt auch Verteidigungsminister Georg Leber, Bildungsminister Helmut Rohde und Gesundheitsminister Katharina Focke über die EG her.
Der Beschluß gegen den Ministerrat fiel, nachdem Schmidt und sein Apel, zunächst noch unsicher über das Verhalten des freidemokratischen Koalitionspartners, mit Erleichterung hatten feststellen können, daß sich die FDP nicht einig war. Denn Wirtschaftsminister Hans Friderichs engagierte sich für das Veto gegen Brüssel.
«Eher resignierend» (ein Kabinettsmitglied) warnte FDP-Ertl davor, es zu einem europäischen Eklat kommen zu lassen. Unterstützt wurde er durch Justizminister Hans-Jochen Vogel, der sich als bayrischer SPD-Spitzenkandidat ebenso wie der FDP-Landesvorsitzende Ertl um die Auswirkungen auf die Wahl im tiefen Süden sorgte.
Vogel und Ertl opponierten vergebens. Der Landwirtschaftsminister erhielt Order, bei der nächsten Ministerratssitzung einer Preiserhöhung um fünf Prozent nur zuzustimmen, wenn eine Bestandsaufnahme der verfahrenen Agrarsituation in der EG fest terminiert wird, wenn die Partner erklären, daß sie ihren Bauern keine weiteren nationalen Hilfen geben, und wenn der höhere Preis auf die Preisrunde Anfang 1975 angerechnet wird.
Inzwischen lassen erste Signale aus den europäischen Hauptstädten erkennen, daß sich die EG-Partner den Bonner Bedingungen beugen wollen. Giscard d'Estaing teilte dem Kanzler am Donnerstag letzter Woche telephonisch sogar mit, er sei eigentlich gar nicht so unglücklich über Bonns harte Haltung, weil ihm damit ein Instrument gegen übersteigerte Wünsche seiner eigenen Landwirte in die Hand gegeben sei.
Mit seinem kalten Schlag überraschte Schmidt freilich nicht nur die Europäer, sondern auch seinen Stellvertreter Genscher. Der Kanzler hatte es nicht für notwendig erachtet, den Außenminister zu konsultieren, der ver-

gangene Woche vor den Vereinten Nationen in New York sein Debüt gab.
Schmidts Preisstopp traf Genscher völlig unvorbereitet. Während die Kabinettsitzung schon lief, wurde der Außenminister von seinem aufgeregten Parteifreund, AA-Staatsminister Karl Moersch, im Waldorf Astoria telephonisch alarmiert. Vergebens versuchte Genscher, die Ablehnung der Brüsseler Beschlüsse in Ferngesprächen mit Schmidt und Ertl zu verhindern.
Der AA-Chef hielt den Vorgang für so schwer, daß er erwog, seinen UNO-Besuch abzubrechen. Er blieb dann doch, weil er erkannte, daß eine aufgeregte Intervention zwangsläufig zum Streit mit dem Kanzler geführt hätte.
Sowenig Kanzler Schmidt vergangene Woche bereit war, den Chef des Koalitionspartners zu schonen, sowenig will er sich das Regierungsgeschäft durch «Extra-Touren» (Schmidt) der eigenen Partei beschweren lassen. Bewußt suchte er auf dem Hamburger SPD-Parteitag am vorletzten Wochenende den Konflikt mit dem linken Parteiflügel. Rundweg lehnte er es auch am Dienstag im SPD-Präsidium ab, seine Ausfälle gegen die Genossen («Ihr predigt die Kirche leer») auch nur abzuschwächen.
Mit seinen Attacken will Schmidt der Partei klarmachen, daß sie bei der im Winter anstehenden Diskussion über den Entwurf des neuen «Orientierungsrahmens '85» maßhalten müsse. Schon nämlich richten sich SPD-Linke darauf ein, über die zur Investitionslenkung vorgeschlagenen Maßnahmen des Entwurfs, wie etwa die Investitions-Anzeigepflicht und Investitionsverbote, hinauszugehen.
Mittelfristig hat es Schmidt darauf angelegt, die Partei ähnlich wie die Bundestagsfraktion auf seine Linie einzuschwören.
Das herrische Gebaren des Bonner Spar-Diktators muß in Europa und daheim so viele Widerstände wecken, daß selbst Schmidt strandet. Ein wenig scheint er sich dieser Gefahr bewußt zu sein. Am vergangenen Freitag räumte er ein, daß bei seinen Kraftübungen auch Show im Spiel sei. Schmidt: «Wenn hinten die Brocken fliegen, muß man vorne auf der Bühne etwas losmachen.»

Der Spiegel, 30.9.1974

Des Kanzlers Selbstdarstellung

Intelligent bin ich selber, ich brauche einen, der mich kontrolliert

Von Hermann Schreiber

Die beiden untersten Knöpfe seiner Weste stehen offen, aber viel mehr ist ihm nicht anzumerken von dem Kraftakt, den er im Kabinett gerade vollführt hat: Agrarpreiserhöhung abgelehnt, Eklat in Europa.

Der Kanzler pausiert eine Minute in seinem Vorzimmer und nimmt mit einem jähen Anflug von Trauer zur Kenntnis, daß der Terminkalender durcheinander ist: fünf Stunden Kabinett, in fünfzig Minuten Auswärtiger Ausschuß, dazwischen zwei Gespräche. «Ich bin ganz schön tot», sagt Helmut Schmidt und läßt sich eine Consommé aus der Büchse warm machen.

Er ist ganz schön lebendig. Die Bürde des Amtes, so schwer sie auch sein mag, ist ihm eher Bestätigung denn Last. Die Differenz zwischen seiner Selbsteinschätzung und dem Amt, das ihm zugemessen ist, muß ihn nicht mehr plagen, denn es gibt sie nicht mehr. Er ist jetzt unbestritten der «erste Mann», wird nicht bloß so genannt.

Und in dieser Kapazität bestätigt sich ihm nun vieles (wenn nicht alles), was er immer geargwöhnt, worüber er oft so gegiftet hat: daß er, obwohl nominell «erster Mann» der SPD im Kabinett, über ein paar zentrale politische Probleme nicht hinlänglich, nämlich nicht so gut wie der Kanzler, informiert worden ist; daß Entscheidungen im Kabinett verschleppt oder verwischt worden sind, wo sie vom Kanzler hätten herbeigeführt und exakt fixiert werden müssen; kurzum: daß er's eben besser kann, das Regieren.

Solch subjektive Befindlichkeit wirkt nicht unbedingt stilbildend, aber sie schafft Atmosphäre: ein Gemisch aus Nüchternheit und Funktionslust, Schnoddrigkeit und Diskretion, Korpsgeist und One-Man-Show. Wolkig ist da nichts mehr, und für Höhenflüge ist sowieso der Sprit zu teuer. Hier regiert Sie Herr Schmidt.

Und der hat zuerst einmal die Sitzordnung im Kabinett geändert, eigenhändig und beinah programmatisch: «Ich fand das unerhört, daß die Fraktionsvorsitzenden, wenn sie im Kabinett zu Besuch waren, irgendwo am Rand saßen. Da habe ich sie mir gegenüber hingesetzt.» Dort sitzen sie nun oft, nämlich immer dann, wenn es darum geht, ein schwieriges Stück Regierungspolitik heil durchs Parlament zu bringen.

In diesen Fällen müssen die Minister Apel (Finanzen) und Friderichs (Wirtschaft) ein bißchen rutschen. Denn auch sie, die in des neuen Kanzlers Kabinett «am meisten reden müssen» (Schmidt), hat der Regierungschef vis-à-vis placiert; damit er sie besser hören kann.

Geschnauzt wird nicht im Kabinett, jedenfalls nicht von Schmidt. Der Kanzler befleißigt sich, im Gegenteil, einer Courtoisie, die solchen Sitzungsteilnehmern, denen noch der Originalton Schmidt aus dessen Ministerzeit im Ohr ist, ein bißchen bemüht erscheinen will. Allenfalls kommt vor, daß der Regierungschef einen steuernden «Zwischenruf» macht, wenn eine Kabinettsdebatte ihm ärgerlich wird, oder daß er, wenn Innenminister Maihofer ins Grundsätzliche gerät, die Brille abnimmt und erkennbar geschmerzt seine Schläfen massiert.

Aber warum sollte er noch klotzen – und vor allem: gegen wen? Es gibt in diesem Kabinett keinen Schiller, keinen Ehmke, keinen Dohnanyi, auch keinen Eppler mehr und nur einen Schmidt. Der aber ist der Boß und kann endlich tun, was ein Kabinettschef seiner Meinung nach schon immer hätte tun müssen: ins Protokoll diktieren, was beschlossen worden ist, und kurzerhand absetzen von der Tagesordnung, was sich als noch nicht beschlußreif erwiesen hat. Und auf diese Art, meint Schmidt, könnte er sogar mit einem anderen Schmidt neben sich fertig werden, wenn es den gäbe: «Solange Entscheidungen kollegial herbeigeführt und dann auch schnell getroffen und erledigt werden, würde ein Typus Schmidt im Kabinett ja nicht stören.»

Daß diese «kollegiale Art zu entscheiden» als solche nicht so recht transparent werden will, verdrießt den Kanzler Schmidt, aber wundert ihn nicht – «weil ich natürlich nach außen eine dominierende Rolle immer gespielt habe; das hängt mit meiner Art des Auftretens und des Formulierens zusammen». Nicht daß er andere am Auftreten hindern wollte. «Aber andere haben nicht entfernt – das klingt jetzt nach Selbstlob –, nicht entfernt diese Durchschlagskraft in der öffentlichen Wirkung, die ich nun mal habe.» Was kann der Schmidt dafür, daß er so telegen ist ...

«Wirkung» ist (nächst «Bestätigung») ein Schlüsselwort seines Selbstverständnisses – besser: Wirksamkeit, «und auch das ist wieder nur ein anderes Wort für das ökonomische Prinzip: mit den gegebenen Mitteln den größtmöglichen Effekt zu erzielen». Dazu gehört für Helmut Schmidt ganz entschieden auch das Weglassen – die Notwendigkeit «zu entscheiden, was liegenbleiben darf, weil es ein Scheinproblem ist oder künstlich aufgebauscht – das gibt es ja alles auch».

Was nach Schmidts Meinung nicht liegenbleiben darf, wird umgesetzt in Aktivität, und zwar sofort. Nicht nur verschiebt dieser Kanzler «sehr ungern Beschlüsse, von denen jeder erwartet hat, daß sie heute fallen», er füttert, wenn sie gefallen sind, auch gleich die Administration damit.

Auf der Rückreise von seinem ersten Besuch bei Giscard d'Estaing zum Beispiel (Flugzeit: 60 Minuten) formulierte Schmidt persönlich das Gesprächsergebnis in 13 Punkten, von denen nur fünf veröffentlicht wurden; die übrigen acht waren Anweisungen und Übermittlungsaufträge an

die mitreisenden Ministerialbeamten. Zum Zeitpunkt der Landung in Bonn war die Reise sozusagen aufgearbeitet.
Helmut Schmidt ist auch als Kanzler ein ebenso gründlicher wie routinierter Aktenarbeiter geblieben, der am liebsten schriftlich «verfügt», sofern es sich nicht um «komplizierte Sachen» oder um Kabinettsvorlagen handelt. Nur geht jetzt «der größte Teil meiner Zeit drauf für Darstellung»; das heißt, der Kanzler muß die Politik der Bundesregierung «gegenüber anderen Gremien plausibel machen», gegenüber Parteigremien zum Beispiel, und «auffangen, was diese Gremien zu sagen und zu raten haben». Und er sieht sich überlaufen von «Leuten, denen Sie zuhören müssen, obwohl das im Grunde – mindestens in diesem Umfang – für die eigene Urteilsbildung überhaupt nicht notwendig ist».
Er würde gern häufiger mit Leuten reden (zuweilen tut er es ja), die auch nach seiner eigenen Wertschätzung wissen, wo der Hammer hängt: Banker, Manager, Wirtschaftler, Gewerkschaftler natürlich – überhaupt Leute aus dem Spannungsfeld zwischen Ökonomie und Politik, darunter eine ganze Menge Angelsachsen (David Rockefeller von der Chase Manhattan Bank zum Beispiel). Am liebsten würde er den lose verbandelten Diskutierklub der internationalen Finanzminister wiederbeleben, an dessen Zustandekommen er weiland maßgeblich beteiligt war.
Aber ein «Küchenkabinett», mit dem er über so gut wie alles redet, oder eine intellektuell kopflastige Gesprächsrunde politisch ambitionierter Überflieger hat er nicht und will er nicht. «Intelligent bin ich selber. Ich brauche einen Beamten, der mich kontrolliert» – und eine eingespielte Mannschaft, die ihm schnell und geräuschlos zuarbeitet.
Das Kanzleramt – ein Generalsekretariat, ungefähr vergleichbar dem «gemeinsamen Vorstandssekretariat in einer Aktiengesellschaft» – das ist eine Definition, zu der Schmidt sich bekennt, und er hat sie weitgehend verwirklicht. Wie der Herr so ist auch die Crew, die er sich aus dem Finanzressort (zum Teil sogar schon aus dem Verteidigungsministerium) mitgebracht hat, von disziplinierter Intelligenz und allzeit funktionsbereit.
Das Arbeitsklima dieser Crew durchweht ein Ruch von Menthol und Pfefferminz, nach welchen Essenzen der Chef so eine Art Sucht entwickelt hat (lebt er doch überwiegend von Pfefferminzpastillen und von «Reyno», neuerdings auch von mentholisiertem Schnupftabak). Und nur die alteingesessenen Beamten der Kanzlerbehörde finden es einigermaßen ungewöhnlich, wenn der Regierungschef (so er halbwegs ausgeschlafen und bei Laune ist) morgens um halb neun auf dem Anmarsch durch den Schaumburg-Park den Beginn des Arbeitstages mit einem Signal aus seiner Trillerpfeife markiert.
Dies ist ein ziemlich anderes Palais Schaumburg als zu des Vorgängers Zeiten; keine heiligen Hallen mehr; und auch die Rache kennt man jetzt,

manchmal freilich in netter Form. Nicht jeder abwesende Petent, der beiläufig als Arschloch apostrophiert wird, muß auch schon mit Repressalien rechnen. Aber wer hier mithalten will, muß jung sein und schnell fertig mit dem Wort.

Der Spiegel, 30.9.1974

Kommandieren statt diskutieren

«Helmut Schmidt – der erste SPD-Junta-Chef»

Von Horst Knappe

«Ich habe mir vorgenommen, in die Blasen reinzustechen. Die schlechte Luft in unserer Politik, die muß raus», verkündete Helmut Schmidt seinen Stabsleuten im Kanzleramt. Kurz und knapp erklärte der Reservehauptmann, der im Zweiten Weltkrieg als Oberleutnant und im ersten Kabinett Brandt als Verteidigungsminister Truppen kommandierte, sein Konfliktprogramm: Erstens müsse es gelingen, die Bundesrepublik aus dem weltwirtschaftlichen Schlamassel so weit wie möglich herauszuhalten. Zweitens müsse die SPD «wieder aus der Scheiße».

Um das zu erreichen, riskierte Helmut Schmidt als Regierungschef wie als Parteivize kaltschnäuzig auch Mißstimmung und Verärgerung bei Partnern und Freunden. Ob er Finanzminister Hans Apel in den Haushaltsentwürfen der Kabinettskollegen rigoros streichen ließ oder ob er landauf, landab den Parteigenossen die Leviten las. Er warf ihnen vor, sich statt mit ökonomischen Realitäten «mit der Krise des eigenen Hirns» zu beschäftigen und durch ihre Theoriediskussionen den Eindruck zu machen, als sehe die SPD die «schwersten Bedrückungen» nicht, die in den Jahren 1974/75 «mit Inflations- und Arbeitslosigkeitsproblemen und daraus resultierenden sozialen Strukturproblemen» entstehen werden. Schmidt: «Ihr seid drauf und dran, die Kirchen leerzupredigen.»

Den FDP-Chef Hans-Dietrich Genscher und die liberale Mannschaft im Regierungslager brachte der Kanzler gleich dreimal in Harnisch. «In Sorge um die Effizienz der Europäischen Gemeinschaft» verabredete Schmidt seine Treffs mit dem französischen Staatspräsidenten Giscard d'Estaing auf direktem Draht und hielt sich nicht mit Beratungen mit dem Vizekanzler auf, der als Außenminister die Europa-Politik verantwortet. Schmidt: «Das in Paris ist eine Sache der obersten Spitze.» Auch bei der Ablehnung der vom Brüsseler EG-Ministerrat beschlossenen Heraufsetzung der Agrarpreise hielt es der Kanzler nicht für notwendig, sich mit seinem Vize in Verbindung zu setzen. Ohne Genscher-Kontakt setzte er im Kabinett die Ablehnung der Preiserhöhung von fünf Prozent durch, ließ dadurch den von ihm sonst so gelobten «Bruder Josef» (Schmidts Anrede des Landwirtschaftsministers Josef Ertl, FDP) ins Messer laufen und brüskierte Brüssel.

Schließlich verhöhnte der Koalitionskanzler auf einer Arbeitstagung von SPD-Funktionären in Bad Oldesloe am vergangenen Wochenende auch noch das von den FDP-Ministern Genscher und Maihofer (als Innenminister) und dem Parlamentarischen Staatssekretär Gerhardt Baum (FDP) vorgelegte Presserechtsrahmengesetz. Schmidt: Ein Gesetz, das die Lebenskraft der deutschen Presse stärken soll, werde es in dieser Legislaturperiode geben, aber «nicht das, was aus dem gegenwärtigen Entwurf abzulesen ist». Dieser sei für ihn eine «typisch deutsche Superperfektion». Oder, wie er einem Verleger sagte: «Eine Bürokratenarbeit, die wenig Boden unter den Füßen hat.»

Verwirrt registrierten die Berater und Helfer des Vorsitzenden Willy Brandt in der Bonner Parteizentrale den Popularitätszuwachs, den Kanzler Schmidt durch seinen «Rundumschlag» (Ex-Minister Horst Ehmke) beim Wahlvolk gewann. Um den durch die Guillaume-Affäre und die enthüllende Veröffentlichung seines Buches «Über den Tag hinaus» angeschlagenen Vorsitzenden nicht in die Schmollecke abdrängen zu lassen, ließ die SPD-Spitze deshalb das Wort von der «Doppelstrategie» unter die Leute bringen: «Helmut Schmidt spielt den starken Mann nach außen, um die Randgruppen in der Partei zur Besinnung zu bringen. Willy Brandt wirkt integrierend nach innen und macht die Partei wieder geschlossen» (SPD-MdB Herbert Ehrenberg).

Gemeint ist die vom Parteivorsitzenden in Gang gebrachte neue Theoriediskussion über das, was die SPD langfristig gesellschaftspolitisch will («Orientierungsrahmen 85») und was sie aus dem fünfzehn Jahre alten Godesberger Programm heute noch erhalten kann («Grundwerte-Fibel»).

Willy Brandt weiß, daß er damit bei Schmidt schlecht ankommt: «Ich kann verstehen, daß der Kanzler manches gern ein bißchen straffer und schneller hätte. Aber die SPD kann nicht ohne Theorie, und Theorie geht nicht ohne Diskussion.» Helmut Schmidt aber hat schon in Hamburg gesagt, was er davon hält: «Mir sind das zuviel Papiere insgesamt.» Und Schmidts Städtebauminister Karl Ravens verurteilt bereits jetzt die zu erwartenden Diskussionen über Investitionslenkung bei Großbetrieben, Bankenkontrolle und Mitbestimmung in multinationalen Konzernen: «Das ist alter Schnee. Die sind noch immer bei der Erfindung der Dampfmaschine.»

Von einer «Doppelstrategie» Brandt/Schmidt kann nicht die Rede sein. Denn über Ziel und Zweck kommender Diskussionen, über Kritik an der Partei oder am Koalitionspartner sprechen Parteichef Brandt und Parteivize Schmidt nicht. Zwar telefonieren beide gelegentlich miteinander, aber dann geht es Schmidt-gemäß knapp um sachliche Dinge: Wer tritt zu welcher Wahlversammlung wo vor wem auf? Zeit und Ort von Präsidiums- und Vorstandssitzungen? Presse-Staatssekretär Klaus Bölling erklärt das unterkühlte Klima zwischen den beiden lapidar: «Es sind und bleiben zwei unterschiedliche Temperamente.»

Vom Temperament her ist des Kanzlers Stärke ohnehin nicht die Diskussion, sondern das Kommandieren. Ein Schmidt-Freund: «Helmut ist Deutschlands erster sozialdemokratischer Junta-Chef.» Und seine Junior-Minister wissen, daß sie Regierungsmitglieder sind, weil Helmut Schmidt sie gewollt hat (bei der Regierungsbildung im Dezember 1972 bestimmten nicht der damalige Kanzler Brandt, sondern Wehner, Wienand und Schmidt, wer von der SPD-Mannschaft aufrückte). Wenn die Minister Apel, Gscheidle, Ravens, Rohde und Matthöfer zur Kabinettssitzung kommen, sind sie schon darüber informiert, was der Feldherr will. Dafür sorgt flink und loyal Schmidts Generalsekretär Manfred Schüler. Der Kanzleramtschef, von Helmut Schmidt aus dem Finanzministerium mitgebracht, handhabt den Führungsapparat wie ein Industriemanager. «Bei ihm schnurrt's und klappt's», heißt es im Amt, und «alle bemerken, daß alle Beine flinker sind» (Schüler-Referent Stefan Pelny).

Von Schüler vorbearbeitet, leistet auch das Kabinett ein größeres Pensum. Ein Regierungsmitglied: «Im Gegensatz zu den oft langen Diskussionen und Berichten bei Willy wird jetzt nur das gesagt, was dazugehört und wichtig ist. Das überflüssige Beiwerk fehlt.» Erleichtert wurde die Arbeitsatmosphäre durch das Fehlen der eigenwilligen Köpfe: Klaus von Dohnanyi, Horst Ehmke, Erhard Eppler. Und auch mit dem Schwierigsten aus dem Brandt-Kabinett braucht sich der Kanzler nicht auseinanderzusetzen: Schmidt regiert ohne einen Finanzminister Schmidt.

Nicht die Minister, nicht den Regierungsstil, aber ärgerliche Baupläne mußte Helmut Schmidt von seinem Vorgänger übernehmen. Im kleinen Kreis im Kanzler-Bungalow zeigt der neue Kanzler auf die große Baustelle nebenan und macht seinem Ärger Luft: «Willy hat sich von Horst Ehmke diesen Neubaukasten aufschwatzen lassen, weil er einfach nichts von Ökonomie versteht. Und ich muß dann drin leben.»

Der Neubau des Kanzleramtes (Schmidt: «Symbol der Verschwendung») soll im Frühjahr 1976, im Wahljahr, bezogen werden. Helmut Schmidt rechnet damit, 1976 als Bundeskanzler wiedergewählt zu werden: «Die SPD macht's, wenn die Partei auf mich hört.» Auf den Kanzler und Parteivize versteht sich, denn den Parteivorsitz strebt Helmut Schmidt nicht an: «Entweder mache ich die Regierungsgeschäfte ordentlich, oder ich muß es aufgeben.»

Der Stern, 3.10.1974

Die Araber Europas: die Deutschen

Sie werden durch die Ölpreiserhöhung nicht ruiniert

Die Lichter sind noch nicht über ganz Europa ausgegangen, aber der böse wirtschaftliche Schock, der durch die Ölpreiserhöhung ausgelöst wurde, hat eine gewisse Bunkeratmosphäre in den Kanzleien des Kontinents entstehen lassen. Das heißt: überall außer in Bonn.

Während das übrige Europa eine Inflation von 10 bis 20 Prozent erleidet, wird erwartet, daß die deutschen Preise im Jahr 1974 nur um etwa 7 Prozent ansteigen werden. Während die benachbarten Staaten verzweifelte Anstrengungen unternehmen, um ihre Güter zu Markt zu bringen, prügeln sich die Kunden Deutschlands praktisch um dessen Erzeugnisse. Infolgedessen werden in diesem Jahr die Exporte um 17% steigen. Während einige Mitglieder des Gemeinsamen Marktes an den Rand des Bankrotts gerieten, sind Devisenreserven in Höhe von 34,2 Milliarden Dollar sicher in der Bundesbank verstaut. «Die Deutschen», bemerkte eine französische Zeitung, «sind die Araber Europas.»

Der Mann, der Deutschland sicher durch die wirtschaftliche Wüste geführt hat, ist Helmut Schmidt. Indem er sich die Erfahrung, die er als Willy Brandts Finanzminister gesammelt hat, zunutze machte, hat Schmidt in weniger als sechs Monaten das geschaffen, was man durchaus als Deutschlands zweites Wirtschaftswunder der Nachkriegszeit bezeichnen kann. Er hat eine Kombination von strengen Kreditbeschränkungen und einschneidenden Kürzungen im Bundeshaushalt benutzt, um den Konsum so weit zurückzuschrauben, wie es wenige andere westliche Staatsmänner gewagt haben. Er hat aber auch in einer Nation, die ihren wirtschaftlichen Scharfsinn und ihr Vertrauen zum Leistungsprinzip über alles stellt, bereitwillige öffentliche Reaktion gefunden. Die Deutschen haben ihre Ersparnisse drastisch erhöht und die Verbraucheranleihen im vergangenen Jahr um erstaunliche 92 % gekürzt.

Schmidt mußte auf eine beträchtliche Anzahl von Zehen treten, um die angestrebten Ziele zu erreichen. Er hat zuweilen sein Kabinett behandelt wie eine Bande unartiger Kinder. Bei seiner ersten Sitzung forderte er Finanz- und Wirtschaftsminister auf, sie sollten sich ihm direkt gegenübersetzen, «damit ich euch besser hören kann». Vor kurzem hat er eine dicke Liste von 251 vordringlichen Projekten auf den Tisch geknallt, mit der Bemerkung, er erwarte, daß alle bis zur nächsten Wahl in 750 Tagen ausgeführt seien. Manche seiner Minister haben es erleben müssen, daß er auf den Tisch pochte und «Nein!» schrie, wenn sie mit Ausgabevorschlägen kamen, die ihm nicht paßten. Er ist so schroff, daß ein prominentes Parteimitglied, Conrad Ahlers, vor kurzem in einem Artikel über seinen Stil Klage führte. Andere haben angefangen, ihn hinter seinem Rücken den Flakleutnant zu

nennen – eine nicht eben liebenswürdige Erinnerung an seine Jahre in der Hitlerjugend und dem Flakkorps der Wehrmacht.
Schmidts Übellaunigkeit könnte auf ein chronisches Leiden der Schilddrüse zurückzuführen sein, aber der Vize der sozialdemokratischen Partei hat seit kurzem auch sein Bündel Probleme. Seine Verbündeten von der Gewerkschaft haben sich eine Lohnerhöhung von inflationären 14 % für die Verhandlungen, die im nächsten Monat beginnen, zum Ziel gesetzt. Schmidt hat diese Schwierigkeit mit einiger Eleganz aus dem Weg geräumt, indem er eine 10 %ige Lohnerhöhung und Steuererleichterungen im Wert von 5 Milliarden Mark in Aussicht stellte. Weniger großmütig ist er allerdings mit den linksgerichteten Jungsozialisten verfahren, die die wirtschaftliche Stabilität bedrohten, indem sie wilde Streiks unter den Gastarbeitern Deutschlands organisierten.
Obgleich Schmidts eher konservative Haltung ihn daheim zu einem phantastischen Erfolg hat werden lassen – seine Zustimmungsquote bei den Meinungsumfragen ist, seit er die Regierung übernommen hat, von 50 auf 67 Prozent gestiegen –, ist er anderwärts in Europa vielfach angeeckt: Vor kurzem hat er höhere Agrarpreise im Gemeinsamen Markt mit großem Getöse abgelehnt (später hat er freilich seine Meinung geändert); Einspruch eingelegt gegen soziale und wirtschaftliche Projekte der EG; den Plan, eine Fünf-Milliarden-Dollar-Anleihe der ölproduzierenden Länder in Europa aufzulegen, zunichte gemacht.
Solche Aktionen trugen ihm die bissige Bemerkung ein, er habe den ehrgeiz, die erste sozialdemokratische Junta in Deutschland anzuführen, und auch, daß er allmählich zu einem späten Bremsklotz à la de Gaulle werde – Charles de Schmidt.

Newsweek, 21. 10. 1974

Der politische Zweg wächst . . .

. . . und seine wirtschaftlichen Leistungen auch

Von David Sheers

Die Bundesrepublik Deutschland bezahlt die Zeche, aber bestimmt auch das Festprogramm. Zum ersten Mal seit dem Krieg kann man dieses Land nicht mehr als wirtschaftlichen Riesen bezeichnen, der zugleich ein politischer Zwerg ist. Unter Helmut Schmidt hat die Bundesrepublik ihre historischen Hemmungen abgelegt und angefangen, in der Weltpolitik einen Einfluß auszuüben, der ihrer wirtschaftlichen Stärke entspricht.

Wenn Helmut Schmidt, der Kanzler, und Hans Apel, sein unverblümter Finanzminister, verlangen, daß die anderen Länder ihre anti-inflationären Socken hochziehen, und aufhören, die Bundesrepublik als Milchkuh zu behandeln, dann sind einige Außenseiter schockiert. Übrigens auch viele deutsche Diplomaten.
Aber seit Jahren haben sich zahllose Europäer darüber beklagt, daß aufeinanderfolgende Bonner Regierungen zu versöhnlich, zu zurückhaltend in der Behandlung von Männern wie General de Gaulle seien. Die Frage ist, ob dieses neugefundene deutsche Selbstvertrauen in die richtige Richtung gelenkt wird.
Dies ist keine schlechte Zeit, um Bilanz zu ziehen: Schmidt und Genscher, sein Außenminister, fliegen am Montag zu einem viertägigen Besuch nach Moskau, bei dem sich herausstellen soll, was aus Bonns Ostpolitik geworden ist. Im eigenen Land werden an diesem Sonntag stattfindende Wahlen in Hessen und Bayern zeigen, wie Schmidts fünf Monate alte Regierung bei den Wählern ankommt.
Man sollte meinen, daß die Deutschen mit ihrer relativen Preisstabilität, ihren unschlagbaren Devisenreserven und massiven Handelsüberschüssen vor Selbstvertrauen aus der Haut platzen. Die Zeitungen erinnern jedoch an die Inflation von 1923 und die Weltwirtschaftskrise der frühen dreißiger Jahre. Schon sind gewisse Industrien unter Druck, Entlassungen finden in der Autoindustrie und Hunderte von Konkursen im Baugewerbe statt.
Schmidt weiß, wie anfällig sein handeltreibendes Land für eine weltweite Rezession ist. Daher ist seine erste Sorge: Möglichkeiten zu finden, um die Ölgewinne wieder in die Länder zurückfließen zu lassen, die das meiste Geld brauchen, um zahlungsfähig zu bleiben – und deutsche Exporte zu kaufen. Aber die Deutschen sind enttäuscht darüber, daß die Sitzung des Weltwährungsfonds in Washington so magere Ergebnisse gebracht hat. Und wenn sie über den Rhein gucken, dann sind sie auch darüber enttäuscht, daß die hohen Hoffnungen, die durch Helmut Schmidts persönliche Beziehungen zu Präsident Giscard d'Estaing genährt worden sind, sich nicht erfüllt haben.
Schmidt schien Grund für die Erwartung zu haben, daß Frankreich seine Meinung ändern und dem internationalen Programm beitreten werde, das letzten Februar bei der Energiekonferenz in Washington angenommen worden ist. Statt dessen hielt sich Frankreich an seine pro-arabische Linie und stimmte sogar dafür, die Palästinenser bei der Debatte der Vereinigten Nationen im nächsten Monat sprechen zu lassen. Es wird berichtet, daß der deutsche Kanzler darüber «wütend» gewesen sei.
Diese Stimmabgabe der Franzosen erfolgte am Vorabend der Luxemburger Außenministerkonferenz, der Neun, bei der Frankreich sein «Arbeitspapier» vorlegte, nach dem die Arbeitsmethoden der Europäischen

Gemeinschaft verbessert werden sollten. In mehrerer Hinsicht entsprachen die französischen Vorschläge dem, was Bonn schon seit Monaten angeregt hatte, beispielsweise Direktwahlen für das Europäische Parlament. Aber alle deutschen Experten waren sich einig, daß die neue französische Linie unglücklicherweise durch das zeitliche Zusammenfallen mit der palästinensischen Abstimmung an Wert verloren habe.
In den vergangenen Monat fiel auch das Ereignis des Großen Deutschen Vetos, bei dem Bonn sich gegen eine fünfprozentige Erhöhung der europäischen Agrarpreise verwahrte, wenn sie nicht an strenge Bedingungen geknüpft würde. Schmidts Veto war von kurzer Dauer, und seine Vorzüge sind anfechtbar. Aber zumindest hatten die Deutschen den Franzosen einen Schuß vor den Bug gegeben – etwas, das keiner seiner Vorgänger im Kanzleramt jemals gewagt hatte.
Deshalb ist das euphorische Gerede einer «Achse» zwischen Bonn und Paris inzwischen verstummt. Im allgemeinen ist die bundesdeutsche Europapolitik unter Helmut Schmidt viel pragmatischer und nüchterner als in den Tagen von Willy Brandt. Das Schema ist klar definiert: man jagt nicht mehr den Irrlichtern einer Wirtschafts- und Währungseinheit nach. Deutschland wird seine Partner in der EG nur unter der Bedingung unterstützen, daß sie wirksame Maßnahmen gegen die Inflation ergreifen und sich an die Regeln der Europagemeinschaft halten.
«Wir sind nicht gewillt, Wilson Geld zu geben, damit er davon den britischen Bergarbeitern höhere Löhne zahlt», wie ein gut unterrichteter deutscher Sprecher es grob formulierte. Zwar verlangt England weder deutsche Kredite noch Hilfe vom Europafonds, um vom Öldefizit geschädigten Nationen zu helfen. Aber die Warnung ist klar.
Jetzt, da die Wahlen in England vorüber sind, wollen die Deutschen – und das gilt für alle Parteien – wissen, wo Wilson steht. Fühlt er sich persönlich engagiert, ein Vereintes Europa zu schaffen, oder ist er nichts weiter als ein Parteitaktiker ohne Überzeugungen? Schmidt und andere europäische Staatsmänner haben Wilson vergangenen Monat beim «Gipfelabendessen» in Paris enttäuschend verschwommen gefunden.
Natürlich ist es unfair zu erwarten, daß Wilson öffentlich Farbe bekennt, während die sogenannten «Neuverhandlungen» britischer Bedingungen noch längst nicht abgeschlossen sind. Aber für die Deutschen sind die Vorteile einer fortgesetzten britischen Mitgliedschaft so deutlich erkennbar, und zwar erkennbar sowohl für England als auch für die anderen acht, daß Bonns Ungeduld begreiflich ist.
Wenn sich die *Westpolitik* unter Helmut Schmidt gewandelt hat, so trifft das auch auf die *Ostpolitik* zu. In beiden Fällen ist das Kennwort Realismus. Wenn der deutsche Kanzler am Montag nach Moskau fliegt, wird er auf das Vertragsfundament aufbauen können, das sein Vorgänger gelegt

hat. Aber der Nachdruck wird mehr auf dem Wirtschaftlichen als auf dem Politischen liegen.
Helmut Schmidt glaubt, daß Rußland und die Bundesrepublik sich auf ein ehrgeiziges Programm wirtschaftlicher und technischer Zusammenarbeit einigen können, das bis zum Ende des Jahrhunderts reicht. Damit würde ein Austausch von bundesdeutschem Kapital und Know-how gegen sowjetische Energie und Rohmaterialien zum wechselseitigen Vorteil beider Nationen stattfinden.
Für ihn ist das nicht allein eine Angelegenheit des Handels. Denn die Handelsbeziehungen zwischen der Bundesrepublik und Rußland sind noch so gering, daß als Vergleich unter den westlichen Partnern Deutschlands nur Luxemburg in Frage käme. Aber es ist eine Chance für die Bundesrepublik, ihre Quellen an Energie und Rohmaterial zu diversifizieren. Die deutsche Industrie bekommt alternative Märkte zu einer Zeit, in der die westliche Nachfrage infolge der Ölkrise nachläßt. Und in Schmidts Perspektive sollte dies auch dem Frieden dienen, weil die gegenseitige Abhängigkeit gefördert wird.
Die große Frage ist die, ob Schmidt derartige Vereinbarungen von der kommunistischen Flexibilität gegenüber West-Berlin abhängig machen wird. In dieser Hinsicht läßt sich sein Außenminister Genscher gern als der harte Verhandlungspartner hinstellen – eine Art von deutschem Senator Jackson. Denn Genscher ist als Führer der liberalen Freien Demokraten daran gelegen, sein Image aufzupolieren, das durch Schmidts außenpolitische Aktivität weitgehend in den Schatten gestellt worden ist.
Was immer dabei herauskommen mag: zwei Dinge sind klar. Die Regierung Schmidt wird ganz gewiß Osteuropa nicht aus dem Auge verlieren – wenn jedoch die Russen auf billige, von der Regierung gestützte Kredite gegen deutsche Exporte aus sind, dann werden sie sich enttäuscht sehen.

Daily Telegraph, 25.10.1974

Der Brief eines zornigen Linken

Alternative Meinungsbildung wird nicht zugelassen

Von H. L. Gremliza

Werter Genosse Schmidt.
Es heißt, daß Sie den Abwärtstrend der SPD in der Wählermeinung gestoppt haben. Es heißt auch, daß Sie die Hoffnung der CDU, 1976 die Bundestagswahlen zu gewinnen, dezimiert haben. Viele meinen, der Bun-

deskanzler Helmut Schmidt biete die Gewähr, daß dieser Staat bis in die achtziger Jahre von einer sozialdemokratisch geführten Koalition regiert wird.

Es scheint heute nicht mehr zweifelhaft, daß die Ablösung Willy Brandts durch Sie notwendig war: Brandt hatte alles getan, was er als Kanzler tun konnte – eine Ostpolitik in Verträge gebracht (die Sie nicht oder so nicht abgeschlossen hätten), und eine Bundestagswahl mitgewonnen (deren Willy-Wähler keine Helmut-Wähler gewesen wären). Dazu hatte Brandt (meist nur stimmungsmäßig, und – wenn die Stimmung Wellen schlug – auch mal verbal) Hoffnungen geweckt, die nach Lage der Dinge nicht erfüllt werden konnten. Es war schon ein bißchen Rausch dabei, bei diesem 72er-Sieg, aber dafür war es auch der allgemeine Katzenjammer (und nicht der Guillaume), der Brandt aus seinem Amt vertrieb.

Als er ging, war klar, daß Sie kommen mußten. Die Widerspruchslosigkeit, mit der die gesamte SPD Ihre Kandidatur hingenommen hat, sagte weniger über Sie als über den Zustand der Partei: Resignation gemischt mit Ratlosigkeit. Es war auch klar, was die Partei von Ihrem Kommen erwartete: Den starken Mann, der kurz und knapp spricht und entscheidet, der beim unpolitischen Wahlbürger Zuverlässigkeit, Entschlossenheit und Solidität sozialdemokratischer Politik darstellt.

Was das inhaltlich bedeutet, haben Sie in Ihrer Regierungserklärung gesagt: «Kontinuität und Konzentration». Übersetzt: Politik des Vorgängers, aber ohne gefühlssozialistischen Feiertagsausbruch und literarisierende Hofschranzen.

Diese Erwartungen haben Sie nicht enttäuscht. Vielleicht hätte Willy Brandt zur steigenden Arbeitslosigkeit und Kurzarbeit anklagendere Worte gemacht als Sie. Doch auch unter einem Kanzler Brandt hätte die Bundesanstalt für Arbeit Mitte Oktober 265 300 Kurzarbeiter und 557000 Arbeitslose gemeldet – keinen mehr und keinen weniger. (Mag sein, daß sich mancher von ihnen ein bißchen besser gefühlt hätte.) Was also Bonn und die große Politik angeht: Alles beim alten.

Nun gibt es da aber noch etwas anderes, langfristig Wichtigeres: Die Sozialdemokratische Partei Deutschlands mit einer Million Mitgliedern. Sie sind nicht Parteivorsitzender? Sie wissen ganz gut, daß die Genossen den regierenden SPD-Kanzler für ihren Obersten halten, ob nun ein anderer offiziell den Vorsitz hat oder nicht. Und Sie nehmen dies Amt ohne Titel ja auch an.

Was Sie mit der Macht, die diese Stellung Ihnen gibt, machen (und bereits gemacht haben), ist nun freilich schlimm. Nicht, daß Sie auf Disziplin und Augenmaß drängen, die bei einigen Genossen (und natürlich nicht nur auf der Linken) oft zu klein geschrieben werden, nicht daß Sie die Schwächen theoretischer Diskussionen aufdecken wollen, schadet der Partei. Und daß

Sie immer wieder den Primat des Bonner SPD-Machterhalts betonen, nutzt ihr sogar.
Was die Partei aber auf den Hund bringen muß, ist Ihre Art, mit Genossen zu reden, als hätten Sie Franz Strauß oder Alfred Dregger vor sich, sie demagogisch abzukanzeln und jede Meinungsbildung mit der Drohung zu ersticken: Wer nicht kuscht, hat die nächste Wahlniederlage auf dem Gewissen. Originalton: «Ein paar wenige Ausstöße hätten der SPD Hunderttausende von Wählern erhalten und Hunderttausende von Wählern zurückgewinnen können.»
Sie haben auf dem Hamburger Landesparteitag der SPD eine Rede gehalten, dazu Lob von «Bild am Sonntag» und der «Frankfurter Allgemeinen» kassiert, aber keine Antwort von den überraschten und verduzten linken Delegierten. Für mich war es das schlimmste, was Sie sich mit der Partei bisher geleistet haben. Darum will ich eine Antwort nachreichen – vielleicht hilft sie anderen Delegierten in künftigen Fällen zu anderer Reaktion oder, noch besser, schützt Sie vor einer Wiederholung.
Sie haben in Hamburg gesagt:
«Was denkt ihr denn, was die Arbeiter interessiert bei Edelstahl in Witten oder die, die auf Kurzarbeit gesetzt sind bei VW oder bei NSU, in Wolfsburg oder in Emden? Ihr beschäftigt euch mit der Krise des eigenen Hirns statt mit den ökonomischen Bedingungen, mit denen wir es zu tun haben ... Nun kann man trotzdem der Meinung sein, es sollte da an der Eigentumsstruktur vieles geändert werden, aber die Probleme von heute und morgen sind auch nicht unwichtig.»
Da hätte wohl einer der Hamburger Genossen ans Rednerpult treten und Ihnen sagen müssen:
«Wer macht seit 1966 Wirtschaftspolitik in Bonn? Wer trägt – soweit unsere regierenden Politiker überhaupt das freie Multiwirtschaftsleben mitbestimmen können – Verantwortung dafür, daß Hunderttausende in Wolfsburg oder Emden oder sonstwo im Land kurzarbeiten, arbeitslos sind oder davor zittern? Etwa die linken Delegierten hier im Saal? Natürlich sorgt sich der Genosse Schmidt um diese Leute. Aber alles, was er sie und uns hoffen machen kann, ist, daß die von Sozialdemokraten regierte Bundesrepublik im unteren Drittel der internationalen Arbeitslosenliste bleibt. Ob das den VW-Arbeiter, den es heute erwischt hat oder morgen erwischen kann, tröstet und zum treuen SPD-Wähler macht?
Deshalb, und nicht weil wir die Bürger schrecken wollen, reden wir hier über Investitionslenkung und -kontrolle, über die Zurückdrängung des Privateigentums an Produktionsmitteln. Und weil wir heute 2,4 Prozent Arbeitslosigkeit haben und morgen 5 Prozent haben und immer noch führend in der westlichen Welt sein können, deshalb reden wir hier über Dinge, die anders als die Bonner SPD-Wirtschaftspolitik (Marke: Schillers

sel. Nachfolger) wirklich die ökonomischen Bedingungen verändern können.

Zugegeben, das mag noch unbeholfen, unausgegoren und ab und an auch etwas chaotisch sein. Wir haben sicher noch kein Patentrezept. Vom Genossen Schmidt wissen wir jetzt, daß er keins hat und auch keins sucht. Nun unterscheidet ihn dies nicht von seinem Vorgänger. Der Genosse Brandt bot nur den Vorteil, daß er Denkansätze in seiner Partei nicht mit Blick auf die morgige Ausgabe der «Bild»-Zeitung als Ausflüsse einer Gehirnkrise denunzierte. Denn das war doch wohl der Sinn dieser Rede: Wirkung auf die zu schinden, die bei genauer Lektüre das Godesberger Programm für das Kommunistische Manifest halten würden, und uns, die wir in den Wahlkämpfen den Arbeitern bei Howaldt erzählen sollen, daß nur die SPD ihre beschissene Situation zum besseren wenden kann, innerhalb der Partei das Maul zu verbinden. Wenn der Genosse Schmidt so weitermacht wie hier und heute – wo, glaubt er denn, wird er 1976 die aktiven Parteimitglieder finden, die überzeugend (und dazu gehört doch wohl ein bißchen eigener Glaube daran) die SPD als Motor der sozialen Veränderung an den VW-Mann bringen.

Keiner von uns hat Helmut Schmidt je für den Vorkämpfer eines wie auch immer beschaffenen Sozialismus gehalten. Und doch waren und sind wir der Meinung, daß die SPD nur zusammen mit dem Kanzler Schmidt die nächsten Wahlen gewinnen kann. Denn, Genossen, noch ein Kanzlerwechsel und wir sind bei dreißig Prozent. Nur hilft uns diese Überzeugung gar nicht, wenn wir dem Genossen Schmidt nicht klarmachen können, daß er ohne unseren Einsatz, mit einem nur noch lethargischen Häufchen zu seiner Linken, die 76er-Wahlen auch nicht gewinnen wird.

Wer von den vielen Hunderttausenden, die unter einer Bonner SPD-Regierung die Angst um den Arbeitsplatz kennengelernt haben, soll denn noch SPD wählen, wenn ihm nicht erklärt werden kann, wer wirklich an dieser Entwicklung Schuld trägt, und daß Sozialdemokraten – behutsam, aber doch grundlegend – dies ändern wollen? Das muß übrigens gar nicht die Mehrheit oder die Parteispitze der SPD sein, von der das gesagt werden kann – vielen könnte es schon genügen, zu wissen, daß es für solche sozialistische Position in der SPD Raum und die Möglichkeit der Verbreitung gibt, daß da Platz für eine Alternative ist.

Darum, Genosse Schmidt, laß uns Deinen heutigen Auftritt streichen. Wir sollten uns darum bemühen, disziplinierter zu diskutieren und unsere Kritik an der Politik des Genossen Schmidt nicht wie einige Mitglieder des Juso-Bundesvorstands auf den Foren der Reaktion (wie zum Beispiel ausgerechnet in der «Deutschen Zeitung») auszubreiten, der Genosse Schmidt sollte sich bemühen, nicht wieder so auszuflippen wie heute. Das wäre gut für ihn (er könnte länger Kanzler bleiben), für uns (eine Schmidt-Regie-

rung hält Leute von der Macht fern, die nicht einmal bürgerliche Demokraten sind und uns, wenn sie könnten, nicht nur anschreien würden), und es wäre gut für die, die heute noch Angst davor haben müssen, nicht mehr am VW-Band vierzig Stunden in der Woche immer die vier Schrauben des linken Hinterrads anziehen zu dürfen.»
Soweit der Hamburger Genosse, der leider nicht auftrat.
Mit solidarischem Gruß
Hermann L. Gremliza
Mitglied der Sozialdemokratischen Partei Deutschlands Nr. 0305008344

Konkret, 31.10.1974

Ein Brief aus Frankreich

Bonn hat nur einen Partner in Europa, mit ihm muß es sich arrangieren

Lieber Helmut!
Auch wenn Bundeskanzler Schmidt von der Entwicklung seiner Beziehungen zu seinem «Freund Valéry» vielleicht enttäuscht sein mag, so legt er doch großen Wert darauf, der «liebe Helmut» des deutsch-französischen Dialogs zu bleiben. Dies erklärt er offiziell zu einem Zeitpunkt, da die bundesdeutsche Presse über den Machtverlust des Präsidenten der französischen Republik Besorgnis äußert. Die beiden Männer, die – wie Michel Jobert es so hübsch formuliert – «sich auf Englisch duzen», möchten die beruhigende Vorstellung erwecken, daß sie zwei Staatsmänner sind, die einander auch als Wirtschaftsexperten schätzen und die beiden großen europäischen Nationen geschickt zwischen den Klippen der Ölkrise und der weltweiten Inflation hindurchsteuern.
Im Gegensatz zu seinem Vorgänger hat jedoch der Kanzler der Bundesrepublik nichts von einem Romantiker an sich, und die Idylle ist ein Genre, das ihm stets fremd bleiben wird. Er hatte die Wahl Giscard d'Estaings zum Präsidenten um so freudiger begrüßt, als damit sein früherer Amtskollege und Partner bei Finanzministertreffen ans Ruder kam. Unbelastet von nationalistischen Extravaganzen, die die Deutschen seit eh und je als das Wesen des Gaullismus betrachteten, würde man nun endlich gemeinsam die wirtschaftlichen Ziele Europas aufeinander abstimmen können. Die zögernde Haltung der Engländer und die chaotischen Verhältnisse in Italien erlaubten kaum eine andere Wahl als den Dialog zwischen den beiden großen Partnern.
Wegen dessen Mißtrauen gegenüber ihrem Land brachten die Deutschen

Nach der Gipfelkonferenz im Juli 1978 in Bonn waren sich alle einig, daß Helmut Schmidt die führende Persönlichkeit unter den westlichen Regierungschefs und Staatsoberhäuptern gewesen ist. Eines der wichtigsten Ergebnisse dieser Konferenz: Offenbar hat der Bundeskanzler sich vorgenommen, seine Sticheleien gegen Präsident Carter einzustellen. Die beiden kamen gut miteinander aus.

nommen, aber ein Schachspiel mit »Loki« ist dann und wann doch drin.

Stets werden abends ein bis zwei prallgefüllte Mappen mit Akten nach Hause mitge-

人民日报

1975年10月29日 星期三

社论

热烈欢迎施密特总理

德意志联邦共和国赫尔穆特·施密特总理和夫人，应我国政府邀请，前来我国进行正式访问，定于今天到达北京。中国人民对来自莱因河畔的贵宾们表示热烈的欢迎。

德意志联邦共和国总理赫尔穆特·施密特

德意志人民是勤劳、智慧和富于创造性的人民。德意志人民曾经在发展科学、文化、艺术等方面为人类作出了宝贵的贡献。中国人民和世界人民都给予高度的评价。在德国的现代史上，曾经出现过希特勒法西斯主义的黑暗统治，为德国人民和许多欧洲国家人民带来过深重的灾难。第二次世界大战以后，又由于人所共知的原因，德国被分裂成两个国家。中国人民深切同情和支持德意志人民坚决反对德意志民族永久分裂、要求民族统一的正当愿望，坚决支持德意志人民和欧洲各国人民维护民族独立与安全、反对超级大国霸权主义的正义斗争。

当前的世界是天下大乱，形势大好。国家要独立，民族要解放，人民要革命，已经成为不可抗拒的历史潮流。世界人民反对超级大国霸权主义的斗争蓬勃兴起。两个超级大国正在疯狂进行军备竞赛，加紧争夺世界霸权。欧洲是两霸争夺的重点，局势更加动荡不安。尤其是那个和平经念得最起劲的超级大国，对欧洲更是张牙舞爪、虎视眈眈。它在中欧部署重兵，并且正加紧从南北两翼对整个西欧实行包抄，形成了对欧洲国家独立与安全的日益严重的军事威胁。它大肆吹嘘的欧安会实际上是欧危会。严峻的现实不是什么缓和已经发展到一个新阶段，不是什么“持

坚持

——

成都锦江电机厂党
下，把学习无产阶级专
主义企业的头等大事来
理论时，紧密联系实际
厂的生产面貌发生了深
学习小组如雨后春笋，
食堂，从厂区到宿舍，
职工认真学习马列著作
讨论无产阶级专政理论
批判一浪高过一浪地向
动下，生产蓬勃发展。
现了时间过半，完成国
月份，又超额完成了国

学理论，端正思

过去，这个厂在社
产阶级文化大革命中，广
奖金挂帅进行过多次批
种修正主义黑货又变换
了这个厂革命和生产的
理论和总结经验教训，
激、奖金挂帅，就是按
业，用资本主义思想腐
主义社会，工人是企业
帅、物质刺激，实质上
劳动者，使工人群众迷
毛主席无产阶级革命路
论学习，比过去更明确
修正主义的界限，提高
觉性。从这以后，无论
重，党委坚持把学习无
头等大事来抓。六月份
于平时两个半月的任务，
党委始终不放松对学习

Die chinesische Presse ist gegenüber fremden Staatsmännern noch formeller als die sowjetische. Persönliche Bemerkungen werden nicht abgegeben. So wurden auch hier nur protokollarische Informationen kundgetan.

毛泽东主席会见施密特总

毛主席对施密特总理前来我国进行正式访问，表

进行了范围广泛的谈话。 会见时在座的有邓小平副

西哈努克亲王和夫人到达北京

李先念副总理、徐向前副委员长等前往机场欢迎

Referenz vor einem Denkmal. Als erster Bundeskanzler reiste Helmut Schmidt 1975 nach China. Bei den offiziellen Reden griff der Vize-Premier Teng die Sowjetunion und »die anderen Rivalen um die Weltvorherrschaft« scharf an und beschwor die Gefahr eines dritten Weltkriegs. Schmidt erläuterte seine Politik, die er als Gleichgewichtsdenken charakterisierte – was Maos Frau Tschiang Tsching als Vogel-Strauß-Politik abgetan hatte. Immer wieder während des Besuches schilderte er das Ziel des Gleichgewichtssystems in Europa, in der atlantischen Allianz und in der Welt.

Ihre heutige Form erhielt die 2500 Kilometer lange Mauer im 15. Jahrhundert während der Ming-Dynastie. Sie windet sich über Gebirge, kreuzt zweimal den Huangho und ist in der Ebene 16 Meter hoch. Oben beträgt die Breite 5 Meter, unten am Fuß 8 Meter. Die zweistöckigen Türme, die in unregelmäßigen Abständen eingebaut sind, waren in alten Zeiten mit Soldaten besetzt.

Seit die chinesische Mauer im 3. Jahrhundert v. Chr. zum Schutz gegen einfallende Nomaden errichtet wurde, sind Fremde dort hingepilgert, um dieses Wunder der Menschheit zu betrachten. Es ist anzunehmen, daß unter den vielen Millionen Besuchern der letzten 2000 Jahre die Prinz-Heinrich-Mütze 1975 dort zum erstenmal auftauchte.

ССР федерального канцлера
блики Германии Гельмута Шмидта

С 1972 по 1974 г. был министром финансов. С 16 мая 1974 г. Г. Шмидт — федеральный канцлер ФРГ.

Г. Шмидт дважды приезжал в нашу страну, последний раз в 1969 г. в качестве председателя парламентской фракции СДПГ.

Советские люди приветствуют приезд федерального канцлера ФРГ и выражают уверенность, что этот визит станет новой важной вехой в развитии добрососедских отношений и взаимовыгодного сотрудничества между Советским

К приезду

Федеративной Р

28 октября в Москву при
вает с официальным визи
федеральный канцлер Феде
тивной Республики Герма
Гельмут Шмидт.

Г. Шмидт родился 23
кабря 1918 г. в г. Гамбур
В 1946 г. вступил в соци
демократическую партию. П
ле окончания в 1949 г. эко
мического факультета Га
бургского университета за
мал ряд ответственных пост
в сенате г. Гамбурга.
1953 г. Г. Шмидт — депут
бундестага. В 1967—1969 гг.

Im Oktober 1974 machte Helmut Schmidt seinen ersten Besuch als Bundeskanzler in Moskau. In der sowjetischen Presse erscheinen nie wertende Porträts fremder Staatsmänner. Darum heißt es hier nur: »Die Sowjetmenschen begrüßen die Ankunft des Bundeskanzlers und drücken die Zuversicht aus, daß dieser Besuch ein neuer wichtiger Meilenstein in der Entwicklung gutnachbarlicher Beziehungen und gegenseitiger vorteilhafter Zusammenarbeit auf der Grundlage des Vertrages vom 12. August 1970 im Interesse der Völker beider Staaten und der weiteren Festigung des Friedens und der Sicherheit in der Welt sein wird.«

Helmut Schmidt war im Juli und im Dezember 1977 in Kairo. Die ägyptische Presse schrieb über ihn: »Er gehört zu der Kriegsgeneration, die Deutschland in harter Arbeit wieder aufgebaut hat. Eine deutsche Stadt, die von einer Hochflut überwältigt zu werden drohte, ist von ihm gerettet worden.« In mehreren Zeitungen hieß es: »Die Regierung von Schmidt steht fest hinter Ägypten.«

Im Juli 1977 besuchte der Kanzler Kairo. Die ägyptische Presse betonte, daß Schmidt, Nasser und Präsident Sadat alle im Jahr 1918 geboren wurden. Das Magazin *Oktober* schrieb, er »ist ein norddeutscher Typ: ernst, unprätentiös, schweigsam. Seine Gedanken sind klar. Er verteidigt die arabischen Rechte und vertritt folgende Prinzipien: Verbot der Inbesitznahme von Land mit Gewalt; Respektierung aller Länder, einschließlich Israels, in sicher anerkannten Grenzen; Berücksichtigung der gesetzlichen Rechte des palästinensischen Volkes.«

Zwischen Weihnachten und Neujahr 1977 reisten Helmut Schmidt und seine Frau Hannelore zu einem offiziellen Staatsbesuch nach Ägypten und verbrachten anschließend einige Ferientage in Luxor. Hier im Bild vor der Sphinx in Gizeh. Der Bundeskanzler traf am Tage, nachdem Ministerpräsident Begin aus Ismailia abgereist war, in Kairo ein und besuchte Präsident Sadat in seiner Privatresidenz am Nil.

Yitzahk Rabin war der erste israelische Ministerpräsident, der im Juli 1975 die Bundesrepublik besuchte. Er stattete der Gedenkstätte Bergen-Belsen und der Jüdischen Gemeinde in Berlin einen Besuch ab. In Bonn führte er Gespräche mit dem Bundespräsidenten und dem Bundeskanzler und traf auf Schloß Gymnich auch mit dem amerikanischen Außenminister Kissinger zusammen.

Der im Oktober 1969 neugebackene Verteidigungsminister verfolgt den Verlauf eines Manövers. Helmut Schmidt hat in den Tausend Tagen, die er auf der Hardthöhe regierte, in seinem Bereich wichtige Reformen durchgeführt. Seine detaillierte Kenntnis der außenpolitischen Problematik befähigte ihn, die Einbettung der Bundeswehr in das Gesamtkonzept optimal durchzuführen.

Im Februar 1962 hatte eine Flutkastastrophe ohnegleichen die Stadt Hamburg heimgesucht. Über 300 Menschen ertranken, 75 000 wurden obdachlos. Helmut Schmidt war Innensenator der Hansestadt und riß sofort die Befehlsgewalt an sich. Im Polizeihochhaus am Karl-Muck-Platz hatte er seinen Befehlsstand errichtet, dort fanden die Lagebesprechungen statt. Hier im Bild mit Bürgermeister Nevermann, der von Helmut Schmidt sehr bald nach Hause geschickt wurde mit den Worten: »Sie halten hier den Betrieb nur auf.«

Der neue SPD-Abgeordnete, der als Vertreter Hamburgs 1953 in den Bundestag einzog. Damals war er Verkehrsexperte seiner Partei. Bald machte er sich als Redner einen Namen: demagogisch, leichtfertig und aggressiv. Erst als er sich neben Fritz Erler allmählich zum Sicherheitsexperten entwickelte und sein erstes bedeutendes Buch geschrieben hatte, wurde er ernst genommen.

Helmut Schmidt 1944. Als der 26jährige im Oktober 1945 aus englischer Gefangenschaft zurückkehrte, gab es kein Zuhause mehr. Die Wohnung in Hamburg war ausgebombt. Geld hatten die Schmidts nicht. Ans Studieren war daher nicht zu denken, und Aussicht auf bezahlte Arbeit gab es auch nicht – ein deprimierender Anfang.

Georges Pompidou nur geringe Sympathien entgegen, während sie in Jobert einen boshaften Kobold sahen, dessen Überheblichkeit die Beziehungen zwischen der Alten und der Neuen Welt erheblich beeinträchtigte. Inzwischen stellen sie mit zunehmender Bitternis fest, daß der Machtwechsel im Elysée-Palast nicht genügte, um Frankreich von den «alten Dämonen» des Gaullismus zu befreien.

Da Paris an den Grundprinzipien seiner Außenpolitik festhält, sieht sich Bonn in seiner Überzeugung bestätigt, die das wöchentlich erscheinende Organ der SPD mit aller Schärfe wie folgt formuliert: «Frankreich unterliegt einem verhängnisvollen Irrtum, wenn es sich nicht darüber Rechenschaft ablegt, daß das Bündnis mit Washington nicht allein Sache der Bundesrepublik sein kann.» Frankreichs Weigerung, der «Eurogroup» der NATO und der «Zwölfergruppe» für Energiefragen beizutreten, seine Haltung gegenüber Israel und den Palästinensern und die Einberufung eines europäischen «Gipfels», dem die Bundesrepublik skeptisch gegenübersteht, verstärken diese Ressentiments und erwecken im Nachbarland den Eindruck, daß, wie der «Vorwärts» ganz offen sagt – und dabei mit einem Federstrich einen ganzen Abschnitt der germanischen Vergangenheit auslöscht – tatsächlich «der französische Nationalismus unverbesserlich ist»!

Neu an dem Ganzen ist jedoch etwas anderes. Es ist die zwar offiziell energisch dementierte, für die Deutschen jedoch unleugbare Tatsache, daß das Überleben des Gaullismus und des «Anti-Amerikanismus» in Frankreich auch mit der geschwächten Stellung und dem Machtverlust des Präsidenten der französischen Republik zusammenhängt. Giscard d'Estaings Stil, seine scheinbare Ungezwungenheit und die verborgenen Zwänge, denen er ausgesetzt ist, der «Aufstieg» Chiracs, über den der «Spiegel» eingehend berichtete, sowie die diplomatischen Ausfälle Poniatowskis und ein endloser Streik untergraben das Prestige des französischen Partners.

Aber trotz aller dieser Schwierigkeiten besitzt die Bundesrepublik in Europa offenbar keinen anderen ebenbürtigen Gesprächspartner. Selbst wenn man Giscard für geschwächt hält und von ihm enttäuscht ist, muß man sich mit ihm einigen, und das zu einem Zeitpunkt, da Bonn in seiner Energiepolitik zwischen Europa und den Vereinigten Staaten wählen muß, was es bisher stets zu umgehen versucht hat. Auch wird Bonn nicht umhin können, irgendwann zu jener Politik der «Unabhängigkeit» Stellung zu nehmen, auf die Paris nicht verzichten will.

Le Monde, 29.11.1974

Großer Erfolg beim Labour Parteitag

Auch die Anti-Europäer spenden Beifall

Von James Margach

Der Kanzler der Bundesrepublik Deutschland hat gestern in der Schlußphase der Labour-Konferenz in London einen aufsehenerregenden persönlichen Erfolg für sich verbuchen können, als er England in bewegenden Worten beschwor, im Gemeinsamen Markt zu bleiben. Nicht nur haben die militanten Gegner des Marktes darauf verzichtet, die Konferenz zu verlassen, wie sie gedroht hatten, falls Schmidt es wagen sollte, England wohlmeinende Ratschläge zu erteilen, sondern er wurde sogar mit langanhaltendem Beifall bedacht, in den alle Mitglieder der Nationalen Exekutive von Labour einstimmten.

Dieser Erfolg war auf die großartige Ausgewogenheit zurückzuführen, mit der er seine Worte – in makellosem Englisch – an eine Konferenz richtete, die im Grunde noch immer fünf zu eins gegen den Gemeinsamen Markt eingestellt war. Er appellierte an ihr sozialistisches Solidaritätsbewußtsein und wies auf die Möglichkeiten einer Zusammenarbeit mit den europäischen Sozialdemokraten und Gewerkschaften hin. Er unternahm keinen Versuch, England Lehren zu erteilen über die Notwendigkeit, in der Europäischen Gemeinschaft zu verbleiben.

Helmut Schmidt gelang es, sein Gleichgewicht auf dem Drahtseil zu bewahren: «Ich werde mich eurer Entscheidung nicht in den Weg stellen, und bestimmt werde ich nicht um zwölf Uhr mittags (at high noon) aus der Hüfte schießen, wie jemand angedeutet hat. Aber, Genossen, angesichts eurer gestrigen Abstimmung, bei der die Marktgegner einen entscheidenden Sieg errangen, kann ich es mir nicht versagen, die Rolle eines Mannes zu übernehmen, der vor den versammelten Damen und Herren der Heilsarmee diese von den Vorzügen des Trinkens zu überzeugen sucht.»

Als das Gelächter und der Beifall verklungen waren, fuhr er fort: «Ich will wirklich nichts weiter sagen – selbst auf die Gefahr hin, daß ihr den Saal verlaßt –, als daß eure Genossen auf dem Kontinent wünschen, euch dabei zu haben. Dies mögt ihr bitte bedenken. Wenn ihr von Solidarität sprecht, dann dürft ihr dies nicht aus dem Auge verlieren. Eure Genossen auf dem Kontinent glauben, daß es ebensosehr in ihrem Interesse liegt wie in eurem.»

Selbst die Gegner des Marktes nahmen am Ende an den Bravorufen teil – ein Tribut für das Geschick des deutschen Kanzlers, seine Argumente mit Humor und Einfühlungsvermögen an den Mann zu bringen.

Über die Prozedur von Englands Änderungswünschen zur Mitgliedschaft der Europäischen Gemeinschaft wurde gestern von Helmut Schmidt und

dem Prime Minister in Chequers verhandelt. Heute morgen gehen die Verhandlungen weiter, bis Schmidt wieder nach Bonn zurückfliegt.
Auf britischer Seite besteht die hohe Erwartung, daß der deutsche Kanzler einen maßgebenden Einfluß auf die Formulierung der Bestimmungen für England ausüben wird, bevor die Gemeinschaft ihre endgültige Entscheidung trifft. Aber nichtsdestoweniger, und ungeachtet des Verständnisses, das Mr. Schmidt für die innerparteilichen Probleme der Labourführer aufbringt, werden alle Führer der Europäischen Gemeinschaft – einschließlich Mr. Schmidts – erwarten, daß Wilson sein Kabinett dann, wenn die neuen Bedingungen angenommen worden sind, auch wirklich eine entschlossene Haltung einnehmen und sich der Verantwortung nicht mit dem Argument entziehen «Überlaßt das dem Volk».
Abgesehen von der Behandlung des Marktproblems war Helmut Schmidts Rede deshalb bemerkenswert, weil er die Probleme der Weltwirtschaft im Gefolge der vierfachen Ölpreiserhöhung so einleuchtend erörterte. Er vertrat die Ansicht, daß nationale Maßnahmen allein mit der Gefahr einer wachsenden Inflation und hoher Arbeitslosigkeit nicht fertig werden können.
Auch über Streiks hatte Schmidt einiges zu sagen. Die deutschen Arbeiter, sagte er, hätten aus der Zersplitterung der Gewerkschaften in der Vergangenheit etwas gelernt. Jetzt gebe es nur mehr 16 Gewerkschaften in Deutschland; sie hätten auch ohne ständige Streiks für die deutschen Arbeiter ein hohes Realeinkommen herausgeholt, und die Gewerkschaftsfunktionäre hätten eine einflußreiche Stimme bei der Führung der Betriebe. Leistung und Umsicht der Gewerkschaften seien einige der Hauptgründe für Deutschlands gute Wirtschaftslage.
Trotz seiner dringenden Warnungen vor drohenden wirtschaftlichen Gefahren unterschied Schmidt zwischen den Risiken einer Rezession und einer Depression: «Eine Rezession ist eine Periode, in der man den Gürtel enger schnallt – und bislang haben wir nur eine Rezession der Weltwirtschaft. Wenn es zu einer Depression käme, dann gäbe es vielleicht keine Gürtel mehr, die man enger schnallen könnte, und wenn dann auch noch die Hosen fehlen, die man eigentlich sichern wollte, dann gibt es eine Panik. Aber für eine Panik besteht wirklich überhaupt kein Anlaß. Ich glaube vielmehr, daß eine Zusammenarbeit – falls wir sie zustande bringen – Vertrauen schaffen wird.»

Sunday Times, 1.12.1974

Der Hanseat beim Labour-Parteitag

Als Missionar in Sachen Europa

Von Horst Schreitter-Schwarzenfeld

Zur Mittagszeit schlug die Stunde der Wahrheit. Helmut Schmidt, Gastdelegierter am Samstag auf Labours Parteitag, sollte in der Londoner «Westminster Centre Hall» einen rhetorischen Drahtseilakt vollführen. Nicht so sehr als Überbringer der brüderlichen Grüße der deutschen Sozialdemokratie war er gekommen, sondern als Missionar in Sachen Europa. Vor ihm im Auditorium lag die Provinz der Ungläubigen.

Längst hatte aus der Provinz der Ungläubigen den deutschen Missionar die Botschaft erreicht, daß Bekehrungsversuche unerwünscht seien. Und da stand Helmut Schmidt nun und fühlte sich wie «ein Mann, vor den Damen und Herren der Heilsarmee, der versucht, sie von den Vorzügen des Alkohols zu überzeugen».

Labours Europa-Abstinenzler hatten sogar gedroht, den Saal zu verlassen, sollte der deutsche Gast deutsche Belehrung feilbieten. Doch was geschah? Schmidt sagte sehr deutlich, was er dachte. Und die britischen Europa-Mimosen zogen dennoch nicht aus. Sie konnten einfach nicht, denn Schmidt verpackte die Belehrung so geschickt in wirtschaftspolitische Analyse, Schmeicheleien für die Briten und jene in England unverzichtbaren Witzchen, so daß dem Protest der Stachel gezogen war.

Nachher grenzte der Beifall sogar an eine Ovation. Auch Peter Shore, Michael Foot und Tony Benn, die Exponenten der Linken auf dem Podium, klatschten kräftig mit. Der eiserne Kanzler aus Bonn hatte sie ausgetrickst mit Taktgefühl und Charme, Eigenschaften, die man in vielen britischen Zirkeln einem späten Nachfahren Bismarcks kaum zugetraut hat.

Statt des von der britischen Presse prophezeiten «Schusses aus der Hüfte um High Noon» gab es Liebesgrüße aus Europa. Und natürlich das Bekenntnis zur Nichteinmischung in die inneren Angelegenheiten: «Wir wissen, daß Eure Entscheidung noch aussteht», sagte der Kanzler, und kam dann doch auf den Kern der Sache: «Eure Genossen auf dem Kontinent wollen, daß Ihr bleibt. Werft das bitte in die Waagschale, wenn Ihr von Solidarität redet.»

Der «heilsame Einfluß» der britischen Mitgliedschaft, die demokratische Tradition Englands und sein pragmatischer Sinn, habe sich bereits vorteilhaft ausgewirkt. Solche Schmeicheleien hörten auch die Europagegner gern. Im übrigen sei es ja gar nicht so furchtbar schwer, ein Europapolitiker zu sein: «Man braucht nur die Bauern zufriedenzustellen, die Gewerkschaften, die Geschäftsleute und ein paar andere Gruppen und dabei auch noch wiedergewählt zu werden.» Über solche Scherze lachten auch EG-Feinde gern.

Nichts lief schief. Schmidt umschifft die folgenden Klippen durch einen einleitenden Hinweis auf seine berühmte «Schnauze», die auch den Engländern nicht unverborgen geblieben ist. Man nennt ihn hier: «Schmidt the lip». Und am Ende stahl sich der Kanzler aus der Affäre durch die Anrufung William Shakespeares: «Der Strom der menschlichen Geschicke wechselt. Nimmt man die Flut wahr, führt sie zum Glück. Versäumt man sie, so muß die ganze Reise des Lebens sich durch Klippen winden. Wir sind nun flott auf solcher See und müssen, wenn der Strom sich hebt, ihn nutzen. Wo nicht, verlieren wir des Zufalls Gunst.» Mit Shakespeare konnte sich danach weder der Minister Foot noch die Gewerkschaft der Kesselmacher anlegen.

Über den Grund, warum der Shakespeare-Interpret Schmidt von Harold Wilson in dieser heiklen Situation zum Labour-Parteitag eingeladen worden war, braucht nicht lange gerätselt zu werden. Ein bißchen gut Wetter für die Regierungspolitik, das rechnete sich der Britenpremier vom Schmidt-Auftritt aus. Der Labour-Führer, sagen seine Vertrauten, sei als Wirtschaftswissenschaftler vom Sachverstand seines deutschen Amtskollegen fasziniert. Dazu wußte Wilson, daß «Schmidt the lip» in England gut «ankommt», nicht zuletzt wegen seines hanseatischen Habitus und seiner perfekten Beherrschung der englischen Sprache.

In der seit Jahren zwischen Proeuropäern und Antieuropäern gespaltenen Partei artikulierte sich diesmal eine neue Richtung, die Europa-kotzt-mich-an-Fraktion. Schon viel zu lange, rief der erregte Bergarbeiterführer Jo Gormley aus, habe der EG-Streit die Partei entzweit. «Er droht, unsere Organisation in tausend Stücke zu reißen, wenn wir die Frage nicht endlich vom Tisch kriegen – so oder so.»

So oder so: darüber wird nächstes Jahr die Bevölkerung entscheiden. Die Unbekannte in dieser Entscheidung ist nach den Worten von Wilsons Stellvertreter Edward Short «die kollektive Weisheit des britischen Volkes», von der er hoffe, daß sie «die richtige Antwort geben wird».

Welche Gestalt die kollektive Weisheit des britischen Volkes in ihren Randzonen noch immer annehmen kann, zeigten ein paar Dutzend Demonstranten, die dem deutschen Kanzler bei der Ankunft ein Plakat entgegenhielten: «EWG = KZ».

Frankfurter Rundschau, 2.12.1974

Helmut Schmidt – Superstar

Er kann alles: Von Ohnsorg bis Publikumsbeschimpfung

Von Hermann Schreiber

Wäre die Lage nicht so ernst, vielleicht so ernst wie noch nie, dann wär's fast wie ein Wintermärchen: Deutschlands Kanzler unversehens umjubelt von den grimmigen Genossen der Labour-Party in London, dann als gerngehörter Wirtschaftsberater der amerikanischen Regierung in Washington, dann als dominierende Mittlerfigur auf dem Europa-Gipfel in Paris, schließlich als konfliktfreudiger Konjunkturlenker daheim in Bonn – Helmut Schmidt Superstar.

Wann immer in diesen trüben Tagen Schmidts internationale Hitparade das Volk ans Gerät fesselt, ist wirklich was geboten: Ein Mann präsentiert seine Möglichkeiten: redet abwechselnd Deutsch, Englisch und Tacheles: erscheint souverän, sachkundig und immer mediengerecht: stellt aller Welt etwas vor, das es im Deutschen eigentlich gar nicht gibt: «performance», ein Mittelding aus Leistung und Schau.

Allein schon die Verbeugungen, mit denen er den generös gespendeten Applaus annimmt, schreien förmlich nach dem Vorhang. Auch die Art, wie er Pausen hält, Formulierungen vorkostet, erschreckend heiter die Zähne zeigt oder bestrickend lächelt wie ein Beau – dergleichen ist nicht dagewesen seit Kurt Georg Kiesinger, und der war bloß Kanzlerdarsteller.

Dieser Kanzler hier ist ein Entertainer schlechthin, «bringt» sich auch selber, kann einfach alles, von Ohnsorg bis zur Publikumsbeschimpfung, und macht aus einem Interview, je nach Bedarf, entweder eine Talkshow oder das Wort zum Sonntag.

Und weiß es wohl: «Unser Gewerbe ist doch wie das der Schauspieler. Ohne Zustimmung von draußen gehen wir ein.»

Da kommt also zum Beispiel die Nummer mit der Pfeife, vorgeführt neulich in «Monitor», da kommt überhaupt die ungezogene Tour («Ich halte das für ausgemachten Quatsch, den Sie hier erzählen») beim Publikum nicht an: «Das war unerträglich», so einer von vielen empörten Zuschauern am Telephon, «der Mann hat mich wahnsinnig gemacht mit seinem Pfeifengetue, mit dieser Pfeifenshow, und ich habe gar nicht mitgekriegt, was er eigentlich gesagt hat.» Und schon ist Schmidt, ein paar Tage drauf in den «Bonner Perspektiven», wie umgedreht ein liebenswürdiger Nichtraucher, die Aufmerksamkeit in Person, «ganz dankbar» für eine bestimmte Frage des Interviewers – ein Prince charming auf der VIP-Schaukel, nur noch selbstsicherer.

Aber seltsam: Je deutlicher er sich derart darstellt, desto weniger weiß man, wie der Mann wirklich ist. Das Erscheinungsbild, eben weil es so blendend

ist, überstrahlt den Typ, verfremdet ihn zum Phänomen. Der Auftritt wird autonom, macht sich sozusagen selbständig. Aktivismus beherrscht die Szene, bildschirmfüllend, eine telekratische Omnipräsenz, die Staunen hinterläßt und ein bißchen Benommenheit.
Schon die Frage, wie er das bloß alles schafft, der «Macher» Schmidt, ist bündig gar nicht zu beantworten, denn auch seine Physis ist ein Phänomen. Sogar die Klischees, die über ihn in Umlauf sind, hat er inzwischen verschlissen. Der Rest ist Mutmaßung. «Daß er denkt, weiß man, was er denkt, bleibt oft ungewiß», so Ulrich Blank, professioneller Schmidt-Watcher (und Sozialdemokrat). Das kann der Popularität, die mit Ratio ohnehin nur am Rande zu tun hat, nicht schaden. Aber wirklich zu fassen vermag diesen Kanzler keiner, weder Freund noch Feind.
«In Helmut Schmidt haben sie einen», freut sich der linke Bundesminister Hans Matthöfer über die ratlosen Rechten, «den können sie nicht klassifizieren, weil es so etwas wie ihn nicht geben darf, einen pflichtbewußten, erfolgreichen, wirksamen linken Politiker, der es den politischen Gegnern nicht leichtmacht, wenn sie bewußte und unbewußte Strömungen der deutschen Volksseele gegen ihn mobilisieren möchten.»
Dabei haben es die Linken eher noch schwerer mit ihrem Mann. Selbst gemäßigte Genossen frustriert ein Führungsanspruch, den sie schon deshalb als autoritär empfinden, weil er ihnen so unverhohlen abverlangt, gefälligst «zu nutzen, daß der Kanzler ein höheres Ansehen hat als die Partei, und nicht es zu beklagen» (Helmut Schmidt). Kann doch nur heißen: Auf den Kanzler kommt es an. Und wenn das so weitergeht, dann soll die SPD wohl auch noch Adenauers alten Slogan übernehmen: Keine Experimente.
Die Unsicherheit, die der Kanzler Schmidt bei Genossen wie bei Gegnern hinterläßt, ist ebenso evident wie sein plebiszitärer Appeal. «Noch keine der politischen Gruppierungen hat das Phänomen Helmut Schmidt bisher in den Griff bekommen», bestätigt der Beobachter Blank. «Noch keiner hat eine klare Antwort darauf gefunden, was dieser Mann mit seinen ungewöhnlichen und schwer einzuordnenden Denkvorstellungen für die herkömmliche Parteiendemokratie bedeutet.»
Manche meinen: eine Heimsuchung – eine Herausforderung zumindest, wie sie sonst nur in einer Präsidialdemokratie denkbar (mindestens machbar) ist. Der konservative Kommentator Rüdiger Altmann unkt sogar, wenn es diesem Kanzler (vornehmlich wohl per Telekratie) gelinge, die Verbindung zwischen dem Verwaltungsstaat und den organisierten gesellschaftlichen Interessen funktionssicher zu machen, dann «gewinnt er eine Position jenseits des Parlamentarismus». Alles schon mal dagewesen: «So gelang es Adenauer, Herr seiner Partei und Meister der Opposition zu werden.» Und nun soll es Schmidt gelingen? Der wahre Helmut Schmidt – ein anderer Adenauer?

Der wahre Helmut Schmidt, soviel ist sicher, denkt über dergleichen nicht nach. Er gehört überhaupt nicht zu denen, die viel über sich selber nachdenken; er kommt gar nicht dazu, muß er doch über die Situation der Wirtschaft beziehungsweise der Finanzen nachdenken. Und die Situation ist da.
Tiefe, zuweilen bittere Skepsis ist immer schon die Kehrseite des Ehrgeizes von Helmut Schmidt gewesen. Seiner Biographie hat er die Weisheit eines höheren Waltens lange Zeit nicht entnehmen können, eher schon die erkältende Erfahrung, daß Führungsqualitäten allein noch keine Karriere garantieren. Und jetzt, seit erreicht ist, was zu erreichen er kaum noch erwartet hat, weiß er sich zwar am Platze: doch die Welt, in der er wirken soll, insonderheit die Weltwirtschaft, kommt ihm mehr denn je wie ein Kartenhaus vor – und er steht davor wie ein Statiker, der den Sturz wohl voraussehen, nur nicht verhindern kann.

Der Spiegel, 18.12.1974

Flaire und Finesse

Aber auch Ungeduld und Brutalität

In dieser Welt der 40-Watt-Staatsmänner war der bundesdeutsche Nobelpreis-Kanzler Willy Brandt eine leuchtende Ausnahme. Als Brandt im vergangenen Mai zurücktrat, haben viele von seinen Landsleuten sich aufgeführt, als seien die Lichter über ganz Deutschland ausgegangen. Das waren sie nicht. Brandts Nachfolger im Palais Schaumburg, der frühere Finanzminister Helmut Schmidt, hat sich in vieler Hinsicht als ein sogar noch wirksamerer Staatsmann erwiesen. Er hat es fertiggebracht, Deutschlands Wirtschaft kräftig voranmarschieren zu lassen, während seine Verbündeten in die Stagflation gerutscht sind. Er hat sich sogar selbstbewußt auf Brandts alten Tummelplatz begeben und in den auswärtigen Angelegenheiten eine entscheidende Rolle übernommen.
Schmidts Persönlichkeit und Politik stellen eine große Wandlung in der Nachkriegsführung der Bundesrepublik dar. «Die Zeiten Adenauers, Erhards, Kiesingers und Brandts werden nicht wiederkehren», prophezeit Raymond Aron, der angesehene politische Kommentator Frankreichs. «Willy Brandt war der letzte deutsche Kanzler . . . der von der Erinnerung an die Nazis und ihre Verbrechen, und von einem sehr tiefen Gefühl der Verantwortung, die sich sein Volk aufgeladen hat, beeinflußt, wenn nicht sogar determiniert war . . . Schmidt repräsentiert das Deutschland von heute.»
In dieser Eigenschaft muß Schmidt sich mit der Inflation, mit steigender

Arbeitslosigkeit und dem Gezänk im Inland auseinandersetzen. Zur gleichen Zeit ist es ihm gelungen, Italien mit einer Anleihe von 5 Milliarden Mark vor dem finanziellen Ruin zu retten, und für die Einigkeit des Gemeinsamen Marktes der wichtigste Makler zu werden. Er hat außerdem Willy Brandts Ostpolitik auf Kurs gehalten – und gleichzeitig in Westeuropa um Unterstützung für die Politik einer globalen Verflechtung nachgesucht, der sein alter Freund Henry Kissinger anhängt.
Gute internationale Beziehungen sind eine bedeutende Stütze für Schmidts Erfolg. Als Verteidigungsminister und später als Finanzminister der Bundesrepublik (1969–74) hat sich Schmidt eine achtunggebietende Liste von Freunden in auswärtigen Hauptstädten zugelegt. Heute meldet sich der britische Finanzminister Dennis Healey regelmäßig, um sich mit ihm über wirtschaftliche Fragen zu beraten. Der französische Präsident Valéry Giscard d'Estaing hat ihn wiederholt zu Unterredungen in den Elysée-Palast eingeladen. Und die enge Arbeitsgemeinschaft zwischen dem bundesdeutschen Kanzler, der ein elegantes Englisch spricht, und dem amerikanischen Außenminister ist schon zum Gegenstand freundlich gemeinter Scherze im State Department geworden. «Warum hat die Unterredung mit Kissinger eine Stunde länger gedauert?» lautete eine Scherzfrage nach Schmidts letztem Besuch. «Der Kanzler», lächelte einer von Kissingers Gehilfen, «hat Henry Englisch-Unterricht erteilt.»
Die wahre gemeinsame Sprache beider Männer ist Realpolitik. Geboren vor 56 Jahren in einem rauhbeinigen Arbeiterbezirk von Hamburg, ist Schmidt ein überzeugter Sozialdemokrat. Er ist gelernter Volkswirtschaftler, der einen großen Teil seines vierzehnstündigen Arbeitstages mit dem Versuch verbringt, die bundesdeutsche Prosperität zu erhalten – die Hauptquelle seiner politischen Wirksamkeit. Und obwohl er ein überzeugter Atlantiker ist, ist es eins seiner schwersten Probleme gewesen, die schwankende Wirtschaft der Vereinigten Staaten daran zu hindern, daß sie seine eigenen Leistungen zunichte macht. «Der Zustand der amerikanischen Wirtschaft und die Stimmung in Wall Street haben einen starken psychologischen Einfluß auf die Lage in der übrigen Welt, einschließlich der Bundesrepublik», sagte er dem *Newsweek*-Korrespondenten Milan J. Kubic. «Und wenn dieser Einfluß schlecht ist, machen mich die Wähler dafür verantwortlich.»
Bei der Energie-Konferenz in Washington im letzten Februar hat sich Schmidt Kissingers Dankbarkeit errungen, indem er Frankreich im Stich ließ und den Antrag der Vereinigten Staaten für eine gemeinsame Politik der Industrienationen unterstützte. Sie sollte das Ölkartell sprengen. Später spielte Schmidt eine entscheidende Rolle, als er in den Wochen, die dem Gipfel zwischen Präsident Ford und Giscard auf Martinique im letzten Monat vorangingen, die Meinungsverschiedenheit zwischen Frankreich

und Amerika über die Ölpolitik ausräumte. «Wir haben Grund, Schmidt dankbar zu sein», sagte ein hochgestellter Diplomat der Vereinigten Staaten in Bonn.

Heute wirft man bedeutenden Staatsmännern, die so verschieden sind wie Frankreichs Giscard und Japans neuer Premierminister Takeo Miki, oft vor, daß sie mehr Flair als Finesse besäßen. Schmidt scheint beides zu haben. Es gibt jedoch auch eine dunkle Seite des Bundeskanzlers. Er ist oft schroff und aufbrausend, was vielleicht auch auf eine Überfunktion der Schilddrüse zurückzuführen ist. Es ist ihm durchaus zuzutrauen, daß er seinen Finger einem Kabinettminister in den Bauch sticht, um diesem seine Ansicht klarzumachen. Und bei seinen Kabinettssitzungen am Mittwoch ziehen es wortkarge Minister klugerweise vor, ihren Mund überhaupt nicht aufzumachen, um nicht mit Schmidts Lieblingsraunzer «Larifari» bedacht zu werden.

«Ich habe Angst, daß Schmidt uns daran gewöhnen wird, von einem sogenannten ‹starken Mann› abhängig zu sein», warnt Walter Helmut Kahn, der Verfasser einer kritischen Biographie. Französische Beamte beklagen sich über die «Brutalität» seines Auftretens. Seine Lehrhaftigkeit hat ihm in Paris den Beinamen «Schulmeister» eingetragen. Schmidts Freunde sagen dagegen, daß er bellt, aber nicht oft beißt.

Im Augenblick ist seine Stellung gesichert. Meinungsumfragen zeigen, daß 67 % seiner Landsleute ihm zustimmen. Aber die Sozialdemokraten haben wichtige Länderwahlen in Hessen und Bayern verloren, und ihnen steht ein weiterer schwieriger Kampf im nächsten Frühjahr in Nordrhein-Westfalen bevor. Um eine Arbeitslosenziffer, die sich jetzt der Million nähert, zu bekämpfen, hat Schmidt ein Programm öffentlicher Arbeiten im Wert von mehr als anderthalb Milliarden Mark entworfen, das 300 000 neue Arbeitsplätze schaffen soll; auch hat er eine Anzahl von steuerlichen Anreizen für die Privatwirtschaft geschaffen.

Um das Programm auszuarbeiten, schuften die leitenden Beamten im Kanzleramt routinemäßig von acht Uhr morgens bis kurz vor Mitternacht. «Um hier zu arbeiten», behauptet Manfred Schüler, Schmidts Stabschef, «muß man in erstklassiger körperlicher Verfassung sein – und eine nachsichtige Frau haben.» Der Kanzler schließt sich von Bonns Cocktail-Zirkus aus, aber er ist kein Spielverderber. Er hat sich beim Kanzlerfest tapfer den Photographen als «Gefangener am Pranger» gestellt und gelegentlich auch als Opfer eines vollgewichtigen Cowboyhutes.

An Wochenenden spielt er die Orgel, hört Bach und spielt Schach mit seiner Frau Hannelore. Die Lobsprüche, die ihn erreichen, belustigen ihn zum größten Teil. «Meistenteils» sagt er, «vergleicht man mich mit achtbaren Figuren – deshalb habe ich eigentlich nichts dagegen.» Aber als die Wochenzeitschrift *Der Spiegel* ihn, vielleicht mit einem Schuß Ironie, mit

Marc Aurel verglich, war Schmidt entsetzt. Marc Aurel war ein Kaiser – und sogar ein guter. Aber kein Deutscher bei gesundem Verstand hegt derartige Ambitionen.

Newsweek, 6. 1. 1975

Die Mißerfolge des Kanzlers

«Bruchlandung mitten in der Wohnstube»

Von Herbert Kremp

Anlaß für Schmidts Schelte in der «Panorama»-Sendung am vergangenen Montag war die vermutete Ablehnung des neu gefaßten § 218 mit der Fristenlösung. Die Klage über das zu weit vorgetriebene Richterrecht galt allerdings nicht dieser Sache, für die sich ein Mann wie Helmut Schmidt wohl kaum erwärmen kann, sondern der Wut über die aus der Hand geschlagenen Groschen der Regierungspolitik. In vertrauter Umgebung äußert er in letzter Zeit gelegentlich die aus seinem Munde ungewohnt mystische Vermutung, «alles» habe sich gegen die sozialdemokratisch geführte Regierung verschworen. Er kommt sich vor wie ein glückloser Mann am Spieltisch. Die Regierung setzt und setzt, während die Opposition wie ein Croupier immer nur einstreicht. Das lastet auf der Seele.

Die Vorgänger im Amt waren auch einmal an diesem Punkt angelangt und reagierten dann ähnlich. In der Mehrheitskrise des Jahres 1972 kündigte Willy Brandt im baden-württembergischen Wahlkampf an, man werde nun holzen – ein Ausdruck aus der Holzfällersprache, der im Fußballjargon aufging und dort «grobes, zielloses Treten» bedeutet. Steinbuch sagt in seinem bald erscheinenden neuen Buch «Ja zur Wirklichkeit» (Seewald), daß von Brandts Politik die «Asche des Holzens» übriggeblieben sei. Das Wort «holzen» war jedenfalls ein verbales Zeichen für eine sehr schwierige politische Situation, also ein verräterisches Wort. Als Ludwig Erhard seinerzeit die immer ärgerlicher zubeißenden Intellektuellen (Hochhuth), die sich am Ende auch wirtschaftspolitische Urteile anmaßten, schlichtweg «Pinscher» nannte, gab es einen nationalen Kurzschluß. Ähnlich knallte es, als sich während der Prüfung des Grundvertrages in Karlsruhe der Regierungsärger in seitenverkehrten anatomischen Vergleichen Luft machte.

Wie bei diesen Gelegenheiten ist es aber auch heute die Regierungspolitik, die am Boden liegt, nichts sonst. Der Blitz der Zornesausbrüche erhellt die Szene, und viele erschrecken über das, was sie dabei sehen. Als Schmidt mit dem Versprechen der «Kontinuität und Konzentration» die Debakel-Ära des Vorgängers beendete, rechnete sogar die Opposition mit mäßigen innenpolitischen Erfolgen des Newcomers, der schließlich kein Greenhorn ist. Die breite Öffentlichkeit brachte dem Regierungschef, dessen manchmal heimliche, manchmal offene Feindschaft gegen den permissiven Tanz um das goldene Reformkalb nicht verborgen geblieben war, mehr Sympathie entgegen, als seine Parteiadresse vermuten lassen konnte. Man dachte an seine Tatkraft, lauschte den Karatetönen seiner Sprache und identifizierte sich gern mit den vorteilhaften lebenden Bildern, die er bei forcierten Auslandsaktivitäten um sich zu gruppieren wußte.

Die Enttäuschung kam schnell und vehement und ist fast ebensowenig rational erklärbar wie die Morgengabe des Vertrauens kurz davor. Für irrationale Vorgänge im politischen Leben hat Schmidt jedoch keinen ausgeprägten Sinn. Er bemüht sich, «Tatsachen» und «Philosophie» auseinanderzuhalten, und streitet die gegenseitige Abhängigkeit ab.

Damit sind wir bei einem der wichtigsten Gründe für die gegenwärtigen und zukünftigen Mißerfolge des Bundeskanzlers angelangt: Der Pragmatismus, den er nicht nur behauptet, sondern geradezu leiblich darstellt, setzt Feindschaft zwischen ihn und den Typus des Ideologen und Utopisten, der sich nicht nur in der Sozialdemokratischen Partei eingenistet hat, sondern heute zu den bestimmenden Kräften im intellektuellen Leben der Republik zählt. Hier herrscht Erb- und Todfeindschaft. Böll muß gegen Schmidt sein. Aber das ist nicht zum Lachen. Denn ein SPD-Kanzler, moralisch zum Linkssein verpflichtet, kann ohne die publizistisch-propagandistische Unterstützung der intellektuellen Medien- und Bildungs-Mafia seine Erfolgslosigkeit auf die Dauer nicht als Erfolg darstellen.

Das aber war das Geheimnis Willy Brandts, den die intellektuelle Priesterschaft zu ihrem Sarastro gewählt hatte. Er war ihr Typ – der Sühnedeutsche mit der Abscheu vor der Macht. Die Priesterschaft, unter der Schelsky («Klassenkampf und Priesterherrschaft der Intellektuellen», Düsseldorf 1975) die tonangebende, moralausgebende, preiseverteilende Herrschaftsschicht in den Medien, Schriftstellerverbänden und umfunktionierten Bildungsinstitutionen versteht, will selbst die Macht, will nicht mitbestimmen, sondern alles bestimmen – über das Bewußtsein, das Denken und Urteilen. Brandt, vom Habitus her selbst ein Mitglied dieser Kaste, rollte der Priesterschaft den Teppich zum Throne aus.

Schmidt dagegen bestreitet ihr jeden Anspruch aufs Regiment. Nicht erst jetzt, sondern gleichsam von Natur aus. Er ist der «andere», der Tendenzwendetyp. Die Priester hängen ihm dafür die Bezeichnung «Macher» an. Er stammt von ihnen und ist als Beschimpfung gedacht; denn ein Macher kann nicht «Seher» sein. Die Zukunft gehört ihm nicht. Sie ist ihm Feindesland. Er wird in ihr umkommen.

Und tatsächlich: Seit jeher – am deutlichsten aber seit seiner Wahl zum Kanzler – steht Helmut Schmidt mit der politisch-wirtschaftlichen Prognostik, der «Zukunftsastronomie» auf Kriegsfuß. Er beschimpft nicht nur die «Theoretiker und Professoren» der Wirtschaftsinstitute, der Sachverständigen und Weisenräte (Prof. Giersch vom Kieler Weltwirtschaftsinstitut bedrohte er während des Wahlkampfes 1972 am heftigsten), sondern ist in seiner prognostischen Meinung selbst gespalten. Während er vom Typ, vom Denken her zu den «realistischen Pessimisten» gehört – wie alle Konservativen –, verbreitet er in der politischen Arena nur zu oft einen catcherhaft handgreiflichen Optimismus, an dessen detaillierte Äußerung er sich später nicht gern erinnern läßt.

Das gilt vor allem für das Gebiet, auf dem er sich kompetent fühlt, für die Wirtschaft («Ich bin gelernter Ökonom»). Jeder Wirtschaftsboß, der mit ihm einmal zusammensaß, weiß von den apokalyptischen Visionen des merkantilen Niedergangs zu berichten, die den Kanzler überkommen. Aber im Dezember 1974 erklärte er in Zeitungsinterviews («Bild am Sonntag»): «Noch nicht im Frühjahr, wohl aber im Frühsommer werden wir über den Berg sein.» In der Neujahrsansprache korrigierte er sich: «Heute in zwölf Monaten wird es anders und besser aussehen.» Im Jahreswirtschaftsbericht 1975 mußte die Bundesregierung die Erwartungen dämpfen. Sie spricht von zwei Prozent Wachstum und drei Prozent Arbeitslosigkeit. Zur Zeit aber haben wir fünf Prozent Arbeitslose und kein Wachstum. Und die Exportaufträge bröckeln ...

Der gespaltene Zukunftsblick des Kanzlers hat natürlich auch praktische Gründe. Schmidt weiß, daß die Wirtschaft das Schicksalsthema auch seiner Regierung ist. Zur Zeit aber ist es schwer, etwas anderes als Fehler zu machen. Das Konjunkturprogramm, eines der massivsten in der jungen Staatsgeschichte, löst trotz Investitionsprämie keine nennenswerte unternehmerische Tätigkeit aus. Nun kommt auch der Stahl in die Baisse. Aus Bonn ist zu hören, der Kanzler denke daran, die Einladungen der Betriebsräte von Hoesch, Thyssen und Mannesmann zu großen Betriebsversammlungen abzusagen. Er verspricht sich davon offenbar keinen Erfolg mehr für die Wahl an Rhein und Ruhr. In den Montagehallen müßte er Pfiffe erwarten. Denn er könnte diesmal ja nur sagen: Mit etwas Arbeitslosigkeit lebt es sich doch leichter als mit einem neuen fiebrigen Schub Inflation...

Während das Publikum die rasch wachsende Staatsverschuldung mit der Naivität des Unwissenden zur Kenntnis nimmt, während nur die Fachleute der Opposition gelegentlich darauf hinweisen, daß das 55-Milliarden-Defizit der Gebietskörperschaften mit den Kräften des Kapitalmarktes nicht gedeckt werden kann, haben die ersten und vorläufigen Konsequenzen der Steuerreform ein wildes Geschrei ausgelöst. Selten hat eine Regierung mit einem Gesetz eine solche Bruchlandung mitten in der Wohnstube gemacht. Der Regierungsmißerfolg ist verheerend. Das «Jahrhundertwerk» platzte wie eine Sprengbombe.

Schmidt aber reagierte typisch: zuerst gar nicht; erst nachdem Minister Apel die Beamten seiner Behörde mit Pech übergossen hatte, steuerte auch er «Erklärungen» bei. Er sprach von einer «Kampagne» und warnte die Anstifter, «die Belegschaften in den Betrieben» würden mit «Gegenresolutionen» antworten. Das hätte wieder einmal nach «holzen» geklungen, stünde nicht von vornherein fest, daß alle denkbaren Resolutionen aus den Betrieben gegen die Bundesregierung und nicht gegen die Kritiker der Steuerreform gerichtet wären . . .

Wie der deutsche Soldat zeigt sich Schmidt in der Defensive nicht von seiner besten Seite. In der Sache sagte er zur Steuerreform wenig. «Das Gesetz ist nicht schlecht. Es ist gut», meinte er lakonisch. Er flüchtete sich in die Prognose: «Rund 20 Millionen Steuerzahler werden bessergestellt sein, wenn die Auswirkungen der Steuerreform in wenigen Wochen sichtbar werden.» Schließlich griff er zum Hammer. Er warf einen Tigerblick aufs Bundespresseamt, wo Staatssekretär Bölling residiert, und erklärte, «alle Vorwürfe gegen die Public-Relations-Arbeit der Regierung» seien in diesem Zusammenhang berechtigt. Und als Beitrag zum Jahr der Frau war dann wohl die Bemerkung gedacht, in manchen Fällen strichen Ehemänner, die zu Hause den Lohnstreifen nicht vorzeigten, den «Verdienst» aus der Steuerreform als zusätzliches Taschengeld ein . . .

Das Scheitern droht, auf allen Gebieten. Die Wahlen im ersten Halbjahr, fünf an der Zahl, drohen Verluste zu bringen oder verlorenzugehen. Eine fast unannehmbare Alternative. Und dann Franz Josef Strauß. Früher hatte man bei Schmidt das Gefühl, er wolle ihn in die Arena locken, um leichtes Diffamierungsspiel mit ihm zu haben. Heute denkt er anders, besonders seit der China-Reise. Man kann über China und die Reden dort denken, wie man will. Das ist alles unwesentlich gegenüber dem einen, entscheidenden Ergebnis, daß Strauß in den Deutschen den tiefsitzenden Barbarossa-Komplex zu neuem Leben erweckt hat. Den Gedanken, daß es vielleicht einen «Kaiser» geben könnte, der mit väterlicher Kraft alles wieder richtet.

So bricht es aus Schmidt denn heraus: die Enttäuschung, der Zorn und – man glaubt es kaum – die Angst, blanke Angst. Auch Männer mit starken Gebissen, mit dem zubeißenden Lachen Spencer Tracys, sind vor ihr nicht gefeit. Und so kommt das letzte aller Argumente, heute wie einst unannehmbar und gefährlich: Wenn die anderen drankommen, wird es im Lande drunter und drüber gehen. Die werden mit den Gewerkschaften zusammenprallen. Der soziale Friede im Lande wird verlorengehen. Der Friede überhaupt, alles wird verlorengehen. Die letzte Prognose, wieder eine Prognose . . .

Die Welt, 8.2.1975

Zweifel an Schmidt, dem starken Mann

Ein Läufer, der auf der Stelle tritt

Von F. K. Fromme

Der derzeitige Bundeskanzler stellt sich dem Publikum – und sich selbst – gern vor als einer, der unter Energie-Hochdruck steht, der zupackend Entscheidungen fällt und dabei sogar in Kauf nimmt, als einer zu gelten, der es für besser hält, daß überhaupt, als daß in jedem Fall richtig entschieden wird. Leute, die ihr eigenes Nachdenken als eine besondere, ihnen vorbehaltene Tugend empfinden, sehen das mit einer schüchternen Mäkligkeit, und sie leiden mit einer kleinen Beigabe von Genuß unter diesem wie ein Sturmwind über die Blumenwiesen der Nachdenklichkeit fegenden Kanzler.

Dieses Bild vom Kanzler und seinem Volk kann freilich nicht recht stimmen. Es mangelt bisher jedenfalls an der Zunahme der Volkszustimmung für eine SPD, die bei der Neigung, den Kanzler allemal als den Spitzenmann seiner Partei zu sehen, als Schmidts SPD gelten müßte. Dabei bemüht sich die Partei (mit kleinen Ausnahmen) über ideologische und persönliche Aversionen hinweg, diesen Einklang von Kanzler und Partei nicht zu stören. Das Volk, das sich in der umschweifigen, träumerisch fast jedem, wenn er nur von der Weihe des Fortschritts erfaßt schien, recht gebenden Weise des Kanzlers Brandt nicht mehr geborgen fühlte, müßte seine Geschicke nun zufrieden in die zupackende Hand des neuen Mannes zu legen geneigt sein.

Aber bisher läßt sich das in Wahlergebnissen und auch, was die bevorstehenden Wahlen angeht, in den Prognosen der zuständigen Forscher nicht erweisen. Die Hoffnung der SPD jedenfalls, ein starker Mann an der Spitze werde die sich abwendenden Wähler zurückzwingen, hat sich mit Schmidt bisher nicht erfüllt. Aber auch, wenn man die Dinge von der anderen Seite her betrachtet, ergeben sich Zweifel an dem so gern vorgeführten Bild von Schmidt, dem starken Mann.

Er hat einen Teil des Volkes sicher beeindruckt mit seinen mutigen Worten über Leistung, mit dem Durchhalten von Stabilitätspolitik und der Art, in der er Gewinne der Unternehmen als Voraussetzung neuen wirtschaftlichen Aufschwunges anerkennt. Hier liegt wohl eine der Ursachen dafür, daß die Silhouetten von Schmidt und SPD außer Deckung geraten. Aber was den «Täter» Schmidt angeht, ist die politische Bilanz bescheiden. Die Ostpolitik trägt, wenn dies auch nicht mehr als Tugend ausgegeben wird, Züge der alten Neigung zum schuldbewußten Nachgeben; diesem Eindruck wird jedenfalls nicht energisch entgegengetreten. Von ihrem – verkürzten – Programm hat die Regierung Schmidt noch nicht viel, um es in der Sprache der Verhökerer der Produkte der Regierungskunst zu sagen, «abgehakt». Die Steuerreform war, als Schmidt die Geschäfte übernahm, in einem Stadium, da man sie wohl oder übel zu Ende bringen mußte. Zurückrufen ließ sich das nicht mehr.

Aber Schmidt hat, was eines «starken Mannes» eigentlich unwürdig ist oder, um es weniger moralisch zu sagen, was sich mit der Vorstellung, die man sich vom starken Mann macht, nicht verträgt, die Schuld für die Unbill, die der Regierung mit der Steuerreform widerfuhr, ganz nach der Art seines Vorgängers den Leuten vom Bundespresseamt an den Hals gehängt. Dabei ist diese Steuerreform nicht zu schlecht, sondern zu gut «verkauft» worden: ein zusammengeschustertes Gesetz, das selbst für den gedachten Zweck, die kleinen Leute zu entlasten, zu viele grobe Ungereimtheiten enthielt, wurde als Jahrhundertwerk präsentiert, von dem sich nahezu jedermann erheblichen Vorteil versprechen dürfe – bis auf die paar bösen «Reichen», zu welcher neuen Paria-Klasse sich nur zählen mag, wer nun gar nicht anders kann.

Zur Mitbestimmung, die wohl eine, wenn man das Wort gebrauchen darf, Herzensangelegenheit von Schmidt ist – nicht in der Form des ersten Koalitionskompromisses, noch weniger wohl in der des neuen Kompromisses, wenn es ihn denn geben wird –, gibt es ein merkwürdig resigniertes Wort des starken Kanzlers. Der Zug sei abgefahren, und – ganz unschmidtisch –: «Ich kann ihn nicht mehr beeinflussen.» Kann er es wirklich gar nicht mehr, der Kanzler, dessen Wort doch bei seinen Leuten im Parlament etwas gelten müßte?

Der andere große Plan der Regierung, die Reform der beruflichen Bildung, ging stockend voran, auch als Schmidt Hand angelegt hatte. Und wie steht es mit den Reformen, die als wählerabstoßend erkannt sind? Gibt es eine, über die der Kanzler nicht nur im engeren Kreise abschätzig spricht, die er vielmehr höchstselbst und öffentlich und vor dem ganzen Forum von Volk und Partei aus dem Weg geschafft hätte? Gibt es zum Beispiel ein solches Wort Schmidts, mit den Plänen, die – ohnedies notleidenden – Zeitungen neuen Eingriffsgesetzen zu unterwerfen, sei nun Schluß?

Schmidts Energie wirkt ein wenig wie die eines Trainingsläufers, der sich im Rennen auf der Stelle erhitzt, aber nicht von der Stelle kommt. Oftmals entsteht der Eindruck eines brisanten Hochdruckes, von dem man nicht weiß, ob er sich je und wenn, dann in welche Richtung er sich entladen werde. Das wiederum scheint geeignet, dem Bundeskanzler Schmidt das Vertrauen nicht zuwachsen zu lassen, das dem «starken Mann» gerade in schweren Zeiten gern dargebracht wird, auch wenn er nicht rundherum gewinnende Seiten hat. Ist Schmidt ein «starker Mann» oder spielt er ihn nur?

FAZ, 25.2.1975

Er empfiehlt Marc Aurel

Aus einem Interview wird ein literarisches Gespräch

Von Otto Schulmeister

George Grosz im Vorzimmer, ein Band sozialkritischer Zeichnungen aus dem Malik-Verlag, etwa um 1930 publiziert, sagt nichts über den, der hier empfängt. Vielleicht ist es ein Geschenk? Helmut Schmidt arbeitet an einer Rede, die er vor der Max-Planck-Gesellschaft hält, wir müssen warten. Regierungssprecher Klaus Bölling verkürzt die Zeit. Doch auch Anekdoten aus den amerikanischen Korrespondentenjahren des Staatssekretärs lenken den Blick nicht vom Garten und Vorfeld des Palais Schaumburg ab: ein Schützenpanzer hinter einem großen Beet, MP-bewaffnete Grenzschützer, Lärm und Gehämmer vom Neubau nebenan. Ach ja, in Stuttgart läuft ja der Baader-Meinhof-Prozeß. Wer weiß, was den Terroristen an Lebenszeichen noch einfällt? Unten an der Treppe hängt nach wie vor das Adenauer-Porträt von Kokoschka, sonst aber hat sich hier seit den sechziger Jahren weit mehr als nur das Personal geändert.

Einmal war dieses Palais Schaumburg ein Patriarchensitz. Konrad Adenauer sprach zu dem Mann aus Wien von seinem Alptraum, die Amerikaner könnten Europa aufgeben, sich mit den Russen arrangieren, Kennedy war ihm zutiefst verdächtig. Ja und auch noch, man vergißt so etwas nicht, er, Adenauer, hätte ja Gelegenheit gehabt, den «Spiegel» aufzukaufen, es sei ihm aber nicht dafürgestanden. Jahre später saß man hier Willy Brandt gegenüber, später noch einmal – die Zeit der Väter war zu Ende, Brüderlichkeit der neue Stil. Sozialdemokratische. «Und wissen Sie, was ich dem Generalsekretär Breschnjew gesagt habe? Nein, Herr Generalsekretär, die Bundesrepublik Deutschland hat nicht mehr die Absicht, eine der führenden Mächte Europas zu sein.» Helmut Schmidt, der neue Mann, der praktizierende Mensch und Hamburger, spricht von Zahlungsbilanzen, die in Ordnung gebracht werden müssen, davon, daß nur Ignoranz und Dilettantismus – auch in Redaktionen und auf Hochschulen – nicht wahrnehmen wollen, die Krise lasse sich nur weltwirtschaftlich, nicht etwa allein europäisch-autonom lösen.

Das starke Blau und Gelb der Seeszene von Emil Nolde, vor der nun der Gastgeber sitzt, absorbiert nicht das Gerötete in den Augen des Bundeskanzlers, sowenig, wie das Deklaratorische, Lehrhafte in seiner Stimme, die Müdigkeit, aus der sich die Sätze losringen. Der Kanzler hat eine anstrengende Debatte im Bundestag, Gespräche mit Politikern, ein konzentriertes Diktat hinter sich. Ein nationalökonomischer Exkurs – in seiner Präzision gleichwohl bestechend – dient ihm dazu, sich etwas freizuspielen. Er bedarf dazu nicht des Blätterns in ein paar Unterlagen – Wichtiges mit Gelbstift angezeichnet –, um zu sagen, was der Regierungschef denkt.

Das Zerdehnte mancher Sätze folgt auch dem Wunsch, vorsichtig zu formulieren. Die Themen sind danach. Stehen wir an einer Wende des Wachstums, nicht nur in einem Konjunkturtal? Was hat die Antwort für politische, soziale Konsequenzen für die Demokratien in Westeuropa? Sagen nicht Portugal, das jüngste Wahlergebnis in Italien genug? Und nun steht auch noch der «Europagipfel» bevor? Wozu sich beeilen? Gibt es seriöse Gegenleistungen? Auch die Bonner Erfahrungen mit den Ostverträgen, die Lage Berlins, werden angesprochen. Der Bundeskanzler kommt in Fahrt, die Antworten folgen rascher, Helmut Schmidt fragt zurück. Und plötzlich leuchten die müden Augen etwas belustigt auf. Das ist nicht mehr das erschöpfte Gesicht, das Mittagstief scheint überwunden, der politische Nachmittag beginnt. Ist es der Gegenstand, der den Gastgeber fesselt, auch wenn er sich darüber nicht so ausführlich äußern will, eben, weil er Regierungschef ist? Der Journalist hat es da leichter, immer wieder darauf zurückzukommen, ob nicht die Europäer wieder auf «Sturmfahrt» gingen und eine feste Hand dann eben der Demokratie nütze.
Das Kanzlerzimmer, man bemerkt es erst nach und nach, ist ganz verändert. Zu Adenauers Zeiten war es anders, bei Willy Brandt saß man einander im Fauteuil gegenüber, jetzt an einem Konferenztisch. Wie im Vorstandszimmer eines Großkonzerns. Helmut Schmidt steckt sich die dritte Mentholzigarette an, streicht sich gelegentlich durchs Haar, wechselt die Sitzposition, das Gespräch sollte eigentlich schon zu Ende sein, der Terminkalender drängt. Doch eine Frage verlängert alles, macht aus einem Interview eine menschliche Begegnung. Was wäre denn geistige Orientierungshilfe für Zeitgenossen einer solchen Zeit? heißt es. Helmut Schmidt ist zunächst etwas verdutzt über die Frage, akzeptiert sie dann, ja sie macht ihm rasch offensichtlich Spaß. Denn womit besteht man das alles, nicht nur als Bundeskanzler? An Marc Aurel, sagt er, habe er sich sein Leben lang gehalten. Freilich, das sei eine Lektüre, wie er betont, «für den einzelnen». Aber auch die Gesellschaft brauche Vorbilder, nicht nur Bücher. Schmidt erwähnt kurz Karl Popper, würdigt etwas betont den «Roncalli-Papst» Johannes XXIII. Nein, Hölderlin, das sei nicht sein Fall. Eher Novalis. Ja, auch ein Wiener: Weinheber. Bölling wird nervös, doch das Gespräch wendet sich plötzlich nach Kirchstetten 1945. Das persönliche Interesse gibt dem Gespräch Flügel.
Wer ist dieser Mann da? Ein Politiker, der Zeitgenosse ist. Ein seltener Fall und also nicht nur ein «Macher». Macht ist wenig, Eitelkeit zerfällt vor den eigenen Augen. Wer dem Menschen nicht mehr zutraut als er kann, der braucht seinen Marc Aurel. Fast fröhlich verabschiedet sich der Bundeskanzler. Etwas Heiterkeit bleibt im Raum zurück.

Die Presse, 21.6.1975

Kanzler ohne Komplexe

Gemeinsame Strategie gegen die weltweite Rezession

Von Baudouin Bollaert

Auf allen Gesichtern sah man das obligate Lächeln, als Gerald Ford gestern morgen von Bonn nach Warschau, dem nächsten Ziel seiner Europareise, abflog. In der westdeutschen Hauptstadt können die Sicherheitsbeamten nach achtundvierzig Stunden Einsatz aufatmen. Es gab keine Zwischenfälle, weder bei der improvisierten Pressekonferenz im Park der Kanzlerresidenz, noch im US-Stützpunkt Kirch-Göns oder auf dem Dampfer, der mit den Präsidenten Ford und Scheel, Bundeskanzler Schmidt und dreihundert Gästen an Bord am späten Abend den Rhein hinauffuhr ...

Doch die westdeutschen Polizisten sind gewiß nicht die einzigen, die froh sind, daß alles gut abgelaufen ist. Auch Helmut Schmidt, der innerhalb von vier Tagen Harold Wilson, Valéry Giscard d'Estaing und Gerald Ford empfing, wird nicht böse darüber sein, Atem schöpfen zu können, mit dem Gefühl, seine Pflicht erfüllt zu haben.

Nachdem er vor dem Gipfeltreffen von Martinique die Rolle des Friedensstifters zwischen Franzosen und Amerikanern spielte, ging es ihm diesmal darum, seine westlichen Partner für die Idee zu gewinnen, die er seit seinem Amtsantritt als Kanzler verficht, nämlich die amerikanische und die europäische Wirtschaftspolitik «in Einklang zu bringen».

Allem Anschein nach hat er in dieser Frage an Boden gewonnen, denn er wird Wilson, Ford und Giscard d'Estaing bei einem kleinen Vierergipfel am Rand der Konferenz von Helsinki wiedertreffen, um über eine «gemeinsame Strategie der Vereinigten Staaten und der EG gegen die weltweite Rezession» zu verhandeln. Präsident Ford hat sogar von «einem gemeinsamen Management der Industrieländer» gesprochen.

Helmut Schmidt ist kein Träumer. Und noch weniger ein Freund jener ewigen Gipfeltreffen, die nie ein konkretes Ergebnis zeitigen. Wenn er dabei seine Autorität und seine Sachkenntnis einsetzt, dann in Wirklichkeit nur, weil er nach wie vor zutiefst besorgt ist und glaubt, daß allein eine konzertierte Aktion auf höchster Ebene den Westen davor bewahren kann, in eine noch ernstere Krise zu geraten.

Die Bevölkerung der Bundesrepublik jedenfalls sieht in Helmut Schmidt jetzt, ein Jahr vor den Bundestagswahlen, einen Kanzler ohne Komplexe, der sich wie ein Konrad Adenauer oder ein Willy Brandt auf internationaler Ebene als Persönlichkeit durchgesetzt hat. Da er in erster Linie Volkswirtschaftler ist, kommt ihm die augenblickliche Situation durchaus gelegen, denn sie bietet ihm Gelegenheit, seine hervorragendsten Qualitäten unter Beweis zu stellen.

Noch nie hat in der Bundesrepublik der Binnenmarkt zu einer Belebung der Konjunktur geführt. Im Gegenteil, jeder vierte Beschäftigte arbeitet für den Export, und die Stärke des Landes beruht auf seinem Außenhandel. Helmut Schmidt ist sich dessen wohl bewußt. Sicherheit und Wohlstand der Bundesrepublik hängen vor allem vom Ausland ab. Dieser elementare Tatbestand erklärt die lobenswerten Anstrengungen, die der Bundeskanzler unternimmt.
Außer den für die nächsten Wochen zu erwartenden Sondermaßnahmen sowie den entscheidenden wirtschafts-, kredit- oder finanzpolitischen Unterhandlungen möchte Helmut Schmidt einen psychologischen Schock hervorrufen, der das Vertrauen wiederherstellen soll. «Vertrauen», hat er kürzlich erklärt, «macht die Hälfte der Konjunkturpolitik aus». Die Zukunft wird zeigen, ob er damit recht hat.

Le Figaro, 29.7.1975

Die KSZE in Helsinki

Schmidt und Honecker: Das erste Vier-Augen-Gespräch

Die Szene war ohne historisches Beispiel: Vor modern-ästhetischer Pracht aus Marmor und Edelhölzern saßen Staatspräsidenten, Premierminister und Parteichefs aus 35 Ländern in Reih und Glied. Kommunisten und Kapitalisten aus Europa und Nordamerika, der portugiesische Revolutionär Costa Gomes und der spanische Reaktionär Carlos Arias Navarro, Zyperns Seligkeit Erzbischof Makarios und sein türkischer Erzfeind Demirel, Moskaus KP-Boß Breschnew und US-Präsident Ford, SED-Chef Honecker und Bundeskanzler Schmidt, sie alle schrieben ihren Namen unter dieselben 30000 Wörter. Am Freitag vergangener Woche gelobten sie, nie wieder mit Gewalt die Grenzen der Nachbarn zu überschreiten. Am Ende der Konferenz für Sicherheit und Zusammenarbeit in Europa (KSZE) in Helsinkis Finlandia-Halle gaben sie sich ein großes Versprechen: in Zukunft nach den «Ideen des Humanismus» (Breschnew) miteinander umzugehen.
Zumindest die Bilder vom feierlichen Schlußakt des Gipfeltreffens werden ihren Platz in den Annalen der Weltgeschichte bekommen.
Einer der Stars von Helsinki war Helmut Schmidt. Keiner war als Gesprächspartner unter den Kollegen so umworben wie er. Der Kanzler spielte die Rolle des eisernen Welten-Richters mit gewohnt forscher Unbekümmertheit. Schon beim ersten Auftritt Schmidts in der Finlandia-Halle richteten sich alle Kameras auf ihn. Er kam als letzter der 35 Regierungschefs, einige Minuten zu spät, steuerte zielsicher auf den Platz Breschnews

zu, ließ sich von dem Russen an die Brust ziehen, bevor er als einziger zur Händeschüttel-Tour startete. Der Kanzler demonstrierte vor aller Welt seine Freundschaft mit Gerald Ford und begrüßte mit verlegener Freundlichkeit Erich Honecker wie einen entfernten Verwandten, den man lange nicht gesehen hat.

Schon am selben Nachmittag saßen sich die beiden Deutschen zum erstenmal gegenüber. Der Kanzler noch frisch, der ZK-Sekretär noch verwirrt vom ersten Auftritt auf internationaler Gala-Bühne. Den Ostberliner schreckte der Lärm motorgetriebener Kameraverschlüsse, und er belehrte die Fotografen: «Das ist ja volkswirtschaftliche Verschwendung.» Dann begriff er, daß er da etwas für die Kapitalisten Falsches gesagt hatte, und verbesserte sich: «Das dient dem volkswirtschaftlichen Aufschwung.»

Schmidt fiel eine gesamtdeutsche Eigenart auf – «Ost und West knipsen mit japanischen Kameras» – und traf damit das DDR-Selbstbewußtsein. Honecker verkrampft fröhlich: «Wer hat hier einen Apparat von Zeiss-Jena?» Ein DDR-Fotograf meldete sich. Der SED-Chef entschied: «Nun ist es genug.» Und während seine Leibgarde noch schüchtern zögerte, befolgten westdeutsche Sicherheitsbeamte sofort die ostdeutsche Weisung und drängten die Fotografen resolut ab.

Zwei Tage später, beim zweiten Treffen der Deutschen, schien sich im Verhältnis der beiden einiges verändert zu haben. Honecker ließ den Kanzler fünf Minuten warten und entschuldigte sich: Der dänische Ministerpräsident Anker Jørgenson habe ihn so lange aufgehalten. Es war das fünfte Gespräch des Ostdeutschen mit einem westlichen Regierungschef an diesem Tage, und dem SED-Chef bereitete der Ansturm der Fotografen unverhohlenes Vergnügen. Der Kanzler gab sich kaum noch Mühe, die Spuren der Anstrengung zu verbergen. Zu den Lichtbildnern fiel ihm diesmal nur noch Bösartiges ein: «Wegelagerer», «Luftverpester», «Brüder». Honecker war anderer Ansicht: «Ich finde Ihre Leute sehr fleißig. Bei uns würden sie eine Zulage bekommen.» Schmidt konterte gallig: «Warum gehen die dann nicht in die DDR?» Der Kanzler befahl «raus», und diesmal wurde ein DDR-Beschützer ganz ohne Scheu handgreiflich gegen die Bildreporter.

In der Ostberliner Delegation hatte man nicht ohne Sorgen dem deutschen Gipfelgespräch entgegengesehen. Honecker-Berater befürchteten, daß ihr nicht gerade eloquenter ZK-Sekretär durch forsche Kanzler-Worte aus der Fassung gebracht werden könnte. Aber nach dem zweiten Gespräch meinte ein DDR-Delegierter, der Bundeskanzler könne ja «ganz anders sein, als wir ihn so vom Fernsehen kennen». Und Helmut Schmidt berichtete seinen Mitarbeitern: So offen und «ohne Girlanden» sei wohl noch nie ein deutsch-deutsches Gespräch geführt worden. Zum erstenmal habe ein Ostberliner unverklemmt den ehrlichen Meinungsaustausch gesucht.

Die gute Verständigung wurde auch nicht gestört, nachdem Schmidt sich vom Herzen geredet hatte, was er schon lange loswerden wollte: «Herr Honecker, ich möchte Ihnen doch noch sagen, daß ich das mit Guillaume nicht gut gefunden habe. Und ich habe das auch noch nicht vergessen.» Der Kanzler ersparte dem Gesprächspartner die Antwort: «Trotzdem können wir weitermachen mit den Sachgesprächen.»
Was dann in der Sache verhandelt und beschlossen wurde, fanden später beide übereinstimmend «sehr nützlich». Schmidt meinte, die deutschen «Beziehungen positiv verändert» zu haben. «Im Prinzip einig» (Schmidt) wurde man sich über die Finanzierung neuer Verkehrsverbindungen zwischen der Bundesrepublik und West-Berlin. Honecker ließ die Ostberliner Maximalforderung fallen, Bonn solle alle Kosten tragen. Ein gutes Stück näher kam man sich aber auch in der Berlin-Frage. Dabei half eine neue Formel, die der Kanzler dem SED-Chef anbot: «Wir müssen aufhören, das Viermächteabkommen auf seine Belastbarkeit zu prüfen.» Der Bonner Regierungschef ließ durchblicken, daß dieser Appell auch ein gut Teil Selbstkritik enthält. Er signalisierte Honecker wie später auch Breshnew, daß die Errichtung des Bundesamtes für Umweltschutz in West-Berlin nicht gerade ein weiser Beschluß seiner Regierung war.
Die Entspannungserfolge Schmidts waren nicht vorhersehbar gewesen. Kommunistische, aber auch neutrale Konferenz-Teilnehmer hatten zunächst befürchtet, Schmidt und sein Außenminister Genscher würden die Regeln der Koexistenz-Courtoisie in Helsinki brechen. Die Moskauer Delegation fürchtete am ersten Verhandlungstag Schlimmes vom Gespann Schmidt-Genscher. Breschnew demonstrierte seine persönliche und politische Abneigung gegen den deutschen Außenminister schon bei der Begrüßung durch einen betont flüchtigen Handschlag. Dann schickte der Russe einen Vertrauten zum Bonner AA-Ministerialdirektor Günther van Well, um vorsichtig anfragen zu lassen: ob die bevorstehende Rede des Bundeskanzlers möglicherweise den Konferenz-Frieden stören könnte.
Zur Beruhigung erhielt Breschnew entgegen den Regeln von Helsinki ein Vorausexemplar des deutschen Redetextes, den er sofort in übergroße russische Buchstaben übersetzen ließ. Während der Ansprache Schmidts verfolgte er Satz für Satz angespannt nach vorn gebeugt. Am Ende klatschte Breschnew erleichtert langen Beifall. Dabei hatte der Deutsche von allen Großen auf dieser Konferenz die offensten Worte gewählt. Er hatte die Akzente dort gesetzt, wo die Russen lieber über das KSZE-Dokument schwiegen: Abbau der Barrieren für Menschen und Meinungen, das Recht auf friedliche Änderungen von Grenzen und auf Wiedervereinigung.
Selten hatte Schmidt über eine Rede so penibel nachgedacht und nachdenken lassen. Abgelehnt wurde etwa ein Vorschlag seines Regierungssprechers Bölling, die Kanzlerworte unter ein Kant-Zitat aus dem philosophi-

schen Entwurf «Zum ewigen Frieden» zu stellen. Aus Rücksicht auf Überempfindlichkeiten im Osten und bei der westdeutschen Opposition fiel des Kanzlers Lieblingsphilosoph dem Rotstift zum Opfer. Einmal, weil Immanuel Kant im heute sowjetischen Königsberg geboren wurde, zum anderen, weil man überhaupt nicht mit deutschem Geist prahlen wollte. Und zum dritten endlich, weil das Zitat das Wort «Friedensschluß» enthielt. Bonner Unionspolitiker hätten mißdeuten können, der Kanzler sehe im KSZE-Dokument doch eine Art Ersatz-Friedensvertrag.

Sorgsam vorbereitet kam Schmidt auf alle Vier-Augen-Treffen dieser Konferenz, auch dann, wenn es nicht um die deutsche Frage ging. Schließlich hatte er sich zu Beginn ganz offen und ohne deutsche Nachkriegsbescheidenheit den streitenden Völkern Europas als «honest broker», als ehrlicher Makler, empfohlen. Die Europäer akzeptierten die selbstgewählte Rolle des Deutschen, wenn auch bisweilen mit lautem Zähneknirschen.

So hatte er zur Zypernfrage den überraschten Streithähnen in einem Geheimpapier gleich die Lösung mitgebracht: Zypern bleibt geteilt in einer losen Föderation, aber die Türken rücken ein gutes Stück fruchtbaren Bodens wieder an die Griechen heraus. Dafür bekommen sie amerikanische Militärhilfe. Als erste Geste des guten Willens lassen die Türken 50000 griechische Flüchtlinge in das besetzte Gebiet.

Kaum war die deutsche Initiative bekannt, nörgelte der englische Premier Wilson auf einer Pressekonferenz, der deutsche Kanzler sei von niemandem als Makler bestellt.

Helmut Schmidt blieb unbeeindruckt. Dem Zypern-Bischof Makarios erklärte er ohne Umschweife: «In der öffentlichen Weltmeinung stehen Sie als Hindernis einer Lösung da.» Makarios konterte nicht weniger selbstbewußt, der Kanzler müsse wissen: «Ohne meine Zustimmung gibt es überhaupt keine Lösung, denn 90 Prozent der griechischen Zyprer hören nur auf mich.» Aber prinzipiell sei er zu einem Einlenken bereit, das den deutschen Vorschlägen nahe käme. Schmidt: Seine Seligkeit solle das doch mal öffentlich sagen.

Auch zum Treffen der großen Vier aus dem Westen, zu Amerikanern, Engländern und Franzosen, kam Helmut Schmidt mit einem fertigen Papier. Ford, Wilson und Giscard erfuhren, wie man durch eine verbesserte Zusammenarbeit die Welt aus der Wirtschaftsflaute herausführen und so die große Krise verhindern könne. Der Bundeskanzler drängte auf eine baldige Welt-Währungs-Konferenz der größten Industrienationen.

Die Partner akzeptierten, Schmidt setzte sich an einen Flügel und improvisierte «Freude schöner Götterfunken» aus Beethovens 9. Sinfonie. Regierungssprecher Klaus Bölling, wie stets um schnelle und gründliche Information bemüht, meldete den Erfolg der deutschen Initiative, wurde von

einer Nachrichtenagentur falsch zitiert und hatte wider Willen einen handfesten Krach unter den westlichen Brüdern provoziert. Ein zornbebender Henry Kissinger dementierte. Die Vertreter der übrigen EG-Staaten, die sich übergangen fühlten, zogen sich schmollend zu internen Beratungen zurück.
Der vom vielen Verhandeln erschöpfte Kanzler war schließlich noch zäh genug für den letzten Coup. Nach Beendigung der Konferenz besuchte er noch Polens Parteichef Gierek in dessen Quartier in Helsinki – entschlossen, auch mit dem letzten deutschen Kriegsgegner von einst endlich ins reine zu kommen. Die Polen hatten die Verhandlungen mit einem kalkulierten Nervenkrieg gegen die Westdeutschen vorbereitet. Giereks Rede war von bewußter Unfreundlichkeit gewesen. Doch Schmidt wollte sich nicht irritieren lassen. Acht Stunden lang harrte er gemeinsam mit Außenminister Genscher in der polnischen Residenz aus.
Gegen alle Gewohnheiten beruhigte der Alkoholverächter Schmidt die Nerven mit drei Glas polnischem Wodka. Die Sonne war längst wieder über der Ostsee aufgegangen, da ließ der Kanzler das vierte Glas reichen und stieß mit Gierek an. Das Pokerspiel um Aussiedler und Milliarden war beendet. Zu den Bedingungen, die man zuvor in Bonn als gerade noch akzeptabel festgelegt hatte: 2,3 Milliarden Mark für 125 000 Aussiedler. Ein neutraler Beobachter, Österreichs Kanzler Kreisky, lobte: Damit habe Schmidt nicht nur Brandts Versöhnungspolitik gegenüber Osteuropa vollendet, sondern auch ein Vermächtnis Konrad Adenauers erfüllt. Denn Konrad Adenauer habe ihm schon in den fünfziger Jahren anvertraut: «Nach dem Schicksal der Juden liegt mir das der Polen am meisten am Herzen.»

Der Stern, August 1975

Nur von neun bis fünf

Was heißt heute sozialistische Einstellung?

Von Peter Jenkins

Der Klassenkampf, der sich weitgehend von der untergeordneten Stellung der Arbeiter herleitet, ist in den stählernen Augen von Helmut Schmidt, dem Kanzler der Bundesrepublik Deutschland, das grundlegende Übel Englands. Er wählte die Worte zu diesem Thema sorgfältig und ließ sich im Lauf einer langen Unterredung in seinem Büro im Bonner Bundeskanzleramt nur widerstrebend in etwas hineinziehen, was man, wie er

sagte, als unfreundliche Kritik an «Partnern und Verbündeten» auslegen könnte.
Es war aber auch kaum möglich, unser Thema: das Wesen der Krise in den westlichen Industriegesellschaften – und Schmidts Version der sozialen Demokratie als Antwort auf diese Krise – zu ergründen, ohne gleichzeitig die Frage zu behandeln, warum Englands wirtschaftliche und soziale Leistung der bundesdeutschen so unverkennbar unterlegen ist.
Für mich war es kein Geheimnis, als ich mich mit dem Kanzler zum Gespräch niedersetzte, daß er von der Form, in der wir unsere Angelegenheiten in den letzten Jahren geführt hatten, nicht viel hält. Er findet es schwer, zwischen dem verschlafenen Management der britischen Industrie, das nur von neun bis fünf Uhr arbeitet (Schmidt selbst kennt nur einen Arbeitstag von 14 Stunden), und der engstirnigen Insularität der Gewerkschaften den Hauptschuldigen auszumachen. Tatsächlich soll er einmal vorgeschlagen haben, die Gewerkschaften und die maßgebenden Industrieführer zusammenzubinden und in der Nordsee zu versenken!
Angesichts meines Tonbandgerätes aber war er offensichtlich bemüht, Takt zu wahren – was nicht seine hervorstechende Eigenschaft ist –, und ich versprach ihm, daß die folgende Aussage gedruckt wird: «Ich will nicht den Eindruck erwecken, als sei England unaufholbar hinter anderen Ländern zurückgefallen. Ich bin persönlich ein großer Anglophile – durch meine Erziehung, durch die Tradition meiner Heimatstadt Hamburg und durch alles, was ich im Leben erfahren habe, den Krieg eingeschlossen. Im Grunde glaube ich, daß das britische Volk, wenn es darauf ankommt, hartnäckiger sein kann als irgendein anderes Volk in Europa. Es gibt in England erstaunliche Fähigkeiten, ein Problem zu meistern, das das Volk als das seine erkannt hat. (Hier erwähnte er Churchill und «Blut, Schweiß und Tränen».) Die Briten haben ein enormes Potential an Disziplin und Energie, wenn sie verstehen, was getan werden muß und was gebraucht wird. Daher bin ich in keiner Weise verzagt.»
Er hielt inne, pochte auf den Tisch und sagte: «Bitte lassen Sie das nicht aus. Das ist wirklich meine Meinung. Ich möchte, daß Sie's drucken lassen.»
Wir waren auf das Thema England gekommen, als ich ihn fragte, ob er die in Deutschland verbreitete Meinung teile, daß der Name für unsere Krankheit die «Englische Krankheit» sei, oder ob wir nicht vielleicht wieder in der vordersten Linie stünden und die Schwierigkeiten durchmachten, die für die hochentwickelten industriellen Gesellschaften endemisch sind und die in Kürze in Deutschland ebenso akut werden könnten. Schmidt widersprach meiner Prämisse: «Ich könnte nicht zugeben, daß England fortgeschritten ist», sagte er. «In keiner Weise – weder in seiner sozialen Struktur noch in seiner industriellen Struktur und nicht einmal in seiner politischen

Struktur. Ich finde, daß die britische Nation über zu viele Jahre zu viele Dinge als gegeben angenommen hat, und das ist nicht dasselbe wie Fortschritt.»
Er hatte vorher zwischen zwei Krisen unterschieden – der demokratischen und der internationalen. Demokratien lebten in permanenten Krisen und seien an mindestens eine Krise pro Woche gewöhnt. Er wollte jedoch das, was er die «gegenwärtige kritische Entwicklungen» nannte, nicht herunterspielen – diese seien keineswegs auf parlamentarische Demokratien beschränkt. Wir erlebten «eine Inflation unvereinbarer Wünsche, Forderungen und Erwartungen» zu einer Zeit, in der die «kontrollierenden disziplinären Faktoren» in allen demokratischen Gesellschaften zu sehr geschwächt seien.
Aber dann gebe es auch die internationale Krise, und die mache deutlich, daß der Nationalstaat insofern versagt, als er sich nicht den Anforderungen der gegenseitigen Abhängigkeit anbequeme. Immer mehr Probleme seien internationale Probleme, aber die internationale Zusammenarbeit hätte sich seit der Periode unmittelbar nach dem Kriege nicht mehr weiterentwickelt, sondern habe eher die Tendenz abzunehmen.

Ein klassenkämpferischer Gesellschaftstyp

«Wenn man sich fragt, was die wahren Gründe für die unterschiedliche Entwicklung der Gesellschaften und Wirtschaften in England einerseits und den meisten Nationen des Kontinents andererseits sind, dann glaube ich, dies hat damit zu tun, daß die englische Gesellschaft, viel mehr als die skandinavische, deutsche, österreichische und holländische, durch einen klassenkämpferischen Gesellschaftstyp gekennzeichnet ist. Das trifft sowohl auf die oberen Klassen als auch auf die Arbeiterklasse zu.
Ich glaube, daß die Art, wie die organisierte Arbeiterschaft einerseits und das industrielle Management auf der anderen Seite ihre Probleme angepackt haben, einfach veraltet ist. Ich meine, daß die Organisation der britischen Gewerkschaften (wieviele habt ihr denn? das geht doch in die Hunderte, nicht wahr?) nicht auf dem rechten Kurs ist. Gerade dadurch, daß sie gespalten ist und so viele kleine Gewerkschaften hat, ist sie weniger wirkungsvoll als die Organisation in diesem Lande, wo wir nur 16 Gewerkschaften haben.»
Wollte er damit sagen, daß, allgemein gesehen, die deutsche «soziale Markt»-Formel bessere Ergebnisse bringe als unser mehr dirigistischer Versuch, die Wirtschaft zu lenken? «Mir paßt der Ausdruck Soziale Marktwirtschaft nicht. Ich benutze ihn nicht. Der wahre Unterschied ist nicht der Grad des Dirigismus. Es gibt eine ganze Menge – ziemlich viel – Dirigismus im heutigen Deutschland, und es hat ihn immer gegeben.

Nein, der wahre Unterschied beruht auf der total verschiedenen Organisation der Arbeiterschaft und des sehr verschiedenen Verhaltens der Arbeiterorganisationen und des industriellen ‹Partners› am Verhandlungstisch. In Deutschland haben sich die Gewerkschaften in den letzten 25 Jahren außerordentlich vernünftig verhalten. Die Anzahl der Streiks pro hunderttausend Arbeitstage in England ist im Durchschnitt 10-, 12- oder 15mal höher als in Deutschland. Dennoch haben die britischen Gewerkschaften real gesehen für die Arbeiter nicht das erreicht, was die deutschen Gewerkschaften für die ihren durchgesetzt haben.»
Er führte das weitgehend auf das System der Mitbestimmung zurück, dem gesetzlichen Rahmenwerk für die Gestaltung der industriellen Beziehungen in Deutschland, und besonders auf Vertretung der Arbeiterschaft in den Vorständen und das System der frei gewählten Betriebsräte. «Die Stärke eines gewählten Betriebsrats in einer deutschen Fabrik ruft bei vielen englischen Unternehmen ein wahres Grauen hervor, aber dies ist ein sehr wirksamer und sehr wichtiger Faktor für Deutschlands wirtschaftliche Leistung.»
War das ein Ersatz für staatliches Eigentum? fragte ich. Nein, das glaube er nicht, obwohl in diesem Lande sowieso «kein Druck für staatliches Eigentum» vorhanden sei. Und was ist der Vorteil des staatlichen Eigentums, wenn der Arbeiter von dem staatseigenen Management genauso behandelt werde wie zuvor von dem privateigenen Management? Ein bloßer Eigentumswechsel verändere nicht die Formen, in denen die Arbeiter und das Management miteinander verhandelten.

«Bennery» nach Tony Benn

Schmidt steht jedoch unter einem gewissen Druck des linken Flügels der Partei, das anzuwenden, was wir in unserem Lande «Bennery» nennen, das heißt die Investitionsplanung durch staatliche Lenkung. Er ist entschieden dagegen. Er sagte: «Ich glaube nicht an die Investitionsplanung durch den Staat. Ich glaube nicht an das Wachstum der Bürokratie. Ich glaube nicht an die wirtschaftliche Weisheit des Staates, soweit das industrielle Management in Frage kommt. Und das wird auch nicht gemacht.»
Ich gab ihm zu bedenken, daß er sich als Politiker, der zur Wiederwahl steht, einigermaßen exzentrisch verhalte. Statt Wahlbonbons zu versprechen, verheiße er verminderte Ausgaben und erhöhte Steuern. Er erwiderte, daß das Volk solchen demokratischen Führern vertraue, die die Wahrheit sagten, und daß die meisten Leute in Deutschland von der Wahrheit überzeugt sind, daß man nicht mehr ausgeben kann als man einnimmt. Er erwarte, daß ein Programm der Einschränkung eine erfolgreiche Wahlstrategie darstellen werde. Er ist ganz offensichtlich ein harter Mann.

Dennoch läßt ihn sein Ruf als Pragmatiker oder Technokrat, der keinen Idealismus besitze und der, wie manche behaupten, überhaupt kein Sozialdemokrat sei, nicht unberührt.
«Wie spricht man über mich in England?» fragte er.
Von sich selbst sagte er: «Ich habe keine Zweifel über meine Identität. Ich bin ein Sozialdemokrat. Ich bin, seitdem ich ins berufliche Leben getreten bin, Mitglied meiner Gewerkschaft. Aber ich habe es niemals als die politische Aufgabe der SPD angesehen, so eng ihre Beziehungen zu den Gewerkschaften auch sind, die Befehle der Gewerkschaftsführer auszuführen, bloß weil sie Hunderte, Tausende oder gar Millionen von Stimmen in ihren Taschen haben. Ich betrachte mich als Mann der Mitte. Ich betrachte mich nicht als zum rechten Flügel der SPD gehörig.»
«Ihr müßt die Arbeiter als gleichberechtigte Mitglieder der Gesellschaft behandeln», sagte er und sprach nun wieder – mit einiger Leidenschaft – über Englands Dilemma. «Ihr müßt ihnen Selbstachtung vermitteln, das sie aber nur haben können, wenn sie auch Verantwortung erringen. Dann werdet ihr imstande sein, die Gewerkschaften zur Ordnung zu rufen und zu fordern, ihre idiotische Politik aufzugeben und zu einer neuen überzugehen. Dann werden sie auch Ratschläge von Außenseitern annehmen – von Regierung oder Partei oder von wem auch immer. Aber solange ihr an einer verdammten klassenverseuchten Gesellschaft festhaltet, werdet ihr niemals aus eurem Schlamassel rausfinden.
Und das, wenn ich bitten darf, ist eine sozialistische Einstellung, nicht eine rechtsgerichtete Haltung. Die britischen Gewerkschaftler sind rechtsgerichtet, weil sie nicht wirklich eine Stimme in der britischen Wirtschaft und Gesellschaft anstreben. Es ist ein Mangel an Verständnis für die sozialen und psychologischen Bedürfnisse des Arbeiters. Dieser möchte stolz auf sich sein können. Ja, ich glaube wahrhaftig an Mitbestimmung.»

The Guardian, 30.9.1975

Schmidt hat kein Charisma

Zerfall einer Kanzler-Legende

Von Hans Habe

Der Vertrauensverlust Bundeskanzler Schmidts, wie ihn das der SPD nahestehende Infas-Institut nachweist, ist nicht der unmittelbare Anlaß dieser Betrachtung. Meinungen ändern sich und Meinungsumfragen sind zweifelhaft. Wenn man sich ein Jahr vor den Bundestagswahlen fragen muß, ob Helmut Schmidt seine Partei zum Sieg führen kann, dann in erster Linie, weil es feststeht, daß seine Partei Helmut Schmidt nicht zum Sieg führen kann. Was Willy Brandt als «Schwächen» und «Abnutzungserscheinungen» der SPD bezeichnet, das ist die tödliche Krise einer Partei, die einem schwer Zuckerkranken gleicht: Sie braucht die täglichen Insulin-Einspritzungen, die nicht bei IG-Farben, sondern bei FDP-Farblosigkeit erzeugt werden.

Wenn es dennoch viele gibt, die glauben, daß die sozialistisch-liberale Regierung den Herbst 1976 überleben wird – und zu diesen gehören vor allem die Kleinmütigen aus den Reihen der Opposition –, dann vernimmt man beinahe stereotyp die Begründung: Helmut Schmidts Popularität wird es schon schaffen! Neben der Frage, ob Dr. med. Genscher bis zum letzten Augenblick bereit ist, der kranken SPD Injektionen zu verabreichen, kommt es also darauf an, ob Helmut Schmidts Anziehungskraft genügt, um die wachsenden Zweifel an der SPD zu überwinden.

Man kann diese Frage mit großer Wahrscheinlichkeit verneinen, weil Helmut Schmidt jenes Charisma abgeht, das Willy Brandt in so hohem Maße eigen war.

Helmut Schmidt hat das Erbe des Charismatikers par excellence, Willy Brandt, angetreten, der den Eskimos nichts als Kühlschränke verkauft hat. Das SPD-Wahlvolk, der nutzlosen Kühlschränke müde – so daß der Vorsitzende Brandt heute besser daran täte, von Nutzlosigkeitserscheinungen statt von Abnützungserscheinungen zu sprechen –, die enttäuschten SPD-Wähler also haben einen Mann begrüßt, der ihnen im Grunde überhaupt nichts verkaufen wollte. Der Abbau-Kanzler, als welcher sich Helmut Schmidt präsentieren mußte, hat sich mit viel Anstand aus einer Affäre gezogen, die seine eigene nicht war.

Fast alle seine «Erfolge» waren negativer Natur. Er hat die von seinem Vorgänger versprochenen Reformen nicht durchgeführt, aber so reformfreudig, wie Willy Brandt es dargestellt hatte, war das deutsche Volk ohnedies nicht gewesen. Er hat die Wirtschaftslage verniedlicht und verschminkt, aber er hat es immer wieder verstanden, sich von seinem eigenen Zweckoptimismus graziös zu distanzieren. Er ließ die extreme Linke in seiner Partei gewähren, aber er hatte das Glück, daß die linksextremistische Ideologie in eben der gleichen Rezessionszeit nicht so recht florieren konnte. Obwohl er der deutschen Politik keinen einzigen neuen Impuls gegeben hat, geriet er nicht, wie Ludwig Erhard, in das Odium des Nichtstuns, denn nach Willy Brandts Leerlauf-Dynamismus war man ganz froh, auf politische Schlagzeilen zu verzichten.

Aber eines Tages kommt die Stunde der Wahrheit, in der sich zeigt, daß energisches Auftreten nicht Energie ersetzt, daß der Hausvater den Haushalt in Ordnung bringen muß, daß Kompromißbereitschaft auf der einen,

Grobheit auf der anderen Seite weder zur Einigkeit führt noch der Polarisation Herr zu werden vermag. In diesem unausweichlichen Moment erweist sich der vermeintliche Zauberer als Zauderer. Richtiger: Es genügt nicht mehr, Sympathien zu erregen, es bedarf der Leistung. Oder des Charismas.

Das Malheur für Helmut Schmidt, das Deutschlands Malheur werden könnte, besteht in dem Vertrauen der SPD auf Schmidts Charisma. Weil Schmidt Pelze an die Eskimos verkaufen konnte, meinte die SPD, er könne auch Kühlschränke verkaufen. In Wahrheit ist er ein Mann, der nach seinen Leistungen beurteilt wird. Das spricht nicht gegen ihn – aber sie reichen nicht mehr aus. Brandt hatte das Glück, nicht nach seinen Leistungen beurteilt zu werden. Sein Charisma überlebte sogar den Fall Günter Guillaume. Ob Helmut Schmidt auch nur das Charisma Willy Brandts überlebt, ist höchst zweifelhaft. Man hat seine Suggestivkraft mit Charisma verwechselt. Nun kann er nur noch mit Glaubwürdigkeit überzeugen.

Welt am Sonntag, 26.10.1975

Hingehört und miterlebt

Zwei Tage im Bundeskanzleramt

Von Nina Grunenberg

Auf die Frage, wie der Morgen für ihn beginnt, antwortet Helmut Schmidt im kargen Stil eines Nachrichtenbulletins: «Ich stehe um 8.15 Uhr auf. Zum Frühstück esse ich ein halbes Stück Brot und eine Birne oder einen Apfel.» Auf das Brot gehört Marmelade, seine Frau Loki überredet ihn ab und zu auch zu einer Scheibe Schinken oder Wurst. Dazu trinkt er Kaffee mit Milch und Zucker.

Zum Beginn am Morgen gehört außerdem die Zeitungslektüre. Helmut Schmidt hört kaum Radio, am Morgen schon gar nicht, schaut selten ins Fernsehen – und sieht dann höchstens die Nachrichtensendungen an –, aber er ist ein interessierter und intensiver Zeitungsleser. Dabei gibt er sich nicht mit den Zeitungsausschnitten zufrieden, die ihm vom Bundespresseamt in einer umfangreichen Pressemappe (Aufschrift: «sofort auf den Tisch») geliefert werden; vielmehr legt er Wert darauf, Zeitungen auch «am Stück» zu sehen, um einen Eindruck von Aufmachung und Plazierung einzelner Themen zu gewinnen. Artikel, die ihn interessieren könnten, sind angestrichen. Die beiden Beamten, die morgens um vier Uhr anfangen, die Zeitungen durchzuarbeiten und für die Pressemappe zu zerschnibbeln, hat

der Kanzler eigens einmal zu sich bestellt, um ihnen die Schwerpunkte seines Interesses bei der Zeitungsauswertung zu erklären.
Die Zeitung, zu der er morgens zuerst greift und die er ausführlich liest, ist der Bonner Generalanzeiger – ein politisch farbloses, im Zweifelsfalle konservatives Blatt. Es hat jedoch den Vorzug, infolge seiner späten Redaktionsschlußzeiten und seiner kurzen Vertriebswege die aktuellste Zeitung auf dem Bonner Markt zu sein. Wegen ihrer komplizierten Technik kann da Die Welt, deren Redaktion in diesem Jahr nach Bonn verlegt wurde, nicht mithalten. Zudem findet der Bundeskanzler den Nachrichtenteil des Generalanzeigers verläßlich und «à jour» – es muß dem Einfluß seines Freundes Giscard zuzuschreiben sein, daß er ab und zu eine französische Vokabel einfließen läßt. Außerdem schaut er in die Süddeutsche Zeitung, Die Welt, das Handelsblatt, die Bild-Zeitung, die Frankfurter Rundschau und in die von ihm geschätzte Frankfurter Allgemeine Zeitung.
Obwohl ihm die F.A.Z. keineswegs immer wohlwill – und noch weniger seiner Partei –, flößt ihm das solide Wissen und das intellektuelle Niveau der Redakteure Respekt ein. Er war schon zweimal in ihrer Redaktion, um mit ihnen zu diskutieren – eher zum Leidwesen seines Presse-Staatssekretärs Klaus Bölling, der sich bei solchen Ausflügen stets fragt: Was bringt das dem Kanzler politisch ein?
Offenbar reizt Helmut Schmidt bei solcher Gelegenheit auch ein intellektueller Lustgewinn, den er sonst nicht sehr häufig aus Zusammenkünften mit Journalisten zieht. Der Ruf einer gewissen Pressefeindlichkeit hängt ihm an, weil er über das Gros der Journalisten hart urteilt. Er hält es für verantwortungslos und leichtfertig, seicht und unpräzise, ahnungslos und unüberlegt – jedenfalls nicht für Gesprächspartner, mit denen eine Debatte lohnt. Die veränderte politische Themenstellung im politischen Geschäft hat dazu beigetragen. Die Wirtschafts- und Finanzpolitik, die längst die Ostpolitik, als das einst große und beherrschende Thema der Brandt-Ära, abgelöst hat, ist ein Bereich, der sich dem Zugang der meisten Tageszeitungsjournalisten entzieht. Alles in allem spricht manches dafür, daß man an weniger als zehn Fingern jene Journalisten zählen kann, die Helmut Schmidt regelmäßig liest, weil ihre Meinung ihn interessiert. Mit Sicherheit gehören dazu Hans Reiser und Hans Heigert von der Süddeutschen Zeitung, Jürgen Eick von der Frankfurter Allgemeinen Zeitung, Theo Sommer und Kurt Becker von der ZEIT.
Außer der deutschen Presse liest der Kanzler im Laufe des Tages noch den Daily Telegraph, die Times, die New York Times, die New York Herald Tribune, Le Monde blättert er durch. Französisch liest er nicht, aber seine Kenntnisse reichen aus, um an Hand der Artikelüberschriften zu erkennen, ob er sich eine Übersetzung machen lassen soll.

9.37 Uhr. Noch ehe sich die Tür geöffnet hat, weiß Marianne Duden, die jüngere der beiden regierenden Vorzimmerdamen: «Der Chef kommt.» Sie hat es im Gefühl.
Doch als erster steht der Sicherheitsbeamte Werner Seewald im Zimmer, er trägt die schwarze Aktentasche des Bundeskanzlers und stellt sie schweigend in einer Ecke ab. Heute ist es nur eine Tasche, an anderen Tagen sind es drei.
Hinter Seewald tritt Helmut Schmidt ein. Er grüßt knapp «Morgen», mit unbewegter Miene, die Augen schwer von versäumtem Schlaf. In das erwartungsvolle Schweigen der beiden Damen sagt er beiläufig hinein, Peter Walter, der Verbindungsmann zur SPD-Zentrale, solle kommen. Und: «Ich muß telefonieren.» Und: «Wann muß ich weg?» Dann verschwindet er durch den braunen Salon – den Warteraum für Staatsbesucher – hinter der Doppeltür seines Arbeitszimmers.
Es war ein typischer Dienstbeginn im Bundeskanzleramt – ohne Wirbel, ohne Schnörkel, nicht der Auftritt eines großen Zampano. Daß «der Chef» gekommen ist, merkt man erst daran, daß plötzlich Leben in das Vorzimmer gerät.
Dies ist der Vorhof der Macht. Hier, bei Liselotte Schmarsow, der Nummer eins im Sekretariat, und Marianne Duden, trifft sich alles, was zum Troß des Bundeskanzlers gehört. Hier werden auf harten Hockern gekränkte Seelen aufgerichtet, wird anderen der Marsch geblasen. Hier wird Kaffee getrunken oder abends auch mal ein Campari-Soda – bittersüß: Kein Drink paßt besser ins Vorzimmer von Helmut Schmidt. Und hier werden auch die Klatschkolumnen zerpflückt und verhöhnt, die sich den Kanzler zur Zielscheibe genommen haben. «Am besten bleiben Sie hier», hat Liselotte Schmarsow in ihrer zupackenden Art denn auch gemeint, als ich mich an diesem Morgen im Palais Schaumburg einfand. «Hier bekommen Sie das meiste mit.»

Helmut Schmidt trifft, so betonen seine Mitarbeiter, wenn sie seinen Führungsstil beschreiben, Entscheidungen nie auf die schnelle. Er nimmt sich Zeit dafür und sucht die Diskussion. Seine Entschlüsse fällt er nicht einsam, vielmehr betrachtet er das Kabinett als «Zentrale der politischen Entscheidungen», an der «nichts Wichtiges vorbeigejubelt» wird – so Bürochef Leister. Den Spielraum des Kabinetts grenzen nur jene Vorentscheidungen ein, die, wenn es sich um wesentliche Punkte handelt, Montag mittags um 13 Uhr beim wöchentlichen Koalitionsgespräch im Bungalow ausgehandelt werden.
Daß sich in der Öffentlichkeit dennoch die Meinung hält, der Bundeskanz-

ler führe das Kabinett im Stile eines Heeresoberbefehlshabers, ist ein Nachhall jenes Rufes, den er sich als Finanzminister erworben hat. Damals, so sagen ihm Kritiker nach, sei er der große Stänkerer im Kabinett gewesen, manche sagen auch: der undisziplinierteste Minister, den Willy Brandt je hatte. Was Schmidt zu jener Zeit aufregte, so verteidigen ihn seine Freunde gegen diesen Vorwurf, war die Unfähigkeit seines Vorgängers, Kabinettsdiskussionen zu einer Entscheidung zu führen. Probleme zu vertagen ist ihm auch heute noch aufs höchste zuwider.

Gewiß, Helmut Schmidt sucht den Konflikt nicht, wenn er weiß, daß er dabei verliert. Aber heute sitzt er am Ende der Verantwortungskette und braucht sich nur über sich selbst zu ärgern, wenn etwas nicht klappt. «Das erleichtert ihm die Arbeit ungemein», sagt einer, der ihn in beiden Funktionen am Kabinettstisch erlebte, als Minister und als Bundeskanzler. «Die Leute haben nicht bemerkt, daß er in eine neue Rolle geschlüpft ist. Seit er Kanzler ist, legt er ja auch die Füße nicht mehr auf den Tisch.»

Am Kabinettstisch betrachtet sich Helmut Schmidt heute als Moderator, der führt, doch jeden zu Wort kommen läßt. Wenn seine Tagesform nichts zu wünschen übrigläßt, dann kann er auch bedauern, daß nur wenige Ministerkollegen zur allgemeinen politischen Lagebeurteilung beitragen. Außer Egon Bahr, Jochen Vogel, Walter Arendt und Georg Leber läßt in der Runde selten jemand Interessen erkennen, die außerhalb des eigenen Ressorts liegen. Gleichwohl kann Staatssekretär Schüler statistisch belegen, daß die Kabinettssitzungen unter Schmidt genauso lange dauern wie einst unter Brandt.

Wenn sie noch länger dauern, dann liegt es mit daran, daß Helmut Schmidt auch außerhalb der Tagesordnung in den verschiedensten Problemen herumbohrt. Außerdem hat er eine Neigung zu Monologen entwickelt, in denen er weit ausholt und kolossale Weltwirtschaftsgemälde skizziert. Viele seiner Kollegen erinnert das an Referate aus dem Oberseminar. Doch auch wer nur widerwillig oder gelangweilt zuhört, bewundert seine Leichtigkeit in der Analyse, seine Fähigkeit, klarzusehen, wenn andere konfus werden, und Dinge einfach darzustellen, die den meisten kompliziert erscheinen. «Wenn er sich gut unterrichtet hat», urteilt ein Minister, «hat er einen erstaunlichen Durchblick. Wenn er dann die anderen Kollegen sich noch entfalten läßt, hat er eine meisterliche Fähigkeit, das Problem auf den Kern zu bringen und die Alternativen deutlich zu machen.»

Die Medaille hat auch ihre Kehrseite: «Was sich ihm nicht schnell aufschließt, das bleibt ihm auch verschlossen. Wenn ein Weg um drei, vier Ecken führt, dann ist oft schon nach der ersten Kurve Schluß.» Es fehlt nicht an Beispielen für die virtuose Art Schmidts, auch mit seinen Vorurteilen Politik zu machen.

Da sind erstens die Professoren. Wenn ihm danach ist, verdammt der Kanzler ihren Stand in Grund und Boden, weil sie »unfähig waren, ihre Universitäten in Ordnung zu halten». Da sind zweitens die Intendanten der Rundfunkanstalten, die seiner Auffassung nach das Geld aus dem Fenster werfen, ohne sich Gedanken zu machen, woher es kommt; es ärgerte ihn maßlos, daß das ZDF seine Steuern nicht zahlen wollte. Drittens steht er den Ministerpräsidenten verständnislos gegenüber, die sich lieber gegenseitig blockieren, als der Vernunft des Bundes zum Durchbruch zu verhelfen.

Manche seiner Freunde meinen resigniert: «Helmut Schmidt ist eben nur mit dem Verstande Demokrat, nicht mit dem Herzen.» Wenn sie Sozialdemokraten sind, dann wollen sie damit auch sagen: Helmut Schmidt wurzelt nicht im Mutterboden der Partei wie Walter Arendt; weder die proletarische noch die antifaschistische, noch die marxistische SPD ist seine Welt. Er stammt aus jenem aufgeklärten Bürgertum, das die soziale Frage ernst genommen hat. Er ist auch nicht in die SPD eingetreten, weil es bei ihm zu Hause Tradition war, sondern aus Vernunft. Deshalb, so meint der Ministerkollege, habe er es auch als Kanzler schwerer als Willy Brandt: «Bei Brandt haben alle die Flagge gestrichen, wenn er die seine zeigte – außer Schmidt. Aber nun bewirkt seine Flagge alleine nichts. Er kann keinen am Portepee fassen und bewegen. Seine Überzeugungskraft ist seine einzige wirkliche Stärke im Kabinett: Er vermag Lösungen so überwältigend darzustellen, daß er auch ohne proletarische Solidarität auskommen kann.»

Liegt hierin die Erklärung dafür, daß Helmut Schmidts Kanzlerstil mitunter unerwartet melancholische Züge trägt?

Zu Mittag will er nur eine Suppe essen – wie gewohnt. Er bekommt eine «doppelte Kraftbrühe» von Lacroix aus der Dose. Die Hausdamen in der Pantry machen sie heiß. Manchmal kochen sie auch «wie bei Muttern» Bratkartoffeln mit Bouletten oder braten dem Kanzler ein Steak. Aber zum Kummer von Hannelore Schmidt geschieht dies nicht oft genug. Aus dem zweihundert Meter entfernten Bungalow verfolgt sie die Eßgewohnheiten ihres Mannes mit Argwohn und doch hilflos. Er ißt zuwenig und trinkt zuviel – Kaffee, Tee, Säfte, Buttermilch; alles außer Alkohol, aus dem er sich nicht viel macht. Die zehn Kilo Übergewicht, die er beklagt, hält er auch deshalb, weil er eine Schwäche für Vollmilchschokolade, Marke Milka, hat. Lilo Schmarsow muß stets einen Vorrat davon im Schreibtisch haben.

Die Bedürfnisse des Kanzlers sind bescheiden, sein Lebenszuschnitt im Amt ist fast spartanisch. Keine Mark, die der Kanzler privat für Zigaretten, Suppen, Würstchen, Schokolade, Schnupftabak und Buttermilch braucht, wird vom Amt bezahlt. Dafür existiert eine separate Haushaltskasse, deren Grundstock Lilo Schmarsow von den Reisekostenabrechnungen des Kanzlers abzweigt. Den Rest holt sie ihm aus dem Portemonnaie.

13.45 Uhr. Der Kanzler ist damit einverstanden, daß ich für eine Weile bei ihm sitze und zusehe. Leute, die die Welt kennen, sagen, er sei der einzige Regierungschef, der eine Bücherwand in seinem Arbeitszimmer habe. Vor allem hat er wohl die einzige deutsche Amtsstube, in der das Bild des sozialdemokratischen Arbeiterführers August Bebel hängt. Bruno Kreisky und der greise Tito waren die einzigen Gäste, denen das sofort auffiel. Das Gemälde ist ein Geschenk von Alfred Nau, dem Schatzmeister der Sozialdemokraten. Für Schmidt ist das Bild ein Zeichen der Kontinuität – ebenso wie die Büste des ersten Reichspräsidenten Friedrich Ebert, die er in der Eingangshalle des Palais Schaumburg hat aufstellen lassen. Sonst hängt dort unten nur noch das große Adenauer-Porträt von Oskar Kokoschka. Wenn mehr Platz wäre, würde er die Porträts der anderen Kanzler der Bundesrepublik Deutschland danebenhängen: Ludwig Erhard, Kurt Georg Kiesinger, Willy Brandt. Daß von seinen Vorgängern im Amt niemand daran gedacht hat, irritiert ihn. Er findet, das bißchen an demokratischer Tradition, das die Bundesrepublik hat, soll man pflegen.
Die imperiale Weihe, die etwa das *oval office* des amerikanischen Präsidenten ausstrahlt, hat der Raum des deutschen Bundeskanzlers nicht. Es ist ein Arbeitszimmer, das sich in seiner Zweckmäßigkeit wohl kaum als Symbol für die Nation eignen würde. Der Schreibtisch, aus rotbraunem Palisanderholz, ist groß genug, um darauf in Aktenbergen wühlen zu können. Davor stehen zwei bequeme Stühle, für Besucher und für seine Sekretärinnen, die dort zum Diktat Platz nehmen. Das einzige Geräusch, das die Stille im Raum unterbricht, sind abgrundtiefe Seufzer, die sich der Brust des Kanzlers entringen. Sie ähneln den Geräuschen aus Redaktionszimmern: manche Kollegen stöhnen ebenso, wenn sie schreiben oder redigieren müssen. Der Kanzler redigiert Reden, die er gehalten hat und nun für den Druck vorbereitet. Jeder, der ihm einmal ein Interview zur Korrektur vorgelegt hat, weiß, daß er ein ausgefuchster Redigierer ist. Er ruht nicht, bis seine Texte so gut sitzen wie ein Stück Häkelware.
Hier, im Auge des Taifuns, merkt man so wenig von der politischen Krisenwoche, von der draußen in der Öffentlichkeit gesprochen wird, daß ich es mir mit Macht ins Gedächtnis zurückrufen muß: Der Mann, der dort am Schreibtisch sitzt und Zeile für Zeile der Rede redigiert, die er am Wochenende auf dem Hamburger Parteitag gehalten hat, kämpft in der Debatte um die Investitionslenkung und die Sparbeschlüsse der Regierung, um den Kern seiner Politik. Seine Reden sind die Munition, mit der er seine politischen Freunde versorgt: ein Mittel zum Zwecke des Regierens.

Die Reden kommen auf verschiedene Weise zustande. Für solche vor der Fraktion und vor den Gremien der Partei (Vorstand, Präsidium und Parteirat) hat er selten ein ausgearbeitetes Manuskript. Da redet er frei und läßt den Text danach vom Tonband abschreiben, um ihn zu redigieren. In den meisten anderen Fällen läßt er sich Manuskripte von seiner «Schreibstube» machen, einem *Ghostwriter-Team* von vier Leuten, das von Ministerialrat Christan Bauer geleitet wird. Bauer schrieb auch schon im Finanzministerium Reden für Schmidt. Die Aufgabe ist nicht leicht. Schmidt braucht Reden die Menge – vom Bundeskanzler wird verlangt, daß er mindestens an sechs von sieben Tagen öffentlich redet –, und er stellt Ansprüche. So legt er Wert darauf, daß ihm bei jeder öffentlichen Veranstaltung der Ghostwriter, den die Redevorlage betrifft, zuhört und dabei überprüft, was der Chef aus seiner Rede gemacht hat: ob er viel oder wenig daraus verwendet, was er verändert hat. Udo Löwke, sein persönlicher Referent, und ich rechnen später aus, daß er heute und gestern insgesamt 127 Seiten politischen Text redigiert und unters Volk gebracht hat.

19.03 Uhr. Auf geht's zur Standortpresse. Auch der Sicherheitsbeamte Werner Seewald, von Lilo Schmarsow burschikos «Sohn» genannt, ist mit dabei. Er ist dreißig Jahre alt und noch unverheiratet. Bevor er zur «Begleitung Bundeskanzler» ausgewählt wurde, war er Sachbearbeiter der Staatsschutzabteilung der Hamburger Kripo. Er und seine drei anderen Hamburger Kollegen – Ernst-Otto Heuer, Günter Warnholz und Waldemar Guttmann – haben einen Vierzehn-Tage-Turnus in Bonn: einer von ihnen ist der Schatten des Bundeskanzlers, der andere begleitet Frau Schmidt, und die restlichen zwei erholen sich in Hamburg von den Strapazen. Ihr Tag ist so lang wie der des Bundeskanzlers: in der Regel sechzehn Stunden. Auf eine halbe Stunde mehr oder weniger kommt es nicht an. Wenn Werner Seewald in Hamburg ist, treibt er viel Sport – er macht Krafttraining – und hat Zeit, zu jenen Schießstunden zu gehen, die für alle Polizisten vorgeschrieben sind, aber die viele aus Zeitmangel nicht einhalten.

19.45 Uhr. Der Bundeskanzler kehrt zurück ins Amt. Egal, ob er noch in das Konzert der Israelischen Philharmoniker geht oder nicht – ich habe keine Karte und möchte auch nach Hause. Seit dem Frühstück habe ich nichts mehr gegessen, mir knurrt der Magen. Doch wer zum Troß gehört, muß bleiben. Der Kanzler befindet, ich könne seine Einlaßkarte haben, er brauche doch keine. Dann zieht er sich zurück ins Arbeitszimmer, wieder zu den Akten und Reden. Marianne Duden bestellt mir aus der Pantry ein belegtes Brot – eine «Ohnmachtsschnitte», wie meine Großmutter das zu nennen pflegte. Lilo Schmarsow ist schon gegangen: Sie hat von der Israelischen Botschaft ebenfalls eine Karte zum Konzert bekommen und will sich noch schönmachen.

21.00 Uhr. Marianne Duden entscheidet sich zu einem Vorstoß. «Man braucht unheimlich viel Gespür bei ihm», erklärt sie. «Entweder knurrt er – oder er sagt dankbar: Das ist aber lieb.» Sie möchte ihm sagen, daß sein grauer Flanellanzug nicht genügt, falls er noch ins Konzert gehen will. Die Pause ist um 21.35 Uhr vorbei.
Aber sie kommt unverrichteterdinge zurück. Wenn er noch geht, hat er gesagt, zieht er sich bestimmt nicht mehr um. «Dabei braucht er dafür nicht einmal fünf Minuten», sagt Werner Seewald kopfschüttelnd.
21.29 Uhr. Werner Seewald hat seinen dunklen Anzug nicht umsonst aufgebügelt. Wir fahren zur Beethovenhalle – der Bundeskanzler nicht einmal so ungern, wie es scheint. Er findet ja, daß er ein musischer Mensch ist, bei dem nur irgendwann einmal irgend etwas «schiefgelaufen» sei. Zur Entspannung spielt er abends manchmal noch auf dem alten Familienklavier, das so viele Umzüge überlebt hat und jetzt im Kanzlerbungalow steht. Zu seinen Lieblingsstücken gehört Beethovens «Wut über den verlorenen Groschen» und – je nachdem – «Freude, schöner Götterfunken». Wir kommen heute abend gerade noch zu Dvořáks Siebter Sinfonie zurecht.

Zweiter Tag

Gesichtet, sortiert und aufbereitet werden die Vorlagen, die für den Kanzler bestimmt sind, im Kanzlerbüro, dem Nadelöhr zwischen Administration und Regierungsspitze. Den 39jährigen Büroleiter Klaus Dieter Leister vergleichen Kenner der Bonner Beamtenszene bewundernd mit einem Rennpferd: Er ist meistens schon im Ziel, wenn andere noch am Start scharren. Dabei arbeitet der drahtige Jurist ebenso geräuschlos wie schnell. Helmut Schmidt hatte ihn im Wirtschaftsministerium entdeckt, als er Schillers Nachfolge als Superminister für Wirtschaft und Finanzen antrat. An Leister war ihm der politische Instinkt aufgefallen, der in solider Arbeit an der Basis erworben ist: Er war vier Jahre lang Ortsvereinsvorsitzender der SPD in Bonn-Poppelsdorf und saß, mit Einverständnis Helmut Schmidts, für einige Zeit auch noch im Bonner Stadtrat. Sein derzeitiger Job verträgt Nebentätigkeiten nicht mehr.
Vorlagen aus dem Kanzleramt bekommt Helmut Schmidt in blauen Mappen, Post in braunen, Gesetzentwürfe und Rechtsverordnungen, die er unterschreiben muß, in grünen Mappen. Bei einigen Vorlagen aus dem Hause werden Entscheidungen verlangt, mitunter wird nur erwartet, daß der Kanzler Sachstandsvermerke und Hintergrundberichte zur Kenntnis nimmt. Beispiele aus jüngster Zeit: Er läßt sich die letzten Konjunkturdaten und einen Bericht zur Lage der öffentlichen Finanzen geben, er fordert

genaue Information über Kontakte an, die zwischen den einzelnen Ministerien und südafrikanischen Regierungsstellen bestehen – als Konsequenz aus dem Fall Rall.

Er erhält einen Vermerk über ein geplantes Gespräch mit Künstlern zum Thema «Kunst im Neubau» des Kanzleramtes, mit Vorschlägen über Termin, Einladungsliste und Programm (schriftlicher Kommentar zur Einladungsliste: «Es sind mir zu viele», dazu seine persönliche Auswahl der Künstler).

Zur Routine des Aktenstudiums gehören Niederschriften von Gesprächen, die seine Minister im Ausland führen. Bei wichtigen Gesprächen wird er umgehend über Fernschreiber informiert, etwa wenn Außenminister Genscher in New York mit seinem sowjetischen Amtskollegen Gromyko zusammentrifft. Nach der Rückkehr des Außenminister bekommt der Kanzler dann zusätzlich noch einen schriftlichen oder mündlichen Bericht.

Dem Kanzler werden auch Botschaftertelegramme vorgelegt, allerdings nur eine Auswahl. Doch die Telegramme kommen zuweilen mit Verzögerung und sind oft durch aktuelle Zeitungs- und Fernsehberichterstattung, aber auch durch Meldungen des Bundesnachrichtendienstes überholt. Deswegen scheint der Kanzler mitunter der Meinung zu sein, daß er sie auch selber schreiben könnte, vorausgesetzt der Tag hätte mehr als 24 Stunden.

Bei Helmut Schmidt, dem sorgfältigen Aktenarbeiter, sitzt der liebe Gott im Detail. Die Abteilungsleiter, manchmal auch die Referenten, müssen darauf gefaßt sein, daß er sich unvermittelt am Telefon meldet und einen Vermerk erklärt haben möchte, den sie ihm vorgelegt haben. In der Regel bittet er aber schriftlich um Rücksprache und gibt die Akte zurück. Bei klaren Fehlern kann er großzügig sein, versichern seine Mitarbeiter. Aber es macht ihn ungeduldig, serienweise Ungenauigkeiten im Detail geliefert zu bekommen. Da ist er pingelig wie sein Amtschef Manfred Schüler: Beide erwarten, daß Vorlagen im Prinzip und in den Einzelheiten stimmen; Schüler meint, daß die Beschäftigung mit Kleinigkeiten auch entspannend sein kann.

Es kommt beispielsweise vor, daß Helmut Schmidt Zeitungsartikel anstreicht und anordnet, daß sie in Antwortentwürfen mit verwertet werden – um diesem oder jenem Briefschreiber zu beweisen, daß er auf dem Holzweg ist. Seine Pressemappe bearbeitet er so ausführlich, daß er auch noch an den Rand der Ausschnitte malt, zum Beispiel: «Ist falsch, muß dementiert werden.»

Damit seine Entscheidungen im Hause «umgesetzt» werden können, läßt Helmut Schmidt nichts lange auf seinem Schreibtisch liegen. Seine Weisungen, Wünsche, Fragen schreibt er mit grünem Filzstift an den Rand der Vorlage, präzise und unmißverständlich. Grün ist in der Verwaltung die

Farbe des Chefs (auch der Minister), Rot ist die Farbe der Staatssekretäre. Mit einem «Grünkreuz» gibt der Kanzler gemäß der GGO (der Gemeinsamen Geschäftsordnung der Bundesministerien) auch zu erkennen, daß er einen Brief selber unterschreiben will. Wenn es der Sachbearbeiter tun soll, schreibt er auf den Brief nur: «danken e.Z.» (eigenes Zeichen).

13.57 Uhr. Das Interview mit Peter Jenkins vom *Guardian* verspätet sich fast um eine halbe Stunde. Der Journalist wird vom stellvertretenden Regierungssprecher Grünewald und von einem Stenografen aus dem Bundespresseamt begleitet. Für das Gespräch mit dem Kanzler hat Jenkins eine der besten Einführungen mitgebracht, die einem britischen Journalisten bei Helmut Schmidt die Türen öffnen kann: eine Empfehlung des britischen Schatzkanzlers Denis Healey, den Helmut Schmidt zu seinen ältesten Freunden unter den Politikern zählt.
Der Brite beginnt geschickt: Er erzählt Helmut Schmidt, was seine Landsleute schon alles von ihm wissen: «*. . . that you are a very tough operator – left of center, that qou know your economics but that you have some difficulties to identify yourself with the SPD.*» Beim letzten Punkt widerspricht der Kanzler, aber als Jenkins ihn dann als den in der westlichen Welt anerkannten Wirtschaftspolitiker bittet, eine Diagnose der englischen Krankheit zu geben, erliegt er dieser Verführung und macht aus seinem Herzen keine Mördergrube.
Die englische Sprache, die er perfekt und gerne spricht, macht es ihm leicht, noch deutlicher zu werden, als er schon auf deutsch ist. Er scheut sich nicht, die Dinge beim Namen zu nennen, auf die Fehler der britischen Gewerkschaften zu zeigen *(narrow-minded insularity)* und auf die der Unternehmer *(the sleepy nine-to-five management)*; die Klassenstruktur der englischen Gesellschaft zu schelten und die Misere von allen Seiten bengalisch zu beleuchten. Wer Verhaltenheit im Einsatz der Mittel für eine Tugend hält, braucht sich da nicht zu wundern, daß Engländer sich hierdurch an Kaiser Wilhelm II. erinnert fühlten.
Während des Gesprächs löffelt der Kanzler die gewohnte Suppe – eine Tasse «doppelte Kraftbrühe», die ihm mit einer mit Butter bestrichenen Schwarzbrotscheibe serviert wird. Den Gesprächsteilnehmern bietet er an, an seinem kärglichen Mahl teilzunehmen. Nein, man dankt.
15.48 Uhr. Zum Schluß stellt der Kanzler dem Interviewer selber Fragen und läßt sich von Jenkins Personalien aus der Londoner Regierung und Opposition berichten: Was macht Margaret Thatcher, die Chefin der Konservativen? Und Denis Healey? Wird er auf dem Labour-Parteitag Schwierigkeiten bekommen? (Healey verlor seinen Posten im Vorstand der Partei an Eric Heffer.) Klatsch entspannt auch die Mächtigen. Als das Gespräch zu Ende ist, wartet schon der nächste Besucher, Schmidts frühe-

rer Verleger Seewald. Das Gespräch mit Jenkins hat fast zwei Stunden gedauert. «Der Kanzler redet nun mal so gerne englisch», stöhnt ein Mitarbeiter.

16.00 Uhr. Staatssekretär Bölling begleitet den Verleger. Er hat wohl die leise Sorge, daß der Kanzler aus alter Anhänglichkeit den Überredungskünsten Seewalds erliegen könnte. Seewald, dessen Verlagsprogramm heute eher rechtslastig ist, hatte einst dem Buchautor Helmut Schmidt Starthilfe gegeben. In seinem Stuttgarter Verlag war 1961 Schmidts erstes Buch unter dem Titel «Verteidigung oder Vergeltung» erschienen – der erste Beitrag aus deutscher Feder zur Nuklearstrategie.

Zu jener Zeit saß Franz Josef Strauß noch als Verteidigungsminister in der Ermekeil-Kaserne. Helmut Schmidt hingegen stand damals noch im Schatten von Fritz Erler, Willy Brandt und Herbert Wehner. Er war ein talentierter, wortgewaltiger Parlamentarier ohne herausgehobenes Amt. Das Buch erreichte bei Seewald sieben Auflagen und wurde in England und Amerika übersetzt. Daß Seewald ihm damals auf Treu und Glauben einen Vorschuß gab, hat Schmidt ihm bis heute nicht vergessen. Die Diäten waren damals für die Bundestagsabgeordneten noch karg und Helmut Schmidt ein «armer Hund», der fand, daß er sich auf dem Altar der Öffentlichkeit opfere. Als er plötzlich «flüssig» war und ein bißchen Geld hatte, lernte er ein neues Lebensgefühl kennen.

1967 erschien bei Seewald noch eine Redensammlung von Helmut Schmidt unter dem Titel «Beiträge»; 1969 brachte der Verlag Schmidts letztes und erfolgreichstes Buch auf den Markt: «Strategie des Gleichgewichts». Es hat bis heute eine Auflage von über 50000 Exemplaren erreicht. Daß der Verleger seinen Autor heute gerne gewinnen würde, um sein Programm politisch wieder gesellschaftsfähig zu machen, ist ihm an der Nasenspitze anzusehen.

Doch der Kanzler winkt ab, weder barsch noch hochfahrend, sondern ruhig, in verständnisvollem Ton, so abgeklärt, daß man nicht für möglich halten will, daß er vor einer halben Stunde noch die englische Nation gegeißelt hat. «Lieber Freund», sagt er zu dem Verleger, der vor dem Schreibtisch Platz genommen hat, «ich muß meiner Partei vieles zumuten, was ein anderer ihr nicht zumuten würde. Das ärgert meine Leute. Und sie zu ärgern, wenn es nicht notwendig ist, das mache ich nicht. Ich muß sie schon genug ärgern, wo es unvermeidlich ist.»

12.45 Uhr. Lilo Schmarsow macht sich auf den Weg, um noch eine Stange Reyno für das Wochenende des Kanzlers zu besorgen. Ich habe Zeit, um mir Helmut Schmidts persönliches Archiv anzusehen – zumindest jenen Teil, der im zweiten Stock des Palais Schaumburg unter dem Dach Platz gefunden hat und hier von Mitte 1973 an gesammelt ist. Der größere Teil lagert noch im Keller des Finanzministeriums. Helmut Schmidt schreibt

kein Tagebuch, nur seine Tagespläne werden in diesem Archiv aufbewahrt, das er seit Beginn seines politischen Lebens führt, das heißt, seit er 1953 in den Bundestag gewählt wurde.
Noch heute streicht der Kanzler selber an, was er archiviert haben möchte. Das «Presseecho», das seine Person und seine Ansichten im Laufe der Jahre auf sich zog, umfaßt allein 135 extradicke Leitz-Ordner; seine Reden, Aufsätze, Interviews, Grußworte und ähnliche eigene Arbeiten füllen noch einmal 88 Leitz-Ordner. Seine Korrespondenz – weniger die dienstliche als der Briefwechsel mit politischen Freunden, Gegnern und Kritikern – und das Sacharchiv mit den Parteiunterlagen bilden den anderen Teil des Archivs. Betreut wird dieses Archiv von Amtsinspektor Otto Koll, 47 Jahre alt, einem gebürtigen Danziger, der den Eindruck macht, als wäre er eigens vom lieben Gott für diesen Job geschaffen worden.
Oben unter dem Schrägdach des Palais Schaumburg, wo die Rollschränke stehen, erklärt er mir sein Archivsystem. Über zwanzig Jahre Leben in ein Archiv gestopft – das hat etwas Erschreckendes. Es erinnert an ein Sparschwein, von dessen Inhalt der Politiker Schmidt dereinst, als Pensionär, wird reichlich leben können, falls er je dazu kommt, es zu schlachten und zu verwenden. Der erste wäre er schließlich auch nicht, der sein Privatarchiv anlegt, um der Nachwelt in Memoiren zu beweisen, wie das Bild der Geschichte wirklich aussieht. Für dieses Ziel brauchte schon Richelieu elf Bände; Bismarcks «Schriften, Reden, Briefe, Gespräche» umfassen in der Friedrichsruher Ausgabe 19 Bände. Konrad Adenauer starb, ehe er mehr als drei Bände schreiben konnte. Bei Helmut Schmidt steht nach Auskunft von Amtsinspektor Koll bislang nur fest, daß er eine Scheune am Brahmsee oder in Hamburg-Langenhorn wird mieten müssen, um sein Archiv unterzubringen, falls er sich jemals zur Ruhe setzen und Bücher schreiben sollte. Das Wort «Memoiren» will Otto Koll nicht gelten lassen. «So ein Mann», sagt er, «hört nicht heute auf und legt sich morgen ins Bett.»

Die ZEIT, Okt./Nov. 1975

Sein Kompaß heißt Pflicht

«Ihm fehlt der Stallgeruch des Sozis»

Von Thomas Meyer

Die Frage, ob ihm heute, in diesem Herbst 1975, das Regieren noch Spaß macht, findet Helmut Schmidt schwer zu beantworten. Der «Reiz des Neuen» ist natürlich weg nach anderthalb Jahren im Amt des Bundeskanzlers, und er hat die Opfer drastisch zu spüren bekommen. Opfer: das heißt weitgehend Verlust der privaten Sphäre, Zugriff der Öffentlichkeit bis hinein in die innersten Bereiche, Argusaugen der Sicherheitsleute, neugierige Journalisten, «die mich bis nach Hause verfolgen». Macht es trotzdem Spaß? Die Antwort erstickt in Nachdenklichkeit. Auf die Erkundigung dagegen, worauf er sich heute morgen, beim Aufstehen an diesem Freitag, besonders gefreut hat, kommt es prompt: auf das Wochenende.

Des Bundeskanzlers Wochenende, so läßt es sich an: Auf dem Flughafen Köln-Wahn, militärischer Teil, müssen gegen neunzehn Uhr die vier Triebwerke der für acht Passagiere eingerichteten, schnellen Bundeswehrmaschine wieder abgedreht werden. «Der Kanzler kommt frühestens in einer Stunde», heißt die neueste Nachricht. Er kommt schließlich unauffällig, kein Sicherheitsgetöse; die letzten fünfzig Meter von der Sperrkette geht er zu Fuß, vornweg die Begleiter mit drei dicken Aktentaschen. Ob das Wochenende wirklich so privat wird? Aber fest vorgenommen hat er sich, wie immer, eines: nachholen, was ihm im Bonner Regierungsdruck am meisten fehlt, Schlaf. Im Hamburg-Langenhorner Heim an der Hohen Liedt bringt er es von Freitag abend bis Montag früh gewöhnlich auf achtzehn bis zwanzig Stunden: Augen zu, abschalten, sich wegsinken lassen. Nachbar Schmidt findet Ruhe in seinem Eigenheim.

Die Lockheed zieht steil in die Höhe, vierzig Minuten Flugzeit, genügend für eine Bilanz? Man müßte gleich den Kern treffen, große, schicksalschwere Worte finden, dem Kanzler Bekenntnisse von den Lippen reißen, seine Visionen von der Welt und dem Land, das zu regieren ihm obliegt. Visionen? Auf so was beißt Helmut Schmidt nicht an, nein, er spuckt es geradezu aus. Visionen, Philosophien (vom politischen Katheder), Ideologien, dies Volk hat davon viel zu lange und viel zuviel vorgesetzt bekommen. Das hätte der Rainer Barzel wissen müssen, als er ihm, wiederholt, vorwarf, ein «Kanzler ohne Perspektive» zu sein. Was den geistigen Horizont des Helmut Schmidt angeht – hat er in langen Politikerjahren nicht genügend Bücher geschrieben, Grundlegendes ausgesprochen, seinen Intellekt ausgewiesen? Visionen sollen, seinethalben, jetzt andere haben. Das ist nicht die Münze dieses Kanzlers und dieser Zeit. Sein Weg führt über holprige Dorfstraßen in der kargen Landschaft: Die Leute wieder mit den Realitäten vertraut machen, nennt es Helmut Schmidt. Das ist Knochenarbeit. Dem Kanzler steht es ins Gesicht eingegraben. Die Zeiten sind schwer. Schmidt nennt es eine Durststrecke.

Das Flugzeug hat die vorgesehene Flughöhe erreicht. Unten gleiten die Lichterketten des Landes vorbei. Autobahnen, ein hell bestrahltes Fußballstadion. Alles gut zu erkennen, der Sprung Bonn–Hamburg zwingt die Bundeswehrpiloten nicht in höchste Höhen. Der Kanzler schaut nur selten aus dem Kabinenfenster. Er kennt die Strecke auswendig.

Der Mann, der in Hamburg vor mehr als einem Dutzend Jahren die Wasserkatastrophe meisterte, als die Deiche unter der großen Sturmflut barsten, regiert in Bonn jetzt ein ganzes Land. Hamburg–Bonn mit Rückfahrkarte, dann, doch wieder, Bonn. Ein Pendlerdasein, das mit jedem Pendelschlag gedrängter, dichter wurde; die Kehrtwendungen beschreiben in Wahrheit den Vorwärtsdrang, aber auch Unterordnung, den disziplinierten Willen, immer dort tätig zu werden, wo die Partei ihn gerade am nötigsten brauchte.

Jetzt wieder Bonn, schon fast zehn Jahre lang, Fraktionschef im Bundeshaus, Minister für Verteidigung, für Finanzen, Super-Minister unter Brandt nach Schillers Abgang, seit siebzehn Monaten Nachfolger des Mannes, der ihn nach der Wahl 1972 auf die erste Stelle der Reservebank beorderte. Schmidt als Kanzler der Ära nach Brandt: Er unterscheidet die Aufgaben und verflicht sie zugleich. Wiedergewinnung materiell-ökonomischer Stabilität und politisch-gesellschaftliche «Innovation». Die Realitäten, so klingt es aus der nüchternen Analyse, müssen stimmen, dann können eines Tages, vielleicht, die Träume wieder blühen, kleinere Träume auf jeden Fall.

Ist es ein Traum, dieses Land zu regieren, findet da jemand mit traumwandlerischer Sicherheit den vorgezeichneten Weg? Oder sitzt einer am Hebel, der instinktiv weiß, wann was und wo etwas geradezubiegen ist, der das Handwerk des Ausklügelns zur Perfektion getrieben hat? Ein Visionär will Helmut Schmidt nicht sein, zum «Macher» haben sie ihn abgestempelt, ein Klischee, «das man mir mit großem Fleiß aufgeklebt hat». Viele haben mitgeklebt, auch die «Linken» in seiner eigenen Partei. Schmidt tut das ab. Das höchste Regierungsamt, sein ganz persönlicher Traum? Schmidts kategorisches Nein wehrt skeptisches Nachbohren ab. Ihm war, sagt er, gewiß, daß Brandt die Zügel führen würde, bis andere, viel Jüngere, an der Reihe wären. Er selbst sah sich «in dieser Kiste» nicht. Bis wann nicht? Bis Brandt ihm sagte, jetzt sei er dran, Helmut Schmidt. Er hat, erinnert sich der fünfte Kanzler, seinem Vorgänger damals zugeredet, zugesetzt: Nicht aufgeben! Hat nicht glauben können, daß Guillaume, der Agent, den Schlußpunkt markieren sollte und durfte.

Die inneren Dimensionen des Rücktritts von 1974 sind ihm erst später klargeworden. Schmidt wurde Kanzler. Gern? Nein. Warum dann? Die Pflicht. Das Preußen-Wort kommt dem Hanseaten prompt, aber ohne Ausrufezeichen über die Lippen, eine nüchterne Feststellung. Andere Lösungen gab es nicht, damit auch nicht die Möglichkeit des Zögerns, Abwägens, die Freiheit der Entscheidung. Und, zu allem, fehlte die Zeit. Schmidt sammelte die Fäden auf, ordnete die Truppe, trat vor den Bundestag. Er war Kanzler. Das gedankliche Aufarbeiten kam später. Solche Schicksale, scheint er sagen zu wollen, lassen sich weder erzwingen noch korrigieren.

Eine Schicksalswende auch für das Land? Helmut Schmidt rationalisiert sofort: Er spricht von einer «mittleren Zäsur», die zusammentraf mit einem neuen Abschnitt in der Weltwirtschaft. Er hat, mit Genscher, jetzt ein «anderes Geschäft» auszuführen als damals Willy Brandt mit Walter Scheel, deren «Aufgabe» er so umschreibt: «In einer Epoche scheinbar mühelosen Wachstums die politische Öffnung zur Zukunft zu finden.» Sein Geschäft ist es nun, die Durststrecke zu überwinden, die sich auf diesem, ebendiesem Weg auftat, das politische Werk an den Realitäten zu messen, mit ihnen in Einklang zu bringen und so am Leben zu erhalten, dabei Phantastereien von links ebenso zu wehren wie denen, die in seinen Augen die Schraube zurückdrehen wollen. Doch für Schmidt ist das, in anderer Lage, immer noch derselbe Weg, von einem Bruch will er nichts wissen, und jene, die von verspielten Chancen sprechen, handeln sich seine Verachtung ein.
Da gibt es jene alten mit dem traditionsgestählten Arbeiterflair, in deren Augen Schmidt am Rande dessen steht, was ein «echter Sozialdemokrat» zu verkörpern hat. Er selbst mag, wie Freunde sagen, zuweilen unter dem Manko leiden, daß ihm nicht der «Stallgeruch» des gestandenen Sozis anhaftet, daß er, andererseits, auch das nicht hergibt, was Brandt zu bieten hat: Integrationskraft nach allen Seiten und Identifizierungsmöglichkeit für fast jede Richtung. Aber er weiß auch, daß Sozialdemokratie heute sich nicht mehr zuvorderst aus dem Milieu der Werftarbeiter speist, daß er und seinesgleichen die Generation der Nachgerückten bilden, die eigentliche Mitte der Partei von heute, die nicht Solidaritäts-Gesängen folgten, sondern aus rationaler Überzeugung den Weg zur SPD fanden.
Absurd ist die These, der Kanzler habe seinen inneren Standort eigentlich schon lange neben, gar außerhalb der SPD. Er und die Sozialdemokraten, das sind in seinen Augen dreißig Jahre Mitgliedschaft, harte Arbeit in der und für die Partei. Und da «herrscht eben eine andere Vorstellung von Sozialdemokratie als bei manchen jungen Leuten». Aber die werden, meint er, schon auch noch dahinterkommen.
Eine Ausrede, bequemer Rückzug von einer Kluft, die nicht mehr überbrückbar ist? Wenn Schmidt seinen politischen Werdegang schildert, von der Genugtuung spricht, seit Noske erster sozialdemokratischer Verteidigungsminister in Deutschland gewesen zu sein, und voller Stolz hervorhebt, daß es heute ganz selbstverständlich sei, «wenn die Armee sozialdemokratische Befehle befolgt», dann fällt es schwer, solchen Mutmaßungen zu folgen. Der Sohn eines Studienrats, der nicht müde wird, der SPD und vor allem den Gewerkschaften die Integration der Angestellten aller Gruppen und Schichten als eine gesellschaftspolitische Hauptaufgabe ins Bewußtsein einzuhämmern, fühlt sich immer wieder zur Facharbeiterschaft hingezogen. Sie ist ihm bei seinen öffentlichen Auftritten die liebste und dankbarste Zuhörerschaft. Ist es denn so ganz abwegig, daß dieser

Kanzler die Kraft für sein Amt nicht zuletzt aus der ihm spezifischen Art von sozialdemokratischer Tradition und Überzeugung zieht?
Daß der Alltag des Regierens mit der reinen Lehre selten übereinstimmen kann, ist ein anderes Lied. Schmidt vergißt nie, daß er Kanzler einer Koalition ist und bleiben muß, eine andere Möglichkeit zeichnet sich für den Realisten nicht ab, auch nicht am fernen Horizont. Das zu vergessen, wäre Fahrlässigkeit auch gegenüber der eigenen Partei. Da weiß er sich im Einklang mit Herbert Wehner und Willy Brandt. Die Namen Schmidt, Brandt, Wehner stehen für eine Zweckgemeinschaft, die Sozialdemokraten regierungsfähig macht, im Kabinett, im Bundestag, in der Partei. Persönliche Beziehungen treten in den Hintergrund. Wenn Schmidt davon spricht, ist die Differenzierung fein und trotzdem deutlich: mit Brandt immer gut, sehr freundschaftlich, aber nicht eben enge Freundschaft, im Verhältnis zu Wehner ein großes Maß an gegenseitigem Respekt. Gute, vertrauensvolle Zusammenarbeit im Dreieck will Schmidt keinesfalls in Zweifel gezogen sehen.

FAZ, 8. 11. 1975

Europäischer Führer von Weltformat

Von der Katastrophe oder vom Erfolg geprägt?

Von Godfrey Hodgson

Vor einem Monat erklärte der Kanzler der Bundesrepublik Deutschland dem Präsidenten der Vereinigten Staaten höflich, aber bestimmt, daß er daheim in den Vereinigten Staaten einen schweren Fehler mache:
Präsident Ford hatte sich geweigert, mit bundesstaatlichen Geldern den Bankrott New Yorks zu verhindern. Man hatte sogar behauptet, daß die Kampagne gegen New York ein wesentlicher Bestandteil von Fords Wahlstrategie für das Jahr 1976 sein werde. Falsch, sagte Helmut Schmidt. Die symbolische Wirkung der Zahlungseinstellung New Yorks wäre für die ganze westliche Welt eine wirtschaftliche Katastrophe. Die Behauptung wurde taktvoll vorgebracht, aber auch mit aller Entschiedenheit, und wenn Ford nicht notwendigerweise davon überzeugt war, so hörte er Schmidt doch mit guter Miene zu.
Es war ein charakteristisches Beispiel für Schmidts Stellung in der Weltpolitik. Der Grund dafür, daß der bundesdeutsche Kanzler heutzutage mit so viel Autorität spricht, liegt gewiß teilweise daran, daß die starken Bataillone der erfolgreichsten Wirtschaft in der Welt ihm den Rücken stärken. Aber das ist eben nur ein Teil der Begründung. Während Henry Kissinger

die internationale Szene mit einer Public-Relations-Kampagne nach der anderen zu blenden wußte, hat Helmut Schmidt in der Stille sein Zeichen gesetzt als erster europäischer Führer von echtem Weltformat seit Charles de Gaulle. Und dies allein mit seiner persönlichen Durchschlagskraft.
Auf etwa die gleiche Weise hat Schmidt seinen Mut bewiesen, als er darauf bestand, bei der Sonderkonferenz der Labour Party über Europa seine Meinung zu äußern. Nur 24 Stunden zuvor hatte die Konferenz mit überwältigender Mehrheit dafür gestimmt, England aus dem Gemeinsamen Markt herauszuhalten. Die Gegner des Marktes hatten offen damit gedroht, den Saal zu verlassen, wenn Schmidt sprechen würde. Das wäre nicht nur peinlich gewesen, es hätte auch unvermeidlich einen Rückschlag für die erneute Verhandlung der englischen Mitgliedschaft bedeutet, und eben um diese zu fördern war Schmidt nach London gekommen.
Niemand verließ den Saal. Ohne Zweifel war das zum Teil dem britischen Fair play zu danken. Aber vor allem war es Schmidts persönlicher Erfolg. Mit dem Selbstvertrauen und Timing eines alten Dompteurs ging er in den Käfig; seine einzigen Waffen waren sein Takt und sein Witz.
Es wäre übertrieben, zu behaupten, daß ihm jedes Tier in dem Drei-Manegen-Zirkus aus der Hand gefressen hätte. Aber es war trotzdem eine atemraubende Demonstration politischer Virtuosität. Schmidt sprach, wie die Reporter sagen, in «makellosem Englisch». Auch das war eine Übertreibung. Schmidts Englisch hat – wie jede Fremdsprache bei jedem Menschen, der nicht wochenlang ununterbrochen im Element dieser Sprache lebt – einen Makel: Er spricht mit einer Spur von deutschem Akzent. Seine Satzbildung ist gelegentlich gestelzt. Aber wenn Helmut Schmidt eine Sekunde lang vor dem englischen Äquivalent von *oberflächlich* (superficial) oder *Voraussetzungen* (preconceptions) zögert, dann wird einem erst richtig klar, wie viele intellektuelle Pferdestärken unter der Schädeldecke an der Arbeit sind.
Kein anderer zeitgenössischer Führer des Westens kann auch nur annähernd mit Schmidts umfassenden Fähigkeiten für sein Amt gleichziehen. Er ist ein mitreißender Redner. Er ist meisterhaft im Fernsehen. Im Bundestag ist er einer von nicht mehr als drei oder vier Personen, die imstande sind, eine echte Stegreifdebatte zu führen. Er ist ein legendärer Arbeiter, der Stöße von Akten verschlingt. Er ist bewandert in Volkswirtschaft, Verteidigung, internationalen Beziehungen und Innenpolitik. Wenn die Politik nur Technik und nicht auch Charisma wäre, hätte er keinen Rivalen als stärkster Allroundman in der demokratischen Politik seit dem 22. November 1963. Nur die magische Ausstrahlung fehlt.
Es ist aber nicht allein Schmidts persönliche Begabung, die seine Intervention bei der europäischen Debatte der Labour Party so bedeutsam gemacht hat. Die deutsche sozialdemokratische Partei, deren Vorsitzender noch

Willy Brandt ist, die aber jetzt von Helmut Schmidt als dem Kanzler geführt wird, ist zum Prüfstein für die Zersplitterung und die Ungelegenheiten der Labour Party geworden.
Schmidt selbst ist sich dieser Tatsache und der mitspielenden historischen Ironie wohl bewußt. Seit ihrer Gründung im Jahr 1875, und besonders während der tragischen Jahre der Weimarer Republik von 1918 bis 1933, war die Sozialdemokratische Partei Deutschlands (SPD) durch innere ideologische Kämpfe gelähmt. Die traditionalistische Linke und die revisionistische Rechte der Bewegung lagen sich wegen der Interpretation des Marxismus (den beide theoretisch akzeptierten) in den Haaren: über die Revolution und über die Legitimität des deutschen Staates. Das ging so weit, daß die Männer, die nach 1945 die SPD neu gestalteten, sich im Gegensatz dazu die pragmatische, nicht die ideologische Labour Party zum Beispiel nahmen.
«In den ersten zehn Jahren nach dem Krieg», sagte Helmut Schmidt, «hat die deutsche sozialdemokratische Partei vornehmlich nach der Labour Party geschielt und nach dem Beispiel, das uns von der Regierung Attlee, von Ernest Bevin, Nye Bevan und anderen gegeben wurde, zu einer Zeit, als wir nach einer Orientierung suchten. Seit der Mitte der fünfziger Jahre richten wir uns in steigendem Maße nach den Modellen der sozialen Umwandlung, die uns von den skandinavischen Sozialdemokratien geliefert werden.»
«In gewisser Weise», fuhr er fort, «ähneln die Diskussionen in den britischen Labour-Kreisen heute mehr den Auseinandersetzungen in der früheren Sozialdemokratischen Partei Deutschlands» – will sagen, der Partei vor 1933 –, «und das Verhalten der deutschen SPD gleicht mehr dem der früheren Labour Party.»

Man hört heutzutage viele Stimmen in Deutschland, die behaupten, daß die SPD in der Tat nicht mehr den Ehrgeiz habe, die Gesellschaft umzuwandeln. Linksgerichtete Studenten tun ihren Anspruch, den Lebensstandard der deutschen Arbeiter erhöht zu haben, als bloßen «Verbraucher-Faschismus» ab. Die Stamokap-Bewegung innerhalb der SPD verhöhnt ihre Ziele als «Staats-Monopol-Kapitalismus».
Viele Jungsozialisten – die Jusos – teilen diese Auffassung mit mehr oder weniger Leidenschaft. Die Jusos sind nicht eine separate Randbewegung der Linken. Alle SPD-Mitglieder unter dreißig Jahren sind Jungsozialisten, und ein großer Prozentsatz von ihnen, ebenso wie ein großer Prozentsatz der Universitäts-Intellektuellen und ihrer Studenten, steht mehr oder weniger unter dem Einfluß radikaler Kritik an der SPD.
Als ich Schmidt fragte, wie sich die SPD die Umwandlung der Gesellschaft denn vorstelle, sagte er, daß die intellektuellen britischen Sozialisten die

Tendenz hätten, die große tatsächliche Umwandlung der Gesellschaft, die sich in Deutschland schon vollzogen hat, nicht zur Kenntnis zu nehmen. «Sie übersehen leicht den großen und fast immer verantwortlichen Einfluß der deutschen Gewerkschaften», fuhr er fort. «Ein Vergleich der Rolle der deutschen Gewerkschaftsbewegung mit der britischen Gewerkschaftsbewegung über die letzten 25 Jahre wäre für England fruchtbar.»
«Zweitens», sagt er, «wenn das überhaupt erwähnt werden muß, haben wir ein Netzwerk geknüpft aus sozialer Gerechtigkeit, sozialer Gleichheit und sozialer Sicherheit. Wir haben 25 Millionen Arbeitern ein Gefühl der Sicherheit gegeben, das über das Sicherheitsgefühl in vielen anderen europäischen Gesellschaften hinausreicht.»
«Drittens ist der Lebensstandard der breiten Massen in Deutschland real erhöht worden. Wenn man Realeinkommen, reale Nettolöhne, reale Nettopensionen vergleicht – mit Ausnahme der beiden neutralen Länder Schweden und der Schweiz –, dann sollten unsere britischen Genossen die Ergebnisse eines solchen Vergleiches einmal prüfen.»
Es seien die Gewerkschaften und die Sozialdemokraten gemeinsam gewesen, meinte er weiter, die diese Ergebnisse erreicht hätten «mit der widerstrebenden, aber realen, der sehr widerstrebenden, aber dennoch schließlich realen Einwilligung jener Kreise der Gesellschaft, die die Führung der Unternehmerschaft darstellen». Während er sich an seinen eigenen Argumenten erwärmte, wuchs und wuchs der Haufen von Zigarettenstummeln in dem vor ihm stehenden Aschenbecher, und während er noch jene Argumente in geordnete Abschnitte einteilte, schaltete er um von fließender Überzeugung in den höchsten Grad der Eindringlichkeit.
«Wie wir das zustande gebracht haben? Nicht durch intellektuelle Debatte. Nicht durch Verstaatlichung einer Industrie nach der anderen, sondern durch schrittweise Änderung der gesellschaftlichen Struktur. Ich bin ein großer Anhänger der schrittweisen Annäherung, wenn man eine Reform zustande bringen will. Ich glaube nicht an die Revolution.»

Es ist kennzeichnend für Helmut Schmidts Generation, daß sie ein Kind der Katastrophe ist. Sie wurde in einer Zeit der Niederlage und Ernüchterung, politischer Revolution und wirtschaftlicher Krise geboren. Als sie heranwuchs, brach die moralische Katastrophe des Nationalsozialismus über sie herein; die Reife erlangte sie im physischen Zusammenbruch einer zweiten und diesmal totalen Niederlage.
Man kann dabei leicht vergessen, daß diese Generation auch aufsehenerregende Erfolge erfahren hat. «Er gehört zu einer Generation, die Deutschland wiederaufgebaut hat», sagte ein konservativer Christdemokrat, der Schmidt sehr bewundert. «Er will bewahren, was wir erreicht haben, und keine riskanten Investitionen in eine ungewisse Zukunft machen.»

«Die Erinnerung an die Katastrophe», sagt Ruhnau, ein früherer Gewerkschaftsfunktionär, der jetzt ein hohes Amt in Bonn versieht, «ist stärker als die Erinnerung an den Erfolg.» Das ist eine präzise psychologische Erkenntnis, aber sie ist in diesem Fall akademisch. Für Helmut Schmidts Generation wirken beide Erfahrungen in die gleiche Richtung: hin zur Vorsicht und zu einem gewissen unparteilichen Konservatismus – sie erfüllt der instinktive Glaube, daß das Heil nicht vom Dogma kommt, sondern von Common sense und harter Arbeit.

Sunday Times Magazine, 16. 11. 1975

Der Mann des Jahres

Die politische Trumpfkarte

Von Nicolas Colchester

Die «Financial Times», eine sehr angesehene, hauptsächlich in führenden Wirtschaftskreisen gelesene englische Tageszeitung, hat Bundeskanzler Helmut Schmidt zum Mann des Jahres 1975 erklärt. Die von dem Londoner Blatt gegebene Begründung dieses Urteils veröffentlichen wir nachstehend im Wortlaut.

Der deutsche Bundeskanzler Helmut Schmidt ist unser Mann des Jahres aufgrund des weltweiten Respekts, den sich die deutsche Wirtschaft, die deutsche Demokratie und die Außenpolitik in den zwanzig Monaten seiner Amtszeit erworben haben. In seinem Beitrag dazu hat Schmidt aufgebaut auf dem Werk von Adenauer, der die Bundesrepublik innerhalb der westlichen Demokratien verankerte und ihr den Weg zu wirtschaftlichem Einfluß gewiesen hatte, sowie von Brandt, dem das deutsche internationale Image ein wertvolles Maß von Menschlichkeit verdankt.
Schmidt scheint einer jener Männer zu sein, dessen beste Eigenschaften in schwierigen Zeiten zum Ausdruck kommen. Er wurde bekannt als energischer Minister, der die Notmaßnahmen bei den Überschwemmungen in seiner Geburtsstadt Hamburg organisierte. Er etablierte sich als Bundeskanzler in einer Zeit der Rezession, die in manchen anderen Demokratien zu stürmischen politischen Folgen führte. Die Rezession hob die deutsche Arbeitslosigkeit auf einen Stand, der noch drei Jahre vorher als politisch fatal angesehen worden wäre. Aber mit Schmidt am Steuer wurde die Bundesrepublik ihrer anscheinend mit Leichtigkeit Herr.
Irgendwie ist es ihm gelungen, sich aus der Parteipolitik herauszuhalten und seinen Ideen Wirkung zu verleihen, nicht weil sie die Linke oder

Rechte repräsentieren, sondern diejenigen eines bedeutenden, klar denkenden Mannes sind. Gerald Ford ist Amerikas republikanischer Präsident, Harold Wilson Großbritanniens sozialistischer Premierminister. Helmut Schmidt kann sich mit dem kürzeren Titel des deutschen Bundeskanzlers begnügen. Dem Ausland personifiziert er das gegenwärtige, von guten Absichten beseelte, logische, tüchtige und etwas schmissige Deutschland. Für die Bundesrepublik ist er die politische Trumpfkarte seiner Partei, der Hauptgrund, warum die gegenwärtige Koalition zwischen SPD und FDP an der Macht bleiben könnte. Von seiner mittleren Position aus vermag der Kanzler die Opposition zu zerstreuen. Der Herkunft und frühen Laufbahn nach ist er ein echter Sozialdemokrat, aber seine Ansichten haben den Respekt und das Vertrauen des Unternehmertums. Nach dem Maßstab der meisten anderen westlichen Demokratien kann er als rechtsstehender Sozialdemokrat gelten. Gute Beziehungen verbinden ihn mit den Arbeitgebern und den Gewerkschaften, aber er geniert sich nicht, beiden öffentlich die Leviten zu lesen.

Er ist ein zeitgemäßer deutscher Bundeskanzler, indem er bemüht ist, mit detaillierten, logischen Argumenten zu regieren. In einem Land, wo jede Streitfrage bis ins letzte geistlähmende Detail analysiert wird, hat er die Zähigkeit, sein Publikum zu überzeugen, daß es keine andere außer der von ihm vertretenen Lösung gibt. Mit diesem Talent verbindet sich eine einmalige Redebegabung, die ihn im schwierigen Augenblick den rechten Ton finden läßt.

1975 war auch Helmut Schmidts Jahr, weil sein wirtschaftliches Verständnis den überragenden internationalen Problemen der Stunde angepaßt war. Doch spürt man seine wachsende Erkenntnis von der Unzulänglichkeit der Werkzeuge des wirtschaftlichen Managements und der Anwendung der es kontrollierenden Theorien. Nachdem er sich öffentlich mit seiner Voraussage, was in der deutschen Wirtschaft 1975 geschehen werde, geirrt hatte, verblieb seine Überzeugung, daß die Staaten in Zeiten der Rezession den freien Handel bewahren und ihre wirtschaftlichen Anstrengungen koordinieren müssen, damit die rechte psychologische Atmosphäre für den Auftrieb geschaffen werden kann.

Am stärksten wird er kritisiert, weil er logisch und manchmal ungeduldig auf Probleme reagiert, ohne aber eine innere Überzeugung von den Zielsetzungen zu haben. Darauf antwortete er selbst auf dem letzten Kongreß seiner Partei: «In Wirklichkeit bin ich Pragmatiker, aber nicht einer ohne Theorien und gewiß auch nicht einer ohne Werte.» Als Pragmatiker mit Wertungen scheint er uns der Mann des Jahres zu sein.

Stuttgarter Zeitung, 3.1.1976

Er heißt Helmut Heinrich Waldemar

Aussage zum Spionagefall Lutze

Von Hartmut Palmer

Hätte der Vorsitzende Manfred Wörner sich nur auf den Augenschein verlassen, wäre der Bonner Öffentlichkeit eine «Enthüllung» entgangen. Aber Wörner ist ein korrekter Mann, und als Vorsitzender des zum Untersuchungsausschuß verwandelten Verteidigungsausschusses fühlt er sich erst recht an die Regeln gebunden, die auch in jedem Gerichtssaal gelten: Mag der Zeuge auch noch so gut bekannt sein, er muß nach seinem Namen und seinem Wohnort sowie nach seinem Beruf gefragt werden. Der Mann im hellgrauen Anzug, der an diesem Freitagmorgen im Saal 1903 des Abgeordnetenhochhauses am Zeugentisch Platz genommen hat, ist wohlbekannt, aber als er, der Aufforderung des Vorsitzenden Wörner folgend, seinen vollen Namen nennt, löst er damit sogar unter altgedienten Bonner Journalisten ein amüsiertes Staunen aus. Er heißt nicht nur Helmut, er heißt Helmut Heinrich Waldemar Schmidt und war – bis zu seinem Eintritt in den Bundestag vor nunmehr einem Vierteljahrhundert – Angestellter. Heute ist er Bundeskanzler und als solcher gefragt, was er von dem Spionagefall Lutze/Wiegel weiß; wann er informiert wurde und durch wen; was er veranlaßte und was er unterließ; und wie er es sich überhaupt erklären kann, daß es zu diesem Spionagefall kommen mußte; ob er selbst dazu beigetragen hat, indem er bestimmte Sozialdemokraten an bestimmte Posten auf der Hardthöhe setzte – damals, als er noch nicht Bundeskanzler, sondern Verteidigungsminister war. Helmut Heinrich Waldemar Schmidt macht am Freitagmorgen nicht den Eindruck, als bereite ihm das Antworten auf alle diese bohrenden Fragen Kopfzerbrechen.

Im Gegenteil: Er scheint die Ruhe selbst zu sein. Die Beine lang unter dem Tisch ausgestreckt, den Oberkörper weit – zur Verzweiflung des Toningenieurs viel zu weit weg vom Mikrophon – nach hinten gebeugt: So liegt er mehr in seinem Sessel, als daß er sitzt. Und nur das ständige Spiel seiner Hände verrät, daß er wach und gespannt ist. Die Linke wandert zwar, wenn sie nicht gerade zur Aufnahme einer Prise Schnupftabak gebraucht wird, meistens in die Rocktasche, aber die Rechte ist ständig beschäftigt: entweder mit der Schnupftabaksdose oder mit der ewig brennenden Zigarette oder – je länger die Vernehmung dauert desto häufiger – mit dem grünen Filzstift, der jede Frage des Vorsitzenden notiert.

Diese Technik des Zuhörens und Mitschreibens verrät nicht nur die Routine eines erfahrenen Politikers, der gelernt hat, Konferenzteilnehmern stundenlang zuzuhören und zu antworten. Sie verschafft dem Kanzler an diesem Freitag auch eine unübersehbare Überlegenheit: Wiederholt kann

er dem Vorsitzenden Manfred Wörner vorrechnen, daß in dessen recht gewundenen Ausführungen mehr Fragen steckten, als dem Fragesteller vielleicht selbst bewußt war.
Auch die zusammenfassende Darstellung, die der Kanzler seiner eigentlichen Zeugenvernehmung vorausschickt, läßt kaum noch eine Frage offen. «Zwölf Bemerkungen» von «erstens» bis «zwölftens» hat Schmidt sich notiert und einige davon in Unterabschnitte von a bis d gegliedert. Helmut Schmidt hat nie einen Zweifel daran gelassen, daß er – im Gegensatz etwa zu dem damals betroffenen Verteidigungsminister Georg Leber – von Anfang an über alle relevanten Details des Spionagefalles Lutze informiert war.
Sein Regierungssprecher Klaus Bölling hatte zwar auf einer Pressekonferenz im Dezember etwas anderes vermuten lassen. Aber Böllings Äußerungen waren vom Kanzler bereits am 19. Januar im Bundestag korrigiert worden: «Es ist unrichtig, anzunehmen, der Bundeskanzler habe von Anfang an keine genauen Kenntnisse über den Spionagefall gehabt.» Nach seiner eigenen Darstellung ist Schmidt vielmehr im Jahr 1976, als der Spionagefall aufgedeckt und das Ehepaar Lutze verhaftet worden war, noch dreimal von seinem Staatssekretär Manfred Schüler unterrichtet worden. Er wußte von Schüler auch, daß die Verhaftung unmittelbar bevorstand. Schon im Herbst 1976 sei er der Auffassung gewesen, daß es sich um einen «schwerwiegenden Fall» handelte.
Daß er im Dezember 1977 von der Veröffentlichung eines Gutachtens über den mutmaßlichen Schaden des Spionagefalles ebenso überrascht war wie sein Verteidigungsminister Georg Leber, verhehlt der Kanzler nicht. «Ich hätte sehr gern gewünscht, daß mir dieses Gutachten in dem Moment zugeleitet worden wäre, in dem es erstattet worden ist.» Dennoch will der Vorsitzende Wörner nicht lockerlassen. Er möchte nur zu gerne wissen, warum der Kanzler, obwohl er doch schon im Herbst 1976 wußte, daß es sich um einen so schwerwiegenden Verrat handelte, kein einziges Mal in der ganzen Zeit bis zur Veröffentlichung des Gutachtens mit seinem Verteidigungsminister oder mit einem hohen Beamten des Ministeriums über den Fall gesprochen hat.
Schmidt hört sich die Vorhaltungen eine Zeitlang ruhig an, aber um zehn Minuten vor zwölf – inzwischen dauert seine Vernehmung fast drei Stunden – scheint ihm der Kragen zu platzen: Plötzlich richtet er sich kerzengerade in seinem Sessel auf, zieht die Beine unter dem Stuhl hervor und das Mikrophon ganz dicht an sich heran. Und dann trägt er im Stakkato-Ton aus einer Liste vor, die hilfreiche Geister für ihn zusammengestellt haben: Es ist die Aufzählung fast aller spektakulären Spionagefälle in der Geschichte der Bundeswehr, von Felfe bis zu Sütterlin. Er, Helmut Schmidt, wisse nicht, ob diese Fälle schwerwiegender waren als der Fall

Lutze. Aber er rate doch einmal dazu, frühere Bundeskanzler – soweit sie noch unter den Lebenden weilen – zu fragen, wie sie sich damals in allen diesen Fällen verhalten hätten.
Auf dieses Sperrfeuer folgt wenige Stunden später der offene Eklat: Entrüstet hat der Bundeskanzler von dem CSU-Ausschußmitglied Friedrich Voss den Wahrheitsbeweis für die Behauptung verlangt, er, Helmut Schmidt, sei dem Abteilungsleiter im Verteidigungsministerium, Herbert Laabs – dem Chef der unter Spionageverdacht verhafteten Renate Lutze –, in Duz-Freundschaft verbunden. Als Voss den Wahrheitsbeweis nicht führen kann, sieht er sich bösen Vorwürfen ausgesetzt. Der SPD-Abgeordnete Conrad Ahlers spricht von einer «Fälschung», der Bundeskanzler von einem «Skandal».
Unwirsch verläßt der Zeuge Helmut Heinrich Waldemar Schmidt den Saal 1903 im Langen Eugen. Er wird ihn vermutlich noch öfter betreten müssen.

Süddeutsche Zeitung, 25.2.1976

Keine Bange, Sie werden sofort regiert!

Das Grundgesetz stets in Reichweite

Von Horst Vetten

Wenn Kurt Georg Kiesinger in einem der Bonner Fernsehstudios angesagt war, kündigte sich das schon eine Viertelstunde vor seinem Eintreffen an: Berater, Mitarbeiter, Sicherungsleute in Stärke einer Fußballmannschaft besetzten das Gebäude. Den führenden ARD-Studio-Leiter in Bonn, Günter Müggenburg, regte das zu einem geflügelten Wort an: «Der Kanzler wirft seine Flaschen voraus.»
Erschien Willy Brandt, so geschah das entweder in der ihm eigenen Feierlichkeit oder aber auch in genau umgekehrtem Frohsinn: Brandt begehrte von den Fernsehleuten den neuesten Witz zu erfahren. Wußten die keinen, erzählte er selber einen; nicht selten den vom letztenmal.
Konrad Adenauer hatte zu Fernsehen und Journalisten ein zwiespältiges Verhältnis; dem altgedienten Bonner Chronisten Walter Henkels sagte er einmal: «Ich versteh' dat nich, da sind die Journalisten jeachtet und jeehrt, warum wollen die denn noch jeliebt sein?»
Ludwig Erhard, ganz entgegen seiner wohlbeleibt-freundlichen Ausstrahlung im Grunde schüchtern bis leutescheu, sah das Fernsehen zwar nicht gerade als Teufelszeug an, aber angefreundet hat er sich damit nie.
Kiesinger liebte seine Fernsehauftritte, Adenauer nahm sie nicht so wich-

tig, Erhard fürchtete sie eher, Brandt erhob sie zu Augenblicken großen Ernstes.

Bundeskanzler Helmut Schmidt hingegen arbeitet seine Fernsehauftritte ab. Wie jeder rückt er, wenn er reinkommt, die Krawatte zurecht. Das ist eine Zwangswirkung des Studios, Frauen greifen sich in die Frisur, Männer an den Hals. Schmidt sitzt gerne lässig, die Jacke offen, ein Arm hängt über der Lehne. In einer mechanisch wirkenden Bewegung streicht er sich in Abständen über Gesicht und Haare, dann wischt er sich die Augen aus, als gälte es, Flusen zu entfernen.

Manche Beobachter deuten dieses Verhalten als Zeichen von Langeweile. Stimmte das, so müßte sich der Kanzler in Fernsehdiskussionen oft entsetzlich langweilen. Wahrscheinlicher ist, daß dies Merkmale der Ungeduld sind, die in ihm brodelt: Schmidt will seinen Fernsehauftritt ableisten, das heißt: bestimmte Dinge sagen, erledigen, abhaken. Alles, was ihn am Abhaken hindert, ist ihm ein Greuel.

Schmidt, so möchte es manchmal scheinen, würde am liebsten die Fragen selbst stellen, damit alles noch ein bißchen schneller und wirkungsvoller geht. Vor allem: damit er alles so darstellen kann, wie er es meint. Er ist Schnelldenker und Schnellsprecher von der Sorte Politiker, die flinker antworten können, als sie gefragt werden. So manchen Abend kann man kreuzbrave Bonner Interviewer zusammenzucken sehen, weil sie der Regierungschef soeben scharf zurechtgewiesen hat: «Hier irren Sie!» oder «Das ist falsch!» Mit knüppeldicken Ausrufezeichen dahinter.

«. . . andere haben nicht entfernt – das klingt jetzt nach Selbstlob –, nicht entfernt diese Durchschlagskraft in der öffentlichen Wirkung, die ich nun mal habe.» – So hat der ‹Spiegel› den Kanzler zitiert und hinzugefügt: «Was kann der Schmidt dafür, daß er so telegen ist . . .»

Sofern Selbstlob oder Eitelkeit bei Schmidt überhaupt vorkommt, dann allenfalls in einer nicht handelsüblichen Form. Der Mann ist Technokrat bis auf die Knochen, beurteilt alles und jedes auf Wirkung und Erfolg, so natürlich auch das Fernsehen.

Er weiß, wie wichtig der Bildschirm für ihn ist, aber was er zur Selbstdarstellung brauche, sagt er, darüber habe er noch nicht nachgedacht. Es sei aber wahr: Figur gewinnen könne man am besten bei der Diskussion im Fernsehen. Und er, Schmidt, werde der erste Bundeskanzler sein, der seinem Gegenkandidaten eine Herausforderung zur gemeinsamen Fernsehdiskussion ins Haus schicke.

Ob er den Fernseh-Nahkampf nun so liebt, ist nicht zweifelsfrei zu ermitteln. Eher scheint es, daß Schmidt auch hier eben nur Arbeit sieht, die zu erledigen ist. Abhaken!

Er hat einen Arbeitsstil, der mit ‹mörderisch› nur unzulänglich beschrieben wäre. Der Regierungschef soll beim Anblick eines Steaks mit grünem Salat

gefragt haben: «Kann man daraus auch Suppe machen?» Damit er, wie gewohnt, rechts löffeln und links in Akten blättern kann.
Schmidt raucht viel, Pfeife, wo möglich, außerdem Zigaretten mit Mentholgeschmack. Der ständige Aufenthalt in qualmgeschwängerten Konferenzräumen scheint eine Sucht nach Frischem in ihm geweckt zu haben: Beständig lutscht er Pfefferminzbonbons, neuerdings schnupft er auch Mentholtabak.
Auf die Gesundheit nimmt er seit seiner Erkrankung an der Schilddrüse insofern Rücksicht, als er sich alle sechs Wochen bei den Ärzten der Bundeswehr in Koblenz zur Kontrolle einfindet; die hatten den damaligen Verteidigungsminister wieder hingekriegt. Sie hatten ihm auch geraten, in seinem Zimmer eine Klimaanlage einrichten zu lassen. Die bläst ihm nun stets gleichbleibend temperierte Luft um den hochleistenden Kopf.
Nichts ist im Zimmer des Regierungschefs, wie es früher war, abgesehen von einem niederländischen Kabinettschrank; Rückbleibsel von Ludwig Erhard. Ganzseitige Bücherwand, meterlang gebundene Haushaltsrechnungen und Haushaltspläne. Tatsächlich hat er stets das Grundgesetz in Reichweite. Wenn Schmidt sich umdreht, sieht er das Fernsehgerät, rechts auf der Schreibtischplatte beherbergt ein Pfeifenständer drei der insgesamt nicht ermittelbaren Zahl an Rauchgeräten.
Als einmal ein Bildreporter diese Arbeitsstätte ablichten durfte, arbeitete Helmut Schmidt am Schreibtisch über Akten. Nicht ein einziges Mal blickte er auf.
Der Fotograf, bundesweit bekanntes Schandmaul, versuchte den Kanzler zu einem Blick zu bewegen und redete ihn unverfroren mit «Eure Effizienz» an. Doch der Kanzler hörte und sah nichts, beharrlich regierte er weiter.
Er beklagt mitunter, daß er zuviel Zeit zur ‹Darstellung› benötige, damit ist auch das Fernsehen gemeint. Als er sein Amt antrat und ein Pressetermin für das erste Bild von Helmut Schmidt als Kanzler angesetzt werden mußte, gewährte er genau zwölf Minuten. Da stand er und litt; wieviel hätte er während dieser zwölf Minuten wegregieren können.
Jedoch: die Zeit langte den Kameraleuten. Schmidt verschränkte beim Zwölf-Minuten-Fototermin kurz einmal die Arme: schon war wieder ein Motiv vom neuen eisernen Kanzler im Kasten. Schmidt ist einer der wenigen Menschen, die selbst mit verschränkten Armen noch tatendurstig aussehen.
In Hamburg, bei einem Parteitag, wo er den Jungen der SPD vorwarf, sie predigten die Kirche leer, bediente er sich eines Beispiels aus dem Fernsehbereich, um darzustellen, wie man reden muß oder nicht darf: «... 95 Prozent der Zuschauer würden eine Live-Übertragung von dieser Veranstaltung abschalten, weil sie nicht verstehen würden, was ihr hier debattiert.»

Vor Mikrofon und Kamera hält er es mit einer schnellen und harten Sprache. Sind die Geräte ausgeblendet, bedient er sich auch volkstümlicher Redensarten: «Riesenquatsch», «dummes Zeugs», «Kinder am Werk» sagt er dann im Klartext. Kommt ihm jemand, beispielsweise ein vortragender Beamter, zu kraus oder zu umschweifig, so bricht seine unterschwellige Ungeduld schon mal jäh auf: «Reden Sie keine Girlanden.»
Darunter versteht er auch zeitverschwendende Höflichkeiten, Schmus oder Schrums. Alles, was präzise funktionieren muß, meint er, hat von ‹Gequatsche› freizubleiben. Basta.
Dem Manne beizukommen, ihn auszubeuten, haben nicht erst seit seinem Amtsantritt als Kanzler verschiedene Betrachter versucht. Mit Klischees geht das nicht, wiewohl er beinahe täglich auf dem Bildschirm zu besichtigen ist und die ‹Telekratie› schon aus so manchem häufig erscheinenden Fernsehkopf einen Klischeeschädel gemacht hat.
Das ‹Hoppla, jetzt komm' ich› eines sozusagen politischen Hans Albers, wie es recht einprägsam gewesen wäre, verträgt sich nicht mit dem tiefen Ernst, ja bisweilen Pessimismus, den der Kanzler erkennen läßt. Das Allerweltsbild ‹rauh, aber herzlich› scheint dem Kaliber des Mannes nicht angemessen.
Schmidt allein weiß, welche Abteilungen seiner Persönlichkeit er in öffentlichen Auftritten, vor allem auch im Fernsehen, sichtbar machen will und welche er unter Verschluß hält. Er ist ein Manager, und den zeigt er her. Wäre er zwanzig Jahre älter, als er ist, würde er von allen seinen Vorgängern Adenauer am ehesten ähneln: durch die Wirkung von Sicherheit und Selbstsicherheit, mit der er die Macht zu handhaben scheint.
Dieser Kanzler, auch auf dem Bildschirm, will nicht berühren, er will regieren. Wann immer Schmidts Schirm-Bild in der deutschen Wohnstube erscheint, teilt es noch dem letzten Untertan fern von Bonn mit: Keine Bange, Sie werden sofort regiert!

Hör zu, 28. 2. 1976

«Maulheld, Angeber, Aufschneider»

Kanzlerdämmerung in Bonn

Helmut Schmidt, am 16. Mai 1974 mit 267 Stimmen (drei Abgeordnete der SPD/FDP-Koalition stimmten mit «Nein») zum fünften deutschen Bundeskanzler gewählt, ist praktisch gescheitert. Trotz krampfhafter Bemühungen der regierungsamtlichen Propaganda-Maschinerie, das Gegenteil darzutun. Trotz rücksichtsloser Versuche des SPD-Partei-Apparats, den

demokratischen Wahlkampf in einen psychologischen Wahlkrieg umzufunktionieren. Trotz Schmidts eigenen Anstrengungen nach vorübergehendem, karriere-orientiertem Flirt mit den Partei-Linken, sich zum bürgerlich-nationalbewußten Staatsmann hochzustilisieren.
Die katastrophalen Ergebnisse seiner Politik sprechen gegen ihn und seine monomane Selbsteinschätzung. Mit der kalten Deutlichkeit nicht wegzudiskutierender Tatsachen: 1,3 Millionen Arbeitslose. Viele hunderttausend Kurzarbeiter. Die höchste Zahl aller Pleiten und Betriebsschließungen in der 27jährigen Geschichte des Staates. Ein allgemeiner Wirtschaftsrückgang mit der bedrohlichen Folge sozialer Demontage. 80 Milliarden DM Bundesschulden. Seitens der westlichen Verbündeten wachsende Reserviertheit gegenüber Bonn. Und aus dem Osten – der die letzte mögliche Unterschrift unter seine Weltkriegs-II-Eroberungen und den letzten möglichen Pfennig kaum kaschierter Reparationszahlungen aus der Bundesrepublik Deutschland herausgepreßt hat – weht wieder eisiger Wind.
Es ist finster geworden um Helmut Schmidt. Und wenn Franz Josef Strauß ihn einen «miles gloriosus» nennt, erhält er regelmäßig tosenden Beifall, sobald er aus «Büchmanns Zitatenschatz» die deutsche Übersetzung mitliefert: Maulheld, Angeber, Aufschneider. Sosehr sich ein Teil der Deutschen nach dem qualmigen Kanzler Brandt für die Starke-Mann-Attitüde von Kanzler Schmidt vorübergehend erwärmte, so heftig macht sich jetzt die Enttäuschung darüber Luft, daß die Attitüde eben nur Attitüde blieb.
Viele Freunde hatte Schmidt nie. Jetzt sind sie vermutlich an den Fingern einer Hand abzuzählen: Sein Hamburger Landsmann Wilhelm Berkhahn, Ex-Staatssekretär im Bundesverteidigungsministerium und jetziger Wehrbeauftragter des Bundestages, gehört dazu. Ebenso sein Hamburger Landsmann Hans Apel, als Bundesfinanzminister «würdiger» Nachfolger Schmidts. Und schließlich sein Hamburger Landsmann, Regierungssprecher Klaus Bölling, der einst als Schmidt-Berater galt, heute an den meisten Kabinettssitzungen nicht mehr teilnehmen darf und von Bonner Insidern als ein Mann bezeichnet wird, dem Schmidt gerade noch zu entscheiden gestatte, ob er seinen Tee mit Zucker oder Saccharin süßt.
Schmidt macht, wie es das Grundgesetz nahelegt, ausgiebig Gebrauch von seiner Richtlinienkompetenz. Doch ein FDP-Bundesminister mokierte sich: «Richtlinien sind eine Sache und Kompetenz eine andere.» Er «riegiert» im Kabinett autoritär, kurzangebunden und eher unduldsam. Er läßt jedermann spüren, daß er sich für klüger und erfahrener hält als alle anderen.
Dabei stört ihn nicht, daß seine eigenen Ressort-Erfahrungen unter den denkbar negativsten Vorzeichen stehen: Unter dem Bundesverteidigungsminister Schmidt hat die Bundeswehr den Tiefststand ihrer inneren Verfassung erreicht, der von Nachfolger Leber nur mühsam, aber erfolgreich

überwunden werden konnte. Unter dem Bundesfinanzminister Schmidt, dem so gut wie keine korrekte Voraussage zur Entwicklung der öffentlichen Finanzen gelungen war, nahm die heillose Zerrüttung der Staatsfinanzen ihren Anfang.

Die Bundesrepublik Deutschland sei ein «Scheißstaat». Die SPD habe sich «de facto» aus der politischen Mitte herausmanövriert. Moskaus Intervention in Angola stelle «kein Scheitern der Entspannungspolitik» dar. Typische Bekundungen Helmut Schmidts. Typisch deshalb, weil sie das – erstaunlich dürftige – Verhaltens-Repertoire des amtierenden Bundeskanzlers offenlegen:

1. Bissige Aggressivität, die mit einem hohen Maß an Geschmacklosigkeit in der Wortwahl persönliche Courage signalisieren und verstärkten Erinnerungswert sichern soll.

2. Realistische – bei der Wählermehrheit zu dem betreffenden Zeitpunkt allerdings gerade populäre – Kennzeichnung von Situationen, die den Eindruck rückhaltloser Offenheit erwecken soll.

3. Naive Rückzugsmanöver auf formale, unpolitische, meist im Gegensatz zu Wahrheit und Wirklichkeit stehende Positionen nach dem Muster, daß «nicht sein kann, was nicht sein darf».

«Früher», so sagte Ex-Kanzler Prof. Dr. Ludwig Erhard kürzlich, «hat man Parteien gewählt, später Parsönlichkeiten, heute ein Image.» Und das zugkräftige Chef-Image hat sich Schmidt über Nacht zugelegt.

Obwohl die SPD heute von mehr oder weniger linkslastigen Akademikern geradezu überschwemmt wird, hat der Studienratssohn Schmidt, eingekeilt zwischen Brandt und Wehner, zur proletarischen Basis der Partei nie das rechte Verhältnis finden können. Und so muß er ständig fürchten, daß er nach Erfüllung seiner Ablenkungsfunktion abgeschoben wird. Augenblicklich ist er im SPD-Kräfteparallelogramm noch nicht zu entbehren. Aber die Phalanx seiner partei-internen Gegner steht: Brandt hat seinen Comeback-Traum noch nicht ausgeträumt. Eppler und Ehmke haben ihm ihren Rausschmiß nie verziehen. Und die Jusos beginnen, sich der Mannheimer Disziplinierungsfesseln wieder zu entledigen. Wenn Schmidt – was nach allen bisherigen Umfrage-Ergebnissen immer wahrscheinlicher wird – die nächsten Bundestagswahlen verliert, ist er weg vom Fenster. Gewinnt er sie, gestützt auf die FDP, mit Hängen und Würgen, werden seine Partei-Linken nicht weitere vier Jahre niederzuhalten sein.

Inzwischen bröckelt auch Schmidts Bild im Ausland ab. Hatten ihn SPD-freundliche Bonner Korrespondenten in ihren Heimatländern eine Zeitlang als beispielhaften politischen Managertyp dargestellt, so hat er durch seine eigenen Auftritte in fremden Hauptstädten völlig andere Reaktionen hervorgerufen: In Großbritannien wurde er bereits mit Kaiser Wilhelm II. verglichen, weil selbst konservative Engländer es unangebracht fanden, daß er auf der Energiekonferenz in Rambouillet mit Labour-Premier Wilson in überheblich-barschem Ton umsprang. Und auch Amerikanern mit großer Distanz zu Präsident Ford mißfällt Schmidts gönnerhafte Pose gegenüber ihrem Staatschef.

Ein einflußreicher Europa-Beamter in Brüssel, der aus einem Benelux-Land stammt, kritisierte die Art und Weise, in der sich Schmidt öffentlich über den Präsidenten und den Vizepräsidenten der Europäischen Kommission lustig gemacht hat: «Warum tritt der deutsche Bundeskanzler gegenüber dem kommunistischen Osten nicht mit der gleichen Schärfe auf wie gegenüber seinen westeuropäischen Partnern?»

Die in seiner Regierungserklärung angekündigte «Kontinuität» der von Brandt eingeleiteten Ostpolitik hat Schmidt vermutlich am stärksten ins Zwielicht gesetzt. Seine zwischen Tür und Angel gemachte Milliarden-Zusage an Polens KP-Chef Gierek war zweifellos noch leichtfertiger und unsolider als die zwischen 1969 und 1974 geführten Vertragsverhandlungen mit den Staaten Osteuropas.

Doch die deutlichsten Zeichen der Bonner Kanzlerdämmerung kündigen sich für Schmidt an in den immer unverhohlener auf 1978 zielenden Absetzspekulationen der FDP und dem rasanten Popularitätsanstieg des Unions-Kanzlerkandidaten Helmut Kohl.

Deutschland Magazin, 8.4.1976

Coventry ist noch nicht vergessen

Schmidt zögert, eine Führungsrolle in Europa zu übernehmen

Von Craig R. Whitney

Nach fast allen Maßstäben müßte Helmut Schmidt, der Kanzler der Bundesrepublik Deutschland, der überragende Führer der westeuropäischen Demokratien sein. Seine Persönlichkeit ist beeindruckend, er ist in kräftiger körperlicher Verfassung im Alter von 57 Jahren, die Wirtschaft seines Landes ist deutlich im Begriff, sich von ihrer schlimmsten Rezession der Nachkriegszeit zu erholen; und obwohl über eine Million Menschen ohne Arbeit sind, gibt es keine sozialen Unruhen, und es besteht keine Gefahr, daß sich die Kommunisten den Weg zur Macht erstreiten wie in Italien und Frankreich.

Statt jedoch die Führung in Europa zu übernehmen, scheint Helmut Schmidt sich zurückzuziehen und sich mehr um seine eigenen Chancen zu sorgen, die bundesdeutschen Wahlen am 3. Oktober zu gewinnen. In stei-

gendem Maße hat er seine Verbündeten in Washington und den europäischen Hauptstädten vor der Gefahr gewarnt, seinen internationalen Einfluß zu «überschätzen». Bescheidenheit ist kaum einer von Schmidts stärksten Charakterzügen, und deshalb hat sein Zögern, eine größere europäische Führungsrolle zu übernehmen, einige führende Politiker der kleineren Länder, von denen die meisten kräftige Befürworter eines vereinigten Europas sind, in tiefe Sorgen gestürzt.
Hinter Helmut Schmidts Zurückhaltung steckt eine Kombination von innerpolitischen Gründen und grundsätzlichem deutschem Minderwertigkeits- und Unsicherheitsgefühl auf der internationalen Bühne. Dreißig Jahre nach dem Ende des zweiten Weltkriegs steckt das Mißtrauen gegen «die Deutschen» der Generation von Europäern, die älter sind als 50 Jahre, noch tief in den Knochen. Ein schwedischer Diplomat, der Deutschland seit den dreißiger Jahren gekannt (und nicht immer geliebt) hat, hat neulich einem jüngeren Bekannten gesagt: «Ihre Generation mag keine Ressentiments gegen die Deutschen haben, aber sie ist nicht die Generation, die sich an der Macht befindet.»
Bundesdeutsche Politiker wissen das, und dieses Wissen ist ein ständig dämpfender Faktor in der bundesdeutschen Außenpolitik. «Man bittet uns, eine führende Stellung in der Politik gegenüber Regionen wie Afrika einzunehmen», sagte Anfang dieses Jahres ein junger Geschäftsmann in Hamburg, «und dem sind wir nicht gewachsen – wir können nicht so schnell in eine stärkere Stellung hineinwachsen.»
Man könnte meinen, daß diese Haltung den Schein Lügen straft. Die Bundesrepublik hat die stabilste Währung in Europa, die größten Devisenreserven, die niedrigste Inflationsrate (5,4% und in diesem Jahr zurückgehend) und die besten Wachstumschancen für das Bruttosozialprodukt in diesem Jahr (das reale Wachstum für 1976 könnte zwischen 5 und 6 Prozent liegen).
Aber die wirtschaftliche Stärke allein setzt Helmut Schmidt noch nicht in den Stand, die Führung bei europäischen politischen Kongressen zu übernehmen und seinen Freunden Valéry Giscard d'Estaing und James Callaghan die Wege zu weisen, wie sie ihre Wirtschaft auf Trab bringen können. Der moralische Status ist auch ein integraler Bestandteil der Führung – Helmut Schmidt mag ihn besitzen, aber die Erinnerungen an Dunkirk und Coventry sind auf der anderen Seite des Kanals noch nicht verblichen.
Latentes Mißtrauen ist nur ein Problem, und manche Leute vertreten die Ansicht, daß Schmidt es beseitigen könnte, wenn er nur wirklich versuchen würde, sich durchzusetzen. Statt dessen zieht er sich, je näher seine innenpolitische Kampagne heranrückt, um so mehr in eine eng umgrenzte politische Rolle zurück, die auf die Wählerschaft im Heimatland abzielt.
Seine inneren Probleme sind die folgenden: Nichts ängstigt die Deutschen

mehr als Inflation und Arbeitslosigkeit, jene katastrophale Kombination, die zu Hitler und dem zweiten Weltkrieg geführt hat. Für Amerikaner (oder Franzosen oder Engländer) mögen die 5,2 % Arbeitslosigkeit und 5,4 % Inflationsrate der Bundesrepublik beneidenswert niedrig erscheinen. Für die Deutschen sind es die höchsten langfristigen Raten, seitdem sie angefangen haben, sich aus den Trümmern des Krieges emporzuarbeiten. Helmut Schmidt hofft, im Oktober gewinnen zu können, indem er den in der Heimat herrschenden Auffassungen schmeichelt. «Ich werde den Menschen hier klarmachen, vor was für Gefahren, welche die benachbarten Länder befallen haben, wir sie geschützt haben», sagte er vergangene Woche in einem Interview. Will sagen – Deutsche, blickt auf die Kommunisten, die in Italien an Stärke gewinnen, auf die zweistellige Inflation in Frankreich, auf das Chaos der Gewerkschaften in England, auf den nachgebenden Kurs von Pfund und Lire und denkt an die starke D-Mark. Europa ist in schlimmer Verfassung, aber wir sind wohlauf.

Das ist vielleicht gute Innenpolitik, und vielleicht braucht Helmut Schmidt so etwas, um die kürzlichen Schlappen seiner Partei bei den Wählern in 11 Länderwahlen und in West-Berlin zu überwinden. Er und seine Koalitionspartner, Außenminister Hans-Dietrich Genschers Freie Demokraten, haben gegenwärtig eine Mehrheit von 46 Sitzen im Bundestag, aber die oppositionelle Christlich-Demokratische Union und ihr Kandidat, Helmut Kohl, könnten im Oktober diese Mehrheit beträchtlich zusammenstutzen oder sogar die Wahl gewinnen.

Daher läßt die Einschätzung seiner innerpolitischen Notwendigkeiten Helmut Schmidt bei den Zusammenkünften der Staatsmänner des Gemeinsamen Marktes (zum Beispiel bei dem, der Anfang dieses Monats stattfand) für nicht viel mehr Raum, als Lektionen zu erteilen und herumzukritteln.

An der Heimatfront sagt er seinem Volk in Reden und Interviews, daß sie nichts Besseres für Europa tun könnten, als ein glänzendes Beispiel für die Nachbarn zu sein. Andere Länder, sagt er, könnten von dem «Mitbestimmungs»-System lernen, daß die Vorstandsräume der bundesdeutschen Betriebe fast zur Hälfte mit Vertretern der Arbeiterschaft füllt und dazu beiträgt, daß die Streikhäufigkeit hierzulande so viel geringer ist als in Frankreich, Italien oder England.

Die Lohnabkommen in den größeren Industrien haben in diesem Jahr Steigerungen von etwa 5,4 % gebracht, was gewiß nicht zur Inflation beiträgt. Aber ist das ein Modell für die Franzosen und Engländer? Kaum, meint die Bevölkerung in diesen Ländern; ihre Gesellschaft ist ganz anders strukturiert, mit Klassenunterschieden, die viel schärfer sind als im Nachkriegsdeutschland. Überdies es ist nicht die moralisierende Pose aus Bonn, die andere europäische Länder brauchen. Geld, etwas wie ein bundesdeutscher Marshallplan, das wäre schon etwas anderes. Aber das ist einfach nicht drin – nicht unter dem kaltschnäuzigen Helmut Schmidt; übrigens aber auch nicht unter seinem konservativen Herausforderer Helmut Kohl.

The New York Times, 8. 4. 1976

Der Eiserne Kanzler

Keine Angst vor unpopulärem Tun

Von Llyde H. Farnsworth

Die Geschichte der Bundesrepublik Deutschland zerfällt in Kapitel, deren Überschrift der jeweilige Name ihrer Kanzler ist. Konrad Adenauer machte Frieden mit dem Westen und verwurzelte die neuen deutschen Institutionen in westlichem Boden. Ludwig Erhard leitete den wirtschaftlichen Wiederaufstieg. Willy Brandt machte Frieden im Osten, kniete zur Sühne im alten jüdischen Ghetto in Warschau und leitete die Ära der Détente ein. Jetzt führt ein Hamburger Pragmatiker die Bundesrepublik aus der schuldbeladenen Nachkriegszeit mit einer reuevollen Lieb-Kind-Politik in eine selbstbewußtere Phase, die der wirtschaftlichen Macht des Landes entspricht.

Helmut Schmidt, der Kanzler wurde, als Brandt vor zwei Jahren zurücktrat, hat sich als der selbstbewußteste, eindrucksvollste und direkteste – manche würden sagen härteste – Staatsmann auf dem Kontinent profiliert. Letzten Dezember prahlte Harold Wilson, der damals noch Prime Minister war, recht großsprecherisch bei einem Gipfeltreffen des Gemeinsamen Marktes, daß sich England mit seinem Nordseeöl als Mitglied der OPEC qualifizieren werde. Er wollte damit sagen, daß England sich nun leisten könnte, in seiner Energiepolitik weniger abhängig von der Gemeinschaft zu sein.

«Lieber Harold», sagte Schmidt, der nicht mehr an sich halten konnte, «Sie haben noch zwei oder drei schwierige Jahre vor sich.» Er machte eine anzügliche Bemerkung über Englands fortgesetzte Abhängigkeit von der Gemeinschaft für Anleihen, die die Bundesrepublik weitgehend finanzieren hilft. Im Falle einer weiteren Wirtschaftskrise, sagte er, könne Deutschland ohne die Gemeinschaft weiterexistieren, «aber ich bin nicht sicher, daß ein anderes hier vertretenes Land dazu imstande wäre».

England, sagte er bei einem anderen Gipfel des Gemeinsamen Marktes vor einem Monat, ist ein durch Klassenkampf-Mentalität gespaltenes Land; in Italien, erklärte er kürzlich im deutschen Fernsehen, hätten die regierenden

Christdemokraten in ihren drei Jahrzehnten der Staatsführung ein Machtvakuum geschaffen, in dem «die sozialen Beziehungen in Unordnung geraten sind».

Ebenso schroff ist er mit dem Gemeinsamen Markt als Ganzem umgesprungen. Im Herbst 1974 hatte er eine provisorische Vereinbarung zwischen den Gemeinschaftspartnern abgelehnt, nach der die garantierten Preise für Agrarprodukte um 5 Prozent erhöht werden sollten. Dies sei inflationär. Er hält es für absurd, daß die Gemeinschaft 70 Prozent ihrer Ausgaben der Landwirtschaft zuwendet, und dies zu einer Zeit, in der die europäischen Landwirte Überschuß produzieren, der entweder mit Stützungsgeldern exportiert oder vernichtet werden muß. Er hat angekündigt, daß die Bundesrepublik nicht länger die «Milchkuh» sein wolle, die für derartige Stützungsgelder unbegrenzte Mittel zur Verfügung stellt.

Seine Kritik an der Wirtschaft hat sich nicht auf Europa beschränkt. Im vergangenen Oktober erklärte er Präsident Ford während einer Zusammenkunft im Weißen Haus, wenn dieser zuließe, daß die Stadt New York ihre Zahlungen einstelle, dann könne dies einen «Domino-Effekt» haben mit potentiell «gefährlichen» Folgen für alle Devisenzentren, etwa Frankfurt oder Zürich. Politische Kenner in Washington haben behauptet, daß seine offene Sprache die Umkehr in der Haltung des Präsidenten von gelassener Nicht-Kenntnisnahme der schwierigen Lage New Yorks zu aktiver Hilfe bewirkt habe.

In einer Rede, die er am Vortage seiner Zusammenkunft mit Ford in New York hielt, schalt Schmidt den Vorsitzenden des Federal Reserve Board, Arthur F. Burns, für seine Politik des knappen Geldes. Die hohen amerikanischen Zinsen, sagte er, lockten kurzfristige deutsche Gelder an, die die Deutschen selber brauchten, um die eigene wirtschaftliche Gesundung anzuheizen. Burns soll «geschäumt» haben, als er zur Konferenz im Weißen Haus erschien, und Schmidt eine aggressive zehnminütige Verteidigung seiner Politik verpaßt haben.

Gardinenpredigt an Mitterand

Schmidt ist auch auf dem Gebiet der Politik eigenwillig. Bei einer Tagung der sozialistischen Parteiführer Westeuropas im vergangenen Januar hat er sich mit François Mitterand, dem französischen Sozialisten Nr. 1, angelegt. Mitterand vertrat die Ansicht, daß ein Bündnis mit den französischen Kommunisten der französischen Linken die einzige Möglichkeit biete, an die Macht zu gelangen. Schmidt explodierte und hielt eine Gardinenpredigt über die Gefahren, die jede mit Kommunisten besetzte Koalitionsregierung für den Gemeinsamen Markt und die NATO bedeuteten. Französische Zeitungen haben in Anspielung auf einige von Schmidts *ex cathedra*

verkündeten Kommentaren den «Eisernen Kanzler» zitiert und «das schlechte Deutschland alter Zeiten» heraufbeschworen.
In der Sache bundesdeutscher Lieferung atomarer Kraftwerke an Brasilien war Schmidt sogar bereit, sich mit den Vereinigten Staaten anzulegen. Trotz der Proteste aus Washington, die Vereinbarungen enthielten nicht genügende Sicherheiten dagegen, daß die Anlagen zur Herstellung von Atombomben mißbraucht würden, nahmen die Verhandlungen ihren Lauf. Zwar beteiligte sich der Kanzler mit den Vereinigten Staaten und anderen Exporteuren nuklearen Rohmaterials an dem Versuch, gemeinsam eine Reihe von strengeren Kontrollmaßnahmen auszuarbeiten, aber abgesehen von einer solchen Vereinbarung lehnte er es ab, die deutsche Industrie an der Unterzeichnung des Vertrages mit Brasilien im vergangenen Juni zu hindern. Er meinte, daß die konkurrierenden Länder einfach das Geschäft aufgreifen würden, und die deutsche Industrie auf einem bedeutenden Exportmarkt das Nachsehen haben würde. Die Deutschen haben ähnliche Verhandlungen mit dem Iran aufgenommen.
Schmidt hat auch deutschen Waffenexporteuren einen breiteren Spielraum gegeben. Bisher hatten sie hauptsächlich an die NATO-Partner und andere westliche Nationen verkauft. Jetzt waren sie eher bereit, mit lateinamerikanischen Diktatoren, afrikanischen Gewaltherrschern und arabischen Scheichs Vereinbarungen zu schließen. Schmidt konnte nicht einsehen, warum Bonn sich dieses Geschäft entgehen lassen sollte.
Der Kanzler ist auch mit der Wohlfahrtsstaat-Politik seiner eigenen sozialdemokratischen Partei im Inland hart umgesprungen. Da er glaubt, der wahre Grund für die wirtschaftliche Misere seiner Nachbarn liege in der Zuteilung von zuviel Nationalvermögen an die Sozialleistungen, wobei die privaten Investitionen zu kurz kämen, hat er an dem System der bundesdeutschen Sozialversicherung Kürzungen vorgenommen. Die Partei mag dieses System als ihre stolzeste Leistung betrachten, aber der Staat, warnte Schmidt, könne es nicht länger finanzieren. Während die Zuwendungen an die Arbeitslosen auf einem hohen Stand gehalten wurden, hat Schmidt eine zwei- bis dreiprozentige Steigerung der Lohnabzüge durchgesetzt, um die Vergütungen für die Arbeitslosen zu decken. Die Prämien für die staatliche Krankenversicherung, die von DM 100,– bis 250,– kosten können, sind ebenfalls erhöht worden, weil die Krankenhäuser mit einem Defizit arbeiteten und das nationale Rentenbudget in hohem Maße defizitär war.
Schmidts Tätigkeit im In- und Ausland ist das logische Produkt seiner persönlichen Wertbegriffe, die durch die westliche Demokratie, das atlantische Bündnis (von dem, wie er oft gesagt hat, die nackte Existenz der Bundesrepublik abhängt) und das System des freien Marktes geprägt sind. Er ist ein Sozialdemokrat, dessen Weltanschauung mehr der der Demokraten in den Vereinigten Staaten als der Sozialisten in Europa gleicht. Er glaubt nicht

an eine weitgefaßte Sozialisierung, sondern schneidert seinen Sozialismus nach dem Tuch eines aufgeklärten freien Unternehmertums und des Leistungsprinzips. Dieser «praktische Sozialismus» in Verbindung mit seinem politischen Verständnis für die konservative Weltanschauung des deutschen Volkes hält ihn davon ab, die volkswirtschaftliche Orthodoxie des Unternehmertums herauszufordern.

Während er seine sozialistische Flagge zeigt, wird er von den Kapitalisten wegen der Maßnahmen respektiert, die ein gesundes wirtschaftliches Klima schaffen. Immer wieder wehrt er sich gegen Forderungen des linken Flügels seiner Partei nach Kontrollen, die die Privatwirtschaft in ihrer Freiheit beschränken soll. Zu seinen besten Freunden zählen Geschäftsleute, wie zum Beispiel Ernst Wolf Mommsen, der bis vor kurzem der Vorsitzende des Vorstands der Krupp-Stahlwerke gewesen ist. Beide sind überzeugte Anhänger eines ausgeglichenen Budgets. Aber er ist ebenso mit Gewerkschaftsführern befreundet.

Die Arbeitsethik und Disziplin, für die die Deutschen berühmt sind und die das Land aus den Trümmern des Krieges gehoben und zum reichsten Land Westeuropas gemacht haben, waren kein Allheilmittel für die wirtschaftlichen Erschütterungen, die die Bundesrepublik zusammen mit dem gesamten Westen in den frühen siebziger Jahren heimsuchten. 1973 stand die Inflation in Deutschland bei 8 Prozent – also immer noch weniger als die zweistelligen Inflationsraten, mit denen sich einige andere westliche Staaten, einschließlich damals der Vereinigten Staaten, auseinandersetzen mußten, und doch war dies besonders beängstigend für ein Volk mit der Erinnerung an zwei Zusammenbrüche der deutschen Währung innerhalb der zeitgenössischen Geschichte. Die Inflation verschärfte sich in den letzten Monaten von 1973 durch die vierfache Erhöhung der Ölpreise, die Lohnerhöhungen, die die Leitsätze der Regierung um ein beträchtliches überstiegen, und durch einen Zustrom von ausländischen Geldern, die in der deutschen Mark ihre Zuflucht suchten.

Willy Brandt, der inzwischen nicht mehr imstande war, die versprochenen Reformen des Steuerwesens, der Bildung und anderer innerer Angelegenheiten durchzuführen, wurde sowohl von der Linken wie von der Rechten heftig kritisiert. Eine Meinungsumfrage Anfang 1974 zeigte, daß die Popularität der Partei auf einen neuen Niedrigstand von 27% gesunken war. In Land- und Kommunalwahlen erlitt die Partei Schlappen. Die Affäre Guillaume war dann der Gnadenstoß. In dem darauf folgenden Sturm nahm Brandt die Verantwortung für diese Unzulässigkeiten auf sich und trat zurück. Die Nummer 2 in der Partei war der Finanzminister Helmut Schmidt.

Vom Temperament her hatte Schmidt immer Brandts Neigung zu weitreichenden philosophischen Diskussionen und seine schwankende Führung der Kabinettssitzungen abgelehnt; politisch war er ein Mann der Mitte, aber deutlich rechts von Brandt. Er war entschlossen, in der Partei und im Land wieder klare Verhältnisse zu schaffen.

Sein erstes Bestreben war es, die jungen Marxisten an die Leine zu nehmen, die als Jusos bekannt sind und deren Forderungen nach mehr Verstaatlichung, mehr Sozialprogrammen und mehr Staatskontrollen die konservativen Arbeiter, die das Rückgrat der Partei bildeten, verärgerten. Die Jusos waren eine kleine, aber aktive Gruppe innerhalb der Parteiorganisation der Länder und Städte, der Bildungsstätten und der Beamtenschaft.

Schmidt verkündete seine Unterstützung für die Kräfte des freien Marktes und seine Abneigung gegen eine zentralisierte bürokratische Planung. Indem er derartige Prinzipien nach der Brandt-Periode ideologischer Verschwommenheit verkündete, stellte Schmidt das Bündnis mit den Freien Demokraten wieder her und steuerte seine Regierung zurück in den Hauptstrom der wirtschaftlichen Entwicklung seit dem Kriege.

Nirgends zeigte sich Schmidts Bindung an die Kräfte des freien Marktes drastischer als in seiner Säuberung des Baugewerbes. Während der Brandt-Jahre des reichlichen Geldes und der üppig fließenden öffentlichen Mittel war zu viel und großenteils auch zu schlampig gebaut worden. Mit seinem alten Hamburger Freund, Karl Klasen, der jetzt Präsident der Bundesbank ist, begann er, den Geldfluß zu verlangsamen, um die Inflation in den Griff zu bekommen. Als die Quellen versiegten, versanken die Baufirmen in Depression. Viele gingen in Konkurs. Banken und andere Geschäftszweige, die mit ihnen verwoben waren, gerieten ihrerseits in Schwierigkeiten; auch von diesen gingen einige bankrott. Schmidt ließ die Industrie bis gegen Ende 1975 zappeln, dann griff er mit einem Investitionsprogramm ein, um wenigstens einen bescheidenen Anstoß zu geben. Mit derartigen Maßnahmen gelang es ihm und Klasen, die Inflationsrate auf einen Jahresdurchschnitt von 5 Prozent im Jahre 1975 herunterzudrükken und auf eine wahrscheinlich noch niedrigere Rate in diesem Jahr (1976). Anderswo in Europa steigen die Preise zwei- oder dreimal so schnell. «Deutsche Mark, deutsche Mark über alles» ist ein Refrain, den man immer häufiger von Bankiers, Schatzmeistern von Unternehmen und anderen Investoren auf dem kontinentalen Devisenmarkt zu hören bekommt.

Ein paar Wochen nachdem Schmidt Kanzler geworden war, wurde ein anderer praktisch denkender Mann, der Theorien und utopischen Ideen mißtraute, vom Finanzminister zum Oberhaupt seiner nationalen Regierung

erhoben. Eine von Schmidts ersten Handlungen als Kanzler war ein Besuch im Elysée-Palast bei Präsident Valéry Giscard d'Estaing. Schmidt wußte, daß in Europa ohne Einvernehmen zwischen Deutschland und Frankreich nichts zu erreichen ist.
Schmidt und Giscard beschlossen, daß es in ihrer beider Interesse liegen würde, der wachsenden Verflechtung Rechnung zu tragen und die Beziehungen enger und auch herzlicher zu gestalten. Während es noch graduelle Unterschiede gab, glaubten beide an die europäische Integration und die atlantische Solidarität. Ein direkter Draht zwischen Helmut und Valéry wurde eingerichtet – in englischer Sprache, weil sich beide weigerten, die Sprache des jeweils anderen zu sprechen.
Während der Ära von Charles de Gaulle waren Frankreich und Deutschland über die Zukunft Europas zerstritten. De Gaulle sah den Kontinent als eine unabhängige «Dritte Kraft» von verbündeten Nationalstaaten unter Frankreichs Führung und mit Interessen, die sehr oft denen der Vereinigten Staaten zuwiderliefen. Er verabscheute die NATO als ein Vehikel für die amerikanische Hegemonie in Europa, zog Frankreich aus der vereinigten militärischen Führung ab und verbannte das militärische Hauptquartier aus Frankreich. Die Vorstellungen in Brüssel, daß die Staaten des Gemeinsamen Marktes einst in europäische Institutionen zusammengeschlossen sein sollten, waren auch keineswegs nach seinem Geschmack. Am Ende würden die Staaten immer souverän sein, behauptete er. Supranationalismus sei ein Mythos, das gäbe es nicht.
Deutschland dagegen fühlte sich für sein Fortbestehen von der NATO und der Anwesenheit amerikanischer Truppen auf deutschem Boden abhängig. Im Bewußtsein, daß das Hitlertum aus dem rachsüchtigen Nationalismus der dreißiger Jahre erwachsen war, setzten sich die deutschen Staatsmänner nach dem Kriege, einer nach dem andern, für starke zentrale Institutionen in Brüssel ein, um Deutschland an eine übernationale Struktur zu binden und das Land zum Bestandteil einer demokratisch verankerten Föderation Europas zu machen.
Weniger dogmatisch in ihren Ansichten, versuchten Helmut und Valéry ihre Meinungsverschiedenheiten durch eine Reihe von praktischen Maßnahmen beizulegen. Giscard erlaubte, daß Frankreich sich allmählich wieder der NATO annäherte. Er legte einen Währungsdisput mit den Vereinigten Staaten über die Rolle des Goldes, das de Gaulle in einem Kreuzzug gegen den Dollar heilig gesprochen hatte, bei. Schmidt seinerseits gab zu, es sei nicht zu erwarten, daß ein vereintes Europa aus den föderativen Institutionen hervorgehen würde, in die die Mitgliedstaaten gelegt würden wie in das Bett des Prokrustes. Beide Männer entwickelten sich zu überzeugten Anhängern eines direkt gewählten europäischen Parlaments, das anstelle einer gesichtslosen Bürokratie in Brüssel die Motivation für die

Einheit zu liefern imstande sein soll. Die Brüsseler Amtsstellen wurden in ihrer Wichtigkeit herabgestuft, und die Regierungschefs, die vierteljährlich zusammentreffen, wurden die neuen Direktoren der Gemeinschaft.
Die Bundesrepublik Deutschland, eines der erfolgreichsten Länder in Europa, hat die fanatischen Exzesse der dreißiger Jahre praktisch begraben. Es ist eine Gesellschaft geworden, die die verderblichen Klassenauseinandersetzungen der Engländer, die fast zyklische revolutionäre Wut der Franzosen, den ruinösen Wettstreit zwischen den großen Unternehmen und den großen Arbeiterorganisationen in Italien vermeidet – eine Gesellschaft, die von ihrem eigenen Vaterlandskult mehr und mehr abrückt.
Deutschland, hat Schmidt wiederholt gesagt, sucht nicht die politische Führung Europas. Aber es könnte sein, daß ihm diese Rolle durch die Schwäche der anderen Regierungen und die nicht zu zügelnde Energie der eigenen Wirtschaft auferlegt wird.

New York Times Magazine, 2.5.1976

Le Feldwebel

«Dieser Ton, diese unbeherrschten Worte, diese Arroganz ...»

Von Jean Dutourd

Barrès «Cahiers» vom 3. Dezember 1906 enthalten ein «denkwürdiges Gespräch» mit dem ehemaligen Außenminister Delcassé, in dem dieser über die Brutalität der Deutschen in ihrer Diplomatie folgendes sagt: «Sie diskutieren rüpelhaft, stopfen einen voll, mit den Fäusten voll (er stellte es durch Gebärden dar). So sind sie mit den Schwachen.» Ein anderer Ausspruch Delcassés, den Barrès wiedergibt, lautet: «Sie drücken zu stark auf den Knopf. Sie haben gedrückt und herausgefunden, daß unsere Regierenden kleinmütig sind. Sie drücken weiter und finden heraus, daß wir ein Nationalgefühl besitzen.»
Mir scheint, daß diese siebzig Jahre zurückliegenden Äußerungen bis zu einem gewissen Grad auch auf das heutige Deutschland, auf Helmut Schmidt und auf die französische Regierung zutreffen. Zum erstenmal hat Schmidt auf den Knopf gedrückt, als er bei den Gesprächen in Nizza vor etwa zwei Monaten das von Frankreich unterbreitete Projekt eines europäischen Direktoriums ziemlich temperamentvoll zurückwies. Hatte er herausgefunden, «daß unsere Regierenden kleinmütig sind»? Es wäre verzeihlich, wenn er es gedacht hätte. Zum zweitenmal drückte er auf den Knopf, als er den Gaullismus mit den europäischen Diktaturen dieses

Jahrhunderts gleichsetzte, und es sieht so aus, als sei er diesmal auf das Nationalgefühl gestoßen.
Wenn es je ein Thema gab, das für die Deutschen aus zwei Gründen unantastbar sein sollte, ein Thema, das sie auf keinen Fall anschneiden dürften, dann ist es der Gaullismus. De Gaulle ist ein Mann gewesen, der uns unsere Freiheit und unseren Nationalstolz wiedergegeben hat, gerade weil er die europäischen Diktaturen dieses Jahrhunderts bekämpfte. Später war er der aktivste Baumeister der deutsch-französischen Annäherung. Sogar die kommunistische Partei hat sich über Schmidts verbalen Angriff entrüstet und darauf hingewiesen, daß die Kommunisten Hand in Hand mit den Gaullisten der Nazi-Unterdrückung Widerstand boten. Ich kann mir kaum vorstellen, daß sich die portugiesischen Kommunisten auf diese Weise mit den Anhängern Salazars oder die spanischen Kommunisten mit der Falange hätten solidarisieren können.
Vier Jahre lang haben wir in unseren Städten und Dörfern das Gebrüll der Feldwebel gehört. Unsere Ohren reagieren darauf noch immer empfindlich. Durch Helmut Schmidts Stimme fühlen wir uns fünfunddreißig Jahre zurückversetzt. Dieser Ton, diese unbeherrschten, beleidigenden Worte, diese Arroganz und Verachtung – was für böse Erinnerungen rufen sie wach! Es ist recht seltsam, wenn man hört, wie der Gaullismus mit Worten und mit einem Nachdruck verurteilt wird, die Dr. Goebbels in seiner Walhalla angenehm berühren müssen.
Wenn Helmut Schmidt, der als Persönlichkeit des öffentlichen Lebens in seinen Äußerungen zu einem Minimum an Zurückhaltung verpflichtet ist, uns so brutal die Wahrheit sagt – oder das, was er dafür hält –, sehe ich nicht ein, warum ich als Privatmann, der für niemanden spricht, mir Zurückhaltung auferlegen soll. Ich erkläre ihm daher, daß die Bundesrepublik, eine Republik von reichen Kaufleuten, die stolz sind auf ihr Geld und ihre Produkte, nicht berechtigt ist, den Polizisten Europas zu spielen. Das steht übersatten Leuten nicht an. Man ist heute der Meinung, daß wirtschaftliche Macht wichtiger ist als politische oder militärische Macht. Doch das ist ein Witz oder ein Vorurteil. Die Geschichte zeigt uns immer wieder, daß reiche Völker von armen Völkern verschlungen werden. Mit seinen Sticheleien benimmt sich Schmidt wie ein Neureicher, der glaubt, daß dies bereits geschehen sei und darüber «aus dem Häuschen gerät».
Vielleicht hat er gehört, daß der Präsident der Republik Frankreich eine «mittlere» Nation nannte, was für ihn eine angenehme Alternative zur gaullistischen Großmachtpolitik bedeutet. Welch ungeheuere Naivität! Man darf Staatschefs nie alles glauben, selbst wenn ihre Bescheidenheit aufrichtig ist. Ihr Land ist vielleicht nicht so bescheiden wie sie selbst.

France Soir, 12.5.1976

Der Genosse Oberleutnant

Seine Fehleinschätzungen richten außenpolitischen Schaden an

Von Peter Boenisch

Seit der «Brahmseer» am Rhein regiert, ist die Bramsigkeit zur Richtlinie der Politik geworden: Unser tüchtiger Kanzler gibt's allen tüchtig.
Die Italiener bekamen eins hinter die schwarzen Ohren. Den Franzosen wurde – Freundschaft, Freundschaft – mit den germanischen Quadratlatschen auf die empfindlichen Pariser Eskarpins getreten.
Und auch Amerika ärgerte es, als Schmidt Westeuropas Kommunisten streichelte, sie seien halb so schlimm.
Und Bonn, von dem der Westen sich Stabilität erhofft und Widerstand gegen rote Fahnen, pfeift fröhlich mit. Wenn schon Europa die Internationale anstimmt, dann will man wenigstens dabeisein.
Die Fehleinschätzungen dieses Kanzlers über seine Rolle und die Rolle der Deutschen in Europa richtet zunehmend außenpolitischen Schaden an. Jahrzehntelang haben wir, von Adenauer bis Schmidt, an der deutsch-französischen Verständigung gearbeitet.
Und jetzt zerredet er mit seinem unbeherrschten Kehlkopf, woran er selber mit fleißiger Hand mitgearbeitet hat.
Die Franzosen ärgern sich über diesen Kommißton und erinnern ihr Volk an die «deutschen Feldwebel».
Der Genosse Oberleutnant hat sich und uns im befreundeten Ausland degradiert. Ohne Not. Und ohne jeden Nutzen. Es sei denn, man wollte den Herren Berlinguer und Marchais einen Gefallen tun.
Von seinem ersten Wahlplakat lächelt uns im silbernen Rahmen, die Zähne etwas vorsichtiger als sonst gefletscht, unser amtierender Kanzler entgegen. Auf dem Kopf eine Prinz-Heinrich-Mütze, die keine ist. Um den Hals einen roten Schal. Ein bißchen Rot muß sein. Die Deutschen tragen ihre Gesinnung gern über dem Kragenknopf. Ganz links trägt offen, Schmidt trägt Schal.
Eingewickelt in Rot, Mütze halb zivil, Sprache ganz wilhelminisch. Ein Kanzler, der mit allen Mitteln Kanzler bleiben will.
Schade, daß der sympathisch-temperamentvolle Politiker Schmidt kein Gefühl dafür hat, daß sein Amt mehr Maß verlangt. Und mehr Würde.

Bild am Sonntag, 16.5.1976

Der Staat ist nicht wertfrei

Er wurzelt in der sittlichen Grundordnung des Menschen

Von Oskar Simmel

Auf der Tagung der katholischen Akademie in Hamburg vom 23. Mai hielt Bundeskanzler Helmut Schmidt einen Vortrag über die «Grundwerte in Staat und Gesellschaft». Es war ihm sicher nicht unwillkommen, daß wenige Tage vorher der Vorsitzende der Deutschen Bischofskonferenz der Öffentlichkeit die Verlautbarung der deutschen Bischöfe zu Fragen der gesellschaftspolitischen Entwicklung vorgestellt hatte. So konnte sich der Kanzler als weiser Staatsmann profilieren und den Bischöfen gegenüber als überlegener Warner auftreten, indem er auf die seiner Meinung nach eigentliche Aufgabe der Kirche hinwies.

Man kann dieser Rede in vielem zustimmen, so wenn der Kanzler sagt, eine Gesellschaft ohne Konsens über die elementaren Grundwerte treibe der Anarchie zu, wenn er meint, die Würde des Menschen dürfe nicht zur Verfügung stehen, wenn er die Religion nicht automatisch durch die Religionsfreiheit gesichert sieht, wenn er der Ansicht ist, der Staat des Grundgesetzes könne sich nicht mit religiös bestimmten ethischen Grundüberzeugungen identifizieren und es fehle ihm die Kompetenz, Grundüberzeugungen und Ethos zu erzwingen. Das alles könnte ein katholischer Bischof wohl ebenso sagen.

Trotzdem zeigt Schmidts Rede, wie wohlbegründet die Sorge der Bischöfe ist, wenn sie vor der Auflösung der Grundwerte warnen. Es wäre falsch, und man täte dem Kanzler unrecht, wenn man ihm unterstellte, er wolle die Grundwerte auflösen. Er ist ganz sicher selbst verpflichtet.

Aber die Staatsauffassung, die aus seiner Rede sichtbar wird, führt zur Auflösung der Grundwerte. Es ist zwar richtig, daß sich «der demokratische Staat, der auf die Zustimmung seiner Bürger angelegt ist, nicht längere Zeit in Distanz zu dem Meinungsprozeß innerhalb der Gesellschaft halten» kann, «auch nicht hinsichtlich der Meinungen über den Inhalt von Grundwerten und ihre Rangordnung». Auch Thomas von Aquin ist der Ansicht, daß der Gesetzgeber nur das kodifizieren kann und soll, was einen breiten Rückhalt in der Gesellschaft hat.

Aber der Staat ist nicht so wertfrei, wie es Schmidt in seinem Vortrag nahezulegen scheint, wenn er aus der Tatsache, daß der moderne Staat nicht mehr positiv zu sittlichen Überzeugungen beitragen könne, offenbar schließt, daß damit die Frage sittlicher Überzeugungen ausschließlich Sache der einzelnen und der Kirche sei: «tua res agitur». «Der Staat ist im sozialistischen Denken nicht Teil einer sittlichen Weltordnung» (Johannes Messner, Die soziale Frage, Innsbruck 1964, S. 267). Er kann es nicht sein, weil

er im Grund nur ein zwar durch den Willen aller bedingter, aber doch nur äußerer Zusammenschluß einer Gruppe von Menschen ist.
Von den frühen Sozialisten, etwa einem Fourier, an, der sich in einem Brief an den französischen Justizminister erbot, das Schicksal der Menschheit, die universale Harmonie, mathematisch zu errechnen, bis hin zu Garaudy hat das Planerische und Utopische die Sozialisten fasziniert. Der einzelne ist insofern frei, als er sich dem durch den allgemeinen Willen entstandenen Staat einfügt. Freiheit ist dann nur das, was dieser Staat, der sich eines Tages selbst in die vollkommene neue Gesellschaft aufhebt, zugesteht. Sie ist kein ursprüngliches Recht des Menschen, sondern gründet im allgemeinen Willen und wird von ihm bestimmt. Es kann selbstverständlich jederzeit widerrufen werden. Damit ist natürlich nicht geleugnet, daß sich die Sozialisten sowohl theoretisch wie praktisch bemühen, das Wohl des einzelnen zu fördern, aber das Primäre bleibt der Staat, besser die Gesellschaft. Damit wird aber die Freiheit, das höchste Gut des Menschen, fragwürdig, und es schwindet auch der Wert aller übrigen Güter, weil sie in eine falsche Ordnung geraten.
In Wirklichkeit aber gründet der Staat nicht im Willen der Mehrheit, sondern in der Natur des Menschen; nicht in einer ideologisch eingefärbten abstrakten Natur, sondern in jenem Wesen, als das wir uns jeweils erfahren, das uns nach dem Unendlichen in Erkenntnis und Wollen ausgreifen läßt und dessen höchste Vollendung die Liebe ist, nicht der Kampf zur Beseitigung der Übel. Der Mensch verwirklicht sich als Mensch nicht in der atomaren Individualität, sondern nur als auf den Mitmenschen hin bezogenes Wesen. In dieser «Natur» wurzelt und gründet der Staat als höchste der menschlichen Gemeinschaften. Deswegen hat er auch keinen davon unabhängigen Sinn und Zweck. Er hat dem Wohl des einzelnen zu dienen, indem er jene Ordnung schafft und bewahrt, die es jedem einzelnen erlaubt, seine ganzheitlichen Fähigkeiten und Ansprüche zu befriedigen, ohne daß die Rechte anderer verletzt werden.
Das ist zutiefst eine sittliche Ordnung, und damit besitzt auch der Staat die Würde eines sittlichen Wertes. Deswegen ist zwar der Staat, wie Schmidt richtig sieht, nicht auf religiös bestimmte Werte in Pflicht genommen, wohl aber durch jene unaufgebbaren Werte des Menschen an sich. Diese sind gewiß letztlich transzendent auf Gott bezogen, aber sie können auch aus der rein innerweltlichen Existenz des Menschen erkannt und begründet werden, aus seiner gesellschaftlichen Natur. Gäbe der Staat diese Werte preis, setzte er sich nicht für ihre Erhaltung ein, stünde er ihnen gleichgültig gegenüber, dann zerstörte er sein eigenes Fundament: die sittliche Grundordnung des Menschen.
Der Staat kann das Bewußtsein für Werte nicht erzwingen, weil dieses Bewußtsein überhaupt nicht erzwungen werden kann. Auch die Kirche

kann das nicht. Es wird durch Einsicht und Überzeugung, auch durch Vertrauen gewonnen. Insofern sind staatliche Gesetze ungeeignet, Überzeugungen von Grundwerten zu schaffen. Hier hat der Kanzler recht. Trotzdem hat aber das Gesetz einen Beitrag zur Bildung des sittlichen Bewußtseins zu leisten. Nicht alles sittliche Handeln des Menschen kann und muß unter staatliches Gesetz bzw. Strafe gestellt werden. Ganz gewiß aber muß der Staat jene Handlungen mit Strafe verfolgen, die an die Fundamente des Gemeinschaftslebens rühren.

Rheinischer Merkur, 14.6.1976

Wandel in Europa

Die Bundesrepublik ist selbstbewußter geworden

Von Michael Getler

Vergangene Woche wurde der Kanzler der deutschen Bundesrepublik, Helmut Schmidt, bei einer Pressekonferenz mit amerikanischen Journalisten vor seiner Abreise in die Vereinigten Staaten von einem Korrespondenten gefragt, ob er sich auf dieser Reise von den amtlichen Geschäften einmal freimachen und «Amerika richtig sehen könne, Hot dogs essen werde und was sonst noch dazugehört»?

Schmidt konnte der Verlockung nicht widerstehen. Er führte mit charakteristischer Geringschätzung für den Fragenden aus, daß dies seine 35. oder 36. Reise nach den Vereinigten Staaten sei. «Ich kenne Amerika recht gut – einschließlich der Hot dogs, die ich nicht ausstehen kann.»

«Ehrlich gesagt», fuhr der in Hamburg geborene Kanzler fort, «ziehe ich ‹Hamburgers› mit Ketchup und Zwiebeln vor.»

Dreißig Jahre nach dem Ende des Zweiten Weltkriegs ist ein Deutscher die führende Persönlichkeit in Westeuropa. Es ist der 57jährige Helmut Schmidt, ein erzgescheiter, ohne Umschweife sprechender Sozialdemokrat, der in die Bresche sprang, als Willy Brandt vor zwei Jahren zurücktrat.

In vieler Hinsicht markieren der gut aussehende, grauhaarige Kanzler und die Reaktionen, die er hervorruft, einen Wandel in Europa, der von großer Bedeutung sein kann: das Auftreten einer selbstbewußten gefestigteren Bundesrepublik sowie einer Anzahl anderer Nationen, die sich nicht ganz schlüssig werden können, was sie mit diesen neuen Kräften anfangen sollen.

Schmidt scheint der Vertreter einer ausgesprochen neuen Generation von

Kanzler-Managern zu sein, geschult in Finanzen und Verteidigung und weniger absorbiert durch die Nazi-Vergangenheit als die historischen Figuren: Adenauer, Ehrhardt und Brandt, die vor allem dafür zu sorgen hatten, Deutschlands Selbstachtung wiederherzustellen.

Gleich Willy Brandt ist Schmidt ein begabter Redner. Amerikanische Diplomaten hierzulande beschreiben ihn häufig als «Klasse», und nach einer besonders gelungenen Rede, die er vergangenen Mai in Frankfurt zum 200. Geburtstag der Vereinigten Staaten gehalten hatte, sagten einige offizielle amerikanische Teilnehmer dieser Feier im Scherz zu Journalisten: «Wenn doch Schmidt statt für das Amt des Bundeskanzlers für die Präsidentschaft der Vereinigten Staaten kandidierte.»

Wenn Schmidt herausgefordert wird, reagiert er nicht gehässig, sondern eher mit schneidender Intellektualität. Im Gespräch hat er die Gewohnheit, lange, eingehende Antworten zu geben und seine Erklärung dadurch vorzubereiten, daß er zuerst die Ansichten vorträgt, die der seinen widersprechen. Er ist professoral und erinnert darin an den verflossenen amerikanischen Verteidigungsminister James Schlesinger, aber seine Ausdrucksweise hat mehr Grazie.

Er reicht nicht entfernt an Churchill heran, weder in der Beredsamkeit noch im Sarkasmus, aber in einem Europa, das lange Zeit keine großen Redner mehr hervorgebracht hat, ist Schmidt-Schnauze (ein Spitzname, den er sich in den fünfziger Jahren im Bundestag errungen hat) einsame Spitze. Er ist ausgesprochen pro-amerikanisch und spricht, wie einige seiner Mitarbeiter witzeln, Englisch besser als Henry Kissinger.

Wie Präsident Ford, mit dem er heute zusammentreffen wird, ist Schmidt durch die Ereignisse – den Rücktritt Brandts – und nicht durch die Wahl in sein Amt getragen worden. Obgleich er auf solche Weise an die Macht gelangte, verkörpert er sowohl in seinen persönlichen Charakterzügen als auch in seinem mehr vom Managertum als von der Geschichte geprägten Image die heute in Deutschland wirkenden Strömungen, und zwar so sehr, daß er, ohne es zu wollen, bei den Europäern ein neues starkes Interesse für den künftigen Kurs dieses Landes erzwungen hat.

In merkwürdiger Weise erscheint Schmidt stolz und doch frustriert. Man spürt an ihm, zu Recht oder zu Unrecht, die Überzeugung, daß er sich irgendwie, durch Bildungsgang und Intelligenz fast allen, mit denen er zu tun hat, überlegen fühlt.

Er ist stolz auf Deutschlands Nachkriegserrungenschaften und auf die korrekte Art, in der sein Land an Probleme herangeht, aber er hat keine Geduld mit ausländischen Führern, die nach Schmidts Auffassung die westliche Stabilität aufs Spiel setzen und Deutschlands Flanke zum kommunistischen Osteuropa noch mehr entblößen. Es frustriert ihn, daß Deutschlands wirtschaftliche Leistung nur um so größeres Ressentiment

hervorruft, wenn es seinen Nachbarn nicht gelingt, wenigstens teilweise gleichzuziehen.
Daher ist Schmidt Stimmungen unterworfen und sagt zuweilen öffentlich Dinge, die viele Leute für zutreffend halten, die aber politische Führer in anderen Ländern verärgern. Wahrscheinlich hat Schmidt das Gefühl, daß politisch für ihn und auch für Deutschland auf lange Sicht zu viel auf dem Spiel steht, als daß er sich leisten könnte, sie nicht auszusprechen. Gelegentlich scheint es auch, daß er einfach der Versuchung nicht widerstehen kann, jemanden herunterzuputzen.
Im eigenen Land duckt er den Oppositionsführer der CDU, Helmut Kohl, einfach dadurch, daß er ihn weitgehend ignoriert. Immer wenn er kann, macht sich Schmidt ein Vergnügen daraus, vornehmlich auf Kohls Koalitionspartner, Franz Josef Strauß von der CSU anzuspielen. Helmut Schmidt ist persönlich davon überzeugt, daß der legendäre Strauß ein besserer Politiker ist als Kohl, aber er weiß auch, daß Strauß' Image als Rechtsaußen dazu angetan ist, eine große Anzahl von gemäßigten Wählern in Kohls eigener Partei zu verschrecken. Zumindest oberflächlich gesehen, hat Schmidt sehr viel Anlaß, zuversichtlich zu sein.
Die 61 Millionen Bürger der Bundesrepublik – von denen die Hälfte nach 1940 geboren ist – gehören zu den wohlhabensten in der Welt. Die Deutsche Mark ist eine der festesten Währungen, und die Deutschen haben höhere Devisen-Reserven – im Wert von 36 Milliarden Dollar – als irgendein anderes Land. Sie haben einen großen Handelsbilanz-Überschuß und haben die Wirtschaftskrise besser überstanden als andere, praktisch ohne soziale Unruhen.
«Ich hätte es nach dem Krieg nie für möglich gehalten», sagte Schmidt vergangene Woche in einem Interview, «daß Deutschland dreißig Jahre später so sein würde, wie es heute ist. Ein gewaltiger Aufbau hat stattgefunden. Nicht in Beton und Gebäuden, Maschinen und Industrien, sondern nach meinem Dafürhalten auch moralisch, politisch und bildungsmäßig. Ich bin mit dem Stand der Dinge und der geistigen Verfassung meines Landes durchaus zufrieden.»
Die Rolle des starken Mannes in Europa, sagt Schmidt, will er nicht und hat er auch niemals angestrebt. Dennoch kann er offenbar zuweilen nicht widerstehen, sie doch zu spielen: beispielsweise wenn er einigen seiner Kollegen in Italien, Frankreich, England und selbst in den Vereinigten Staaten über die Themen Wirtschaft, Energie, Verteidigungsbereitschaft Lektionen erteilt oder sie darüber belehrt, wie man am besten die Kommunisten aus westlichen Regierungen fernhält.
Schmidts beißendste Bemerkung war im vorigen Dezember bei einem Gipfeltreffen des Gemeinsamen Marktes über Energie gegen den früheren britischen Prime Minister Harold Wilson gerichtet. Schmidt explodierte,

als Wilson mit den Ölreserven in der Nordsee vor seinen europäischen Kollegen prahlte. Er erinnerte seinen «lieben Harold», daß noch ein paar Jährchen vergehen müßten, bis er dieses Öl zur Verfügung hätte, und daß, Öl oder kein Öl, Deutschland ohne die Gemeinschaft existieren könne, «aber ich bin nicht sicher, daß ein anderes hier vertretenes Land dazu imstande wäre».

Als früherer Finanz- und Verteidigungsminister hat Schmidt eine so breite Skala persönlicher Kontakte entwickelt wie kaum ein anderer führender Politiker Europas und dies noch, bevor er Kanzler wurde. Wenn er nächste Woche nach Kalifornien fährt, wird er im Haus des früheren Schatzministers George Schultz in Palo Alto zu Gast sein.

Aber wenn Schmidt Kontakte hat, so ist damit noch nicht gesagt, daß er auch viele enge Freunde hat. Wenige Menschen behaupten, ihn gut zu kennen. Er ist ein überaus ernster Mann, der viele norddeutsche Züge der großen Hafenstadt Hamburg hat, in die er und seine Frau sich immer wieder zurückziehen, um den häuslichen Frieden zu genießen – auch von Bonn aus.

Washington Post, 15.7.1976

Wer schulmeistert wen?

Alle erheben gern den Finger und dozieren

Wer verdient, als Schulmeister Europas getadelt zu werden? Ist es Staatssekretär Kissinger, General Haig, der deutsche Bundeskanzler; kommt Breschnew mit seiner Doktrin für den Titel in Frage; oder sind es gar Mitterrand und Le Monde? Gegenwärtig steht wieder einmal, wie schon im Frühjahr, Helmut Schmidt im Vordergrund, weil er nach dem Gipfeltreffen auf Puerto Rico «bekanntgegeben» hat, die Westmächte würden einem Italien mit kommunistischer Regierungsbeteiligung keine Finanzhilfe gewähren. Dabei haben im Grunde andere die Trompete für ihn geblasen. Er hat nur an einem «vertraulichen» Pressegespräch in Washington auf die suggestive Feststellung eines Fragers, daß Amerika wenig willens wäre, kommunistischen Ministern auf der Apenninenhalbinsel vorwärtszuhelfen, mit der Mitteilung geantwortet, die Kabinette in Bonn, Paris und London seien gleicher Meinung. Amerikanische Blätter sorgten dann dafür, daß etwas, was eigentlich einer Selbstverständlichkeit gleichkommt, als sensationelle Neuigkeit um die Welt posaunt wurde.

Daß die Sache in Rom einen Aufschrei auslöste, ist verständlich. Moro, der sein Land als amtierender Ministerpräsident an dem Gipfeltreffen vertrat, muß davon gewußt haben. Für Andreotti, der im Begriff ist, nach dem zweipoligen Wahlresultat eine christlich-demokratische Regierung zu bilden, die ohne kommunistische Teilunterstützung kaum funktionieren kann, kam der Wirbel im ungünstigsten Moment. Weder er noch Fanfani, noch Zaccagnini wollen – gegenwärtig – Kommunisten in die Regierung aufnehmen. Nun sieht es so aus, wie wenn sie sich auf ausländischen Druck so verhalten müßten, was den christlichdemokratischen «Popolo» erbittert von «Erpressung» sprechen ließ.

Aber auch aus Frankreich klang es schrill herüber, wie wenn von dort noch nie versucht worden wäre, Alliierten und Freunden im eigenen Interesse den Marsch zu machen. Daß die französischen Kommunisten besonders laut im Namen der nationalen Unabhängigkeit gegen eine von den Vereinigten Staaten und der Bundesrepublik dominierte «Heilige Allianz» protestieren, erstaunt nicht; sie erfüllen damit ihre von Moskau weiterhin erwünschte Sprengfunktion. Feiner gesponnen sind die Reflexionen und Lehrmeinungen von Le Monde, in dessen Spalten die Ansicht vertreten wird, es wäre besser, den sich vom sowjetischen Gängelband lösenden «Autonomisten» unter die Arme zu greifen, als Berlinguer, Marchais und Carillo in Isoliertheit und Orthodoxie zurückzuwerfen.

Schließlich Mitterrand: der sozialistische Führer der französischen Volksfront fühlt sich betupft, weil Ford, Callaghan, Schmidt (und Giscard) offensichtlich auch kommunistische Minister in Paris wenig unterstützenswert fänden und die Wähler dies jetzt deutlich vernommen haben. Wobei zudem auffällt, daß da einer über *ingérence* klagt, der sich selbst beim Nachbarn wacker einmischt, droht er doch seit geraumer Zeit, ein «Komitee zur Verteidigung der beruflichen und bürgerlichen Freiheiten in der Bundesrepublik» zu gründen. Die freiheitlich-ausgeglichene Bundesrepublik – nicht etwa die unmenschlich ummauerte DDR – erinnert ihn nämlich an das autoritäre Chile.

Um was geht es in der Hauptsache? Es geht um den elementaren Selbstschutz freier Gesellschaften und Staaten. In Erinnerung an die Exzesse des Nationalsozialismus und des Faschismus ist im Westdeutschland und im Italien der Nachkriegszeit die Staatsgewalt relativ schwach ausgestattet worden. Wie alte und neue Rechte die Weimarer Republik untergruben, hätte unter Umständen die neue Linke für den Bestand der Bundesrepublik gefährlich werden können. Man hat gesehen, daß die Hand der Justiz gestärkt werden muß, um des Terrorismus Herr zu werden. Auch vertreten sowohl Regierungskoalition wie CDU/CSU das Prinzip, daß Radikale, die – von links oder rechts her – die demokratische Ordnung in Frage stellen, keine Staatsstellen als Lehrer, Beamte oder Richter erhalten sollen. Dem gleichen Selbsterhaltungstrieb eines gesunden Organismus folgen die Führer der zur Abwehr gegen sowjetisch-kommunistische Bedrohung gebildeten westlichen Allianz, wenn sie zumindest prophylaktisch wissen las-

sen, kommunistische Regierungsbeteiligung in Rom oder anderswo im eigenen Verteidigungsbereich wäre nicht erwünscht.
Das Argument, es handle sich doch jetzt um Zusammenarbeit mit einem pluralistischen «Eurokommunismus», kann nicht stechen, bevor die Mutation in langer Quarantäne bewiesen ist. Und wenn gerufen wird, kein atlantisches Direktorat dürfe die Völker Europas daran hindern, *de choisir librement leur destin*, wäre vielleicht auch daran zu denken, daß die Völker nicht immer weise sind und aufklärende Warnungen angemessen sein können. Das italienische Volk hat einst Mussolini zugejubelt. Hitler ist legal an die Macht gekommen. In Frankreich haben marxistische Schullehrer zum Kollaps von 1940 beigetragen, und nachher stand die Volksmehrheit bis mindestens zur Wende des alliierten Kriegsglücks hinter Pétain, nicht hinter de Gaulle.
Doch zurück zur *gaffe* des Bundeskanzlers. Das überdimensionierte Echo hat seine Gründe. Die Bundesrepublik ist die stärkste Macht in Westeuropa, wirtschaftlich und militärisch. Es hat sich, gewissermaßen auf dem Gravitationsweg, eine Achse Washington–Bonn ergeben. Die EWG, die Frankreich so sehr nach dem Bedürfnis seiner Bauern zu formen bemüht war, hat der westdeutschen Industrie den größten Markt beschert. England und Italien sind – wem gegenüber? – verschuldet. Das alles macht empfindlich. Dazu kommt das im Wahlkampf besonders artikulierte Selbstbewußtsein des Bundeskanzlers. Er läßt sich anmerken, daß die Bundesrepublik – bei besten Verbindungen über Rhein und Ärmelkanal – sich nicht mehr ducke und allgemeiner Zahlmeister sei. Es macht ihm offenbar nicht allzuviel aus, an Ostern Kissinger ungebührliche Intervention gegen europäische Kommunisten vorzuwerfen und sich im Hochsommer, schon näher bei den Urnen des Oktober, über Ähnlichem ertappen zu lassen. Auch mag mitgespielt haben, daß sich das Phänomen Italien mit dem hanseatischen Ordnungsbegriff nur ungenau erfassen läßt. Kommt dann noch dazu, daß die SPD ihr Wahlprogramm für Freiheit, Sicherheit und soziale Demokratie «Modell Deutschland» nennt, so gibt es nachbarliche Vibrationen mit historischem Unterton.
In weiterem Rahmen betrachtet, handelt es sich um einen Familienkrach in einer Gemeinschaft, die niemandem das Maul verbindet. Es mag zur Bewahrung des Maßstabs dienen, wenn man sich vorstellt, was für ein Feuerwerk von Meinungen der Ostblock erleben würde, wenn dort nicht nur in einer Richtung Mores gelehrt werden dürften. Dort haben sie es einfacher. Dort darf der Kommunismus nicht schillern. Dort verführt er niemanden mehr. Bewiesen in Polen, wo wieder einmal die Avantgarde des Proletariats gegen die Partei rebelliert hat. E. M.

Neue Zürcher Zeitung, 25.7.1976

Mißbrauch vertraulicher Informationen

Schmidts Schneeball löste eine antideutsche Lawine aus

Von Günter Geschke

Gesetzt den – einstweilen unwahrscheinlichen – Fall, Italiens Kommunisten nähmen an der Regierungsverantwortung teil. Gesetzt ferner, es käme dann zu dem längst überfälligen Reformprogramm, über dessen Notwendigkeit sich alle «Verfassungsparteien» des Landes (und dazu zählt die PCI!) einig sind: das erbärmliche Gesundheitswesen würde endlich auf einen modernen Standard gebracht, die Ordnung der ruinierten Staatsfinanzen in Angriff genommen; die byzantinisch aufgeblähte Verwaltung würde entlüftet, der Kampf gegen den überbordenden Terrorismus verschärft. Gesetzt auch, eine solche Regierung des «historischen Kompromisses» beschlösse ein solides Programm zur dringend nötigen Produktivitätssteigerung in Italiens unangepaßter Wirtschaft. Wäre es dann klug, einer solchen Regierung jegliche Hilfe zu versagen? Etwa einen Währungskredit oder eine internationale Anleihe?

Mit an Sicherheit grenzender Wahrscheinlichkeit würden die italienischen Wähler – stolz wie die Römer! – das Ausbleiben einer solchen Hilfeleistung bei nächster Gelegenheit mit einem weiteren Ruck nach links beantworten, der Kommunistischen Partei (PCI) könnte dann sogar der Sprung in die absolute Mehrheit gelingen.

Diese Überlegung zeigt, daß die angebliche Abrede der großen vier (USA, Frankreich, Großbritannien, Bundesrepublik), Italien bei einer kommunistischen Regierungsbeteiligung keine Kredite zu gewähren, zwar prinzipientreu antikommunistisch, aber auch unrealistisch ist. Eine solche Politik zielt an der tatsächlichen politischen Lage in Italien vorbei. Sie könnte sogar, im Ernstfall angewendet, das Gegenteil ihrer beabsichtigten Wirkung, nämlich die Kommunisten aus der Regierungsverantwortung herauszuhalten, erreichen.

Es wäre ein Glücksfall, stünde diese Einsicht am Ende der aufgeregten Diskussion, die durch Bundeskanzler Schmidts (unbeabsichtigte?) Enthüllung der Gipfel-Absprache ausgelöst wurde. Am Anfang stand sie gewiß nicht. Aber was stand überhaupt am Anfang? Soviel ist verbürgt: ein Frühstück des Kanzlers mit einigen ausgewählten amerikanischen Journalisten, bei dem er einiges *on the records* und anderes *off the records* gesagt hat, also «frei zur Veröffentlichung» und «nicht frei zur Veröffentlichung». Zu dem, was nicht zur Veröffentlichung bestimmt war, sondern nur «Hintergrundinformation» sein sollte, gehörten offenbar Auslassungen Schmidts über die Bedingungen für künftige multilaterale Kredite an die Italiener.

Nach einem Bericht der Washington Post, die sich nicht an die Vertraulich-

keit hielt, seien sich die vier in Puerto Rico einig gewesen: keine Kredite, wenn Kommunisten in die Regierung kommen. Die New York Times, deren Vertreter ebenfalls der Washingtoner Frühstücksrunde angehörte, lieferte dann «aus eigener Quelle» nach, es habe einen förmlichen Beschluß in dieser Richtung gegeben. Schließlich gab das Wall Street Journal des deutschen Kanzlers harsche Kritik am aufgeblähten und kostspieligen italienischen Beamtenapparat wieder. Ihn abzubauen sei eine wesentliche Voraussetzung für die Gesundung des Alpenlandes.
Das internationale Echo dieser Zeitungsmeldungen war ohne Beispiel. In Italien schien es keine Parteien mehr zu geben, sondern nur noch Schmidt-Gegner. Sie alle protestierten lautstark oder auf diplomatischen Wegen gegen Schmidts neuerliche «Einmischung in die inneren Angelegenheiten» eines souveränen Partners. In Frankreich lamentierte die Linke, innerhalb der westlichen Welt bilde sich unter deutsch-amerikanischer Führung eine neue «heilige Allianz», die im metternichschen Geist die Völker gängeln wolle. In Paris demonstrierten 4000 gegen den «häßlichen Deutschen», und selbst Schmidt-Freund Giscard, der französische Staatspräsident ließ – wenn auch vornehm diplomatisch – seine Mißbilligung über des Kanzlers Italienschelte verlauten. Nur Präsident Ford stand dem deutschen Kanzler mit der Erklärung seines Pressesprechers bei, an den Äußerungen sei nichts auszusetzen. Ansonsten hagelte es Vorwürfe und Schimpfworte: «Kirchturmpolitiker», «Feldwebel», «Oberlehrer Schmidt», «Gendarm Amerikas». «Mehr Terror als diplomatischer Brauch», «die Redeweise der Deutschen während der beiden Weltkriege . . .». Schmidts Schneeball schien eine ganze Lawine antideutscher Vorurteile auszulösen.
Der Kanzler selbst, der ein paar Tage in Kalifornien ausspannen wollte, schien überrascht. Italiens Außenminister Rumor ließ er durch Vizekanzler Genscher beruhigen. In Bonn schickte er Regierungssprecher Grünewald als Feuerlöscher vor: «Was in der Washington Post stand, kann weder als öffentlich noch als korrekt gelten.» Doch bis heute weigert sich das Presseamt, die Mitschrift der Schmidtschen Äußerungen vorzulegen. So harmlos, wie man sie hinterher machen möchte, waren sie also gewiß nicht.
Warum hat er sie überhaupt und warum in diesem Kreis gemacht? Auf die Diskretion von ausgefuchsten amerikanischen Journalisten zu vertrauen, die unter härtestem Konkurrenzdruck stehen, setzt ein Maß an Naivität voraus, das man dem 35fachen Amerika-Fahrer Schmidt nicht anmuten mag. Den neuen italienischen Regierungsmacher Andreotti zu warnen mußte ihm überflüssig, auf die italienische Öffentlichkeit einzuwirken nach eigener Erfahrung schädlich erscheinen.
Überzeugender scheint die Annahme eines ganzen Motivbündels: Schmidt lag daran, sein amerikanisches Image als kritikfreudiger, in Wirtschaftsfra-

gen versierter Staatsmann von Weltformat zu pflegen. Italiens «Dolcefarniente» gab da die richtige Negativfolie ab. Die Rolle des antikommunistischen Oberwächters erlaubte die Relativierung seiner früheren Äußerung, eine kommunistische Regierungsbeteiligung in Rom sei nicht unbedingt eine Katastrophe. Zugleich lief Schmidt damit einer verblüfften heimischen Opposition den Rang als energischster Widersacher des «Euro-Kommunismus» ab.
Daß der deutsche Bundeskanzler den kranken italienischen Partner nicht länger schonte, daß er offen aussprach, was viele westliche Politiker denken, markiert erneut den Übergang der Bundesrepublik vom braven Musterschüler zum selbstbewußten Mitregenten der westlichen Welt. Unsere Partner wie unsere Gegner werden sich – aber auch wir selber werden uns daran gewöhnen müssen.

Sonntagsblatt, 1.8.1976

Liebe erweckt er selten

Schmidt hat viele Verbindungen, aber wenig nahe Freunde

Von Craig R. Whitney

Der stärkste Führer in der geplagten westeuropäischen Gemeinschaft, Kanzler Helmut Schmidt von der Bundesrepublik Deutschland, begibt sich in eine schwierige und heiß umstrittene Schlacht für die Wiederwahl am 3. Oktober.
Erst zweieinviertel Jahre im Amt, hat er doch auf die Art, wie wirtschaftliche Probleme in der westlichen Welt während einer Zeit globaler wirtschaftlicher Krisen behandelt werden, einen entscheidenden Einfluß ausgeübt. Wie kein anderer bundesdeutscher Politiker vor ihm hat er die wirtschaftliche Macht seines Landes in den Räten Europas und des atlantischen Bündnisses geltend gemacht. Er hat die letzten 23 Jahre auf der politischen Bühne der Bundesrepublik Deutschland gestanden, sich zielstrebig von der Hamburger Landespolitik zum Verteidigungsministerium, dem Finanzministerium und schließlich zum Kanzleramt in Bonn hocharbeitend.
Gestern kam der jetzt 57jährige Staatsmann von einem dreiwöchigen Urlaub am Brahmsee nach Bonn zurück, wie gewöhnlich ganz an Geschäfte hingegeben. Als er von einem arglosen Reporter gefragt wurde, ob er besonderen Wert auf eine hohe Wahlbeteiligung lege – 1972 wählten 91,2 Prozent –, nahm er seine Lesebrille ab, lächelte nur und sagte: «Ja.»

Morgen wird er wieder nach Norddeutschland fliegen, um die erste von mehr als 70 programmierten Wahlreden zu halten. Die Wahl ist, ungeachtet aller Parolen, weitgehend eine Schlacht zwischen Persönlichkeiten: Helmut Schmidt als der aggressive, entscheidungsfreudige Mann und sein christlich-demokratischer Widersacher Helmut Kohl der formlose, nachdenklich zögernde Fürsprecher von «Freiheit statt Sozialismus».
Helmut Schmidts adrett gescheiteltes stahlgraues Haar und seine Art, die ebenmäßigen weißen Zähne zu zeigen, wenn er die Wichtigkeit einer Aussage betonen will, sind ebenso bekannt wie sein überlegenes Wissen auf wirtschaftlichem und strategischem Gebiet.
Nicht so oft bemerkt wird die Tatsache, daß dieser Mann, der wenige nahe Freunde hat, sich nach der Wärme enger Kontakte sehnt. Bei Journalisten, zum Beispiel, versucht er manchmal, Zuneigung zu gewinnen, indem er vertrauliche Dinge preisgibt – beispielsweise wie wenig er von den italienischen Christdemokraten hält. Wenn diese pikanten Happen dann im Druck erscheinen, gibt es einen internationalen Aufruhr.
Er ist eine höchst komplexe Persönlichkeit, die auch komplexe Reaktionen hervorruft, sowohl im eigenen Land wie im Ausland. Zwei besonders typische sind die Eifersucht französischer und italienischer Politiker, weil es Schmidt gelungen ist, die bundesdeutsche Inflationsrate in diesem Jahr unter 4,5 Prozent zu halten – und ferner Ressentiments wegen seines Vorschlages, die anderen Nationen sollten sich das «deutsche Modell» zu eigen machen. In der französischen Volkspresse wird er «der Schulmeister» genannt oder auch als «der Feldwebel» betitelt.
Leidet Helmut Schmidt vielleicht, wie Napoleon oder Richard Wagner, an Geltungsbedürfnis wegen seiner kleinen Figur – er mißt nur etwa 1,70 Meter.
«Er ist nicht so klein, daß ihn dies verunsicherte», sagte Armin Grünewald, ein enger Mitarbeiter. «Sein Problem ist, daß er sich nicht gut verstellen kann. Er sagt, was er denkt, weil er an die Wurzel eines Problems gelangen will; zuweilen wird das als Arroganz oder Geringschätzung mißverstanden.»
Als er noch Schüler in der fortschrittlichen Lichtwark-Schule in Hamburg war, wurde er, dem Vernehmen nach, aus der Hitler-Jugend ausgestoßen, weil er die «Entartete Kunst» schön fand, obwohl die Nazis sie verdammt hatten. Heute hängen die Wände seines Amtszimmers voll mit Zeichnungen des deutschen expressionistischen Malers Emil Nolde.
Helmut Schmidt war ein dreißigjähriger Wehrmachtsoffizier, als die Nazis kapitulierten; er gibt zu, daß es mehr Zufall als Verdienst war, daß die britische Besatzungsmacht ihn als Anti-Nazi einstufte.
Drei Jahrzehnte später sagte er bei einem Fernseh-Interview: «Unser Land ist nicht eben ein politischer Zwerg. Die Leute hören auf uns. Unser welt-

wirtschaftliches Gewicht wiegt schwerer als zuvor. Wir müssen die Rolle spielen, die uns zugefallen ist; wir haben sie uns nicht ausgesucht.»
Schmidts Botschaft an die Welt, als Finanzminister in Willy Brandts Kabinett und als Kanzler, nachdem Brandt wegen eines Spionage-Skandals im Jahr 1974 zurückgetreten ist, lautet, «daß wirtschaftliches Chaos für Frieden und Stabilität ebenso gefährlich ist wie eine militärische Krise.»
Der Kanzler glaubt, daß Europa vor dem wirtschaftlichen Kollaps gerettet worden ist, weil die meisten seiner Staatsmänner die Notwendigkeit erkannt haben, zumindest versuchsweise ihre Wirtschaftspolitik zu koordinieren, bevor es zu spät war. Im ersten Monat nach seiner Amtsübernahme flog Schmidt nach Frankreich, um sich mit Präsident Valéry Giscard d'Estaing auf einen koordinierten Angriff gegen die Inflation und später auch gegen die Arbeitslosigkeit zu einigen. Im Spätsommer begab er sich persönlich nach Italien, um dort eine Anleihe von 5 Milliarden Mark zu überreichen und die Regierung in Rom vor dem Bankrott wegen der erhöhten Ölpreise zu bewahren.
In diesem Sommer ist er bei einem Besuch in Washington in die Schlagzeilen geraten, weil er sagte, es werde für eine italienische Regierung, in der Kommunisten säßen, kein Geld geben. Und es sind tatsächlich auch keine Kommunisten im Kabinett. Aber jetzt, da die kommunistische Partei die wichtigsten Ausschüsse im italienischen Parlament kontrolliert, verhandelt die deutsche Bundesbank unter der Hand und im Einvernehmen mit Schmidt über eine Verlängerung der 5-Milliarden-Anleihe.
Die Rettung Europas – und der Exportmärkte der Bundesrepublik – ist von Anbeginn der Kern dessen gewesen, was Schmidt als seine Rolle betrachtet. Wiederholt, wenn er mit anderen europäischen Staatsmännern in Paris, Rom und letzten Juli in Brüssel zusammentraf, hat er sie beschworen, ihre Wirtschaft besser unter Kontrolle zu bringen und darüber hinaus einen symbolischen europäischen Schritt zu tun und zu beschließen, daß im Mai 1978 Direktwahlen für ein europäisches Parlament stattfinden. Er wird beim nächsten Gipfeltreffen wieder darauf dringen.
Seine eigenen Maßnahmen gegen die Inflation und die Rezession waren die erfolgreichsten in Europa. Auf einen harten restriktiven Haushalt, der die Inflation auf ihrem Höhepunkt im Jahr 1973 unter 7,5% gehalten hat, folgte Anfang Januar 1975 eine Steuersenkung von 20 Milliarden Mark und eine Senkung der Zinsraten, um die Wirtschaft anzukurbeln. Heute ist die Bundesrepublik zwar der Weltwirtschaftskrise nicht vollkommen entgangen – die Inflation steht bei 4,1%, und es gibt immer noch eine Million Arbeitslose, 4% der gesamten Arbeiterschaft –, aber das Land hat nicht gelitten wie England mit anderthalb Millionen Arbeitslosen oder Frankreich mit einer Inflationsrate, die höher liegt als 9%.
Und doch wird Schmidts sozialdemokratische Partei wahrscheinlich in den

Oktoberwahlen Stimmen an die CDU und Helmut Kohl verlieren, der mit dem Slogan «Aus Liebe zu Deutschland die Freiheit wählen» in den Wahlkampf zieht.
Liebe ist ein Gefühl, das dieser Kanzler im Volk gewöhnlich nicht erweckt.

The New York Times, 27.8.1976

Was der Staat für Helmut Schmidt bedeutet

Die Philosophie seiner Politik

Von Peter Christian Ludz

Seit der Übernahme des Kanzleramtes durch Helmut Schmidt, seit Mai 1974 ist das abschätzig gemeinte Wort vom «Macher» aufgekommen, die Rede vom konzept- und theorielosen «Pragmatiker» Schmidt.
Verständlich, daß solche Abwertung vom politischen Gegner benutzt wurde und wird; weniger begreiflich ist dagegen, daß einige gedankenlose Intellektuelle aus der eigenen Partei sich diesen Vorwurf der Opposition zu eigen machten und noch immer machen und die Diffamierung darüber hinaus dadurch verstärken, daß sie dem «Macher» die Attribute «bürgerlich», auf jeden Fall «nicht-sozialistisch» anhängen.
Wie sind diese Angriffe zu verstehen, wie zu beantworten? Helmut Schmidt ist, wie er oft genug selbst gesagt hat, vom Krieg wie vom Nachkrieg geprägt worden. Im Krieg war es das Erlebnis der Kameradschaft, das er später nach dem Kriege als Erlebnis der Solidarität und der Partnerschaft in der SPD wiederfand. Kameradschaft und Solidarität: das war Sozialismus für Helmut Schmidt.
Nach dem Kriege dann galt es, zuzupacken, aufzubauen, pragmatisch zu denken, Leistungen und Erfolge vorzuweisen. Darin, in diesem Leistungs- und Verantwortungsbewußtsein, liegt für manchen Beobachter offensichtlich etwas Arrogantes, etwas Bürgerlich-Elitäres – eine geistige Haltung, die jedoch meist von jenen kritisiert wird, die in den ebenso sicheren wie risikofreien Schlupfwinkeln der marxistischen Orthodoxie sitzen.
Helmut Schmidt wußte stets, daß ein Wiederaufbau Deutschlands «ohne eindeutige sittliche Fundierung» nicht möglich sein würde. Dieses Bekenntnis zur sittlichen Verpflichtung, das in den letzten Jahren immer deutlicher wurde, ist auch als Wurzel für sein Verhältnis zum Christentum anzusehen.
Helmut Schmidt stammt aus Hamburg, aus bürgerlichem Hause. Hamburg hat ihn geprägt. Sein Berufsziel als ganz junger Mensch war es, «Bau-

meister», Städtebauer, Architekt zu werden – etwas Konstruktives, Großzügiges und gleichzeitig Ästhetisches zu gestalten. Maßgeblichen Einfluß übte dabei die urbane und farbige Persönlichkeit des bedeutenden Hamburger Baumeisters Fritz Schumacher auf ihn aus – und zwar nicht nur, indem er Schmidts frühe beruflichen Vorstellungen über Leben, Kunst und Beruf in einem allgemeinen Sinne prägte. Fritz Schumacher war es, der bereits seit der Jahrhundertwende die Bedeutung der sozialpolitischen Probleme klar erkannt und der eine Sozialdemokratie «im Rahmen der gefestigten Begriffe von Moral, Religion und Vaterlandsgefühl» im Berlin vor der Jahrhundertwende durchaus als vorstellbar, ja als wünschbar bezeichnet hatte.

So waren für Helmut Schmidt, vom Temperament wie von seinem persönlichen Schicksal her, der handfeste Bezug zur Wirklichkeit, die konstruktive Vision mit der Chance, die eigenen Vorstellungen auch zu verwirklichen, und ein starker ethischer Grundimpuls gleichermaßen gegeben. Diese Persönlichkeitsmerkmale formten zweifellos sein Bild von Partei und Gesellschaft, von Staat und Politik.

Helmut Schmidt ist Sozialdemokrat, und er ist Sozialist. Er ist jedoch, nach eigener Aussage, kein Marxist. Schmidt ist ein vom Reformismus Franz Staudingers und Eduard Bernsteins beeinflußter Sozialdemokrat. Er ist geprägt von der politischen Ethik Immanuel Kants, noch mehr jedoch des Neukantianismus, das heißt, er vertritt einen nicht-marxistischen, einen idealistischen Sozialismus. Nicht von ungefähr hält er Bernstein nicht nur «für intellektuell redlicher» als Karl Kautsky, sondern auch für demokratischer, als Marx es je gewesen ist.

Seine wiederholte Berufung auf den ebenfalls vom Neukantianismus geprägten Max Weber, seine Betonung der «Verantwortungsethik» des rational politisch Handelnden im Gegensatz zur bloßen «Gesinnungsethik» steht in diesem Zusammenhang. Aus solchen philosophisch-ethischen Überzeugungen wächst Schmidts Bekenntnis zu einem humanen demokratischen Sozialismus, in dem er die geistigen und sittlichen Grundlagen der deutschen Sozialdemokratie, nämlich die Forderungen nach Freiheit, Gerechtigkeit und Solidarität, bis hin zum Godesberger Programm und darüber hinaus in ungebrochener Kontinuität verwirklicht sieht.

Helmut Schmidt tritt – wie Karl Robert Popper, der führende Vertreter des kritischen Rationalismus in der westlichen Welt – für den demokratischen Staat, für eine «offene» Gesellschaft ein. Er kämpft im Geiste des kritischen Rationalismus und der kritischen Vernunft im Sinne Poppers gegen jeden ideologischen Dogmatismus, gegen jene Gesinnungsethiker, die die Folgen ihres Handelns nicht einzukalkulieren willens und in der Lage sind. Er ist, wie Popper, für die Politik schrittweiser, verantwortlicher und kalkulierbarer Reformen und gegen jede blindäugig und unrealistisch vor-

getragenen Forderungen nach Systemumwälzung. Für ihn lebt der demokratische Staat aus dem «Konsensus- und Kompromißgebot demokratischer Verfassungen», aus der Transparenz der politischen Entscheidungen, aus der Einhaltung von Spielregeln und Verfahren.
In diesem Zusammenhang steht auch seine Auffassung von «Theorie» und «Praxis«: «Der politische Wert einer Theorie besteht in der Dienstleistung, dem politisch Handelnden die tatsächlichen Möglichkeiten zum Handeln aufzuzeigen und die vorhersehbaren Folgen verschiedener Handlungsweisen» (Schmidt im Vorwort zu: Kritischer Rationalismus und Sozialdemokratie, hrsgg. von G. Lührs und anderen. Bonn-Bad Godesberg 1975, S. XIV). Schmidt glaubt, daß politische Entscheidungen aus ganz unterschiedlichen Theorieansätzen fließen können, vor allem jedoch aus der «eigenen Erfahrung mit der Wirklichkeit».
Mit einer solchen Auffassung sieht sich Helmut Schmidt nicht nur in der Tradition Bernsteins, Max Webers und Poppers, sondern auch Kants, auch wenn er nicht, wie Kant, streng zwischen «moralischem» und «pragmatischem» Handeln unterscheidet und nicht jedes nur mögliche Handeln auf das moralische Handeln rückbezieht. Dies zeigt sein Politikverständnis: «Politik ist pragmatisches Handeln zu sittlichen Zwecken.»
Im Unterschied zu Kant und Popper vertritt Schmidt ein materiales Staatsziel, nämlich den egalitär ausgeformten Wohlfahrtsstaat. In der Tat kommt hier das sozialistische Engagement Helmut Schmidts besonders stark zum Ausdruck. In einer kürzlich im Bundestag gehaltenen Rede hat er denn auch Richard von Weizsäcker entgegengehalten, daß dieser den Begriff der christlichen Solidarität auf die Wohlhabenden beschränke und nicht für alle Menschen gleichermaßen gültig erkläre.
Das Konzept des Wohlfahrtsstaates beruht dabei keineswegs auf einer platten, vom historischen Materialismus determinierten «Zielorientierung», wie einige Kritiker aus dem Lager der CDU/CSU meinen. Dieses Staatsziel besitzt vielmehr durchaus ordnungspolitische Komponenten.

In der Tradition Bebels und Bismarcks

Zunächst einmal ist dabei auf den hohen Wert, den der demokratische und soziale Rechtsstaat bei Schmidt besitzt, hinzuweisen: «Der Staat . . ., der . . . sich selbst die Achtung vor dem Gewissen seiner Bürger als oberste Richtschnur allen Handelns seiner Organe gegeben hat und auch im Hinblick auf das Zusammenleben von Menschen verschiedener religiöser und geistiger Grundüberzeugung den Schutz von Gewissen und Würde jedes einzelnen Menschen übernommen hat, wird . . . selbst ein Wert» (Schmidt, Als Christ in der politischen Entscheidung, Gütersloh 1976, Seite 48).
Die rechtsstaatliche Ordnung, insbesondere der Grundrechtskatalog, ge-

währt die Grundrechte. Sie werden nicht nur als Abwehrrechte gesehen, die den Freiheitsraum der Person schützen, sondern auch als Entfaltungsräume, die die Möglichkeit eröffnen, die Grundwerte in einer demokratischen Gesellschaft zu verwirklichen. Gerade Schmidts hohe Achtung vor dem Staat läßt ihn nicht, wie etwa den Generalsekretär der CDU, Kurt Biedenkopf, behaupten, daß das Grundgesetz nicht nur die Grundrechte, sondern auch die Grundwerte zu fixieren habe. Helmut Schmidts Haltung ist hier im besten Sinne als liberal zu bezeichnen, da er den Staat in allen religiösen und weltanschaulichen Fragen in eine neutrale Position verweist.

Der Staat ist für Helmut Schmidt sicherlich kein «Selbstbedienungsladen» – ebensowenig wie der Pluralismus der demokratischen Gesellschaft in die Anarchie von «Interessenhaufen» umschlagen darf. Schmidt lehnt damit den Habgier- und Forderungssozialismus, wie er sich heute mancherorten breitmacht, ab.

Die Hochschätzung des Staates geht auf Ferdinand Lassalle und August Bebel zurück – sozialdemokratische Politiker, die Schmidt neben Bernstein am häufigsten zitiert. Das positive Bekenntnis zum Staat, zu den von ihm garantierten Grundrechten überwindet die Staatsscheu, die in der Geschichte der SPD bis in die neueste Zeit eine so verhängnisvolle Rolle gespielt hat; ein solches klares Bekenntnis zum Staat setzt konstruktive Akzente auch gegen jene konturlosen Visionen von einer Gesellschaft der demokratischen Sozialisten, ja von einer deutschen Nation, die lediglich aus der vagen Unendlichkeit gesellschaftlicher Wertvorstellungen und einem ebenso bemühten wie künstlich anmutenden Rückgriff auf «die Geschichte» abgeleitet werden. Solchen Visionen hängt Helmut Schmidt nicht nach. Für ihn ist der Staat konstitutiv; der Staat vermittelt Freiheit für den einzelnen, äußere und sozialpolitische Sicherheit. Für ihn besteht die Gesellschaft aus konkret definierbaren Großgruppen, unter denen die Gewerkschaften und die Unternehmerverbände zweifellos eine bedeutende Rolle spielen.

Helmut Schmidts Rückgriff auf die deutsche Geschichte ist konkret, faßbar, nachprüfbar und damit plausibel. Ebenso wie er sich der demokratischen Tradition in der SPD verpflichtet fühlt, wie er die festen moralischen Grundsätze Thomas Jeffersons in der amerikanischen Geschichte bewundert (und damit ein grundsätzlich positives Gefühl für die amerikanische Gesellschaft besitzt), fühlt er sich in der Tradition Bismarcks stehend – und dies in einem doppelten Sinne: Einmal begreift Schmidt die Konzeption seiner staatlichen Sozialpolitik, seiner Politik der sozialen Sicherung in der Nachfolge Bismarcks. Bismarcks Sozialpolitik, genauer: das von ihm geschaffene System der Sozialversicherung, sei ein «erster Durchbruch gegenüber dem rein marktwirtschaftlichen Prinzip» – «eine Korrektur der

Marktresultate». Auch für Schmidt korrigiert die Sozialpolitik die von ihm grundsätzlich bejahte soziale Marktwirtschaft. Sozialpolitik heißt dabei im wesentlichen: «soziale Sicherung, bessere Gesundheitsvorsorge, Vermögensbildung, vor allem aber die Mitbestimmung der Arbeitnehmer am Arbeitsplatz und im Unternehmen», die ein soziales Klima schaffen, «in dem kritische Partnerschaft und die gewaltlose Austragung von Konflikten zwischen Unternehmern und Arbeitnehmern, zwischen den Managern des Kapitals und den Gewerkschaften der Arbeitnehmer möglich wird» (Schmidt, Auf dem Fundament des Godesberger Programms, 2., erweiterte Auflage, Bonn-Bad Godesberg 1974, Seite 83). Die gesamte Innenpolitik reduziert sich für Helmut Schmidt denn auch folgerichtig auf Sozial- und Wirtschaftspolitik.

Innenpolitik ist zur Weltpolitik geworden

Zum anderen bewundert Schmidt, hierin ähnlich wie Henry Kissinger, das Kunstwerk der Gleichgewichtspolitik Bismarcks nach der Reichsgründung. Folgerichtig ist für ihn die Balance der Kräfte, die stabile Balance in Europa wichtiger als die Herbeiführung der Einheit Deutschlands. Helmut Schmidt arbeitet, in engster Zusammenarbeit mit den Vereinigten Staaten und den verantwortlichen Politikern unserer westlichen Verbündeten, ständig an dieser «Strategie des Gleichgewichts», die er – auch hierin ähnlich wie Kissinger – nicht nur als außenpolitische, sondern als «welthistorische Kategorie» für unser Zeitalter begreift.
Damit ist zugleich ausgesagt, daß Schmidt – wohl wissend, daß die Sowjetunion auch und gerade im Zeitalter der Détente jede Schwäche des Westens für sich auszunutzen sucht – dennoch eine zu enge Konzeption des Begriffs der militärischen Sicherheit ablehnt; daß er vielmehr weiß, daß Außenpolitik und Sicherheitspolitik heute in hohem Maße zur Weltwirtschafts- und Weltwährungspolitik geworden sind; daß weiterhin die Grenzen zwischen Sicherheits- und Verteidigungspolitik einerseits, Wirtschafts- und Währungspolitik andererseits fließend geworden sind.
Wirtschafts-, Handels- und Währungspolitik sowie Verteidigungspolitik im Wertmaßstab stehen damit in engem Zusammenhang mit der Wirtschafts- und Sozialpolitik der einzelnen Staaten. Erst eine Kombination von Weltwirtschafts-, Weltwährungs- und Weltsozialpolitik wird die vielzitierte neue Weltwirtschaftsordnung heraufführen können. In diesem Sinne ist Innenpolitik heute auch für ihn zur Weltpolitik geworden.

Vorwärts, 16.9.1976

Ein deprimierendes Wahlresultat

Sein Selbstbewußtsein ist schwer angeschlagen

Von Ulrich Blank

Helmut Schmidt ist müde, nicht nur vom Wahlkampf, sondern vom Kampf gegen Willy Brandts Schatten und gegen seine Partei, die ihn nicht so recht als ihren Kanzler sehen will.

Es ist Mitternacht im Bonner Kanzleramt. «Der Herr Ministerpräsident Kohl wird nicht Bundeskanzler», sagt Helmut Schmidt nun schon zum dritten oder vierten Male in dieser Wahlnacht. Aber das trotzige Wort klingt nur melancholisch. Der Bonner Regierungschef hat alle Mühe, seine tiefe Enttäuschung zu verbergen.

Man spürt, daß er diese Situation wieder und wieder im Geiste durchgespielt hat. Scheinbar gelassen, manchmal lächelnd, schiebt er sich durch das Heer der Fotografen und Kameramänner, um am Buffet ein heißes Würstchen zu essen. Doch die gespielte Lockerheit will ihm nicht ganz gelingen. Wenige Minuten später sitzt der Kanzler draußen in seinem Wagen, um sich nach Hause fahren zu lassen. Das Lächeln ist zur Maske erstarrt.

Noch in seinen letzten Wahlreden hatte Helmut Schmidt sich selbst eine «bequeme Mehrheit von zwanzig bis fünfundzwanzig Mandaten» prophezeit. «Es dürfen aber ruhig noch ein paar mehr sein», pflegte er zu sagen, «denn manchmal gibt es ja eine Grippewelle.» Der Gedanke, daß der Vorsprung der sozialliberalen Koalition auf acht Parlamentssitze zusammenschmelzen könnte, erschien ihm offensichtlich unvorstellbar.

Nun, nachdem das Unglück passiert ist, hat der Blick in die Zukunft für den Kanzler nichts Verheißungsvolles mehr. Die Regierungskoalition sieht sich in die Bedrängnisse ihrer Anfangsjahre zurückgeworfen. Sie muß versuchen, mit der knappsten nur denkbaren Majorität über die Runden zu kommen. Niemand weiß, ob Helmut Schmidt in dieser Wahlnacht nicht an den Rücktritt und damit an die Flucht aus einer Verantwortung gedacht hat, die nur noch unter äußerster Willensanstrengung zu tragen ist. Sicher wird ihm der Gedanke gekommen sein, daß eine klare Niederlage vielleicht besser gewesen wäre als die endlose Kette von Nervenproben und Demütigungen, die jetzt vor ihm liegt.

Wie das Selbstbewußtsein des Kanzlers diesen Rückschlag verkraften wird, wagen nicht einmal seine engsten Mitarbeiter vorherzusagen. Denn es ist längst kein Geheimnis mehr, daß sich hinter dem äußeren Bild des stahlharten «Machers» ein sensibler Charakter verbirgt, der Erfolgserlebnisse als immer neuen Antrieb braucht. Schmidt versteht es, die Widersprüche seines Wesens mit Routine zu überspielen: «Ich selbst halte mich nicht für arrogant, aber ich bin auch nicht so vermessen anzunehmen, daß alle anderen, die so etwas über mich sagen, vollkommen unrecht haben.» Der Schriftsteller Peter Härtling schrieb vor Jahren über Schmidt: «Wer ihm zuschaut, bemerkt sogleich, daß er seine Forschheit schmaläugig kontrolliert, daß er sich in der Hand hat und unentwegt an seine Wirkung denkt.» So urteilen Männer über gutaussehende andere Männer, deren Wirkung auf Damen beträchtlich zu sein scheint. Wie immer auch – der Schmidt von einst, der im Hoppla-jetzt-komm-ich-Stil Politik zu machen pflegte, existiert nicht mehr. Dreißig Monate im Amt haben diesen Kanzler verändert. In die Gesichtszüge hat sich die dauernde Überanstrengung tief eingegraben. Mit grauen Schatten unter den geröteten Augen kämpft er sich durch die letzte Phase der Wahlkampagne. Zufriedenheit verschafft ihm nur noch das Gefühl, seine Pflicht getan zu haben.

Was andere über ihn denken, scheint ihm hingegen immer gleichgültiger zu werden. Seinen Schnupftabak pflegt der Kanzler vom Handrücken aus in die Nase zu ziehen, wobei es ihn nicht stört, daß der größte Teil der Prise an der Oberlippe hängenbleibt. Zum Glück für die Umstehenden muß er bei diesem Vorgang nicht niesen. Dafür schnaubt er den Rest des Inhalierten anschließend trompetenartig in ein Taschentuch. Die gewollt umständliche Prozedur hilft ihm, seine Kontaktschwäche zu überwinden und die Befangenheit seiner Gesprächspartner zu überspielen. Früher galt Schmidt als ein Meister des politischen Show-Geschäfts, der ganz nach Belieben jeden Effekt zu erzielen verstand. Heute wirkt seine Selbstdarstellung einsilbig und zerfurcht, dafür aber sehr viel angenehmer. Seine Erfahrung: «Ob man einen Politiker nun gut oder schlecht verkauft – jeder sieht auf die Dauer so aus, wie er ist.»

Von nackter Existenzangst befallen

Dennoch bleibt ihm nun, 57 Jahre alt, eine Zeit der harten Selbstprüfung nicht erspart. Viele rühmen ihn, was die technische Perfektion seines Regierungsstils angeht, als den besten Kanzler in der Geschichte der Bundesrepublik. Gerade das macht es so schwierig, die Ursachen des Wahldebakels zu erforschen. Schmidt hat sich selbst keine Vorwürfe zu machen. Staat, Wirtschaft und Währung befinden sich, verglichen mit anderen europäischen Ländern, in einem hervorragenden Zustand. Die Auswirkungen der Weltwirtschaftskrise konnten nach Plan und ohne soziale Erschütterungen überwunden werden. Die Leistungsbilanz der Regierung ist nicht weniger eindrucksvoll als die Loyalität des liberalen Koalitionspartners. Das alles hätte zu einem großen Sprung nach vorn reichen müssen. Statt dessen aber ist die Regierungskoalition nun wieder von nackter Existenzangst befallen worden.

Der begabte Krisenmanager muß erkennen, daß die Krise, um die es jetzt

geht, ihn selbst betrifft. Dabei haben sich seine Talente bisher in extremen Situationen immer am augenfälligsten bewährt: 1962, als der Hamburger Innensenator Helmut Schmidt bei der Bewältigung der großen Flutkatastrophe fast diktatorische Vollmachten an sich riß, 1965, als er den Sprung zurück nach Bonn unternahm, um die Folgen der erneuten Wahlniederlage der SPD überwinden zu helfen, 1966, als er für den todkranken Fritz Erler im Fraktionsvorsitz einspringen mußte und sehr rasch zum stärksten Mann in der Großen Koalition wurde, 1969, als er gegen seinen Willen gezwungen wurde, das politisch undankbare Verteidigungsministerium zu übernehmen, 1972, als mitten im Wahlkampf das Erbe des fahnenflüchtigen Superministers Karl Schiller über ihn kam, und schließlich 1974, als ihm nach dem Sturz Willy Brandts die Kanzlernachfolge zufiel. Mit solchen Kommandoeinsätzen hat sich Schmidt den Ruf eingehandelt, eine Art politischer Feuerwehrmann zu sein, der in der Stunde der Bedrängnis ohne Rücksicht auf Verluste zu handeln vermag.
Die Schablone vom «starken Mann» trifft freilich, wenn überhaupt, nur den kleineren Teil seiner Persönlichkeit. Unter allen Bonner Politikern besitzt Helmut Schmidt wahrscheinlich den größten Fundus an Informationen und Hintergrundwissen. Seine Fähigkeit, sich rasch und umfassend in ein Problem einzuarbeiten, hat seine Mitarbeiter immer wieder verblüfft. Diese Einsicht in die Zusammenhänge macht ihn gelegentlich pessimistisch und läßt ihn oft auch daran zweifeln, ob die Politik wirklich durchgreifende Lösungsmöglichkeiten anzubieten hat. In der Stärkung der staatlichen Lenkungs- und Ausgleichsfunktion liegt für ihn die Antwort auf die weitverbreitete Skepsis gegenüber der Wirksamkeit des demokratischen Systems. Im Weltbild Helmut Schmidts ist nur der Staat in der Lage, die positiven Energien in der Gesellschaft zu bündeln und für die Bewältigung der Zukunftsaufgaben nutzbar zu machen.

Pragmatischer Sozialismus contra Gefühlssozialismus

Es muß nicht, aber es kann auch Staatssozialismus sein, was Helmut Schmidt damit im Sinn hat. Die ideologisch verbrämten Begründungen liegen ihm nicht. Entscheidend ist vielmehr der Nutzeffekt, der Vorteil fürs Gemeinwohl. Schmidt ist es bisher nicht gelungen, seine Partei von einem pragmatischen Sozialismus zu überzeugen, der auf ideologische Phrasen ebenso verzichtet wie auf dramatisch entfachte gesellschaftliche Konflikte. Bei allem Respekt für diesen Kanzler hängt das Herz der Sozialdemokraten nach wie vor an Willy Brandt und dem Gefühlssozialismus, den er pflegt, um die Partei zusammenzuhalten. Durch ihre Passivität während der letzten Monate haben große Teile der Partei zu erkennen gegeben, daß sie lieber für Brandt als für Schmidt Wahlkampf führen würden. Der Kanzler

steht dabei im dringenden Verdacht der Rechtsabweichung, wobei viele Sozialdemokraten nicht erkennen wollen, daß die bundesdeutsche Wohlstandsgesellschaft sich heute mehr und mehr konservativen Stimmungen hingibt und von reformerischen Experimenten nicht viel hält.
So mußte in der Öffentlichkeit der Eindruck aufkommen, daß Helmut Schmidt die Partei nicht fest im Griff habe. Dadurch entstand die absurde Situation, daß in der heißen Phase des Wahlkampfs die Popularität des Kanzlers ebenso anstieg wie die Sympathiewerte der CDU/CSU, während sich die SPD außerstande sah, zu ihrer Wahllokomotive aufzuschließen. Erst auf den allerletzten Metern der Wahlkampagne schien sich die längst notwendige Verklammerung zwischen dem Kanzler und seiner Partei doch noch anzubahnen, zu spät allerdings, um zu einem überzeugenden Wahlsieg zu führen.
Helmut Schmidt ist damit in eine fast unauflösbare Zwickmühle geraten. Um seinen Führungsanspruch durchzusetzen, müßte er auch den Parteivorsitz übernehmen, doch er weiß, daß er an der Treue der Partei zu Willy Brandt nicht zu rütteln vermag. Schmidt kann den Liberalen nicht zusichern, daß die SPD jetzt in einem Akt der politischen Läuterung ihre alte Kampfkraft wiederfinden wird, aber gerade von einer solchen Garantie hängt auf lange Sicht das Schicksal der sozialliberalen Koalition ab. Nach einem Wahlsieg, der keiner war, und mit einer Partei, die seine Kanzlerschaft nicht tragen will, wirkt Helmut Schmidt noch einsamer als zuvor. Schon bald muß sich zeigen, ob dem erprobten Krisenmanager auch diesmal die rettende Lösung einfällt.

Weltwoche, *6. 10. 1976*

Tiefe Depression nach dem Rentendebakel

Die Glaubwürdigkeit der Koalition ist zerstört

Von Thomas Meyer

Helmut Schmidt hat sein «12 Uhr mittags» überlebt, als Bundeskanzler. Als der Abgeordnete Schmidt, Hamburg, um 12.13 Uhr vom parlamentarischen Geschäftsführer der SPD-Fraktion das auf einem Aktendeckel notierte Ergebnis gezeigt bekam, spätestens da mußte ihm klargewesen sein, daß wahrscheinlich nur die gute Regie weitere Wahlgänge verhindert hat. Walter Arendts Rücktrittsentschluß lag als Gerücht in der Luft, aber eben nur als Gerücht. Zu Beginn der Zitterstunde im Bundestag hatten in der dritten Reihe Helmut Schmidt und Walter Arendt nebeneinandergesessen, wie Kampfgefährten, die den Weg zusammen weitergehen wollen. Hätten alle Abgeordneten gewußt, daß dies ein stummer Abschied war – was wäre aus der Kanzlerwahl geworden? Arendt, trotz der Rentenmisere, wird ein sozialdemokratisches Symbol bleiben. Das neue Kabinett Schmidt, das am Nachmittag vor dem Bundespräsidenten paradierte, wird über diesen Rücktritt kaum zur Tagesordnung übergehen können. Schlechte Vorzeichen nach einem Morgen voller Bangen für die Koalition. Der Bogen hat sich geschlossen von dem Zitterabend des 3. Oktober bis jetzt, für die SPD/FDP-Koalition auch von jener Jubelnacht im November 1972 zum grauen Alltag von heute. Die fetten Jahre sind vorbei.

Schließt man die Zeit kurz, markieren die 250 Stimmen für Helmut Schmidt den Fall. Der Fallschirm hat sich gerade noch geöffnet. Die Atmosphäre im Bundestag an diesem Morgen glich nicht der vor vier Jahren, als die Abgeordneten den Kanzler Willy Brandt zu wählen hatten, und sie glich auch nicht jenem Spätfrühlingstag des Jahres 1974, als sie in starker Mehrheit den Namen Helmut Schmidt auf ihre Zettel schrieben. Auch damals war Beklommenheit im Spiel, aber von anderer Qualität: Beklommenheit, die sich um den Sturz des einen rankte, gepaart mit Hoffnung, die dem neuen Mann entgegenschlug. Heute gab es eigentlich nur die Sorge, ob es eben noch mal langt.

Äußerlich hat alles seine Ordnung. Der Krankenstand der Koalition ist konstant geblieben: ein Abgeordneter fällt aus. Die morgendlichen Zählappelle gehen glatt über die Bühne. Es gibt Nervosität und zerknitterte Mienen hier und da. Auch Unmut macht sich Luft. Die Abgeordneten kommen erst wenige Minuten vor dem Gong in den Plenarsaal, als wollten sie dort nicht zu lange sitzen und müßig auf die leere Regierungsbank schauen.

Der Präsident des Bundestages verliest den Vorschlag des Bundespräsidenten an das Hohe Haus, Helmut Schmidt zum Kanzler zu wählen. Die Worte gleichen denen, die vor zweieinhalb Jahren vom gleichen Platz gesprochen wurden, haargenau. Aber ist es noch derselbe Kandidat, der dort, still in seiner Abgeordnetenbank, auf die Wiederwahl wartet?

Frühsommer 1974: Das Entsetzen hatte sich kaum gelegt. Willy Brandts Fall hatte das Land in Beben versetzt: der Visionär, den der Spion vom Sockel stieß, scheinbar aus der höchsten Höhe seiner Macht. Aber Ölschock und Rezession hatten die Deutschen der Bundesrepublik über Nacht in eine Krise des Selbstgefühls gestürzt. Die Träume von der neuen Zeit des reformierten Staates waren verdrängt. Die Realität hieß «Nullwachstum». Die Reformbegeisterung wich der Angst um den Arbeitsplatz.

Brandts Nachfolger wurde nicht als neuer Heilsverkünder empfangen. Doch am Tag jener Kanzlerwahl erschien Helmut Schmidt als der Mann, dem man am ehesten zutraute, den Stöpsel in die auslaufende Wanne zu setzen. In befreiender Nüchternheit wurde sogar das Klischee vom «Macher» zum Symbol der Hoffnung: Er wird uns da durchbringen. Das Baumeistergefühl war auf die unmittelbare Gegenwart gerichtet.

Das Wunder zündete, in den Grenzen, die der neue Wundermacher selbst gezogen hatte. Jeder staunte. Unter Schmidts Händen schien alles zu geraten: Die Großen der Welt holten seinen Rat, die britische Labour Party jubelte dem deutschen Gastredner zu. Die Bundesrepublik galt als Insel der Stabilität. Schmidt und Genscher bauten an Fundament und Brücken nach Westen wie nach Osten, die Fortschritte schienen kleiner, aber von größerer Solidität. Und was nicht ging, wurde beim Namen genannt.

Als gerade dies aufhörte, begann der Wandel im Bild des Kanzlers Helmut Schmidt. Es war ein Weg langer Zermürbung bis zu dem Moment am Mittwoch, als er, vierzehn Minuten nach zwölf, mit dem Kopf nickte, fast müde. Es hat noch mal gelangt.

Hat er sich selbst zermürbt, und damit auch sein Bild? Die Kräfte scheinen gelitten zu haben. Sein Arbeitsstil war: selbst machen heißt besser machen. Doch der Verschleiß kam wohl auch aus der Überschätzung anderer Kräfte als nur der physischen. Es kam die Landtagswahl in Nordrhein-Westfalen. Schmidt machte sich zum Propheten des unmittelbaren Aufschwungs, setzte den Termin fest. Der Macher wurde zum Seher. Schmidt irrte, aber es ging noch gut. Irrtümer werden gelitten, wenn sie die Hoffnung nähren. Als die Deutschen dann 1975 aus dem Sommerurlaub zurückkamen, fanden sie ihre Hoffnungen gekappt. Das Stichwort hieß Brahmsee. Die Regierenden legten die Grenzen des Machbaren offen. Wieder fiel ein Stück aus dem Bild.

Dennoch fragten sich die Deutschen: Machen wir es nicht immer noch besser als die anderen? Sie hätten diese Meinung für sich behalten sollen. Schmidts Ratschlag nach draußen wurde allzu deutlich. Italien ließ Kränkung erkennen, in Frankreich schlug Empörung hoch. Bonn wurde vom Thron des Friedensnobelpreisträgers zum Nest der Feldwebel.

Der lange Wahlkampf bricht an. Helmut Schmidt, der zum erstenmal sein Amt verteidigen muß, wird als «Speerspitze» in die Schlacht geschickt. Zuvor wieder Spar-Ring am Brahmsee. Die Rentenmisere steht düster über dem Horizont. Der Kanzler weiß, wo's langgeht. Spät zieht er in den Wahlkampf, aber er zieht. Er spielt im Endspurt auf allen Tasten der Kompetenz. «Die Renten stehen», hallt es von Nord bis Süd.

Der Entzauberung letzter Akt beginnt nach dem 3. Oktober. Die Rentenbombe hinterläßt einen tiefen Sprung in der Glaubwürdigkeit der Koalition. Der Ausverkauf im Personellen wird zum traurigen Schauspiel, von Focke bis Arendt. Die Erwartung des 15. Dezember gerät immer mehr zur Angstpartie. Der große Kanzler muß sich von Hinterbänklern der Frak-

tion das Fürchten lehren lassen, bis schließlich der letzte Trick als das Gebot der Stunde erscheint. Die Koalition wählt ihren Chef und weiß nichts von der jüngsten Pleite.
Es ging gut. Am Mittwoch, 12.11 Uhr, hebt Hans Apel als erster im Plenum die Hand zur Siegesgeste. Vier Minuten später macht Präsident Carstens das Ergebnis offiziell. Beifall, artige Gratulationen. Als sich das Plenum leert, bleibt Helmut Schmidt zurück, im ersten Gespräch mit Herbert Wehner. Dann verläßt der alte, neue Regierungschef im Laufschritt den Saal. Kurze Zeit später ruft der Lautsprecher den «Arbeitskreis Haushalt» zusammen. Während zwischen Bundeshaus und dem Amtssitz des Bundestagspräsidenten die Formalien noch erfüllt werden, beginnt schon das große Aufräumen. Helmut Schmidt geht ans Werk. Derselbe Mann. Ein anderer Kanzler.

FAZ, 16.12.1976

Weihnachtsabend bei Schmidts

«Er wünscht sich ja nie etwas»

Als Helmut Schmidt am Donnerstagnachmittag sichtlich erschöpft vom Bonner Streß in sein Doppelhaus am Neubergerweg im Hamburger Stadtteil Langenhorn zurückkehrte, hatte er nur einen Wunsch: «Ausschlafen.» Sobald er im Bett liege, gestand der Kanzler, sei er «zwei Minuten später weg». Die Zeit reichte am Donnerstag allerdings nur noch für ein kurzes Nickerchen. Bereits am Abend «war die Bude voll», wie Ehefrau Hannelore («Loki») das Aufgebot zahlreicher Hamburger Freunde kennzeichnet, die zur schon traditionellen Geburtstagsfeier des nun 58jährigen «Steinbocks» in das schlichte rote Backsteinhaus gekommen waren. In den umgebauten Räumen drängten sich bis spät in die Nacht «mehr Menschen, als Stühle vorhanden sind». Aber das gäbe, meint Frau Loki, so einer Feier auch ein bißchen Reiz.
Der Heilige Abend und die Weihnachtsfeiertage gehören der Familie. Bis in den späten Vormittag des Freitag hinein wird ausgeschlafen. Gegen Mittag holt Hannelore Schmidt dann ihren Schwiegervater, den 88jährigen Gustav Schmidt, der wie sie einst Lehrer war, aus einem Seniorenheim ab, und danach «sitzen wir friedlich zusammen und schwatzen». Frau Hannelore verschönt den Weihnachtsbaum ausschließlich mit selbstgefertigten Ketten und Sternen. Gegen 18 Uhr ist bei Schmidts Bescherung. Tochter Susanne – das zweite Kanzlerkind, das erste, «Helmut», starb während des Krieges sieben Monate nach der Geburt – bekommt «was zum Anziehen»

geschenkt, Helmut Schmidt zwei neue Lautsprecher im Kleinformat für seine Stereoanlage. «Ich habe sie ihm aufs Auge gedrückt, denn er wünscht sich ja nie etwas», sagt seine Frau. Der Anspruchslosigkeit der Schmidts entspricht am Heiligen Abend auch das Abendessen mit der Familie. Es gibt Würstchen mit Kartoffelsalat. Um Mitternacht gehen die Schmidts – der Kanzler war von 1966 bis 1968 aktiver, bis 1970 passiver Synodale in der evangelischen Kirche – zur Messe in die St.-Jürgen-Kirche in Langenhorn, wo – was dem ungeduldigen Naturell des Kanzlers entgegenkommt – die Predigt kurz ist, dafür aber, wie Hannelore Schmidt sagt, «viele normale schöne Weihnachtslieder gesungen werden. Das finden wir alle gut». Bevor sich das Ehepaar am zweiten Weihnachtstag für acht bis zehn Tage in den Süden nach Marbella absetzt, will es am Samstag noch «einfach nur trödeln», vielleicht ein wenig schwimmen, lesen oder auch das «Doofen-Spiel» (Helmut Schmidt) spielen, eine Streitpatience.

Süddeutsche Zeitung, 26.12.1976

Hamburg über alles

Nicht einmal für Kaiser Wilhelm ...

Von Gert Kistenmacher

«Sie schläft, meine Schöne, sie träumt, sie ist eitel mit ihren Tugenden, ohne sie recht zu nutzen.» Derart blumige Sätze, als Liebeserklärung der Stadt Hamburg zugedacht, erschienen 1962 in einer Hamburger Zeitung von anonymer Feder: der Artikel war mit drei Sternen gezeichnet. Der Anonymus pries darin das «unglaubliche Reservoir» der Hanseaten «an weltweiter Erfahrung, an geistigem Potential, an Weitblick und Wagemut». Die Hamburger sollten erkennen, daß ihre Aufgaben bis nach Helsinki, Warschau, Djakarta oder Buenos Aires reichten, «nach London, Washington und Moskau». Heute weiß man, wer dies schrieb: Helmut Schmidt war es, damals Innensenator der Hansestadt, heute Bundeskanzler der Deutschen. Schmidts Appell verhallte, ohne daß sich Hamburg aus seinem Provinzialismus löste. Als er ins Kanzleramt überwechselte, zog er die logische Konsequenz: er holte die Welt nach Hamburg.
Seit die «Hamburger Mafia», die beiden «Lords von Barmbek» Helmut Schmidt und Finanzminister Hans Apel, die Schwerpunkte deutscher Politik geographisch offenkundig stärker nach Norden verschoben haben, geht nun die scherzhafte Abwandlung des Grundgesetzartikels um: «Alle Gewalt geht von Hamburg aus.» Wichtige Entscheidungen fallen immer

häufiger im Langenhorner Kanzlerheim oder am «Lago di Sozi», dem schleswig-holsteinischen Brahmsee. Hier besitzt Helmut Schmidt seit 17 Jahren ein kleines Ferienhaus sowie, gemeinsam mit Freund und Nachbarn «Scholle» Berkhan, zwei Segeljollen. Zwar beschwichtigt der Kanzler argwöhnische Nichthanseaten mit der Versicherung, er wolle Hamburg nicht etwa zur «heimlichen Hauptstadt» machen. Doch ebenso nachdrücklich rühmt er die Stadt an Alster und Elbe nicht nur als eine schöne Stadt, sondern auch als ideale Plattform für internationale Begegnungen und als eine «Demonstration des Lebens in unserer Republik». «Ich werde daher gewiß auch weiterhin Staatsgäste nach Hamburg einladen.»

Zu dieser demonstrativen Absicht gehört offenbar nicht nur, daß Helmut Schmidt bei jeder passenden und unpassenden Gelegenheit eine Lotsenmütze (von denen er drei besitzt) aufstülpt, sondern auch, daß sich der Macher und Pragmatiker daheim gern menschlich als «Schmidt-Jedermann» präsentiert. Unter den Genossen würde es übel vermerkt, so ein Kenner der Mentalität, wenn der Kanzler mit dem Amt auch die Lebensgewohnheiten gewechselt hätte. Im Stadtstaat mit seinen überschaubaren Entfernungen kennen sich die Sozialdemokraten allesamt untereinander sehr gut. Hier paßt man auf, daß niemand über die Stränge schlägt. Und wer nach Bonn geht, wird in der Parteizentrale unter der Rubrik «vorübergehend ausgeliehen» registriert. Für Helmut Schmidt ist denn auch gewiß, daß er einmal wieder ganz zurückkommt: «Ich bin von Geburt und Gesinnung Hamburger, und ich bin immer noch – auch wenn ich wochenlang in Bonn lebe – in Hamburg zu Hause.»

Daß die Genossen keinen Argwohn hegen müssen, bezeugen schon des Kanzlers Hamburger Wohnverhältnisse. In dem von der Neuen Heimat errichteten Doppelhaus gibt es eher bescheidene Annehmlichkeiten: ein kleines Schwimmbad, eine Zehn-Quadratmeter-Küche, skandinavische Teakholzmöbel, einen Backsteinkamin, eine Vitrine mit einer Steinsammlung, zwei Bücherregale, einen Schachtisch sowie eine Hausorgel. Und wenn der Kanzler dort hohe ausländische Gäste empfängt, versorgt sie Frau Loki mit Matjesheringen, Hamburger Schwarzbrotsuppe, Roastbeef mit Bratkartoffeln (Bratkartoffeln sind eine Lieblingsspeise des Kanzlers) und Hamburger roter Grütze.

«Er ist ein netter Nachbar», erklären denn auch gern die Nebenwohner, von denen zur rechten die Schmidts hilfreich die Goldfische übernahmen, als die ihren Teich zuschütteten. Freilich sehen sie ihren «netten Nachbarn» nur noch selten. Früher hatten sie über den Zaun öfter mal über das Wässern und Wachsen des Rasens oder über Karnickelzucht geplaudert oder gemeinsam versucht, Helmut Schmidts Hovavart namens «Jaspis» zu Sprüngen über den kniehohen Zaun zu animieren. Seit es verschärfte Sicherheitsbestimmungen gibt, trennen die Grundstücke zwei Meter hohe

Maschendrahtzäune, und Polizisten streifen nachts durch das Gelände. Dafür, immerhin, gibt es in der Gegend keine Einbrüche mehr.

So ausgeprägt hanseatisch mittelständisch des Kanzlers Lebensverhältnisse an der Elbe sein mögen – wenn es politisch wird, hört für den netten Nachbarn die Hamburger Gemütlichkeit sehr schnell auf. Das bekam zum Beispiel die Partei vor zwei Jahren zu spüren, als er auf dem Landesparteitag die in innerparteilicher Theoriediskussion verstrickten Delegierten mit rauher Kritik abkanzelte. Ein Jahr darauf warnte er davor, die SPD in zwei Abteilungen aufzuspalten, in «nützliche Idioten» für die Bewältigung von Gegenwartsproblemen und in «hehre Theoretiker» für die zukünftigen Aufgaben. Diese Philippiken waren freilich, wie heute von Kanzlervertrauten zögernd eingeräumt wird, weniger an die Adresse der Hamburger Genossen als an den Bundesvorstand seiner Partei gerichtet.

Von seinem Bergedorfer Wahlkreis 18 aus, in dem er seit 1969 für den Bundestag kandidiert (1976: 55,5 Prozent der Zweitstimmen), verfolgt Schmidt alle politischen Vorgänge in Hamburg mit Argusaugen. «Die Entscheidungen über einen neuen Bürgermeister ohne Konsultation mit Helmut Schmidt ist undenkbar», beurteilte die Welt am Sonntag jüngst den Einfluß des Kanzlers auf Hamburg.

Manchmal läßt Helmut Schmidt auch dezent – zumeist über einen seiner persönlichen Referenten «Der Bundeskanzler würde es gern sehen, wenn ...» – den Einfluß seiner Kanzlerschaft spielen. So weiß die Hamburger Lokalpresse zu berichten, daß die Reisenden des U- und Busbahnhofes Billstedt nicht mehr umständlich über eine Fußgängerbrücke kraxeln müßten, um zum nächsten Taxistand zu gelangen. Dank des «Kanzlermachtwortes» dürften nun immer zwei Taxen auf dem Bahnhofsgelände parken. Der Hamburger Hochbahn schlug der Kanzler vor, die Haltegriffe an den Einsteigtüren der neuen Gelenkbusse farbig zu streichen: «In Schwarz sind sie nicht zu erkennen.» Und als Polens KP-Chef Gierek und Schmidts großer Freund Valéry Giscard d'Estaing nach Hamburg kamen, setzte der Kanzler eigensinnig durch, daß beide mit militärischen Ehren empfangen wurden. Die Genossen im Hamburger Senat, die aus Bürgerstolz nicht einmal Bonner Orden annehmen, sträubten sich – nie zuvor hatte es in Hamburg solch martialisches Gehabe gegeben, selbst bei Kaiser Wilhelm nicht. Sie beugten sich dennoch Helmut Schmidts Willen.

Süddeutsche Zeitung, 26.12.1976

Große Müdigkeit und wenig Zuversicht

Mit nur einer Stimme mehr zum Kanzler gewählt

Was in aller Welt ist Helmut Schmidt widerfahren, dem eisernen Kanzler und Macher? Plötzlich wollen diese alten Etiketts nicht mehr passen. Elastizität und Dreistigkeit sind verschwunden. Er sieht aus und klingt ermüdet und entmutigt. Nachdem er sich am 16. Dezember durch seine Regierungserklärung vor dem neugewählten Bundestag durchgeackert hatte, wurde er gefragt, wer die Geschäfte übernehmen würde, falls der Kanzlerstuhl leer werden sollte. «Die Angst wäre ein schlechter Ratgeber», sagte er, mit Anspielung auf die Probleme, die seiner Regierung ins Haus stehen. «Wir sollten sie durch Hoffnung ersetzen. Und wir sollten den Mut aufbringen, uns auf die Vernunft zu verlassen und auf das Gerechtigkeitsgefühl des Volkes.» Das ist nicht die Sprache, die man von Schmidt erwartet. Er war mit nur einer Stimme über der erforderlichen absoluten Mehrheit zum Kanzler gewählt worden. Ein Mitglied der Koalition enthielt sich der Stimme, ein anderes machte seinen Stimmzettel ungültig. Kein ermutigender Start für eine vierjährige Regierungszeit. Die Rebellen waren vielleicht keine Freien Demokraten (der kleinere Koalitionspartner), sondern möglicherweise durchaus Mitglieder von des Kanzlers eigener Partei, die mit der Art, wie die Regierung die Rentenfrage behandelte, nicht einverstanden ist. Sie hatte erst eine geplante Rentenerhöhung um sechs Monate hinausgeschoben und damit das zuvor gegebene Wahlversprechen gebrochen, schließlich aber nach lauten Protesten nachgegeben. Die Koalitionsparteien haben im Parlament eine Mehrheit von nur zehn Stimmen. Wenn ihre Mitglieder nicht alle geschlossen hinter Helmut Schmidt stehen, muß man die Stabilität der Regierung in Zweifel ziehen.

Schmidt war durch die Heftigkeit des Renten-Aufruhrs in seiner Partei sichtlich erschüttert. Er schickte seiner Regierungserklärung vor dem Bundestag das Bekenntnis voraus, daß seine Regierung nicht unfehlbar sei – eine seltsam erfrischende Erklärung von einem Mann, von dem es schien, daß er keinen falschen Schritt tue. Es liefen sogar Gerüchte um, er habe sich während der letzten Phase der Koalitionsgespräche so deprimiert gefühlt, daß er mit seinem Rücktritt drohte. Einer seiner Minister hat tatsächlich den Hut genommen: Walter Arendt, Minister für Arbeit und Sozialordnung, der für die Rentenpolitik die unmittelbare Verantwortung trug. Noch vor wenigen Monaten galt er als der erfolgreichste unter den sozialdemokratischen Ministern. Abgesehen von seinem Rücktritt gehören zu dem neuen Kabinett im allgemeinen dieselben Leute wie zum alten, aber gleich ihrem Kanzler wirken sie müder und weniger zuversichtlich.

The Economist, 25.12.1976

Kommt Willy Brandt zurück?

Ein Tiefpunkt in des Kanzlers Laufbahn

Von Dan van der Vat

Premierminister Callaghans Wochenendgast in Chequers, der deutsche Bundeskanzler Helmut Schmidt, hat die Grenzen seiner Autorität erfahren, als die beiden Staatsmänner im vergangenen Oktober ebendort zusammentrafen.

Zu der Zeit war Helmut Schmidt gerade mit einer knappen, aber tragfähigen Mehrheit in sein Amt wiedergewählt worden. Daß die regierende Koalition von Sozialdemokraten (SPD) und Freien Demokraten (FDP) die Wahl überhaupt gewonnen hat, ist in erster Linie das Verdienst seiner Persönlichkeit.

Seine Partei, die SPD, schuldet ihm daher mehr, als er ihr schuldig ist. Aber der gerade eben noch erfolgreiche «präsidentielle» Wahlkampf hat die Aufmerksamkeit von den inneren Zwistigkeiten, der sinkenden Moral und der Lähmung in der SPD abgelenkt, die, wie es scheint, nur durch eine totale Niederlage aus der Welt geschafft werden können.

Willy Brandt, der Parteivorsitzende, der 1974 zugunsten von Helmut Schmidt als Kanzler zurücktrat, scheint auf anderen Bahnen zu wandeln. Als neugewählter Vorsitzender der Sozialistischen Internationale verbringt er einen großen Teil seiner Zeit mit der Ermutigung sozialistischer Genossen in Portugal und Spanien und mit der Verurteilung kommunistischer Regierungen, die ihren Dissidenten das Leben unerträglich machen.

Obwohl er für Helmut Schmidt als nützlicher Schild gegen die Linke der SPD dient, ist er nicht der Mann, um die SPD neu zu beleben und ihr die Geschmeidigkeit zu geben, die sie braucht, um vor der übel gespaltenen Opposition den Vorsprung zu wahren und dadurch den Mann, der für dieses Amt der beste ist, an der Macht zu halten.

Und doch hat man in den vergangenen paar Wochen, die einen noch nicht dagewesenen Tiefpunkt in Helmut Schmidts Laufbahn darzustellen scheinen, in Bonn offen darüber spekuliert, daß Willy Brandt bald wieder als Kanzler zur Macht gerufen werden müsse.

Die Überlegung war, daß Helmut Schmidt über das Rentenfiasko so viel von seinem Prestige eingebüßt habe, daß er gezwungen sein könnte, aufzugeben. Und da es für ihn keinen offensichtlichen Nachfolger gebe, verlautete in Bonn, werde man wohl Willy Brandt als eine Art «Papst-Johannes-Figur» wieder einsetzen müssen.

Als Willy Brandts Stern als Kanzler zu sinken begann, war Schmidt der offensichtliche und einzige Erbe. Die Tatsache, daß es gegenwärtig keinen Kronprinzen gibt, ist eine der bedenklichsten Schwächen der SPD.

Aus zuverlässigen Quellen wird berichtet, daß Helmut Schmidt ehrlich überrascht worden sei durch die wütende Reaktion auf den Regierungsvorschlag, ein Wahlversprechen, nach dem die Renten im Juli um 10% erhöht werden sollten, wegen Geldmangels im Rentenfonds zurückzunehmen. Beobachter waren ebenso erstaunt, daß ein so gewiegter Politiker einen so elementaren Schnitzer machen konnte. Hatte Helmut Schmidt den Griff verloren?

Nach einer langen Periode der Unsicherheit, während deren er einen dringend benötigten Urlaub nahm, hat der Kanzler begonnen, sich zur Wehr zu setzen. Seine heutige Rede im Bundestag, zum Beispiel, bei der Debatte über die Richtlinien seiner Regierung, zeigte den alten Witz und die scharf geschliffene Rhetorik, die man in den vergangenen Jahren so sehr vermißt hatte.

Helmut Schmidts Ungeduld mit Leuten, die langsamer denken als er oder Einwände erheben, die ihn kleinkariert anmuten, ist einer neuen Bereitschaft gewichen zuzuhören. Statt bei der Fraktionssitzung der SPD in dieser Woche Vorschriften zu machen, hat er die Abgeordneten dadurch überrascht und erfreut, daß er sich um Versöhnung bemüht zeigte.

Der berühmte Zeigefinger des Kanzlers, mit dem er dem Vernehmen nach immer vor dem Gesicht von Staatsmännern befreundeter Nationen herumfuchtelt, deren Probleme schwieriger sind als die Westdeutschlands, ist nicht mehr in Sicht. Der italienische Premierminister Andreotti hat keine schulmeisterhafte Lektion erhalten, als er diese Woche in Bonn weilte; statt dessen traf er auf eine Woge von Wärme und Sympathie.

Vielleicht hat Helmut Schmidt deshalb begonnen, den, wie er es nennt, Mangel an Wärme in der bundesdeutschen Gesellschaft zu attackieren, weil sich die Regierung im Augenblick keine kostspielige Sozialreform leisten kann.

Zwar ist die Bundesrepublik besser als alle anderen Länder des Westens unter seiner Führung mit der Rezession fertig geworden, aber selbst diese Wirtschaft kann die Bürde allein nicht tragen.

Welches Land in Europa hat ein riesiges Haushaltsdefizit, ein bedenklich überbeanspruchtes System der sozialen Sicherheit, mehr als eine Million Arbeitslose, mangelnde Bereitschaft in der Industrie, zu investieren, ein zunehmendes Einwandererproblem und mußte erst kürzlich die Alkohol- und Tabaksteuer erhöhen, um die Einnahmen zu steigern?

Die Antwort ist: die Bundesrepublik Deutschland! Obwohl darüber hinaus ein schlüssiger Vergleich mit dem Dilemma Englands nicht möglich ist, weil die Bundesrepublik noch lange Zeit vom eigenen Fett zehren kann, bedeutet es immerhin, daß Helmut Schmidt heute sehr viel besser in der Lage und auch eher geneigt ist, die Probleme Callaghans in ihrer ganzen Komplexität zu erkennen und zu verstehen als noch im letzten

Jahr, obwohl es auch damals nicht an teilnehmendem Verständnis gemangelt hat.
Der Kanzler kann nicht als leergebrannt abgeschrieben werden. Er kommt nach England angeschlagen, aber nicht geschlagen, ernüchtert durch die Entdeckung, daß seinem Tatendrang Schranken gesetzt sind; durch die wirtschaftliche Lage in seinem Manövrierfeld beengt, aber entschlossen, seine wiederkehrende Energie aufs neue herausfordern zu lassen.

The Times, 22.1.1977

Am eigenen Schopf aus der Depression

Wie ein Krisenmanager seine eigene Krise bewältigte

Von Klaus Dreher

Am einzigen Ort, wo einem Bonner Scherzwort zufolge ein Politiker Geheimnisse ausplaudern kann, ohne daß sie bekannt werden, im Plenum des Deutschen Bundestages, bekannte Bundeskanzler Helmut Schmidt, daß er seine Amtsmüdigkeit überwunden hat. In seinem Schlußwort zur Debatte über die Regierungserklärung, das – nach dem Beifall aus den Reihen der Koalition zu schließen – besser ausfiel als diese selbst, ließ Schmidt wissen, wie lange er noch zu regieren gedenkt. Einen Zwischenruf aus den vorderen Bänken der Opposition aufnehmend, der ebendies wissen wollte, replizierte Schmidt mit bekannter Schlagfertigkeit in zwei Worten: «Vier Jahre.»
Offensichtlich hat Schmidt einige Zeit lang nach einer Gelegenheit gesucht, diese Botschaft loszuwerden, ohne zugeben zu müssen, daß ihn tatsächlich Resignation befallen hatte. Schon die Mitarbeiter des Kanzleramts überraschte der Chef nach der Rückkehr aus seinem Spanien-Urlaub, den er über die Weihnachtsfeiertage gemacht hatte, mit der grimmig-trotzigen Bemerkung: «Man wird sich noch die Zähne an mir ausbeißen.» Als das Bundeskabinett zu seiner ersten Sitzung im neuen Jahr zusammentrat, leitete Schmidt nach Beobachtungen von Teilnehmern die Sitzung «straff – er ließ alle wissen, wer führt». Bei der zweiten Beratung Mitte letzter Woche ließ er sich nur kurz blicken, um dann die Verhandlungsführung Vizekanzler Hans-Dietrich Genscher mit dem Bemerken zu überlassen: «Leiten Sie die Kabinettssitzung, es ist nichts Problematisches drin.»
Auch vor der SPD-Bundestagsfraktion zeigte sich Schmidt, der, wie SPD-Abgeordnete feststellten, «eine Zeitlang besorgniserregend durchgehangen hat», wieder «voll präsent». Bei gesellschaftlichen Anlässen, die Schmidt eine Zeitlang völlig gemieden hatte, ist er jetzt wieder in guter Laune zu

sehen, etwa bei einem Theaterabend mit Empfang des Bonner Stadttheaters zum Auftakt der Legislaturperiode. Beim Besuch des italienischen Ministerpräsidenten Andreotti ließ der Gastgeber zum Erstaunen seiner Mitarbeiter, die sich seit einiger Zeit darauf eingerichtet hatten, daß Schmidt vom Papier ablas, das Manuskript liegen und hielt «freihändig» eine erheblich bessere Rede. Selbst dem deutschen Botschafter bei den Vereinten Nationen, Rüdiger von Wechmar, der sich zu Besprechungen im Auswärtigen Amt in Bonn aufhält, fiel auf, daß Schmidt «in der Rede eindrucksvoll, im äußeren Bild schmaler geworden» sei.

Die erstaunliche Regeneration des immerhin bald 59jährigen Helmut Schmidt ist, darf man Hinweisen aus seiner Umgebung glauben, darauf zurückzuführen, daß er sich im Urlaub «innerlich ein Kommando gegeben hat», das Kommando nämlich, «unter bestimmten Dingen nicht mehr zu leiden und dies auch nicht mehr zu zeigen». Staatssekretär Klaus Bölling ist sogar geneigt, diese Wendung als Ergebnis eines «Rütli-Schwurs» anzusehen. Innerlich habe sich der Kanzler einen Ruck gegeben und sich gesagt, er könne nicht alles beeinflussen, «also führe ich jetzt mein Amt, egal, was links und rechts geschieht».

Die äußeren Voraussetzungen für eine solche Einkehr nach zweieinhalbjähriger Kanzlerschaft waren freilich außerordentlich günstig. Schmidt verbrachte zwei Wochen an der spanischen Küste in Marbella in einem Haus, das nur für den Sommer eingerichtet ist. Es regnete fast ununterbrochen, und es war kalt. Schmidt selbst allerdings will für seine geänderte Einstellung nur physiologische Vorgänge gelten lassen. Er habe, sagt er, sein «Schlafdefizit» abgebaut, an dem er trotz langer Wochenendpausen in Hamburg seit Sommer vorigen Jahres gelitten habe. Gefragt, ob der Eindruck richtig sei, daß er sich nun etwas gelassener gebe, erklärt Schmidt: «Der Eindruck täuscht nicht.»

Ansonsten ist der Bundeskanzler nur bereit, einzuräumen, er habe sich bei den Vorgängen, die allgemein als «Rentendebakel» umschrieben werden, «geärgert». Wenn man ihm in diesem Zusammenhang Worte wie etwa «Ich möchte sterben» nachsagt, tut Schmidt das als Erfindungen von Journalisten ab, die auch ihr konservatives Publikum zufriedenstellen müßten. Daß es überhaupt eine Krise während der Koalitionsverhandlungen und den Versuch, ein Wahlversprechen zu brechen, gegeben habe, hält er gleichfalls für Zeitungsenten, «die mich nicht bekümmern». Kein Zweifel freilich, daß Resignation, Wut, Enttäuschung, Bitterkeit und vielleicht auch – dies gesteht Bölling ihm zu – «Melancholie» eine Zeitlang den Mann befallen haben, der seit der Bewältigung der Hamburger Flutkatastrophe in den sechziger Jahren vor sich selbst und im Urteil seiner Mitwelt als der große Krisenbewältiger gilt.

Im Grunde hat Helmut Schmidt selbst seit Übernahme des Kanzleramtes im Mai 1974, mit der er sich vorher viel beschäftigte, an die er aber fast schon nicht mehr geglaubt hatte, drei Krisen durchgemacht. Die erste stellte sich ein, als er, der mit dem Anspruch angetreten war, mit größeren Kenntnissen und Fähigkeiten als die meisten seiner Vorgänger ausgestattet, die wirtschaftspolitischen Schwierigkeiten auszuräumen, nicht viel mehr ausrichten konnte als sie. Zum zweiten Male stieß Schmidt an seine Grenzen, als er sich – spät – in den Wahlkampf stürzte und glaubte, er könne ohne Parteiidentifikation allein als Kanzler Schmidt einen Wahlsieg erringen – das Ergebnis war, daß die SPD erstmals bei einer Bundestagswahl einen größeren Stimmenrückgang hinnehmen mußte.

Erst die dritte Krise aber scheint Schmidts sprichwörtliches Selbstvertrauen erschüttert zu haben. Als ihn die SPD-Fraktion zwang, den Beschluß zurückzunehmen, die Renten später anzuheben als im Wahlkampf zugesagt, «da haben ihn Einsamkeit und Kälte seines Amtes gestreift» – so Staatssekretär Bölling. Ein Schmidt wohlgesinnter Bundesminister meinte, er habe «so ein Erlebnis haben müssen, jetzt hatte er es». Dieses Schlüsselerlebnis war freilich für einen hohen Preis erkauft. Mit der Rentenpolitik nicht fertig geworden zu sein, verbitterte Schmidt um so mehr, als er nach einer zurückgezogenen Arbeitswoche am Brahmsee, in der er alle Akten durchgearbeitet, auch neue angefordert und kritisch geprüft hatte, zu Besuchern bemerkte, er sei jetzt mindestens so sehr wie Arbeitsminister Walter Arendt «im Thema».

Die Koalitionsverhandlungen nach der Wahl mußten Schmidt aber gleich zweimal offenbaren, daß sein Konzept, mit dem er ins Kanzleramt eingezogen war, zumindest ergänzungsbedürftig war. Damals hatte er, die vielen selbsternannten Berater seines Vorgängers Willy Brandt vor Augen, postuliert, die Ressortchefs seien seine «obersten Berater». Der Ressortchef für Arbeit und Sozialordnung aber befand sich nach heutiger Lesart in einer «Bunkersituation», in der er nur noch Zahlen lieferte, die in sein Konzept einer gesunden Rentenkasse paßten. Später dann meinte Schmidt, mit den Spitzenpolitikern von SPD und FDP den «gesamten Sachverstand der Bundesregierung», wie er sich ausdrückte, versammelt zu haben. Die sachkundigen Berater und Fachleute, über die er sich gern lustig machte, bekamen allenfalls nachträglich die Protokolle zu lesen; ihr Urteil war nicht gefragt. Was nach dieser riesigen Panne hohe Beamte wie Minister gleichermaßen bedrückt, ist der Umstand, daß der gewaltige Regierungsapparat nicht imstande war, verläßliche Daten zu liefern, und daß die führenden Politiker selbst dann, als sie sie hatten, die falschen Schlüsse zogen.

Mag auch Schmidt erst durch Erfahrung und Anforderungen an seine «Lernfähigkeit» – so der baden-württembergische SPD-Vorsitzende Erhard Eppler – zu der späten Erkenntnis gekommen sein, daß es etwas anderes ist, den Kanzler aufzufordern, seine Richtlinienkompetenz in

Anspruch zu nehmen (wie er es als Minister oft genug getan hat), als im Amt deren begrenzte Möglichkeiten kennenzulernen, eines ist Schmidt bestimmt nicht geworden: bußfertig oder selbstgenügsam. Zwar gehörte es zu seinen guten Vorsätzen zum Jahreswechsel, etwa die Mitarbeiter im Kanzleramt aufzufordern, sie sollten sich «kritisch» äußern. Aber nach der Beobachtung guter Kenner der psychischen Verfassung Schmidts hat er die Gabe einer «hohen selektiven Wahrnehmung, die eine Schuldzuweisung vermeiden hilft», eher noch weiter entwickelt.

Bei der Betrachtung der Arbeitslosenzahlen sieht Schmidt zuerst, daß sie in anderen Ländern noch höher sind. Die Wahl vom 3. Oktober 1976 ist für ihn nur deshalb gerade noch glimpflich ausgefallen, weil er sich in die Bresche geworfen hat. Findet er in einer Statistik über die wirtschaftliche Stabilität die Bundesrepublik erst an vierter Stelle, zählen für ihn nur die Länder, die dahinter kommen, nicht aber die davor. Nach der Rentenmisere hat ihn mehr der Abfall der CSU bei Meinungsumfragen nach dem Beschluß von Kreuth beschäftigt als einen Monat später der seiner eigenen Partei. Und bei den Popularitätskurven des Kanzlers und des Kanzleranwärters der Union, Helmut Kohl, legte er den Finger auf die Zahl, die ihm nach Kreuth und der Rentenmisere noch einen Vorsprung von zwölf Punkten gibt – daß er dabei etwas abgerutscht ist, wird verdrängt.

Als ein Zeichen für das, was Kohl den «Realitätsverlust» des Kanzlers nannte, könnte die Beobachtung gewertet werden, daß Schmidts Neigung zunimmt, vor allem mit Leuten Kontakt zu halten, die er schon lange kennt. Sich an neue Gesichter gewöhnen zu müssen, scheint ihm zunehmend ein Greuel zu sein. Lieber läßt er denen mehr Gerechtigkeit widerfahren, die er früher hochmütig verachtete, die ihm aber vertraut sind. So wurden mit Erstaunen lobende Bemerkungen Schmidts über den in die SPD zurückkehrenden früheren Wirtschaftsminister Karl Schiller registriert, dessen Theorien, Sprache und Persönlichkeit er damals ablehnte.

Süddeutsche Zeitung, 24.1.1977

«Da kommen Sie doch nicht ran»

Am Brahmsee gibt's keine Dorf-Idylle mehr

Von Jürgen Leinemann

Schon Schulkinder haben hier den Sicherungsgruppe-Bonn-Blick: schräg hinterm Berge vor, mehr wissend als forschend, unpersönlich eher als unfreundlich. Man wird nicht angeblickt, sondern durchschaut. Daß man

nicht automatisch die Arme hebt, um sich nach Waffen abtasten zu lassen, kostet Anstrengung.
So bohrend blicken im lieblichen Dorf Langwedel am Brahmsee in Schleswig-Holstein Hausfrauen aus Vorgärten, Wirte über Schanktische, Bauern, Tankwarte, SPD-Ortsvorsitzende und CDU-Gemeinderäte auf Ortsfremde. Denn was die wollen, weiß hier jedes Kind: «Sie sind schon wieder hinter uns' Helmut her.»
Seit Helmut Schmidt am 16. Mai 1974 Kanzler wurde und weiter wie seit Ende der fünfziger Jahre in seinem Wochenendhaus am Brahmsee ausspannt, sind Zugereiste in Langwedel nicht mehr Ruhesucher, sondern Ruhestörer.
Touristen mit Fernrohren vorm Bauch, Journalisten mit Notizblöcken im Jackett, Fotografen mit Teleobjektiven streifen durch die Dorfstraßen, stolpern durchs Schilf des Brahmsees, lungern an Gartenzäunen herum und lümmeln sich an der Theke von Bernhard Schmidts Fisch-Pinte oder im «Dörpskrog».
Wo er wohnt und wie er wohnt, wollen sie wissen. Ob er denn wie Wilhelm Zwo im holländischen Exil sägt oder ob er segelt, ob er plattdeutsch redet, wie er sich aufführt, was er anzieht, wann er aufsteht. «Düvel ook, wat'n Schiet», sagt Bernie, der Fischersohn. Und ähnlich denken sie alle.
So wuchsen in Langwedel, wo es – wie Gärtner Uwe Griese spöttisch versichert – «keinen Helmut-Schmidt-Platz gibt und keine Helmut-Schmidt-Straße», die Dörfler spontan zu einer Art Schutzgemeinschaft Helmut Schmidt zusammen, der unabgesprochen, doch solidarisch alle 1071 Einwohner des Dorfes (557 männlich und 514 weiblich) angehören, die Alteingesessenen engagierter als die aus Kiel und Neumünster in jüngerer Zeit Zugezogenen. Denn deren Helmut ist er ja nun doch etwas weniger.
Aber ein bißchen Kanzler sind auch die Neu-Langwedeler mit geworden – ja selbst die Camper, die Jahr für Jahr aus Hamburg einfallen.
Sie alle tragen gemeinsam Verantwortung für das Wohl und Wehe von Helmut.
«Man braucht bloß zu sehen, was der für graue Haare gekriegt hat», sorgt sich Genosse Erich Theissen um seinen Kanzler. Lehrer Otto Buchert teilnahmsvoll: «Man weiß doch, was der alles im Kopf hat.» Oberstes Motto der Schutzgemeinschaft also: «Der muß seine Ruhe haben.» Und ferner: «Was hier geschieht, geht keinen was an.»
Wer also anreist an den Brahmsee, der stößt auf eine durch scheinbar begriffsstutzige Freundlichkeit verbrämte Mauer von störrischer Auskunftsmuffelei, die ihn schon entmutigt, bevor er vor dem neuen grünen Maschendrahtzaun endgültig gestoppt wird, wo «Nr. 1» wohnt, wie das Klingelschild verrät.

Dabei hat er schon Mühe, den Brahmsee überhaupt zu finden, der den Deutschen durch Schlagzeilen allsommerlich nahegebracht wird, besonders wenn der Kanzler dort auch noch ins Wasser fällt.

Gleich hinter Hamburg links liegt der See aus Bonner Sicht. Aber selbst wenn man vor Ort dann gelernt hat, daß er mitten im Dreieck Neumünster, Rendsburg, Kiel zu finden ist, gelangt man zwar nach Langwedel, aber vom Brahmsee keine Spur. Wo man ihn vermutet, hinter Büschen und Bäumen, ist man unbefugt: «Privat», «kein Zutritt», «bissiger Hund» – vorerst keine Chance, von Paragraph 17 des Landeswassergesetzes Gebrauch zu machen, der «jedermann» die Benutzung der «oberirdischen Gewässer zum Baden, Waschen, Tränken, Schwemmen und Eissport» zugesteht. (Daß es an dem etwa drei Kilometer langen und 500 Meter breiten See und seinem Wurmfortsatz, dem Wardersee, doch drei winzige Badestellen für die Öffentlichkeit gibt, ist schon fast Insider-Wissen.)

Also sieht man sich erst einmal am Dorfplatz um: Reetgedeckte Bauernhäuser, das klassische rote Schulhaus aus weiland Wilhelms Zeiten und die unvermeidlichen Kriegerdenkmäler, 70/71, 14/18, 39/45, wir hatten's ja. Das alles zwischen hohen Ulmen, Eschen, Linden und Birken und hinter fröhlichen Gärten mit Sonnenblumen, Phlox, bunten Margeriten und Rittersporn.

Die Bäume und Blumen kennt der Städter natürlich nicht alle mit Namen, also fragt er. Listige Überleitung zum eigentlichen Problem: Wo liegt der Brahmsee? Wo wohnt Schmidt?

Den Trick kennen die Langwedeler aber schon. Verstehen gar nicht. «Brahmsee: da hinten», vages Fuchteln, der See muß irgendwo zwischen Dänemark und Irland liegen, aber höher. «Schmidt, Bernhard Schmidt wohnt da unten hinterm Campingplatz.»

Nein, nicht Bernhard – Helmut, nun ist es raus. Die Abwehr wird unverhüllt: «Den lassen Sie man in Ruhe.» Kühler, meist blauer Blick: «Da kommen Sie doch nicht ran, sehen können Sie auch nichts, alles zugewachsen.» Dann, wenn der Frager schon zögernd abdreht, Tourist oder Journalist, kommt unweigerlich der nun offen höhnische Nachklapp, vom Waldarbeiter, vom Schulkind, vom Bürgermeister, von allen fast wörtlich gleich: «Ein Boot brauchen Sie sich auch nicht zu suchen, vom See her ist bei Helmut auch alles zugewachsen.»

In der Tat, 1500 Bäume und Büsche auf dem Kanzler-Grundstück, von Schmidt und seinem Freund und Nachbarn Willi Berkhan nach eigenen Angaben «eigenhändig angepflanzt», sind zu einem von Blicken undurchdringlichen Wald zusammengewachsen – reales Wachstum wenigstens hier.

Früher hatte sich Helmut Schmidt an seinem Brahmseeufer wie noch heute die meisten der 300 Wochenendhäusler von Langwedel auch vor den Dörf-

lern verbergen können. So gut gelang das dem jungen Bundestagsabgeordneten, daß es für die meisten Langwedeler ausgemachte Sache ist, der Hamburger sei erst 1962 in ihrem Ort aufgetaucht – sozusagen von der Hamburger Flutkatastrophe hochgespült.
Die Baugenehmigung für sein karges Eigenheim, das nur wenige hundert Meter vom Dorfplatz entfernt liegt und als deren Eigentümerin Frau Loki amtlich verzeichnet ist, trägt aber das Datum 3. Juni 1958. Und der damalige Langwedeler Arzt und Gemeinderat Eberhard von Varendorff kennt den jungen Bundestagsabgeordneten sogar schon seit 1957, «damals noch Schmidt-Schnauze und eigentlich ganz im Hintergrund seiner Frau, dieser netten Lehrerin aus Hamburg».
Je höher er aber stieg, je mehr er «zum Großkopfeten wurde und mit Großkopfeten verkehrte» (Vahrendorff), desto mehr suchte und fand er im Umgang mit den Dörflern eine Legitimation für sein Selbstverständnis und Public-Relations-Image als Mann aus dem Volke, der er wohl auch irgendwo geblieben ist.
Er schloß sich an und auf, sobald er erst aus Hamburg und dann aus Bonn an den Brahmsee fuhr, um zu sägen und zu segeln.
Er kehrte gern auf ein Bier in einem der sechs Krüge ein, obwohl die nicht heimelig sind, sondern von der Brauerei-Resopalsorte. Mit dem SPD-Ortsverein, heute immerhin schon 25 Mitglieder, damals geleitet von dem urigen Fischer Bernhard Schmidt, und dem Gemeinderat unter Führung des CDU-Schlitzohrs Ernst Sachau nebst dessen «Mama» und den Damen der anderen Honoratioren traf er sich zum Klönschnack.
Zum Haareschneiden ging er zu Meister Artur Hinz, nun schon über siebzig, und freute sich an dessen Sprüchen: «Ein Haarschnitt von Hinz, dann stimmt's.» Schmidt: «Nu löv di man nich sülvens.»
Aber das Dorf änderte sich und Schmidts Rolle auch. Er wurde Verteidigungsminister, Finanzminister, schließlich Kanzler, und die Gesten der Einfachheit kamen seltener und wirkten nicht selten aufgesetzt.
Hätte Helmut Schmidt früher die Sense geschultert und sie quer durchs Dorf zum Schmied Heinrich Hilbert getragen, dann hätte das den Leuten gefallen. Aber wenn das der Bundeskanzler tut, hinter dem stets ein amtlicher Leibwächter mit umgeschnallter Pistole hertrottet, und wenn der Schmied längst keine Schmiede mehr hat, sondern eine Tankstelle, dann lachen auch die Langwedeler.
Wer als «der Säger vom Brahmsee» (Schmidt über Schmidt) posiert, muß sich nicht wundern, daß seine Kleinholz-Wütigkeit in der Heimatpresse zum Gegenstand psychologisierender Mutmaßungen wird. «Holt er hier im Urlaub und an der wehrlosen Natur nach, was ihm in Partei und Regierung versagt ist? Oder übt er nur für bevorstehende Radikalkuren?» mokierte sich die «Schleswig-Holsteinische Landeszeitung». Des Kanzlers

Leserbrief-Antwort: Er zerlege nur kamingerecht seinen morschen Bootssteg.

Längst wissen die Dörfler, daß bei ihnen ein Stück abrollt, und sie spielen mit. «Das will er doch hören», sagt Friseurmeister Hinz, wenn er erzählt, wie Schmidt wieder einmal klagt, daß er nicht die fünf Mark fürs Haarschneiden hat. Hinz: «Dann treck ick di de Schoh ut.» Schmidt knallt die Füße mit Sandalen auf den Tisch: «Man tau.» Hinz blickt geringschätzig auf die Sandalen und lehnt ab: «Ne, dine Jesuslatschen kannste beholen.»

Oder Bürgermeister Ernst Sachau findet: «Das will er doch so», wenn er mit dem Kanzler im «Dörpskrog» darum streitet, wer eine Lokalrunde schmeißt. Schmidt: «Bürgermeister, mach du das man, du hast mehr Geld.»

«Reiner Krampf», so findet Doktor Vahrendorff inzwischen, sind auch die einst dröhnend lustigen Aalessen mit dem Kanzler bei Fischer Schmidt geworden.

Ob der Kanzler es nicht mitgekriegt hat oder nicht wahrhaben will: Das Dorf-Idyll, das er sich und anderen vorgaukelt, gibt es längst nicht mehr. Von den 1960 noch 54 Höfen betreiben heute noch etwa 25 Landwirtschaft – hochspezialisiert, wettbewerbsfähig umgestellt vor allem durch Geld, das die Bauern mit Kies verdient haben und durch Landverkauf an die Bundeswehr. In der Gesamtplanung des Amtes Nortorf soll Langwedel «den Charakter eines regionalen Wohnzentrums erhalten».

Das bedeutet, daß es den verträumten Idyllenblick an der Olendieksau bald nur noch auf den Aquarellen des Heimatmalers Hermann Pralow gibt. Schon jetzt wuchern aus dem Dorfkern Einheitssiedlungen heraus, die unverändert in Braunschweig oder Neu-Ulm die Landschaft verschandeln könnten.

In unmittelbarer Nähe der Kanzlerklause werden derzeit triste Bungalows mit Blick auf den Sportplatz im Gelände verkleckert – Baupreis bis zu 200000 Mark. Insgesamt 270 Neusiedler sind hier eingeplant, zumeist Pendler mit Arbeitsstätte in Kiel. «Wir sind schon ganz schön verstädtert», klagt Ernst Sachau, seit über 25 Jahren Bürgermeister, wehmütig.

Das dörfliche Gemeinschaftsleben rankt sich fast nur noch um den Sportverein. Vorbei ist die Zeit der langen feuchten Skatnächte; für Dorffeste fehlt ein Saal. Versuche, die Neusiedler durch Grillparties zu integrieren, sind kläglicher Ersatz.

Die Intimität der ersten Schmidt-Jahre am Brahmsee ist futsch. Publicity, die dem Kanzler gilt, erfaßt auch das Dorf. Wenn Hinz jetzt dem Regierungschef die Haare schneidet, dann liest es seine Tochter in Wien in der Zeitung.

Der Spiegel, 22.8.1977

Akteur in einer antiken Tragödie

Die Terroristen wurden besiegt, die Bürgerrechte nicht verletzt

Von Theo Sommer

Noch nie in Deutschlands Nachkriegsgeschichte hatte es eine so dramatische Woche gegeben. Die spektakuläre mitternächtliche Befreiungsaktion von Mogadischu gab der Nation nach 106 Stunden angespannter Sorge Grund zum Jubel; die Selbstmorde der drei führenden Terroristen in ihren Gefängniszellen, vor allem die unerklärlich bizarren Begleitumstände, verdatterten und erbosten die Deutschen; der hinterhältige Mord an Hanns Martin Schleyer erfüllte ihre Herzen mit Trauer und düsteren Vorahnungen. Am Ende der turbulenten Woche waren die Menschen noch immer dabei, ihre Gefühle auseinanderzusortieren. Hier eine erste Bilanz:

Bundeskanzler Schmidt: Er hat in der Krise an Statur noch gewonnen. Nun kann es gesagt werden: Seitdem sein Freund, Jürgen Ponto, der Bankier, im Sommer ermordet wurde, war Schmidt grimmig entschlossen, niemals wieder terroristischer Erpressung nachzugeben. Vor zwei Jahren hatte er unter gewaltigem Druck der Öffentlichkeit im Austausch für Peter Lorenz fünf Anarchisten freigelassen; diese fünf haben seitdem neun Menschen ermordet. Dies sollte sich nicht wiederholen. Dabei blieb er, selbst als die Terroristen die Lufthansa-Maschine entführten.

Sein Ziel war es, durch Verhandeln soviel Zeit wie möglich zu gewinnen, gleichzeitig aber zu versuchen, die Terroristen niederzuzwingen und ihre Opfer zu befreien. Er kannte die Risiken, aber sie ließen ihn nicht zittern. Seine Strategie vermochte Schleyers Leben nicht zu retten; in Mogadischu aber führte sie zu einem brillanten Erfolg. Die Rede, die Schmidt danach im Bundestag hielt, war die eines politischen Philosophen, nicht die eines bloßen Machers. Während der ganzen Krisen-Wochen hatte er Entschlossenheit verbunden mit Feingefühl, in der schaudernden Erkenntnis, Akteur in einer unerbittlichen Tragödie zu sein. Wären die Lufthansa-Geiseln bei der Aktion in Mogadischu alle umgekommen, so fragte er sich, hätte er dann zurücktreten müssen?

Die deutsche Psyche: Das makellose Kommando-Unternehmen in Somalia gab der Nation nach Wochen der Frustration endlich wieder Auftrieb. Aber bei aller tiefempfundener Freude äußerten sich weder Hysterie noch Chauvinismus. Einer großartigen, bravourösen Tat wurde Beifall gespendet, nicht einer militärischen Leistung. Preußen und der Stechschritt waren weit, weit entfernt, als die 60 GSG 9-Männer am Bonner Flughafen locker die Gangway heruntertrabten; in ihrer formlosen Kleidung – Hosen, Sporthemden und Windjacken – ähnelten sie mehr einer siegreichen Fußballmannschaft bei der Heimkehr als einer Elite-Polizeieinheit.

Als das Deutschlandlied angestimmt wurde, traten Tränen in viele Augen – Tränen der Dankbarkeit, nicht des martialischen Stolzes. Ein neues Wir-Gefühl breitete sich im Lande aus. Die Westdeutschen identifizierten sich mit ihrem Staat wie nie zuvor. Sie hatten bewiesen, daß sie zu entschiedenem Handeln gegenüber Gesetzesbrechern fähig waren, ohne die vorhandenen Bürgerrechte zu demontieren. Die Führung und das Volk hatten ihr Gleichgewicht bewahrt.

Das Selbstmord-Signal: Die Deutschen brauchten all ihr neugewonnenes Selbstvertrauen, als sie tags darauf von den Selbstmorden im Stammheimer Gefängnis erfuhren. Sie waren schockiert von der Unfähigkeit der Obrigkeit – von einem Leichtsinn, einer Dummheit und Phantasielosigkeit, die in totalem Gegensatz zu der brillanten Kompetenz standen, die das nach Somalia entsandte Einsatzkommando gezeigt hatte. Und sie waren besonders verstört, als ihnen die Bedeutung der Selbstmorde aufzugehen begann. Dies waren nicht Verzweiflungsakte, kein Anzeichen dafür, daß den Terroristen klargeworden war, sie hätten das Ende ihres Weges erreicht, kein Eingeständnis der Niederlage. Trotzhandlungen waren diese Selbstmorde: eine letzte Herausforderung, ein markerschütternder Fanfarenstoß zu neuer Aktion. Der nihilistische Fluch liegt weiterhin schwer über dem Lande.

Internationale Solidarität: In dieser Situation fanden die Deutschen Trost in der moralischen Unterstützung, die ihnen unerwartet aus dem Ausland zuteil wurde. Gewiß hat die Mär, daß Baader, Ensslin und Raspe ermordet worden seien, linke Extremisten in einigen westeuropäischen Ländern schon zu Demonstrationen gegen deutsche Einrichtungen auf die Straße gebracht. Doch in den Medien hat sich der Wind gedreht – weg von der Kritik, zuweilen unsinniger Kritik, der jüngsten Vergangenheit. Seit der deutsche Terrorismus sein häßliches Antlitz enthüllt hat, werden Staat und Gesellschaft der Bundesrepublik nun wieder mit mehr Wohlwollen betrachtet.

Bei den Staatsmännern hatte es ja von Anfang an nicht an Unterstützung gefehlt. Der französische Staatspräsident Valéry Giscard d'Estaing beschwor Schmidt – privat und persönlich –, nicht nachzugeben, sondern die Vorbereitungen für die Erstürmung der Lufthansa-Maschine voranzutreiben, damit nicht die europäische Zivilisation Schaden nähme; ähnlich argumentierte der britische Premierminister James Callaghan. Präsident Carter, die Sowjets, die Ost-Deutschen – alle boten ihre Hilfe an. Daraus wächst die Hoffnung, daß internationale Solidarität gegen den internationalen Terrorismus hinfort mehr sein könne als nur eine fromme Phrase.

Nach den sengenden Ereignissen der letzten Wochen wird die Bundesrepublik nie wieder das sein, was sie vorher war. Eines freilich erscheint mir gewiß: Wir werden den Kampf gegen den zerstörerischen Nihilismus führen, ohne dabei die fundamentale Offenheit und Menschlichkeit unserer Republik zu verlieren.

Newsweek, 31. 10. 1977

Die Lehren aus Mogadischu

Es lohnt sich, füreinander einzustehen

Von Hermann Schreiber

Der Brief der alten Dame, der zu Helmut Schmidt sogleich Otto von Bismarck einfiel, war nur einer von zirka siebentausend Briefen, im Kanzleramt eingegangen nach Mogadischu, aber einer der typischsten. Des Bonner Kanzlers öffentliche Fürbitte «Gott helfe uns!» hatte die mehr denn hundert Lenze zählende Erna Saenger mit lebhafter Zustimmung an des Eisernen Kanzlers Kraftwort denken lassen, wir Deutsche fürchteten Gott, aber sonst nichts in der Welt.

So groß an Zahl und zugleich so konservativ im Kern ist die Zustimmung zu dem Sozialdemokraten Helmut Schmidt, seit er Kanzler ist, noch kaum gewesen. Und mehr denn je bekennen sich Bewunderer des Mannes, der Mogadischu «gemacht» hat, politisch ganz ungeniert zur Union. Es ist, zum ersten Mal seit Ludwig Erhard, wieder die Rede vom «Volkskanzler».

Aber wie immer, wenn ihm etwas gefallen will, das ihm eigentlich nicht gefallen darf, verweigert Helmut Schmidt, begabt mit einer hochgradig selektiven Wahrnehmung, zunächst einmal die Kenntnisnahme: Er habe, sagt er, diesen ominösen Begriff Volkskanzler auf sich noch gar nicht angewendet gefunden. Dann erst äußert er «ästhetisches Mißbehagen», mindestens der Formulierung wegen. «Das heißt nun mal: Bundeskanzler.»

Gewiß ist der Sozialdemokrat Schmidt nicht sonderlich anfällig für das Denkmodell von der «Formierten Gesellschaft», das der auf Erhard gemünzten Urfassung der Volkskanzlerschaft zugrunde lag. Aber ebenso gewiß ist er anfällig für die quasi plebiszitäre Qualität jener breiten Zustimmung zu seiner Person und deren Führungsanspruch.

Oder warum sonst entrüstet er sich vor dem Deutschen Städte- und Gemeindebund, nach gemeinsamem Auftritt mit CDU-Chef Helmut Kohl, mehrmals und mit Betonung über die bürgerfernen Eigenbröteleien der Parteifunktionäre und der Bürokraten, die «zu Befremdung und Entfremdung von Hunderttausenden, ja vielleicht von Millionen Menschen gegenüber ihrer Obrigkeit geführt haben»? In einem dreizehn Zeilen zählenden Absatz der Niederschrift dieser Rede kommt gleich viermal der Begriff «Bürgergesinnung» vor. Hier regiert Sie Herr Schmidt – der Bürgerkanzler.

Das Phänomen des Plebiszitären ist nun freilich nicht neu in dieses Mannes Karriere. «Schmidts Führungsanspruch ist . . . eine demokratische Herausforderung», so hat bereits vor Jahren einer seiner Sympathisanten, der Schmidt-Chronist Ulrich Blank, gewarnt: «Die Woge der öffentlichen Zustimmung hebt ihn, ob er es nun will oder nicht, über die Parteien . . .»

Will er, will er nicht? Dem Genossen Schmidt, der die Sozialdemokratie einmal seine «Wohnküche» genannt hat, stellt sich die «Heimsuchung» (Blank), die seine Popularität den Parteien bereitet, eher als eine Frage der Gefolgschaft dar – «ob ich dazu beitragen kann, der SPD begreiflich zu machen, daß der Abstand zwischen der Zustimmung für die SPD und der Zustimmung für Schmidt nur dadurch aufgeholt werden darf, daß man die SPD nach oben zieht, und nicht dadurch, daß man Schmidt nach unten zieht».

Er ist kein anderer geworden in den sechs Wochen der Schleyer-Entführung. Erkennbar gewachsen ist allenfalls seine Gelassenheit. Und in seine gewohnte Manier, Zensuren zu erteilen und Selbstgewißheit zu bekunden, mischt sich jetzt zuweilen ein Anflug von Milde.

Auch die Frage, was diese sechs Krisenwochen ihn gelehrt hätten, beantwortet der Kanzler Schmidt einigermaßen erstaunlich: «Ich habe gelernt, noch ein zusätzliches Quentchen Respekt vor meinen Vorgängern zu haben.»

So kann wohl nur einer reden, der nichts mehr werden will; den nicht mehr das Vollgefühl der Selbstverwirklichung beseelt, sondern höchstens noch Befriedigung im Beruf, Job-Satisfaction; dem unterdessen nicht nur die eigene Befähigung, Kanzler zu sein, erfahrbar geworden ist, sondern auch deren Grenze und die Kälte dieses Amtes.

Helmut Schmidt ist, was die Kanzlerschaft angeht, wenn schon nicht wirklich bescheiden, so doch ziemlich uneitel geworden. Er kokettiert längst nicht mehr mit dem Hinschmeißen und mit seinen lukrativen Chancen bei der Industrie. Eher bemüht er sein antikes Vorbild, den «Philosophenkaiser» Marc Aurel, als Beispiel für die aktuellen Eckwerte seines persönlichen Befindens: «Pflichterfüllung und Gelassenheit».

Auch daß seinem Handeln als Kanzler in diesen sechs Wochen der Schleyer-Entführung unversehens eine «im antiken Sinne tragische» Dimension zugewachsen sei, nämlich die Unausweichlichkeit von Schuld und Versäumnis, ist Helmut Schmidt durchaus bewußt. Nur reagiert er darauf nicht wie ein Humanist, sondern sozusagen soldatisch.

Jene tragische Unausweichlichkeit, so sagt er, sei ihm «schon im Krieg als

Soldat» geläufig gewesen: als «Antinomie» zwischen dem militärischen Einsatz an der Front, zu dem er sich mit vaterländischen Gefühlen bekannte, und dem damit eben unvermeidlich verbundenen Beitrag zur Ausbreitung des nazistischen Unheils, das er mit Abscheu durchschaute.

Ob man die Parallele nun ganz gelten lassen will oder nicht – damals wie heute hat sich Helmut Schmidt in der Unausweichlichkeit des Verschuldens nicht wie ein tragischer Held, sondern er hat sich «Gott anheimgegeben» gefühlt. Er sagt das (obwohl er anders könnte), ohne zu pathetisieren, fügt vielmehr schleunig hinzu, er sei «sicherlich ein miserabler Christ, ich bete auch nicht, und ich bin alles andere als fromm». Aber «daß Gott der Herr der Geschichte ist, was immer das bedeutet» – der Satz gehört zu dem begrenzten Vorrat an Überzeugungen, den Helmut Schmidt sein eigen nennt.

Über den Tod nachzudenken, nimmt er sich nicht die Zeit – auch jetzt nicht, obwohl er die Rache-Drohung der Terroristen gegen sein Leben für ernst gemeint hält und, trotz Personenschutz, sogar für ausführbar.

Selbst seine Mentholzigaretten raucht er nun so ungehemmt, als habe es ja doch keinen Sinn, die eigene Existenz durch Enthaltsamkeit zu verlängern – ein Mann, der gelernt hat, auch mit seinen physischen Begrenzungen zu leben.

Um den Schlaf gebracht hat ihn die tragische Dimension der zu fällenden Entscheidungen in diesen sechs Wochen jedenfalls nicht – sofern er überhaupt zum Schlafen gekommen ist.

Und daß sich die gestauten Spannungen nach gelungener Geiselbefreiung dann doch in ein paar Tränen aufgelöst haben, würde Helmut Schmidt am liebsten nicht mehr wahrhaben, obwohl er es in Witte's Gasthof zu Kirchwerder-Fünfhausen selber mitgeteilt hat. «Ich hätte das nicht sagen sollen. Der Tatbestand allerdings ist zutreffend.»

Die weit verbreitete Meinung, daß Politiker, die sonst gegeneinander opponieren, sich in der Schicksalsgemeinschaft eines solchen Krisenstabes menschlich näherkommen, mag Schmidt übrigens nicht bestätigen. Er sieht das anders: «In ungewöhnlichen Lagen stellen Menschen sich bloß, werden deutlicher erkennbar.»

Dies soll zum Beispiel für Franz Josef Strauß gelten, der einmal zumindest insinuiert hat, es müßten nun physische Repressalien gegen die inhaftierten Terroristen ergriffen werden – ohne dies dann, auf Schmidts direkte Nachfrage, als Vorschlag ernsthaft vertreten zu wollen.

Was hingegen Helmut Kohl angeht, so hat er nach Schmidts Urteil im Krisenstab keine schlechte Figur gemacht; aber davon, daß Kohl dem Kanzler auch menschlich nähergekommen sei (oder umgekehrt), hat Helmut Schmidt nichts gemerkt.

Sich selber mißt er in solchen Situationen einfach «bessere Nerven als an-

deren» zu; will wohl auch anerkannt wissen, daß, im Unterschied zu anderen, sein «Denkapparat dann besser funktioniert» als in normalen Zeiten. Und insofern hat er sich sogar wohl gefühlt.
Den Kanzler Schmidt plagt nämlich schon lange der Alptraum eines Staates, in dem die politisch verantwortlichen Figuren nur noch wie Marionetten hampeln, weil der Handlungsspielraum immer mehr eingeengt wird durch eine Flut von Verordnungen und Gesetzen.
In der Ausnahmesituation der Schleyer-Entführung aber war der Entscheidungsspielraum vergleichsweise geräumig; da kam es auch wieder auf so etwas wie politisches Ingenium an, mindestens auf Einfälle; da gab es wieder die Möglichkeit, durch Ideen und durch die Fähigkeit der Überzeugung ein Ergebnis zu erzielen.
Die Gelassenheit, die ihm selber dabei zugewachsen ist, will Helmut Schmidt der Nation nun als Beispiel geben. Er vermag und versucht zwar auch jetzt nicht, charismatisch darzustellen, daß allein mehr und nicht weniger Demokratie den freiheitlichen Rechtsstaat letztlich vor dem Terrorismus retten kann. Desto deutlicher ist sein Bemühen, aus dem Management von Mogadischu so etwas wie Wegweisung und Sinngebung abzuleiten.
Man soll lernen daraus, «daß es sich lohnt, füreinander einzustehen»; auch «daß ein demokratischer Staat kein Scheißstaat ist, der sich alles gefallen lassen muß»; vor allem aber, «daß man auch in extremen Situationen seine Gelassenheit nicht aufgeben darf».
Jeglichen Gedanken an eine Große Koalition hingegen hält er, mit allen Anzeichen der Verachtung, die er Denkfehlern gegenüber bekundet, für «eine Schnapsidee von A bis Z». Sie würde, das ist Schmidts prominenteste Befürchtung, das Vertrauen der kritischen jungen Leute in die Demokratie vollends zerstören und wäre zum anderen «eine groteske Aufwertung des Terrorismus».
Denn das weiß der Krisenkanzler: daß eine intellektuelle Auseinandersetzung mit dem Terrorismus (und auch für diese fühlt er sich nun geradezu exemplarisch zuständig) nicht möglich ist ohne eine Auseinandersetzung mit den sogenannten Sympathisanten – daß er sich also künftig gerade an jene Menschen adressieren muß, die ihm bisher gar nicht oder nur achselzuckend zugehört haben: an junge Linke zum Beispiel, überhaupt an die kritische Intelligenz.
Aber nicht nur in diesem Teil der Bevölkerung sind seiner Volkstümlichkeit gewisse Grenzen gesetzt.

Der Spiegel, 14.11.1977

SPD-Parteitag in Hamburg

Schmidt's «Wir-Gefühl»: «Wir sind aufeinander angewiesen»

Von Joachim Noack

Im ganzen ist Helmut Schmidts Rede wie eine Rede aus dem Computer; wie ein Brockhaus der Politik, eine Stichwortkartei. So durchnumeriert und geschliffen nahm bisher keiner das Wort, der antrat, die Welt und sich selbst zu vermitteln. Ein Mann, der von A bis Z seine Vorstellungen abruft – von den Aufgaben bis zu den Zielen: Ein Alphabet seiner Programmatik.

Eine Datenbank, aber nicht für Fakten, sondern auch für Bekundungen seines Willens – und nicht zuletzt selbst einer Art Leidenschaft, die man einspeisen kann. Helmut Schmidt vor dem SPD-Parteitag in Hamburg: Eine Orgie, wenn es denn so etwas gäbe, die vom Understatement diktiert wird, und ein Pathos, das seine Effekte aus der Schlichtheit bezieht.

Am Ende steht dann ein Kanzler da, der sich jenen Schlußpunkt versagt, wie er üblich war zu allen Zeiten, weil der gute Ton das gebot: Kein Bittender, geschweige denn ein Devoter, viel eher ein Abgang ohne Gebärde. «Wir sind aufeinander angewiesen» – Helmut Schmidt hat gesprochen.

Natürlich wird er umjubelt, wie das Ritual es verlangt. Aber ist dies nun also wieder jene Empfindung, die man so lange vermißte? Der Konsens nicht nur in der Sache, sondern auch getragen von Emotionen? Jenes von Schmidt zumindest dem Namen nach erfundene «Wir-Gefühl» der Genossen?

Zunächst und zuallererst ist es ein Gefühl, das ihm selbst gilt. Die Erkenntnis darüber hinaus der Alternativlosigkeit. Ja, es stimmt, soll dieser Applaus heißen, daß man fixiert ist auf ihn. Und sei es selbst um den Verdacht, daß man jetzt zur Kanzlerpartei werde. Kein Weg führt an ihm vorbei, das will man nicht mehr verbrämen, sondern offensiv umsetzen.

Daß Helmut Schmidt «unser bestes Zugpferd» ist, hat man seit langem gewußt und doch gleichwohl nie bestritten, daß man ihn problematisch findet. Nach Mogadischu ist alles anders; da sind die Fakten ganz einfach erdrückend. Eine Zustimmung (und quer durchs Volk) für den SPD-Kanzler wird registriert, die nicht zu rühmen sich in der Partei selbst ein gestandener Juso kaum noch traut.

Und diese Akklamation derer «draußen im Lande» schwappt in den Parteitag hinein. In Mannheim, vor eben zwei Jahren, mußte Willy Brandt sich noch sorgen, und werbend zog er umher, seinen Kanzler zu stützen – in Hamburg ist das nicht notwendig; da läuft Helmut Schmidt ganz von selbst.

In der Summe der von ihm verkörperten Fähigkeiten steht er so außer

Zweifel, daß man sich fast geniert. Vor allem seit jenen Wochen, die vom Namen Schleyer geprägt sind. «Wir haben ihn doch alle irgendwie bewundert», sagt Volkmar Gabert aus Bayern, und der Fraktionsvize Bruno Friedrich stellt heraus, was den Kanzler stark macht: Helmut Schmidt entspreche einer Notwendigkeit, die jetzt an erster Stelle rangiere – dem Sicherheitsbedürfnis der Bürger, und dies «auf verschiedenen Ebenen».
Die Partei will sich also nicht mehr quälen, um einem Erfolgreichen zu folgen, und doch hat Willy Brandt Anlaß, die Gewissensfrage zu stellen. In einem Wort «zu den Pflichten des Abgeordneten» kommt dieser Lehrsatz zustande, mit dem Gewissen sei nicht vereinbar, wenn einer sich gegenüber dem Kanzler so verhalte, daß der «den Boden unter den Füßen» und damit die Regierungsgewalt verlöre.
Ein Wort, das sich nicht nur allein gegen jene Abweichler richtet, die im Bundestag ausscherten, sondern sich auch auf Hamburg bezieht, denn abseits aller Geschlossenheitsbeweise, die nun den Kanzler umgeben, wird die «Kernfrage» – im wahrsten Sinne des Wortes – zum neuralgischen Punkt. Atomenergie – ja oder nein: da reicht selbst Helmut Schmidts Kompetenz nicht, um ein Thema von dieser Brisanz ohne alle Geräusche zu steuern.
Vor Wochen hat er dazu zwar gesagt, daß er sich um Parteitagsbeschlüsse nicht kümmere, wenn er das Wohl der Gesamtheit und mithin aller Bürger verfolge, aber ganz so grantig will er nun doch nicht mit den Genossen umspringen. Ein Triumph über die Oppositionellen in den eigenen Reihen, eine «Niederknüppelung» gar der Linken, erscheint ihm als ein Preis, der zu hoch ist.
In den Tagen vor Hamburg nimmt er deshalb zu einer Doppelstrategie Zuflucht, die ihm beides – die Durchsetzung seiner Ziele und den Konsens – sichern soll. Einem Bündnis mit den Gewerkschaften folgt seine Seelenmassage der Linken – mal «brüllend», so ein Betroffener, mal geduldig bis hin zum Verständnis. Auf dem Kongreß, hinter verschlossenen Türen, zieht er alle Register, die er beherrscht. Nach einer Vorstandssitzung, die man als «qualvoll» beschreibt, wirbt er bei den Rechten um Verständnis für Eppler. Auf keinen Fall, meint der Kanzler, dürfe man die Solidarität «außer Kraft setzen». Helmut Schmidt, nicht bloß «Imperator», sondern auch Integrator, wenn's not tut? Und er siegt, wenn man das schon prophezeien darf, mit einem Kompromiß, den er nun «tragen» will. Vorausgesetzt, der Parteitag bestätigt die Formel, wird Schmidt in Sachen Kernkraft ein Spielraum gewährt, der auf eine Versöhnung von Richtlinienkompetenz und Parteivotum hinausläuft. Eine Behandlung der Energieproblematik «ohne dogmatische Optionen» – so schreibt er es in seiner Rede, und er verspricht, sich daran zu halten. Im Klartext: ein Ja zur Kernkraft, aber nur, wenn nichts anderes mehr geht. Für den Kanzler, tröstet

sich Erhard Eppler, sei dies «eine Brücke», freilich auch «eine Einbindung».
In Hamburg hat Helmut Schmidt das Terrain abgesteckt, auf dem sich die SPD wird einrichten müssen. Der Pakt mit den Gewerkschaften und sein Image darüber hinaus, die Unterstützung, die er durch Willy Brandt und vor allem durch Herbert Wehner erfährt, die Einsicht – mit einem Wort – in die vielzitierten Notwendigkeiten macht ihn konkurrenzlos.
«Genossenschaft», sagt Helmut Schmidt, beginnt «mit der Entdeckung des anderen» – eine Aufforderung, eben auch ihn, und zumal in seinen Zielen, nicht zu verkennen. Alle Versuche, die darauf hinausliefen, daß sich seine Partei ihm entfremde, und umgekehrt natürlich desgleichen, seien das Resultat eines naiven Wunschdenkens. Kein Zweifel also, daß man da keinen Keil hineintreiben könne und daß «ich mitten in der SPD stehe».
Ein Bekenntnis ohne alle Theatralik – er sagt das nur so hin, nebenbei. Eine Selbstverständlichkeit, wenngleich man an sie erinnern sollte, muß man nicht dick unterstreichen. Zum anderen aber auch eine Geste, wie nur der Kanzler sie kann: hier stehe ich, Helmut Schmidt, und wer an mir zweifelt, ist selbst schuld!
Kein Kanzler des großen Charismas, aber nun doch einer, der Herz hat. Aus seiner Umgebung darf man erfahren, er sei «viel menschlicher» geworden. Er schnauze nicht mehr, er sei «auch milder» und von einer Gelassenheit, die für ihn einnehme. «Der Schmidt», so kann man von Herbert Wehner hören, erfahre nun nicht mehr nur Achtung, sondern auch Zuneigung, und (mit Blick auf die kalte Pfeife), ahnt er, «daß die noch zunehmen wird».
Prognosen für einen Mann, um den man bis auf weiteres nicht herumkommt. Nach Mogadischu hat er ein Echo gehabt wie kein Regierungschef vor ihm. So an die 7000 zustimmende Briefe, und die von Bürgern aller Couleur.
Ein Kanzler, angesiedelt über den Parteien? «Nein, ich bin ein Teil der Partei.» In Hamburg sitzt er meist nicht am Vorstandstisch, sondern unter den Delegierten seines Verbandes.

Frankfurter Rundschau, 17.11.1977

Auftritt im französischen Fernsehen

Das Cliché vom Feldwebel wurde retouchiert

Von Lutz Krusche

«Schon am Donnerstagabend sind bei mir die ersten anerkennenden und ermutigenden Telefonanrufe und Briefe eingegangen, in denen es heißt, daß Helmut Schmidt eine gute Figur gemacht habe», sagte Jean-Pierre Elkabbach, Nachrichtendirektor beim zweiten französischen Fernsehen, «Antenne II». Der in Algerien gebürtige prominente französische Fernsehjournalist führte am Mittwochabend zusammen mit seinem Kollegen Adlain Duhamel ein einstündiges Gespräch mit dem Bundeskanzler in einer der besten politischen Serien der Pariser Fernsehanstalten: «Cartes sur table» (Karten auf den Tisch).

Obwohl im ersten Programm eine beliebte Serie und im dritten gar ein «Maigret»-Film mit Jean Gabin die Zuschauer von der Bretagne bis Korsika anlockte, brachte die Schmidt-Sendung einen beachtlichen Erfolg: eine Einschaltquote von zehn Prozent, das sind rund fünf Millionen Zuschauer. Das war mehr als bei dem Gespräch mit dem Gaullistenführer Jacques Chirac, ebensoviel wie bei KPF-Chef Georges Marchais und nur weniger als bei François Mitterrand.

Schmidt war der erste ausländische Staatschef, der im «Cartes sur table» vorgestellt wurde und der in seiner Landessprache antwortete, wobei ein Dolmetscher simultan übersetzte. Da saß nun der Chef der Bundesregierung, den einige Pariser Zeitungen für alles verantwortlich machen, was ihnen an der Bundesrepublik mißfällt, und ihm dieses auch dann anlasten, wenn es sich um reine Zuständigkeiten der Bundesländer handelt.

Der Mann, der vor den Franzosen sagte, daß er sich über die hier geprägte Bezeichnung «Le Feldwebel» teils amüsiere, manchmal aber auch ärgere, widerlegte Klischees, die von ihm rechtsrheinisch weit verbreitet sind; er schnauzte niemanden an, er versuchte nicht einmal mit der deutschen Außenhandelsbilanz zu protzen. Er war im Gegenteil sehr gelassen, nachdenklich, humorvoll und durch keine Frage zu provozieren. Der Kanzler verhielt sich so, wie man es in Frankreich von den «guten Deutschen», Willy Brandt oder Heinrich Böll, erwartet: erläuternd, argumentierend, aber auch maßvoll kritisierend. «Dazu ist mein Arm zu kurz«, erwiderte er etwa auf die Frage, ob er die französischen Sozialisten beeinflussen wolle. Und zu allem rauchte und schnupfte dieses (für Franzosen) Symbol eiserner deutscher Disziplin auch noch ohne Unterlaß. «Le Feldwebel» mit der Schnupftabaksdose in der Hand wie ein elsässischer Winzer. Aber kein französisches Blatt mokierte sich darüber.

Was Schmidt sachlich zu sagen hatte, braucht hier nicht ausführlich wiederholt zu werden, weil er es in der Bundesrepublik schon häufig gesagt hat. Aber für Frankreich war es nach den gelegentlich bösen Presseattacken wichtig, den starken Mann aus Bonn direkt konfrontiert zu sehen mit den Fragen, die Franzosen beunruhigen; das war der Grund, daß dieses Interview am anderen Tag so starken Widerhall in der Presse fand. Terroristen und Rechtsradikalismus in Deutschland, der Fall Croissant, «Berufsverbot» – ein Ausdruck, der in den französischen Sprachschatz eingegangen ist, wie «Blitzkrieg» –, seine Haltung zu Mitterrand und Staatspräsident Giscard d'Estaing.

Schmidt antwortete geduldig und sorgfältig. Zur Sympathisantenfrage: «Ich mag den Ausdruck Sympathisant nicht, er erlaubt zu viele Interpretationen» – die Auslieferung des Baader-Meinhof-Anwaltes Klaus Croissant: «Ich habe nichts von Frankreich zu verlangen. Das Pariser Appellationsgericht befaßt sich mit dieser Affäre. Ich möchte nicht in den Verdacht geraten, seine Haltung beeinflussen zu wollen.» Zur Hexenjagd auf deutsche Linke: «Es gibt kein generelles Mißtrauen in Deutschland gegenüber Künstlern und Schriftstellern. Es gibt sicher auf der Rechten Leute, die übertreiben. Günter Grass und Heinrich Böll sind immerhin Schriftsteller, von denen in Deutschland die meisten Bücher gekauft werden.» Zum Berufsverbot: «Das ist ein Wort der Kommunisten, sie existieren nicht. Wir haben seit 1950 ein Gesetz, das von seinen Beamten und jedem Berufssoldaten verlangt, für die demokratische Grundordnung einzutreten.»

Daß das KPF-Parteiorgan am nächsten Morgen über eine ganze Seite hinweg versuchte, Schmidts Äußerungen zu zerpflücken («Er wagte es zu sagen»), war so sicher wie der auf den Donnerstag vorausgesagte Sonnenaufgang. Der «Figaro» fand, daß die Mattscheibe einen «liebenswürdigen, aber sich sehr unbehaglich fühlenden und auf Verteidigung bedachten Kanzler» präsentiert habe. Nun, das war der Sinn des Interviews. Registriert wurde in den Presseberichten allgemein, was der Kanzler klar, aber maßvoll kritisiert hatte; das verzerrte Deutschenbild einer «gewissen Presse» und die sehr karge Deutschlandberichterstattung der Pariser Fernsehketten; hier nickte Interviewer Elkabbach lange und nachdrücklich.

Schließlich noch zu seinem Verhältnis zu Staatspräsident Valéry Giscard d'Estaing, den er schon aus Finanzministerzeiten her gut kennt: «Es ist das erstemal, daß zwischen einem deutschen und einem französischen Leiter der Politik Freundschaft geschlossen worden ist.» Ein Interview macht noch kein neues Image, aber es kann nützliche Retuschen an Klischees bewirken. Die Kritik am Bundeskanzler wird in Frankreich genausowenig wie in der Bundesrepublik über Nacht verschwinden. Aber was Frankreich anbetrifft, hat Schmidt einen Achtungserfolg errungen.

Frankfurter Rundschau, 11.11.1977

Maximen zur Terroristenbekämpfung

Höchste Geduld kombiniert mit höchster Konzentration

Von Peter Jenkins

Im Verlauf eines exklusiven Interviews warnte Bundeskanzler Helmut Schmidt, daß die Bedrohung durch Terroristen mit der Operation in Mogadischu keineswegs beendet sei, aber er glaube, daß die feste Haltung, die sein eigenes Land gezeigt hat, eine abschreckende Wirkung auf die Aktivitäten der Terroristen in anderen Ländern haben könnte.

Nur äußerst widerstrebend ließ sich der Kanzler herbei, über die Affären Schleyer und Mogadischu Auskunft zu geben. Als ich das Thema auch nur halbwegs in unserem Interview anklingen ließ, sagte er: «Ich möchte nicht zu viel darüber reden, weder zu meiner eigenen Bevölkerung noch zur britischen oder sonst einer; ich möchte nicht als jemand erscheinen, der immer und immer wieder über diese Angelegenheit nachdenkt. Ich möchte, daß sie hinter mir liegt.»

Ich sagte ihm, daß ich dies verstünde und es ganz deutlich machen würde, daß ich es war und nicht er, der darüber reden wollte. Ich hätte von ihm nahestehenden Leuten gehört, daß er entschlossen gewesen sei zurückzutreten, falls die Sache schiefgelaufen wäre und die 87 Passagiere des entführten Flugzeugs umgekommen wären. «Hätten Sie weitermachen können?» fragte ich ihn.

Er erwiderte: «Ich nehme an, die Antwort würde ‹ja› lauten. Aber die Frage ist falsch gestellt. Die richtige Frage wäre: ‹Hätte ich weitermachen wollen?›» Und er zöge vor, dies offenzulassen, da die Frage hypothetisch sei. War der Grund dafür, daß dies etwas sei, was er aus persönlichen Gründen lieber vergessen würde? «Nein, nicht eigentlich», sagte er. «Ich werde es nie vergessen.»

Ich fragte, was die Erfahrung ihn gelehrt hätte, nicht im Sinne der Technik, wie man bei Entführungen verfährt, sondern was er in bezug auf Führertum und Verantwortung daraus gelernt hätte.

Die erste Lektion, sagte er, war dies, daß es in Situationen großer Bedrohung eine gute Idee ist, die Führer der Opposition ins Vertrauen zu ziehen. Er hätte dies schon vorher getan, im Fall der Entführung eines Politikers in Berlin und bei der Belagerung der bundesdeutschen Botschaft in Stockholm. Dann sagte er etwas über seine eigenen Gefühle. «Was man in einer solchen qualvollen Periode von sechs oder sieben Wochen lernt, in der man einerseits eine moralische Frage und andererseits, nun ja, gewissermaßen strategische Fragen zu erwägen hat – denn die Art, wie wir diesmal mit den Terroristen verfuhren, war von strategischer Bedeutung dafür, wie die europäischen Regierungen das nächste und das übernächste Mal mit ihnen verfahren würden –, was man da lernt, ist dies: höchste Geduld mit höchster Konzentration zu kombinieren.»

Hatte er sich die moralische Frage von Anfang an gestellt? Hatte er mit der Möglichkeit rechnen müssen, daß Schleyers Tod unabwendbar sei? Er habe bis zur allerletzten Minute gehofft, so sagte er, daß man imstande sein werde, das Versteck der Terroristen zu finden und Schleyer lebendig und unverletzt zu befreien. Er glaube, es habe ein oder zwei Chancen dafür gegeben, die man offenbar versäumt habe.

Aber die moralische Frage, die er von Anfang an zu entscheiden gehabt habe, sei nicht gewesen, ob jemand geopfert werden, sondern ob man überhaupt erwägen solle nachzugeben. Diese Frage habe man am Anfang nicht entschieden, sondern habe vielmehr dieses moralische Kriterium an jeden einzelnen Schritt angelegt, den man auf diesem Wege getan habe.

Im Jahr 1972 hatte die bundesdeutsche Regierung Gefangene freigelassen, um die Sicherheit des entführten Berliner Oppositionsführers, Peter Lorenz, zu erkaufen. Was war der Unterschied im Fall Schleyer? Erstens, sagte er, war es ein Unterschied der Erfahrung. Damals hätten sie wenig Erfahrung in derartigen Dingen gehabt. Zweitens hätten die Entführer von Lorenz die Freilassung von weniger wichtigen Terroristen verlangt als die, die den Preis für Schleyer hätten bilden sollen. Aber drittens – und das war der Punkt, den er besonders hervorhob – hätten sie aus der Tatsache gelernt, daß die Menschen, die sie im Austausch gegen Lorenz freigelassen hatten, hinterher wieder achtmal gemordet hätten.

«Wir wußten daher vom Fall Lorenz, daß es einfach nichts einbringt, wenn man diese Verbrecher freiläßt. Wir wußten, daß sie wiederkommen und wieder Menschen töten würden. Daher war es uns durch die Erfahrung mit Lorenz absolut klargeworden, daß die Befreiung der Terroristen nur bedeuten würde, in der Zukunft das Leben unbekannter Menschen zu gefährden.»

War durch seine Behandlung der Schleyer-Entführung und der Flugzeug-Entführung ein Präzedenzfall geschaffen worden? Er erwiderte vorsichtig: «Ich meine, daß es in der näheren Zukunft für eine Terroristen-Organisation sehr schwierig sein würde zu glauben, daß irgendeine andere europäische Regierung in der gleichen Situation sehr anders handeln würde als wir.»

Aber das schließe andere Formen der terroristischen Gewaltanwendung nicht aus, warnte er. «Ich glaube auf keinen Fall, daß dies das Ende des Terrorismus ist. Er ist schon seit einigen Jahren unter uns aktiv, nicht nur in Südamerika, sondern auch in einigen europäischen Ländern, wie zum Beispiel in Nordirland, von wo er von Zeit zu Zeit bis nach London überschwappt. Ich glaube, er ist noch lange nicht vorbei.»

Könnte er für das Phänomen des Terrorismus irgendeine Erklärung finden? Was hatte er bei der jüngsten Konfrontation über seinen Feind gelernt? Er sagte, daß er durch die Lektüre ihrer Veröffentlichungen den Eindruck gewonnen habe, daß sie tatsächlich «all den politischen Unsinn, den sie drucken lassen», auch glaubten. Sie hätten eine Art von selbstbestätigender oder selbstverteidigender Ideologie, die sich für politisch hält. Aber er habe den Verdacht, daß viele von ihnen gestört seien.

Am Anfang unseres Interviews hatten wir über die Probleme der Jugend gesprochen. Schmidt glaubt, daß die Blumenkinder, die Ausgeflippten, die Rocker, die Konsumenten von Drogen – sie allesamt – in der ganzen industrialisierten Welt und keineswegs nur in Deutschland bedenklich große Gruppen darstellen. Könnte er sie überhaupt verstehen? Er dachte einige Augenblicke nach. Ja, er habe «ein gewisses» Verständnis, aber er habe auch ein gewisses Verständnis für die Eltern. «Von meinem Verständnis der Eltern habe ich den Eindruck, daß es größtenteils ihr Fehler ist, aber auch der Fehler der Schulen.»

Wir hatten unsere Unterredung damit begonnen, daß wir seine Rede vor dem Parteikongreß vergangene Woche besprachen, in der er die Notwendigkeit, die liberalen Werte des Staates aufrechtzuhalten, besonders betont hatte. Von Zeit zu Zeit blickte er zu einem Schwarzweißfernseher hinüber, auf dem die Vorgänge des Kongresses gesendet wurden. Er saß hinter einem Schreibtisch, auf dem drei Päckchen Schnupftabak, zwei verschiedene Sorten Mint und ein Glas Coca-Cola aufgereiht waren. Ein Strauß weißer Chrysanthemen stand in einer Vase auf dem Fußboden.

Er sprach England frei davon, die deutsche Reaktion auf die Terroristenbedrohung entstellt zu haben. Die britische Presse sei sehr fair gewesen. Wenn es in Deutschland eine Gefahr der übertriebenen Reaktion gegeben hatte, dann hatte sich das weniger auf die Ereignisse als solche als auf einige entstellte ausländische Kommentare bezogen. Aber er glaubte, daß die übertriebene Reaktion in Deutschland sich auf die «reaktionären Spitzen des rechten Flügels» beschränkt hätte.

Andere Länder, wie zum Beispiel Italien und Frankreich, fanden es vielleicht schwer zu verstehen, daß weder die Kommunisten noch die Neofaschisten in Deutschland beim Volk Unterstützung fänden. Deutschland habe nicht viele derartige Leute, und das sei auch einigermaßen normal, wenn man bedenke, wie nahe sie bei der kommunistischen Welt lebten und wie frisch noch die Erinnerungen an die faschistische Zeitspanne seien.

Es gebe, sagte er, sehr wenige Menschen in Deutschland, die meinten, daß man sich am besten gegen die Terroristen verteidigen könnte, wenn man strengere Gesetze erlasse, um die Polizei und die Gerichte schneller und härter eingreifen zu lassen. Diese Menschen hätten jedoch keine parlamentarische Mehrheit, und es bestünde nicht die geringste Chance, daß sie sie erlangten. Für ihn und seine Partei gelte «nicht nur, daß wir nicht vorhaben, unsere liberale Verfassung und die Rechte der Bürger zu verletzen, aber darüber hinaus werden wir alles in unserer Kraft tun, um Versuchen entgegenzutreten, durch die die liberalen oder demokratischen Mahner oder selbst die Kritiker des linken Flügels mundtot gemacht werden sollen».

Ich fragte ihn über das Ausnahmegesetz, das erlassen worden war, um Kontakte zwischen Verteidigern und ihren terroristischen Klienten zu unterbinden. Er hatte dem Kongreß gesagt, daß dies eine Ausnahme sei. Was meinte er damit? Er habe gemeint, erklärte er, daß die Eile, mit der dieses Gesetz durch das Parlament gegangen sei, eine Ausnahme bilde und daß das nicht wieder vorkommen werde. Es könne dann also, mit anderen Worten, andere gleichartige Gesetze geben, nur daß sie sorgfältiger überlegt seien? Ja, er meine zum Beispiel, daß etwas getan werden müsse, um Anwälte, die der Sympathie mit dem Terrorismus verdächtig seien, in Terroristenfällen nicht die Verteidigung übernehmen zu lassen. Inzwischen seien alle «Kontaktsperren» wieder aufgehoben.

Wie stehe es mit dem Erlaß, der die Zulassung radikaler Extremisten zum öffentlichen Dienst regle? Sei der mit der Idee eines liberalen Staates zu vereinbaren? «Nein», sagte er sehr bestimmt, «er ist damit nicht zu vereinbaren.» Er sei nicht Kanzler gewesen, als er geschaffen wurde, und als Kabinettsmitglied habe er sich dagegen ausgesprochen. Seit er Kanzler geworden sei, habe er ihn auf der Bundesebene abgeschafft, aber es stehe nicht in seiner Macht, ihn auf der regionalen Ebene der Länder abzuschaffen.

Guardian, 22.11.1977

Ein Jahr als gewählter Kanzler

Bewältigte Probleme schüttelte er schnell ab

Von Kurt Becker

Helmut Schmidt blickt entspannt vor sich hin. Wieder liegt eine aufzehrende Woche hinter ihm, aber fernab von Bonn, in der Behaglichkeit seines Hauses in Hamburg, ist die Erschöpfung von ihm abgefallen. Das Gesicht spiegelt zwar die permanente Überarbeitung, es ist blaß. Doch die Züge sind straff. Wille und Schaffenskraft, so scheint es, sind ungebrochen. Jede Bewegung, auch das Timbre seiner Stimme verbreiten souveräne Gelassenheit.

Welch ein Unterschied zum Dezember 1976, wo ein zutiefst verstörter

Helmut Schmidt von den Stürmen, die das Renten-Fiasko entfesselt hatte, in die Tiefe gezogen zu werden drohte. Der Bundestag wählte ihn am 15. Dezember bloß mit einer Stimme Mehrheit ins Amt, und am Tage darauf mußte er die Regierungserklärung mit einer Selbstbezichtigung einleiten: «Kein Zweifel, das Rententhema hat zu einer Belastung des Vertrauens in die sozial-liberale Koalition und in die Bundesregierung geführt.»
Jetzt hingegen, ein Jahr später, nachdem Helmut Schmidt in einer Berg-und-Tal-Fahrt ohnegleichen alle Höhen und Tiefen politischer Fortune und Rückschläge erlebt hat, urteilt er ganz gelöst in eigener Sache: «Das gegenwärtige Ansehen des Bundeskanzlers ist größer, als es je in den dreieinhalb voraufgegangenen Jahren gewesen ist.»
Eine Infas-Umfrage vom November bestätigt diesen Ansehenszuwachs: 58 Prozent der Befragten bekundeten Helmut Schmidt ihr Vertrauen. Der Mogadischu-Bonus hat seinen Vorsprung vergrößert. Aber der Kanzler sagt auch völlig unbefangen: «Bei einer besseren Opposition würde die Regierung heute nicht so dastehen.»
Ein solches Einsprengsel von Bescheidenheit gehört nicht gerade zu Schmidts herkömmlichem öffentlichen Erscheinungsbild. Gleichwohl hat er in jüngerer Zeit gleich zweimal in augenfälliger Weise Bescheidenheit geübt. Am eindrucksvollsten, als er seine Regierungserklärung zur Befreiung der Geiseln in Mogadischu und zur Ermordung von Hanns Martin Schleyer abgab. «Wer weiß, daß er so oder so, trotz allen Bemühens, mit Versäumnis oder Schuld belastet sein wird, wie immer er handelt, der wird von sich selbst nicht sagen wollen, er habe alles getan und alles sei richtig gewesen.» Am Schluß standen die Worte: «Die Bundesregierung wird noch Gelegenheit nehmen, ihre Gründe – auch ihre Zweifel – öffentlich darzulegen. Zu dieser Verantwortung stehen wir auch in Zukunft. Gott helfe uns!»
Das Parlament war fasziniert. Selbst in der Sicht seiner Gegner verhielt sich der Kanzler fast demutsvoll in einem Augenblick, in dem ihm von überall her Bewunderung für kraftvolles und umsichtiges Handeln entgegenströmte. Der Staatsmann Helmut Schmidt hatte seinem eigenen Bild ein ausdrucksvolles Detail hinzugefügt.
Auch der Parteimann Helmut Schmidt widerstand einer großen Versuchung: Als er – freilich in einer vergleichsweise profanen Situation – im November vor dem Hamburger Parteitag seinen Sieg im parteiinternen Richtlinien-Konflikt um die Kernenergiefrage und die künftige Wirtschaftspolitik nicht auskostete, sondern den Delegierten versicherte: «Ich stehe mitten in meiner Partei. Ich bin als Sozialdemokrat gewählt worden. Ihr müßt Euch auf meine Solidarität verlassen, und das könnt Ihr. Ich muß mich auf Eure Solidarität verlassen, und das tue ich auch.»
Nicht einmal seine eigenen Freunde schließen aus, des Kanzlers politisches

Einfühlungsvermögen, womöglich sogar ein Anflug von Koketterie seien bei seinem Auftreten vor dem Parteitag stärker durchgeschlagen als die inneren Wandlungen dieses Mannes. Aber der Gesamteindruck wird dadurch nicht abgeschwächt.

Rückblick auf 1977

Nach dem ersten Amtsjahr seiner zweiten Kanzlerschaft ist ein neues Bild von Helmut Schmidt entstanden: das Bild eines Mannes, der unaufhörlich neue Bürden schultern mußte und dabei zu größerer Bescheidenheit und zu mehr innerer Gelassenheit gefunden hat. Man spürt es, wenn er das Jahr 1977 noch einmal Revue passieren läßt. Der erste Keulenschlag – der anfangs völlig verunglückte Ansatz zur Rentensanierung – hätte wohl ärgere Spuren hinterlassen, wenn damals die Opposition nach Straußens Amoklauf in Bad Kreuth nicht selbst von einer unerwarteten Existenzkrise geschüttelt worden wäre. So kann es Helmut Schmidt heute dabei belassen: «Die Regierung war schuld.» Freilich hat sich seitdem seine intellektuelle Verachtung gegenüber Prognosen aller Art noch tiefer festgefressen. Falsche Einschätzung für 1976, zu optimistische Einschätzung für 1977 lassen das Rententhema – im Blick auf 1978 – ja auch jetzt wieder aufflackern. Die politischen Nachwirkungen des Rentendebakels reichten allerdings tief in dieses Jahr hinein. Denn zum ersten Male war Helmut Schmidt bei dem Versuch, mit *ad hoc* erworbenem Expertentum eine Krise zu lösen, auf dünnem Eis eingebrochen. Der Glaube an den Krisenbewältiger wurde vor allem in den eigenen Reihen erschüttert. Die Autorität des Sachverständigen war angeschlagen. Das ohnedies bestehende Mißvergnügen vieler Sozialdemokraten gegenüber ihrem Kanzler breitete sich wie ein Ölfleck aus.

Ein aufregendes Beispiel dafür lieferten die Debatten der SPD über die Arbeitslosigkeit und die Ankurbelung der Konjunktur, über Wachstumsphilosophie und Kernenergie. Die Gewerkschaftsführer, bis dahin ein starker Rückhalt des Kanzlers, schlugen einen rauheren Ton an. Ungeniert sprach der DGB-Vorsitzende Heinz Oskar Vetter den Satz: «Wir haben begriffen, daß der Honigmond der Koalition vorbei ist. Die Koalition muß sich noch einmal bewähren.»

Das ist inzwischen Historie. Ob nun die Gewerkschaftsführer damals Marktwirtschaft und Marschrichtung des Kanzlers aus eigenem Drange in Frage stellten oder ob sie sich nur verbal einer verbreiteten protestlerischen Stimmung anpassen wollten, steht dahin. Rückblickend spricht vieles für vordergründigen Opportunismus. Denn die Fährnisse dieses Jahres überstand Helmut Schmidt vor allem auch wegen des Beistands, den ihm die Gewerkschaften gewährten. Ohne ihre Kehrtwendung in der Kernener-

giefrage wäre die Kollision zwischen Kanzler und Partei unabwendbar geworden und hätte möglicherweise in einem Desaster geendet.
Gegen Mitte des Jahres erlebte Helmut Schmidt den zweiten Tiefpunkt: bei dem Kompromiß über das Mehrwertsteuerpaket. In seiner Erinnerung zählt der parlamentarische Kampf um dieses Paket zu den großen Krisen von 1977.
Kanzlerschaft, Koalition und Steuerpaket standen auf dem Spiel. Das Schlußergebnis von 248:245 war Erlösung und Alarmsignal zugleich. Immerhin: Helmut Schmidt konnte noch einmal mit Rigorosität die Annahme des Paketes erzwingen, unterstützt von dem Löwen Herbert Wehner. Sie beide unterwerfen sich immer wieder zwei Imperativen: Die Sozialdemokraten müssen Regierungspartei bleiben; die Freien Demokraten dürfen nicht durch sozialdemokratische Majorisierungsversuche aus der Koalition herausgedrängt werden; sonst geht der Führungsanspruch in Bonn unwiderruflich und wahrscheinlich für lange Zeit verloren.
Zugleich aber hinterließ die Juni-Krise düstere Aussichten: die Gefahr von Dissidenten an den linken Rändern der SPD, der Verlust des Konsenses auf dem Felde der Wirtschaftspolitik, vermindertes Vertrauen in die Fähigkeit der Regierung, durch eine Konjunkturbelebung die Arbeitslosigkeit abzubauen. Dieses angeknackste Vertrauen erklärt dann auch die im August aufflackernde Unruhe über die Schweigsamkeit des Kanzlers bei seinen Plänen für Steuersenkung und Investitionsanreize.

Kernenergie drohte die Partei zu sprengen

Früher pflegte sich der Kanzler über die parteiinternen Klüfte hinwegzusetzen. Sie verdrossen ihn, sie erregten ihn, aber sie zu überwinden betrachtete er als eine – meist unzulänglich bewältigte – Aufgabe des Parteivorsitzenden Willy Brandt. Im Spätsommer verschärfte sich der schwelende Konflikt freilich. Der Gegensatz in der Kernkraftfrage erschien unüberbrückbar. Helmut Schmidt hielt an seiner Regierungserklärung fest: «Auf den Ausbau auch der Kernenergie kann nicht verzichtet werden. Kernenergie bleibt zur Deckung des vorhersehbaren Strombedarfs notwendig und unerläßlich.» In der Partei hingegen lief die Tendenz genau entgegengesetzt.
Die Unvereinbarkeit der Ziele in einer so bedeutsamen Frage ließ sich nicht allein dadurch aus der Welt schaffen, daß der Kanzler für sich das gleiche Recht in Anspruch nahm wie einst Willy Brandt und sich als Regierungschef nicht an Parteitagsbeschlüsse gebunden fühlen wollte. In jenen Wochen reifte in Helmut Schmidt der Entschluß, in der Energiepolitik seinen eigenen Einsichten und Erkenntnissen zu folgen und diese Überzeugungstreue auch mit dem Erhalt oder dem Verlust seines Amtes zu ver-

knüpfen. Was immer zuvor an Zornesausbrüchen oder der Absicht «Ich möchte den ganzen Krempel hinwerfen» durchgesickert war: Dieser höchste Einsatz war weder Wut noch Taktik.

Schmidts Zuwachs an Gelassenheit geht mit auf diesen Konflikt zurück. Er sah sich seit langem in seiner politischen Manövrierfreiheit eingemauert zwischen Unionsmehrheit im Bundesrat und Rücksichtnahme auf den Koalitionspartner, angespannter Finanzlage und noch immer nicht überwundenen Folgen der Weltwirtschaftskrise. Und jetzt auch noch die Herauslösung eines Kernstücks aus seinem Regierungsprogramm? Sie wollte er wider bessere Überzeugung nicht hinnehmen.

Es grenzt schon an ein Wunder, wie unversehrt der Kanzler aus allen diesen Krisen hervorgegangen ist. Heute sagt er lapidar: «Der Parteitag hat dazu beigetragen. Er ist sehr positiv verlaufen.» Und da er seit jeher über die glückliche Eigenschaft verfügt, bewältigte Probleme schnell abzuschütteln und nicht in Reminiszenzen zu ertrinken, kehrt er immer wieder zur Außenpolitik zurück. Denn zu Beginn seiner Kanzlerschaft war er ja noch völlig fixiert auf die Befürchtung, daß die großen Bewährungsproben auf außenpolitischem Felde über ihn hereinbrechen würden. Sie blieben auch nicht aus.

Mit dem Amtsantritt des neuen amerikanischen Präsidenten drohten im Verhältnis zum wichtigsten Verbündeten drei Interessengegensätze zu eskalieren. *Erstens* beim Nuklearexport und vor allem beim deutschen Brasiliengeschäft, dessen Abwicklung Jimmy Carters Doktrin gegen die Ausbreitung nuklearer Technologien zuwiderlief; *zweitens* über die von Carter zunächst mit absoluter Priorität versehene Politik der Menschenrechte in der operativen Außenpolitik; *drittens* wegen der amerikanischen Erwartung einer forcierten deutschen Wachstumspolitik, die zu einem neuen Inflationsschub hätte führen können.

Das Maß des außenpolitischen Risikos bei der Überwindung dieser Gegensätze hat der Kanzler stets nur unscharf beschrieben. Aber die amerikanischen Pressionsversuche wegen Brasilien sind schließlich nicht geheim geblieben. Der Zusammenprall wurde noch verschärft, als Außenminister Vance im März auf seiner Rückreise von Moskau, wo er mit Carters Salt-Vorschlag völlig ins Leere stieß, in Bonn die amerikanische Nuklearpolitik verdeutlichen wollte. Denn zur gleichen Zeit hatte die Bundesregierung die ersten Blaupausen für die umstrittenen Aufbereitungs- und Anreicherungsanlagen an Brasilien abgesandt. Außenpolitischen Beistand in dieser Kontroverse erhielt der Kanzler damals durch Präsident Giscard d'Estaing. Eine innenpolitische Absicherung der Kanzler-Politik ermöglichte die Gründung des Nuklear-Rates, in dem die Opposition eine kooperative Haltung einnahm.

Carters Politik der Menschenrechte, durch die Paris und Bonn die Entspannungspolitik in Europa gefährdet sahen, führte Schmidt und Giscard zu behutsamen Gegenbewegungen zusammen. Aber die Erfahrung des ersten Halbjahres hinterließ doch beim Kanzler den Impuls, wegen der nicht auszuschließenden Einsturzgefahren im amerikanisch-sowjetischen Bilateralismus der europäischen Entspannung eine für Washington akzeptable Eigenständigkeit zu ermöglichen. Die jüngste Reise nach Polen, die wiederaufgelebten Verhandlungen mit der DDR und der bevorstehende Breschnjew-Besuch erklären sich aus dieser Absicht. Ebenso die vom Kanzler vorbereiteten Denkmodelle für eine Überwindung des toten Punktes bei den Wiener Verhandlungen über einen Truppenabbau auf Gegenseitigkeit in Mitteleuropa.

Erfolg beim Wirtschaftsgipfel in London

Die Londoner Gipfelkonferenz im Mai vollendete den großen Umschwung: Die Gegensätze zwischen Bonn und Washington verloren ihre Brisanz. Helmut Schmidt erlebte den ersten großen Erfolg nach seiner Wiederwahl zum Kanzler. Auf dem Wirtschaftsgipfel errang er die Zustimmung der Staatsmänner aus den anderen führenden sechs Industriestaaten des Westens zu seinen weltwirtschaftlichen Vorstellungen, vor allem zur Bekämpfung der Inflation.

Gewiß, die noch immer nicht überwundene Weltwirtschaftskrise bedrückt ihn. Bei den Amerikanern vermißt er eine hinreichende Führerschaft, und die immer wieder bei internationalen Begegnungen an ihn gerichtete Erwartung, die Bundesrepublik solle wenigstens in Europa eine führende wirtschaftspolitische Rolle übernehmen, weist der Kanzler zurück. Er meint: «Wir sind nicht klein genug, um einen führenden Part zu übernehmen.»

Noch zu Anfang des Jahres war der Kanzler besorgt, daß die relative Stärkung der deutschen Wirtschaftsmacht die außenpolitischen Beziehungen zu unseren Partnern komplizieren könnte. Doch heute ist er eher zufrieden mit dem Bonner Ansehen. Das Deutschlandbild des Auslandes, verzerrt durch die Fälle Kappler, durch die entschiedene, auch gesetzgeberische Bekämpfung des Terrorismus, schließlich durch die stärkere Beschäftigung mit der nationalsozialistischen Vergangenheit, beunruhigt ihn nicht. Doch forderte er auch: «Wir müssen uns unsere Sensibilität für die Gefühle anderer bewahren.»

Im übrigen hat Mogadischu im eigenen Lande Helmut Schmidts Ansehen wieder aufgehellt, ja fast verklärt. Er hat sich in den Wochen nach Schleyers Entführung und der Geiselnahme an Bord des Lufthansa-Jet «Landshut» verzehrt. Er wußte, daß die Ermordung von Siegfried Buback und Jürgen Ponto das Vertrauen der Bürger in die schützende Kraft des Staates er-

schüttert hatte und wie schnell die Krise im September und Oktober in eine offene Staatskrise hätte umschlagen können. Helmut Schmidt wäre im Fall eines Mißerfolges in Mogadischu wohl zurückgetreten.
In jener Oktober-Nacht stand alles auf der Kippe. Seitdem ist aber nicht nur die Zuversicht des Volkes in die politische Führung und in die Handlungsfähigkeit des Staates zurückgekehrt. Seither ist auch Helmut Schmidt in der eigenen Partei unangreifbar. Jedenfalls läßt sich im Augenblick nicht vorstellen, daß sich in Grundsatzfragen eine oppositionelle Gruppe gegen seine Politik formiert. Seine Autorität ist größer denn je. Und schließlich: Zum zweiten Male innerhalb eines Jahres hat sich die Opposition – nach der gemeinsamen Abwehr des amerikanischen Drucks auf die Bundesregierung wegen des Nukleargeschäfts mit Brasilien – in einer Krise zur vorbehaltlosen Zusammenarbeit bereit erklärt.
Das erste Amtsjahr nach der Wahl begann mit einem Fehlstart. Aber als der Kanzler jetzt noch einmal abwägt zwischen Fehlschlägen und Erfolgen, stellt sich doch eher Zufriedenheit ein. Er selbst weiß wohl, daß die Frucht dieses Jahres sich nicht in einem großartigen Gesetzgebungsprogramm auflisten läßt. Er stützt beide Arme auf und lehnt sich an seine Hausbar. «Mit viel Glück haben wir Krisen bewältigt», sagt Helmut Schmidt. Aber dies hat auch viel Kraft gekostet. Darunter hat der Entwurf verheißungsvoller Projekte gelitten.

Die ZEIT, 9.12.1977

Bekenntnis zur Nationalen Einheit

Sogar Helmut Kohl spendete Beifall

Von Bernt Conrad

Die gestrige Regierungserklärung zur Lage der Nation markiert einen bemerkenswerten Einschnitt im politischen Verhalten Helmut Schmidts. Denn noch nie seit der Übernahme der Kanzlerschaft vor vier Jahren hat sich der Hamburger SPD-Politiker in derart ausführlicher und dezidierter Form zum grundsätzlichen Ziel der deutschen Einheit bekannt. In seiner ersten Regierungserklärung von 1974 war die nationale Frage überhaupt nicht vorgekommen. Später ignorierte er sie zwar nicht mehr, behandelte sie aber nur am Rande. Die beiden letzten Berichte zur Lage der Nation befaßten sich eingehender mit innen-, außen- und wirtschaftspolitischen Problemen als mit der Wirklichkeit im gespaltenen Deutschland.
Diesmal wandte sich Schmidt, von einer aktuellen Einleitung abgesehen,

konzentriert jener Thematik zu, die den Bundestag 1967 veranlaßt hatte, die Regierung mit der alljährlichen Erstattung eines Berichts «zur Lage der Nation im geteilten Deutschland» zu beauftragen. Schon unter Bundeskanzler Willy Brandt war der Hinweis auf das «geteilte Deutschland» in der offiziellen Titulatur weggefallen. Schmidt ist gestern nicht so weit gegangen, die ursprüngliche Formel wiederherzustellen, aber der Gegenstand seiner Erklärung entsprach dem parlamentarischen Auftrag. Eigentlich sollte dies eine Selbstverständlichkeit sein. Daß der Vorgang dennoch vermerkt – und begrüßt – werden muß, weist hin auf die jahrelang geübte und allmählich schon zur Routine gewordene regierungsamtliche Ausweichtaktik.

Schmidt durchbrach diese Routine nicht nur in der Form, sondern auch in der Sache. Was er über die geschichtliche Notwendigkeit der nationalen Einheit sagte, war richtig und beherzigenswert. Sogar Oppositionsführer Helmut Kohl spendete Beifall, als der Kanzler feststellte: «Die kommunistische Ideologie kann nie ein Ersatz sein für nationale Identität. Auch die SED (und das D steht doch für Deutschland) kann nicht von Deutschland weglaufen!» Hatte Schmidt noch 1974 die Aussparung der nationalen Frage in der Regierungserklärung damit begründet, daß er nicht «quasi der erste Philosoph des Landes» sei, so betonte er jetzt: «Es gibt Beispiele in der Geschichte, die beweisen, daß auch sehr lange währende Teilungen den Willen zur nationalen Einheit nicht zu ersticken vermögen.»

Dem konnte jeder Abgeordnete der CDU/CSU zustimmen. Auch Schmidts Bekenntnis zur «deutschen Staatsangehörigkeit im Sinne des Grundgesetzes» zeugte von einem wiedergewonnenen Konsens, der dem nationalen Interesse dient. Diesem Interesse würde es zugute kommen, wenn die historische Zusammengehörigkeit der Deutschen, wie der Kanzler vorschlug, in den Lehrplänen der Schulen und Universitäten verstärkten Niederschlag fände. Kohl meinte dazu lakonisch: «Dafür müßten beispielsweise die hessischen Rahmenrichtlinien geändert werden.» Damit traf er den Punkt, an dem Prinzip und Praxis auseinanderklaffen.

Das gilt noch mehr für die konkreten Schlußfolgerungen, die aus den von Schmidt verkündeten nationalen Zielsetzungen für die Politik gegenüber der DDR gezogen werden müssen. Schon die «insgesamt positive» Bilanz des Kanzlers für die fünf Jahre seit Inkrafttreten des Grundlagenvertrages ist höchst strittig. Sprechen nicht die von Schmidt selbst erwähnten «nervösen, kleinlichen oder schikanösen Handlungen» der SED, die gerade in letzter Zeit besorgniserregend zugenommen haben, gegen ein so pauschales – und natürlich auch an die Adresse der eigenen Wähler gerichtetes – Lob? Notwendig ist weder eine Verherrlichung noch eine Verdammung, sondern eine differenzierte und realistische Beurteilung der gegenwärtigen Situation. An ihr mangelte es in dem Bericht zur Lage der Nation.

Wie anders ist zu erklären, daß die jenseits der Elbe für jedermann spürbare geistige und politische Unruhe vom Kanzler allenfalls beschwichtigend erwähnt wurde? Sorgsam umging er das von Herbert Wehner als «Provokation» diffamierte Oppositionsmanifest. Gewiß ist noch immer unklar, wer dieses Dokument verfaßt hat und wie stark die Kräfte sind, die hinter seinen Forderungen stehen. Doch das Faktum, daß sich in der DDR überhaupt Widerstand gegen ein diktatorisches und antinationales Regime rührt, kann doch in einer Darstellung der Lage der Nation nicht nur in einem Ton gestreift werden, als sei Ruhe die erste Bürgerpflicht.
Hier klafft in der Tat, wie der CDU/CSU-Fraktionsvorsitzende festgestellt hat, ein elementarer Dissens. Schmidt meinte: «Erwartungen einer krisenhaften inneren Entwicklung in der DDR mit der Folge eines politischen Umschwungs entspringen einer verhängnisvollen Fehleinschätzung.» Die Bundesrepublik dürfe nicht auf eine «innere Destabilisierung der DDR» hinwirken, weil dies für die Bevölkerung und die innerdeutschen Beziehungen nur negative Folgen haben könne.
Richtig daran ist, daß Bonns Aufgabe nicht darin bestehen kann, einen Umsturz im anderen Teil Deutschlands zu betreiben. Aber muß die Bundesregierung deshalb die SED – nach den Worten Kohls – wie einen geschwächten Patienten behandeln, dem man Stärkungsmittel gibt? Es ist kein Geheimnis, daß Schmidt in Honecker einen Partner sucht, mit dem man sich arrangieren kann. Ein Wachwechsel in der SED-Führung könnte nach seiner Ansicht nur zur Verhärtung des innerdeutschen Verhältnisses führen. Aber ist die Lage nicht schon verhärtet genug? Und darf die Sorge der Bundesregierung wirklich darin bestehen, daß ein Regime schwankt, dessen Grundlagen wir ablehnen?
Hier liegt eine schwerwiegende Fehleinschätzung vor. Gewiß muß sich die Bundesrepublik im Interesse der Menschen um einen Modus vivendi mit den jeweiligen Machthabern in der DDR bemühen. Aber sie darf sich nie zu ihrem Helfer degradieren. Denn dadurch gefährdet sie genau jene grundsätzlichen nationalen Ziele, die Helmut Schmidt gestern in so beeindruckender Weise umrissen hat.

Die Welt, 16.3.1978

Warum «Schmiddel» in Mathematik keine Hausaufgaben machen wollte

Von Pal von Janko

Vor 40 Jahren bekam «Schmiddel», wie seine Mitschüler ihn nannten, in der Aula der Hamburger Lichtwark-Schule sein Abiturzeugnis – mit Datum vom 16. März 1937. Am Freitag dieser Woche saß er nun in der gleichen Aula – vom Schüler «Schmiddel» zum Bundeskanzler Helmut Schmidt gewachsen. Anlaß: das «Lichtwarkschul-Treffen 1977» ehemaliger Pennäler und Lehrer.

Um 17.58 Uhr hielt der silbergraue Mercedes mit Panzerglas (HH-YH 639) am Grasweg 72 vor dem rotgeklinkerten Gebäude (heute Heinrich-Hertz-Schule).

«Laßt mal das Blitzen», mahnte der Kanzler die Fotografen. Zum Festakt-Beginn (18 Uhr) zog Schmidt sich sofort in die äußerste rechte Ecke der Aula zurück, unter 400 ehemaligen Schülern und Lehrern kaum mehr zu sehen. Neben ihm, Bluse und Rock in Frühlingsgrün: Loki – vor wenigen Stunden hatte sie auf dem Sportplatz Eimsbüttel das goldene Sportabzeichen geschafft (Hochsprung: 95 Zentimeter, im Schwimmbad Ohlsdorf 100 Meter in 2:38,9 Minuten, die 200 Meter in 5:38,4 Minuten, die 1000 Meter in 30:58,2 Minuten – gestoppt von Polizeisportlehrer Gerd Pfeiffer).

Nicht nebeneinander, aber nur wenige Bänke getrennt, hatten «Schmiddel» und «Loki» (damals Hannelore Glaser) in derselben Klasse derselben Schule gesessen. Tiefere Neigung zwischen beiden merkte so recht niemand. Ein ehemaliger Mitschüler jetzt zu Welt am Sonntag: «Das war damals auch nicht üblich.» Im Gegenteil: «Er war immer sehr seriös», erinnerte sich Dr. Helmut Hein, 73, damals des Kanzlers Physik- und Chemie-Lehrer.

Dr. Heins Beschreibung des Schülers: «Auffallend intelligent, sehr redegewandt, an allem ungeheuer interessiert.» Beobachtung im kleinen: «Immer adrett angezogen.»

Verdächtiges Lehrerlob? Sein Mitschüler in der Bank neben ihm, Helmut Pless, 57, heute Chefredakteur der Lüneburger Landeszeitung («Politisch bin ich heute ganz anders als er orientiert»): «Er war kein Streber. Vor allem: Der Junge hatte Mut.»

Typischer Vorfall, laut Pless: Schüler Schmidt gesteht lauthals, die Hausaufgaben in «Mathe» nicht gemacht zu haben. Grund: «Weil ich das sowieso kann». Zum Beweis muß er an die Tafel, eine viel schwierigere Aufgabe lösen. Pless: «Er schüttelte das aus dem Handgelenk. Und weil ich neben ihm saß und in Mathe mies war, glaubte mir niemand, wenn ich mal 'ne Aufgabe richtig hatte. Immer hieß es: Bei Schmiddel abgeschrieben.»

Schmidt war Klassenprimus:

Deutsch: Gut und sehr gut; er zeigte reifes Verständnis und eigenes Urteil;
Geschichte: Sehr gut;
Religion: Gut;
Englisch: Mündlich und schriftlich sehr erfreuliche Leistungen;
Mathematik: Zeigte klares Verständnis und gute Kenntnisse;
Physik: Guter Überblick;
Chemie: Kenntnisse und Verständnis sind erfreulich;
Musik: Begabung und Leistung sehr gut;
Turnen: Seine Mitarbeit und sein kameradschaftliches Verhalten sind tadellos; Leistungen sehr gut. Anmerkung: Sportabzeichen und Grundschein des DLRG.

Welt am Sonntag, 22.5.1978

Der «verschämte Riese»

Helmut Schmidt diesseits und jenseits des Ozeans als Wirtschaftsfachmann akzeptiert

Von Bill Paul

Als im April in Bonn die Kritik an Präsident Carter wegen des Dollarverfalls Hochkonjunktur hatte, sprach der Kanzler der Bundesrepublik Deutschland in Hamburg vor einer Zuhörerschaft, zu der auch Henry Kissinger gehörte. Die Vereinigten Staaten vernachlässigten ihre Führungsrolle in der Weltwirtschaft, sagte Schmidt. Als die Zuhörer ihm Beifall spendeten, griff er auch den Kongreß der Vereinigten Staaten und die amerikanischen Wirtschaftsführer an mit der Begründung, sie betrieben eine unverantwortliche Öleinfuhr-Politik.

Schmidt-Schnauze hatte wieder einmal zugeschlagen.

Freund und Feind – beide sagen, daß der Mann, der am kommenden Sonntag und Montag der Gastgeber für den westlichen Wirtschaftsgipfel sein wird, und auch für Mr. Carter, der gestern abend zu einem Staatsbesuch eingetroffen ist –, manchmal bis zur Derbheit offen ist. «Ich bin niemals übermäßig taktvoll gewesen», hat Kanzler Schmidt zugestanden, «aber die Offenheit hat mir, aufs Ganze gesehen, mehr geholfen als sorgfältig formulierte Bemerkungen.»

Daß sich diese Gipfelkonferenz ziemlich unverblümt als eine Angelegen-

heit des Gebens und Nehmens entpuppen wird – als ein Kuhhandel, bei dem Deutschland versuchen wird, ein etwas schnelleres Wachstum im Innern einzutauschen gegen eine beträchtliche Reduzierung der Ölimporte in den Vereinigten Staaten und die Liberalisierung des Handels mit anderen Nationen, spiegelt Schmidts Handlungsstil wider, so meinen intime Kenner der Gipfel-Diplomatie. «Dieser Gipfel trägt ganz und gar Schmidts Handschrift», sagt ein Funktionär der Vereinigten Staaten.
All dies läßt erkennen, wie sehr die Bundesrepublik Deutschland sich unter Helmut Schmidt und seinen Vorgängern zu einer Weltmacht entwickelt hat, wirtschaftlich und in steigendem Maße auch politisch. Seine industrielle Stärke ist wohlbekannt. Deutschland, das am Ende des Zweiten Weltkriegs eine zerstörte Nation war, ist mit beträchtlicher Unterstützung der Vereinigten Staaten in jeder Beziehung zu dem Führer der Welt herangewachsen: von der Nuklearenergie bis zum Bier. Jahrelang war dieses Land ein verschämter Riese, der sich scheute, kräftig aufzutreten, um keine häßlichen Erinnerungen heraufzubeschwören.
Dem ist nicht mehr so. Angesichts dessen, was er als Bedrohung der wirtschaftlichen Wohlfahrt durch die Vereinigten Staaten und andere Länder betrachtet, hat der 59jährige Helmut Schmidt – ein studierter Volkswirtschaftler, der seine Doktorthese über die japanische und deutsche Währungsreform nach dem Zweiten Weltkrieg geschrieben hat – angefangen, Deutschlands wirtschaftliche Kraft in politischen Einfluß im Ausland umzusetzen.
Der Einfluß des Kanzlers wächst ständig, vor allem in Westeuropa, wo er offenbar zum führenden Wirtschaftssprecher geworden ist. In der Tat hat Helmut Schmidt für die kürzlichen Versuche europäischer Staatsmänner, durch engere Zusammenarbeit eine bessere Währungsstabilität herzustellen, den kräftigsten Anstoß gegeben. Selbst Frankreich, das traditionsgemäß in Wirtschaftsangelegenheiten seine eigenen Wege geht, scheint Schmidts Führungsrolle bei dem Versuch, die wichtigsten europäischen Währungen aneinanderzubinden, hingenommen zu haben.
Ebenso haben offenbar die Vereinigten Staaten die wirtschaftliche Führung Deutschlands in Europa akzeptiert. Als der Dollar im vergangenen Januar schnell an Wert verlor, hat sich die Carter-Regierung an Bonn gewandt, um gemeinsam ein Programm der koordinierten Intervention an den Devisenmärkten auszuarbeiten. Zudem ist in den letzten paar Monaten eine steigende Anzahl von führenden Politikern der Vereinigten Staaten, darunter auch der Schatzminister Michael Blumenthal, nach Bonn gereist, um nicht nur die Währungspolitik, sondern auch Weltwachstum und protektionistische Handelsschranken zu besprechen.
In europäischen Finanzkreisen gilt Schmidt als ebenso richtungweisend wie Präsident Carter. «Wenn Schmidt spricht, dann hat seine Stimme

ebensoviel Gewicht wie Carters», sagt ein Pariser Bankier. Und ein belgischer Kollege fügt hinzu: «Wir alle sind gespannt, was Schmidt und Carter (für den Gipfel) in der Hinterhand haben.»

Unter Helmut Schmidt beginnt die Bundesrepublik auch eine zunehmend wichtige Rolle in der Dritten Welt zu spielen, besonders im südlichen Afrika. Die Bundesrepublik hat sich mit Frankreich, Belgien und den Vereinigten Staaten zu einem Hilfsprogramm von einer Milliarde Dollar für Sambia zusammengeschlossen, auf das man sich im vergangenen Monat in Paris geeinigt hatte. Die Bundesrepublik ist eine von fünf westlichen Nationen, die den Übergang Namibias (Südwestafrikas), das früher einmal eine deutsche Kolonie gewesen war, von südafrikanischer Kontrolle in die Unabhängigkeit beaufsichtigen.

Es ist kennzeichnend für den neuen internationalen Stellenwert der Bundesrepublik, daß in der letzten Juniwoche Schmidt seinen ersten Staatsbesuch in Schwarzafrika gemacht hat (Nigeria und Sambia), während sein Außenminister sich in Israel aufhielt, wo er über Frieden und Unterstützung verhandelte, und sein Finanzminister in Washington war, wo er Besprechungen über den Gipfel führte. In Lagos, der Hauptstadt des Staates Nigeria, wiederholte Schmidt seinen Plan für ein «offenes» Weltwirtschaftssystem: keine Handelsschranken, einen starken und stabilen Dollar, und die Entwicklungsländer als gleichberechtigte Handelspartner mit den industrialisierten Nationen. Er betonte, daß im Jahr 1977 die Bundesrepublik mehr als doppelt soviel für Entwicklungshilfe gezahlt hat, als alle kommunistischen Länder Osteuropas, zuzüglich der Sowjetunion, zusammen.

Wenn der neue bundesdeutsche Aktivismus auf der internationalen Szene eine wachsende nationale Besorgnis über die Tendenzen der Weltwirtschaft spiegelt, so behaupten politische Beobachter dagegen, daß dies auch für Helmut Schmidts persönlichen Stil kennzeichnend sei. Der Kanzler hat sich nie gescheut, ins Wespennest zu stechen, besonders in ein amerikanisches.

Noch vor einem Jahrzehnt hätte ein bundesdeutscher politischer Führer derartige Probleme wahrscheinlich unerwähnt gelassen, um die Vereinigten Staaten nicht gegen sich aufzubringen. Jetzt sieht es jedoch so aus, als versuche Schmidt sich jeden Vorfall zunutze zu machen, um damit Deutschlands diplomatische Unabhängigkeit zu demonstrieren. Nicht etwa, daß Bonn und Washington auf einen Bruch zusteuerten: im Gegenteil. Helmut Schmidt weiß, daß die Bundesrepublik ohne amerikanische Truppen und Fernlenkgeschosse in Westeuropa für die ständig wachsenden Streitkräfte der Sowjetunion zu einer Geisel werden würde.

Es war ja auch Helmut Schmidt, der im Jahr 1958 allgemeines Staunen hervorrief, als er sich für die Integration der deutschen Streitkräfte in das westliche Verteidigungssystem einsetzte. Zu jener Zeit war Schmidts sozialdemokratische Partei ganz allgemein noch gegen die Integration. Sie befürwortete eine neutralere Stellung in der Hoffnung, daß sich Moskau eines Tages überreden ließe, die Wiedervereinigung der beiden Deutschlands zuzulassen. Wie gewöhnlich hat Helmut Schmidt seiner Ansicht dramatischen Ausdruck verliehen: Er zog sich die Uniform wieder an und hat darin sechs Wochen lang Dienst getan.

Wall Street Journal, 14. 7. 1978

Dieser Gipfel – ein Schmidt-Gipfel

Die Gewichte in der westlichen Welt haben sich verschoben

Von Peter Jenkins

Es sieht so aus, als sei dies in mehrfacher Hinsicht der Gipfel Helmut Schmidts. Erstens ist er der Gastgeber der Staats- und Regierungshäupter der sechs anderen führenden Industrienationen, die in seiner Hauptstadt zusammentreffen. An den zwei Tagen, die dem Wirtschaftsgipfel vorangehen, war er auch der Gastgeber Präsident Carters, der einen Staatsbesuch machte. In diesen zwei Tagen waren Schmidt und Carter auf dem deutschen Fernsehschirm unzertrennlich.

Es sieht noch aus einem zweiten Grund so aus, als sei dies Schmidts Gipfel, und zwar, weil es so scheint, als werde sich seine Auffassung von der wirtschaftlichen Welt durchsetzen. Daß nämlich die monetaristische Auffassung die Oberhand behalten wird über die expansionistische, neo-keynessche Auffassung, die die Engländer den ganzen Sommer über vertreten haben. Der dritte Grund, daß dies ein Schmidt-Gipfel sein wird, ist der, daß er ihn prominenter als je zuvor auf der internationalen Bühne zeigen wird, und mehr nahezu Schulter an Schulter mit einem amerikanischen Präsidenten, als es sonst einem Staatsmann von Nachkriegs-Deutschland beschieden war.

Dies sind wichtige Tatsachen, die das sich verschiebende Gleichgewicht in der westlichen Welt anzeigen. Diese Verschiebung ist teilweise auf die Zufälle der Persönlichkeit und der Umstände zurückzuführen: ein herausragender Führer in einem wirtschaftlich achtungsgebietenden Deutschland, ein schwacher Präsident mit einem unlenkbaren Kongreß.

Aber es ist teilweise auch auf langfristigere Veränderungen in der Welt zurückzuführen – das Ende der amerikanischen Hegemonie und der Gebrauch, den die Sowjetunion von ihrem neu gewonnenen strategischen

Gleichgewicht macht, die ungeheuer gestiegene Prosperität Westeuropas und innerhalb desselben der Aufstieg der Bundesrepublik als wirtschaftliche Supermacht, der weitgehende Zusammenbruch der Wirtschaftsordnung der Nachkriegsära und vor allem auch des Währungssystems, das in Bretton Woods geschaffen worden war.
Schmidt ist offensichtlich irgendwie entschlossen, seine Zwietracht mit dem amerikanischen Präsidenten beizulegen. Er und Carter haben sich in diesen letzten zwei Tagen mit überschwenglichen Komplimenten bedacht. In Carters Worten ist der deutsche Kanzler der Staatsmann, der ihm in der Welt die größte Unterstützung gewährt, mit Schmidts Worten ist der amerikanische Präsident für die Kraft seiner Überzeugungen zu bewundern und so weiter; und mit den Worten beider sind die amerikanisch-deutschen Beziehungen «niemals besser gewesen» – dies wird unbekümmert behauptet trotz der Leitartikel in den Zeitungen, die weiterhin feststellen, daß sie noch nie schlechter gewesen seien.
Vielleicht ist das, wie in mancher Ehe, nichts weiter als eine praktische Zweckbeziehung, aber keine Ko-Existenz kongruierender Geister – es ist kaum wahrscheinlich, daß Schmidt seine geringe Meinung von Carter so schnell geändert haben sollte –, aber das hat für den Zweck des Gipfels keine Bedeutung, der durch das private Einverständnis zwischen dem Kanzler und dem Präsidenten gerettet wäre.
Dieses Einverständnis würde bedeuten, daß Schmidt Carters Erklärung, warum er jetzt nicht in der Lage sei, den Ölpreis innerhalb der Vereinigten Staaten heraufzusetzen, gelten läßt. Schmidt wird sich trotzdem daranmachen, der deutschen Wirtschaft weitere Impulse zu geben. Carters Erklärung lautet folgendermaßen: Wenn er sich in irgendeiner Weise beim Gipfel konkret festlegte, dann würde das wie das rote Tuch auf den «Stier» wirken, der schon sein präsidentielles Vorrecht, das importierte Öl mit einem Zoll zu belegen, auf eins seiner Hörner aufgespießt hat.
Jede Maßnahme seinerseits, den Ölpreis vor der Mitte seiner Amtsperiode zu erhöhen, würde dazu führen, daß die Kongreß-Wahlen ihn die Unterstützung durch leitende Persönlichkeiten im Kongreß kosten würden. Wenn er jedoch bis nach den Wahlen wartet, kann er auf ihre Unterstützung entweder bei der Einführung der Gleichsetzungssteuer für Rohöl hoffen, die in einem parlamentarischen Ausschuß steckengeblieben ist, oder er kann seine eigene Exekutivmacht für das gleiche Ziel einsetzen. Nicht einmal soviel darf in der Öffentlichkeit gesagt werden, was bedeutet, daß Schmidt ein Vertrauensvotum nicht nur für Carters guten Glauben, sondern auch für seine Fähigkeit, seinen Standpunkt letzten Endes durchzusetzen, dadurch abgibt, daß er seine Seite des «Handels» als Vorleistung erbringt. So ist der politische Wille, den Gipfel zum Erfolg zu führen, nicht länger zweifelhaft.

Ob nun allerdings ein Gipfel, der vielleicht das offizielle Ende der Nachkriegsperiode wirtschaftlichen Wachstums darstellt, als Erfolg oder Mißerfolg proklamiert werden soll, das ist zum Thema einer ideologischen Auseinandersetzung geworden. Wenn die Welt dadurch, daß sie sich der Schmidtschen Weltsicht anschließt, demnächst in eine neue Rezession gestürzt werden sollte, dann ist es keineswegs sicher, daß ein offenes Welthandelssystem diese Erfahrung überleben wird; und ebensowenig kann man mit großer Zuversicht behaupten, daß die politische Ordnung in allen Ländern den Strukturwandel überleben wird, den die Kräfte des Marktes angeblich schaffen sollen.
Ein riesiger Propaganda-Apparat wurde in dieser Woche in Bonn eingesetzt, um die Welt durch die Medien zu überreden, daß der Gipfel ein Erfolg sei. Der Zweck ist nicht lediglich, die Menschen der gesamten industrialisierten Welt hinters Licht zu führen, sondern auch möglichst durch psychologische Beeinflussung zu erreichen, was der Gipfel an konkreten Maßnahmen schuldig blieb. Der Zweck ist auch, das Ansehen jedes nationalen Staatsmannes aufzupolieren, dessen innenpolitische Schwierigkeiten der Unfähigkeit, gemeinsam einer Strategie der wirtschaftlichen Wiederbelebung zuzustimmen, zugrunde liegen.
Vielleicht ist die Vermeidung einer Katastrophe, der etwas längere Aufschub eines umfassenden Protektionismus das Beste, was zu erwarten war. Die Wahrheit jedoch, die in dem morgigen Kommuniqué nicht durchklingen wird, ist die, daß die Staatsmänner der Industrienationen heute keine besseren Vorschläge zur Hand haben als vor einem Jahr beim Londoner Gipfel, wie man die Produktion wieder ankurbeln und zur Vollbeschäftigung zurückkehren kann. Folglich sehen sie sich auf die Orthodoxien der dreißiger Jahre zurückgeworfen.

The Guardian, 17.7.1978

Im Zenit seiner Karriere

Ein Punkt, an dem es kein Verweilen gibt

Erschöpft saß Helmut Schmidt nach den Steuerberatungen seines Kabinetts im Kanzlerbungalow und wartete auf den Hubschrauber, der ihn in den Urlaub an den Brahmsee fliegen sollte.
In der kurzen Pause hing der Kanzler, gemeinsam mit seinem Intimus Klaus Bölling, Gedanken über die eigene Größe nach – was denn wohl Bestand haben werde von dem monatelangen hektischen Treiben des Bonner Regierungschefs in der Welt- und Innenpolitik.

Als die Herren auf jüngste Demoskopen-Ergebnisse kamen, wonach Schmidt gegenwärtig so populär wie Adenauer in seiner Bestzeit sei, da fragte der Kanzler seinen Berater: «Klaus, wie ernst ist das zu nehmen?»
Eine rhetorische Frage: Zu gern wollte Helmut Schmidt von seinem Regierungssprecher noch einmal hören, was die Meinungsforscher, was die heimische wie internationale Presse nicht mehr bezweifeln. Helmut Schmidt, so sieht es aus, steht im Zenit seiner Karriere; und er genießt es.
Eine ähnliche Publikumsgunst wie jetzt Schmidt erreichten in knapp drei Jahrzehnten bundesdeutscher Geschichte nur zwei Kanzler, und das auch nur für kurze Zeit: Konrad Adenauer 1959 und Ludwig Erhard 1965.
Die Zeitungen, von rechts bis links, daheim und draußen, jubeln den Mann mit dem Allerweltsnamen hoch. Helmut Schmidt ist der «oft begehrte starke Mann» (DGB-Zeitung «Welt der Arbeit»), er «weiß, was er will» (der CSU-nahe «Münchner Merkur»), und überhaupt ist «Helmut der Größte» (der Bonner «General-Anzeiger»).
Die internationalen Blätter messen den deutschen Kanzler ungeniert am Vertreter der Weltmacht USA und finden, er stehe «fast schon Schulter an Schulter mit einem amerikanischen Präsidenten» (der britische «Guardian»), er stelle ihn gar «in den Schatten» (der belgische «Soir»).
Peinlicher noch sind die Schmeicheleien, die Schmidt, der am 23. Dezember 60 Jahre alt wird, von Staatsgästen direkt hört. «Offen gesagt», so jüngst Jimmy Carter zu dem Deutschen, «eines schätze ich ganz besonders: Sie verniedlichen immer den Einfluß Ihrer Führungskraft.» Und Robert Byrd, Führer der Demokraten im Washingtoner Senat, bemühte für die Erfolge des Kanzlers die europäische Geschichte: «Ich bewundere die Dynamik eines Führers, die Napoleon gleichkommt.»
Den stürmischen Beifall aus dem eigenen Lande wie von draußen aus der Welt trug dem westdeutschen Regenten vor allem ein perfekt inszenierter Bonner «Kanzler-Sommer» («Frankfurter Allgemeine») ein. Denn so viel politischen Glanz gab's in der westdeutschen Republik noch nie: nach Breschnew-Besuch und englischer Königin-Visite ein EG-Gipfel sowie ein Wirtschaftstreffen mit internationalen Top-Stars.
Vor grandioser Kulisse konnte der Bonner «Staatsschauspieler» (Franz Josef Strauß über Schmidt) all seine mimischen, rhetorischen und technokratischen Fähigkeiten voll zur Geltung bringen. «Die Leute hatten den Eindruck: Die sind alle hier gewesen, um sich beim deutschen Kanzler Rat zu holen», beschreibt Infas-Demoskop Klaus Liepelt die Wirkung aufs Volk.
Damit nicht genug, am Ende der Spiele gab's auch noch Brot – Steuergeschenke in Milliardenhöhe.
Zumindest der Erfolg im Innern scheint denn auch perfekt. Der Koalitionshader, der das sozial-liberale Bündnis seit den Wahlschlappen der

FDP in Hamburg und Niedersachsen belastete, ist erst einmal vergessen. Selbst die Linken in der SPD-Fraktion, obwohl von den Steuerbeschlüssen der Bundesregierung keineswegs allesamt begeistert, scheinen vom Kanzler-Glanz geblendet. «Ich glaube nicht», so verkündete der linke Abgeordnete Gunter Huonker, den Schmidt als Steuerexperten zum Konjunkturpalaver im Kabinett hinzugebeten hatte, «daß es Abweichler gibt. Diese Beschlüsse sind akzeptabel.»

Ob und wie lange der wundersame Konsens dauern wird, ist ungewiß; daß er überhaupt zustande kam, das hat ein Helmut Schmidt bewirkt, der in den letzten Wochen wie verwandelt schien.

Schon auf dem Wirtschaftsgipfel verblüffte der deutsche Kanzler – so manchem auswärtigen Teilnehmer als ungebetener Ratgeber und nörgelnder Zensor in unguter Erinnerung – als charmanter und toleranter Gastgeber. Und auch Parteifreunde wie Koalitionspartner, oft genug durch ungehobelte Manieren und ständiges Besserwissen Schmidts verärgert, staunten vorletzte Woche über den Wandel der Kabinetts-Tischsitten.

Selten hatten sie ihren Regierungschef so geduldig erlebt. Schmidt, dem sonst Sitzungsroutine und Politiker-Monologe zuwider sind, hörte sich ausdauernd, bis tief in die Nacht hinein, auch die umständlichsten Auslassungen zu Steuern und Konjunktur an. Allenfalls ermunterte er mal einen Redner zu einer präziseren Fassung seines Beitrags – mit der bescheidenen Floskel: «Das habe ich intellektuell nicht verstanden.»

Nur dann und wann schimmerte der alte Schmidt durch – so, als er Familienministerin Antje Huber anging, Wahlreden könne sie sich sparen, so, als er den tuschelnden Verteidigungsminister Hans Apel anfauchte: «Wer nicht ernsthaft arbeiten will, soll rausgehen.»

Sogar zu Lob ließ sich der sonst als hochmütig verschriene Kanzler herab. Der Abgeordnete Huonker freute sich über unerwartete Gunstbezeigungen, und der auf Unabhängigkeit bedachte Bundesbankpräsident Otmar Emminger fühlte sich, so beobachteten Sitzungsteilnehmer, ob der reichlichen Komplimente schon unwohl. Sozialdemokrat Huonker schwärmte hinterher: «Das hat nicht zu dem Image gepaßt, das ich bisher von Schmidt hatte.»

Alle haben sie ein neues Schmidt-Gefühl, doch keiner kann sich die Wandlung so recht erklären. Ist es die Abgeklärtheit nach vier glimpflich überstandenen Jahren im Palais Schaumburg, die den zweiten SPD-Kanzler der westdeutschen Republik so gelassen macht? Ist es das Gefühl, das Mindestsoll für die Geschichtsbücher geleistet zu haben, ähnlich wie Willy Brandt nach Abschluß der Ostverträge? Oder hat er letztlich nur ein Meisterstück von Taktik und Selbstdisziplin vollbracht?

So unangefochten Helmut Schmidt auch auf der Bonner Szene agiert, so beeindruckt sich das Publikum von seiner Regierungs-Show zeigt – die

Sozialdemokraten sind noch längst nicht überzeugt, daß ihnen das Schmidt-Hoch etwas einbringt.

Von jeher bewegen sich die Bonner Kanzler weit vor der Partei-Karawane. Nach dieser Regel steht Helmut Schmidt nicht nur bei Koalitionsanhängern hoch in Gunst, er genießt auch große Sympathien bei CDU-Gefolgsleuten, die nur eines an ihm auszusetzen haben: daß er in der falschen Partei ist. «Diese Schmidt-Fans», so der baden-württembergische SPD-Vorsitzende Erhard Eppler skeptisch, «wählen auch weiterhin CDU.»

Tatsächlich entnehmen die SPD-Planer in der Parteizentrale den Umfragen, daß der Kanzler den Durchbruch für die Sozialdemokraten noch längst nicht geschafft hat.

Mit seinem Mogadischu-Coup nahm Schmidt der SPD zwar den traditionellen Makel, sie schütze die Bürger nicht zuverlässig vor Kriminellen und Terroristen. Doch nach wie vor kann der Regierungschef mit durchschlagenden Erfolgen ausgerechnet in jenen Bereichen nicht aufwarten, in denen das sozialdemokratische Stammpublikum etwas Besonderes erwartet: in der Sozial- wie in der Beschäftigungspolitik und beim Ausgleich mit dem Osten.

Das Gipfel-Spektakulum und das Gäste-Defilee der letzten Monate sollen dem ein wenig abhelfen. Um den Bürgern das rechte Gefühl für den Bonner Friedens-Kanzler zu vermitteln, haben die Partei-Werber eine bundesweite PR-Aktion gestartet: Auf großen Plakaten ist Helmut Schmidt neben den Großen der internationalen Politik zu bewundern. Darunter der Text: «Wir haben Freunde in der Welt.»

Auch die Verbitterung der Wähler über die internen Probleme der Bundesrepublik könnte, so hoffen die SPD-Strategen, durch den Kanzler-Sommer gemildert werden. Ihr Kalkül: EG- und Weltwirtschaftsgipfel hätten den Bürgern endlich einmal klargemacht, daß Arbeitslosigkeit nicht durch nationale, sondern nur durch weltweite Anstrengungen zu beseitigen sei – eine Binsenwahrheit, die Schmidt seit Jahren ohne sonderlichen Beifall gepredigt habe.

Daß solche Festivals nicht alle Tage zu inszenieren sind, daß solche Bilder und Erinnerungen schnell verblassen – darüber allerdings macht sich auch Helmut Schmidt nicht viele Illusionen. «Nach diesem Elysium», so Kanzler-Freund Bölling, «kommen wir sicher wieder in die Niederungen, wo Dunst ist.»

Der historische Rückblick lehrt, wie berechtigt die Skepsis ist: Schon 1961, zwei Jahre nach dem Stimmungs-Hoch, erlitt Konrad Adenauer die für ihn schlimmste Wahlschlappe seiner Amtszeit. Und Ludwig Erhard mußte nur ein Jahr nach seinem Höhenflug abtreten.

Der Spiegel, 7.8.1978